中国高校人文社科发展报告

2024

俞立平◎著

科学技术文献出版社
SCIENTIFIC AND TECHNICAL DOCUMENTATION PRESS
·北京·

图书在版编目（CIP）数据

中国高校人文社科发展报告. 2024 / 俞立平著. —北京：科学技术文献出版社，2024. 4

ISBN 978-7-5235-1233-3

Ⅰ. ①中… Ⅱ. ①俞… Ⅲ. ①高等学校—社会科学—学科建设—发展—研究报告—中国—2024 Ⅳ. ① C3

中国国家版本馆 CIP 数据核字（2024）第 062923 号

中国高校人文社科发展报告 2024

策划编辑：郝迎聪　　责任编辑：李　晴　　责任校对：王瑞瑞　　责任出版：张志平

出 版 者　科学技术文献出版社
地　　址　北京市复兴路15号　邮编 100038
出 版 部　(010) 58882941，58882087（传真）
发 行 部　(010) 58882868，58882870（传真）
官方网址　www.stdp.com.cn
发 行 者　科学技术文献出版社发行　全国各地新华书店经销
印 刷 者　北京厚诚则铭印刷科技有限公司
版　　次　2024 年 4 月第 1 版　2024 年 4 月第 1 次印刷
开　　本　787 × 1092　1/16
字　　数　645千
印　　张　28.75
书　　号　ISBN 978-7-5235-1233-3
定　　价　85.00元

编委会及相关专家名单

一、顾问委员会

主　任：武夷山　中国科学技术发展战略研究院　研究员
委　员：蒋国华　中国科学院　研究员
　　　　缪其浩　上海科学技术情报研究所　研究员
　　　　穆荣平　中国科学院　研究员
　　　　王永贵　浙江工商大学　教授
　　　　王知津　南开大学　教授
　　　　梁立明　河南师范大学　教授

二、专家委员会

主　任：苏新宁　南京大学信息管理学院　教授
委　员：曹高辉　华中师范大学信息管理学院　教授
　　　　曹树金　中山大学信息管理学院　教授
　　　　陈云伟　中国科学院成都文献情报中心　研究员
　　　　初景利　中国科学院文献情报中心　教授
　　　　邓三鸿　南京大学信息管理学院　教授
　　　　奉国和　华南师范大学经济与管理学院　教授
　　　　黄水清　南京农业大学信息管理学院　教授
　　　　胡小君　浙江大学医学院　教授
　　　　化柏林　北京大学信息管理系　副教授
　　　　姜春林　大连理工大学科学学与科技管理研究所　教授
　　　　金　燕　郑州大学信息管理学院　教授
　　　　李　纲　武汉大学信息管理学院　教授
　　　　李　江　南京大学信息管理学院　教授
　　　　李美娟　福州大学管理学院　教授
　　　　李晓轩　中国科学院科技战略咨询研究院　研究员
　　　　李玉海　华中师范大学信息管理学院　教授

李长玲　山东理工大学信息管理研究院　教授
李　杰　中国科学院文献情报中心　副研究员
李　睿　四川大学公共管理学院　教授
李胜会　华南理工大学公共管理学院　教授
李树青　南京财经大学信息工程学院　教授
刘桂锋　江苏大学科技信息研究所　教授
刘雪立　新乡医学院期刊社　教授
刘　宇　云南大学新闻学院　教授
陆　伟　武汉大学信息管理学院　教授
马海群　黑龙江大学信息管理学院　教授
马　峥　中国科学技术信息研究所　研究员
马　卓　吉林省科学技术信息研究所　副研究员
毛泰田　湘潭大学公共管理学院　教授
牟冬梅　吉林大学第一医院临床研究部　教授
裴　雷　南京大学信息管理学院　教授
戚德祥　南开大学新闻与传播学院　教授
盛小平　上海大学文化遗产与信息管理学院　教授
孙玉涛　大连理工大学经济管理学院　教授
王　芳　南开大学商学院　教授
王凌峰　桂林电子科技大学商学院　教授
王启云　江苏海洋大学图书馆　副研究馆员
王贤文　大连理工大学人文与社会科学学部　教授
王雪峰　中国社会科学院中国社会科学评价研究院　副研究员
王延飞　北京大学信息管理系　教授
王曰芬　天津师范大学经济管理学院　教授
王忠军　中国国防科学技术信息学会　研究员
魏瑞斌　安徽财经大学管理科学与工程学院　教授
吴晨生　北京市科学技术情报研究所　研究员
谢阳群　安徽大学现代管理研究所　教授
徐　芳　中国科学院评估研究中心　副研究员
许　鑫　华东师范大学人文与社会科学研究院　教授
徐亚男　中国人民大学书报资料中心　编审
闫　慧　中国人民大学信息学院　教授
杨建林　南京大学信息管理学院　教授
杨红艳　中国人民大学书报资料中心　编审
杨立英　中国科学院文献情报中心　研究员
余传明　中南财经政法大学信息工程学院　教授

张海涛　吉林大学商学与管理学院　教授
张海涛　吉林大学管理学院　教授
张　琳　武汉大学信息管理学院　教授
章成志　南京理工大学经济管理学院　教授
俞征鹿　中国科学技术信息研究所　研究员
赵　星　复旦大学大数据研究院　教授
郑德俊　南京农业大学信息管理学院　教授
钟昌标　云南财经大学商学院　教授
周晓英　中国人民大学信息管理学院　教授

三、编辑委员会

主　任：俞立平
委　员：杜　维　黄梦亭　李　雯　罗宇舟　冉嘉睿　苏光耀　孙　豪
姚佳成　张矿伟　赵宇轩

序

"文化大革命"中，"红卫兵"小将强迫力学教授钱伟长等"反动学术权威"参加体力劳动。据说钱先生挑担子时，找不准在扁担的哪一处起肩，小将就讽刺说：亏你还是力学教授呢，连起肩位置都找不好！

用现在的话说，这些小将不懂得什么叫"分类评价"。大学教授的主要职责是教学与科研，不是挑粪浇田，因此，用以评价农民的挑担子能力来评价钱先生是不合适的。

遗憾的是，在现实中我们经常看到"一刀切"式的学术评价，而不是分类评价。

可喜的是，还有一些学者在分类评价方面进行不懈的探索，俞立平教授就是其中一个代表。最近，他完成了其新著《中国高校人文社科发展报告2024》。这是他在学术评价领域的第5部著作，前4部分别是:《科技评价方法基本理论研究——多属性评价面面观》(2011)、《科技评价理论与方法研究》(2017)、《计量视角下的科技评价》(2021)、《学术期刊评价：指标创新与方法研究》(2023)。可以说，本书是俞立平教授在前4部著作中探讨的学术评价理论、方法、指标等在中国高校人文社科评价方面一次系统性实践的成果。

为什么要编制中国高校人文社科发展报告呢？俞立平教授说，"目前针对中国高校人文社科发展的评价还明显不足，已有的一些大学排名报告大多侧重于大学综合实力的排名分析，虽然也涉及一些文科发展、文科竞争力等的评价分析，但是总体来说，在评价指标、评价方案中并没有对人文社科与自然科学做有效区分，难以真实反映高校人文社科的发展情况。人文社科的发展有其学科的特殊性，从高校人文社科角度进行分析与评价的报告目前比较缺乏，本书正是专门围绕高校人文社科发展进行分析与评价的报告，在国内率先开启了高校人文社科评价报告的先河"。应当说，这项针对人文社科特定对象的发展报告是很有意义的。

从历史上看，科技评价走在人文社科评价的前面，在全世界都是如此。其重要原因之一是科技领域的主要产出是论文，学术著作相对没有那么重要，因为科技发展日新月异，需要出版周期较短的期刊作为学术交流的工具，而学术著作的写作经年日久，往往跟不上趟儿；而对于人文社科领域，学术著作则是不可或缺的产出形式，因为人文社科领域的发展没有那么快，对频繁出版的学术期刊的需求没有科技领域那么强，反而更需要沉甸甸的学术著作来反映深思熟虑的成果。无论对于哪种学术评价的对象，都可以借助文献计量学工具。对于论文，国内外早就出现了SCI、SSCI、SCOPUS、CSTPCD、CSCD、CSSCI等较成熟的数据库，它们成为对科技活动进行定量评价的重要工具；对于学术著作，除了科睿唯安2011年推出的BCI（图书引文索引）数据库外，迄今没有什么全面、好用、易于获取的数据库，这就使得人文社会科学的定量评价更加步履艰难。可以大胆地说，在较高质量且成本可接受的图书引文数据库出现之前，人文社会科学领域的定量评价不会有大的起色。由于图书数据库的匮乏和可获得性较差，俞立平教授的新著也未能采用学术著作的数量及引用这两个对于人文社科评价不可或缺的指标，令人遗憾。希望俞立平教授的后续发展报告能尽早尝试用上图书指标。

当然，可用于人文社科学术评价的图书数据库奇缺的一个重要原因，是同行评议方法在出版社选题和图书内容质量把关方面并未获得普遍应用。大家知道，学术期刊用稿是必须经过同行专家评审过程的，而在图书出版方面并没有普遍认可的规范化做法。有些出版社有较严格的选题程序，有些出版社则主要靠资深编辑的主观判断。在自然科学领域，人们最想实现的目标是能够评价一篇篇论文（及其作者）的水平，此时刊载论文的期刊之影响因子是可以参考的一个指标（尽管“以刊评文”是不对的）；在人文社科领域，人们也亟须评价一本本学术著作（及其作者）的水平（图书销售量是不能代替对图书的学术评价的），可是我们有类似“影响因子”的指标来评价出版社吗？如果有，它也可以成为评价图书作者水平的一个参考指标。可是迄今为止没有这样的指标。如何设计出类似于期刊影响因子给学术出版社“排座次”的方法和指标，是全世界科学计量学工作者面临的严峻挑战。中国科学技术信息研究所曾经根据学术期刊论文对图书的引用情况，推出过对于出版社评价很有价值的大量数据。但这件事距俞立平教授所希望看到的东西还较远。

俞立平教授在编制本书时动了很多脑筋。他将人文社科发展评价的内容分为师资队伍、人才培养、科学研究、文化传承与社会服务、国际化 5 个方面，也就是中国高校人文社科评价指标体系的 5 个一级指标，下面又展开为 14 个二级指标和 24 个三级指标。通过这些指标，俞立平教授首先对科研项目、论文和奖励这 3 类最重要指标的概况进行了总体讨论。接着根据分类评价原则，他分别对公办高校与民办高校、“双一流”高校与普通高校、不同类型高校（师范、财经、政法、艺术、语言、民族、体育、综合、理工、医药、农林等）的人文社科发展状况进行了评价。对于上述几种情况，又从省区分布的角度进行了细致分析。全书信息量、数据量之大，让人目不暇接。凡是对于高校人文社科发展状况感兴趣的人，一定会觉得本书价值不菲。

尤其值得赞赏的是，本书最后对宁波诺丁汉大学、西交利物浦大学、香港中文大学（深圳）、昆山杜克大学、北京师范大学–香港浸会大学联合国际学院、上海纽约大学、温州肯恩大学、深圳北理莫斯科大学、广东以色列理工学院这 9 所我国与外国、内地与香港合办的大学之人文社科发展状况进行了概述。这 9 所大学在一些研究中很容易被遗忘。

另外，还想指出一点，由于文科院校和文科专业在争取研究经费方面根本无法与理工科高校及专业相比，本书提出的评价指标体系完全不包括研究经费指标，这一点我举双手赞成。

我希望这个发展报告坚持不懈编写下去，并不断完善。对于人文社科评价这么复杂的大工程，有待不断完善的地方肯定不少。这里我只举两个小例子。

俞立平教授设计的“人文社科国际合作论文比例”是指“高校在统计当年发表的人文社科国际合著论文总数占高校发表的人文社科英文论文总数的百分比，其中国际合著论文是指由 2 个或者 2 个以上国家（地区）的作者共同参与合作发表的英文论文”。那么，高校教师与国际同行合作发表的日文、德文、法文、俄文、韩文、西班牙文、阿拉伯文等其他语种的论文就不考虑了吗？拥有较多小语种专业的有实力的外语院校在评价中不是反而吃亏了吗？

我个人觉得，“智库数量”这一类“挂牌子”指标不是很好的评价指标。一般而言，最好的指标是产出类指标，如论文数、专利数之类。次一等的指标是精选的投入类指标，如科研项目，因为可以认为具备较高的科研水平才能申请到高档次的科研项目，而项目经费又为做好科研奠定了物质基础。可是，如果有学者（尤其在文科领域）在没有项目经费支撑的情况下写出了高水平专著，那不是更了不起，更值得表彰吗？所以，投入类指标肯定不是最好的指标。“挂牌子”是我国很多部门、很多地区多年来习惯的管理措施之一，其弊病是很严重的。举另外一个领域的例子：高新技术企业可以享受一定的税收优惠，于是很多企业拼命争取挂上高新技术企业的牌子。高新技术企业认定条件中，对申请企业的专利等知识产权拥有状况有一定要求，于是某些不实事求是的企业就委托一些中介公司帮自己申请（也就是瞎编）毫无价值的专利。迄今为止，我国专利总体上含金量不高的部分原因在于此。熟悉产业界情况的人都知道，某企业挂上了高新技术企业的牌子，难道就意味着该企业真的在开发高新技术方面成了好手吗？答案显然是否定的。因此，我本人一向不主张过多采用“挂牌子”类型的评价指标。

虽然指出了本书设计的高校人文社科评价指标的可能缺陷，但瑕不掩瑜，本书在高校人文社科评价方面勇闯新路，这才是最值得赞赏的。

是为序。

武夷山

中国科学技术发展战略研究院研究员（退休）

2023年10月10日

前　言

与自然科学相比，高校在人文社科研究中的比重绝对是最大的，以高校人文社科发展作为研究对象，其实也就抓住了中国人文社科发展的最关键部分。如何做好一个好的高校人文社科发展报告？这个问题思考了许多年，终于到了付诸实践的时候，以下几点是我们的心得体会。

第一，先要把握和界定好研究对象，中国高校很多，本科高校是人文社科发展的主流，所以，本书暂不涉及高职院校的相关研究。在本科院校中，所有高校的自然科学成果并不在研究范围之内，所有大学的文科才是本书的重点研究对象，从这个角度看，本书的评价范围相对较窄，或许这也是本书最大的特点和亮点之一。

第二，什么是人文社科发展最重要的内容，本书以科研成果作为最核心内容，主要是学术论文。科研项目很重要，但毕竟不是研究成果。科研奖励也很重要，但科研奖励的核心内容还是以论文著作为代表的科研成果。

第三，质量是人文社科发展的生命。在“破五唯”背景下，采用代表作评价方法是不可能做全国宏观范围的人文社科评价的，因此，“以刊评文”仍然是重要的评价方式，大量实证研究证明在宏观评价中这是十分有效的。

第四，数据准确性是评价的基石。所有指标数据我们均采取公开的来源获取，一些数据难以区分质量高低的宁愿舍弃。例如，省级项目和奖励由于不同省份的难度系数不同，无法进行有效的横向比较，我们舍弃了相关指标。

第五，评价方法我们具有强大优势。多年来团队从事学术评价领域的研究，是全世界发表论文数量最多的团队之一。我们在哲学层面对评价进行了深入的反思，提出了数十个评价新指标，综合解决了自然权重、伪权重等问题，优化了数据标准化方法，解决了评价方法的选择问题，创新提出了评价结果的绝对比较方法。此外，我们提出了学术评价系统误差修正理论、学术评价诊断与审计理论、质量评价与评价质量理论、评价质量的数量理论等，在评价理论与方法领域取得许多成果。

第六，强大的顾问与专家队伍是保障报告成功的关键。非常感谢情报学与科学计量学等领域专家学者们的长期支持，没有你们的支持，团队很难坚持下去。

这是我们的第一本报告，难免会有不足和瑕疵，希望各界同仁提出宝贵的建议和意见，以期在后续的工作中不断优化，共同推进我国人文社科事业的发展。

再次感谢为本书做出贡献的所有专家学者、团队成员和各界朋友们！

编者

2024年6月

目　录

图表目录

1 绪论

1.1 研究背景与意义

1.1.1 研究背景

（1）人文社会科学是国家重要的发展战略

人文社会科学作为人类共有的精神家园，是人类认识世界、改造世界及完善自身的重要工具，也是推动历史发展和社会进步的强大精神力量。人文社会科学是相互交融的人文学科与社会科学的统称，有时也被称为哲学社会科学、社会科学、文科等，它以人类精神世界、精神文化及人类社会的物质客体为主要研究对象，以探索、发现、揭示人的本质和人类社会发展规律为主要目的，在人类社会发展中具有重要的价值导向和文化建设功能。人文社会科学发展水平也是国家软实力和国际竞争力的重要反映，集中体现了一个民族和国家的整体思维能力、精神状态和文明素质，一个民族要想屹立于世界民族之林，不能没有人文社会科学的温润滋养，一个国家要想在激烈的国际竞争中保持优势，不能没有人文社会科学强大软实力的支撑。

构建具有中国特色、中国风格、中国气派的人文社科体系，推动当代中国人文社会科学繁荣发展已经上升为国家重要的发展战略。2016 年，习近平总书记在哲学社会科学工作座谈会上指出，“一个国家的发展水平，既取决于自然科学发展水平，也取决于哲学社会科学的发展水平，一个没有发达的自然科学的国家，不可能走在世界前列，一个没有繁荣的哲学社会科学的国家也不可能走在世界前列”。当今世界正面临百年未有之大变局，国际国内形势发生深刻变化，新一轮科技革命正蓬勃发展，人类面临着更加复杂多元的社会问题，在这样复杂的社会背景下人文社科发展同样面临着诸多挑战，如何在新时代背景下推动人文社科繁荣发展是社会各界广泛关注的重要议题。党和国家高度重视我国人文社科的发展，为我国“十四五”时期及未来更长时间人文社科发展制定了科学规划与行动路线。

2022 年 4 月，中共中央办公厅印发的《国家“十四五”时期哲学社会科学发展规划》中要求，要以加快构建中国特色哲学社会科学为主题，以提升学术原创能力为主线，以加强学科体系、学术体系、话语体系建设为支撑，以重大项目、重点工程、重要平台为牵引，以体制机制改革创新为动力，努力建设学科布局优、学术根基牢、科研水平高、服务能力强、国际影响大的中国特色哲学社会科学，为全面建设社会主义现代化国家提供有力思想和智力支持。这也是第一部国家层面的哲学社会科学发展规划，为我国“十四五”时期哲学社会科学发展做出了总体性规划，具有重要指导意义。

2022 年 5 月，中共中央宣传部、教育部联合印发的《面向 2035 高校哲学社会科学高质量发展行动计划》中指出，要以育人育才为中心，创新哲学社会科学人才培养模式，更好发挥新时代高校哲学社会科学育人功能；要以体系构建为主线，优化学科专业布局，推进学科交叉融合，打造一流学科专业群，构建适应国家需求支撑知识创新的学科体系；要以能力提升为重点，打造专业化创新型高质量高校智库矩阵，深化人才发展体制机制改革，有力支撑世界重要人才中心和创新高地建设。为我国高校哲学社会科学事业高质量发展做出了中长期规划，有利于推动新发展阶段高校哲学社会科学高质量发展，为提升国家综合国力和国际竞争力、建设社会主义现代化国家、构建人类命运共同体提供重要战略支撑。

其实，党和国家对我国人文社科发展的重视由来已久，在制定《国家"十四五"时期哲学社会科学发展规划》《面向 2035 高校哲学社会科学高质量发展行动计划》之前，已经陆续出台了一系列促进人文社科发展发展的规划和指导意见，集中体现了人文社科发展的重要性及国家对人文社科发展的高度重视，例如：

2004 年 1 月，中共中央发布的《关于进一步繁荣发展哲学社会科学的意见》中指出，在全面建设小康社会、开创中国特色社会主义事业新局面、实现中华民族伟大复兴的历史进程中，哲学社会科学具有不可替代的作用。在改革开放和社会主义现代化建设进程中，哲学社会科学与自然科学同样重要，社会主义现代化应该有发达的自然科学，也应该有繁荣的哲学社会科学。必须进一步提高对哲学社会科学重要性的认识，大力繁荣发展哲学社会科学，努力建设哲学社会科学理论创新体系，积极推动学术观点创新、学科体系创新和科研方法创新。

2011 年 11 月，中华人民共和国教育部、财政部联合印发的《高等学校哲学社会科学繁荣计划（2011—2020 年）》中指出，深入实施"繁荣计划"，大力提升人才培养、科学研究、社会服务、文化传承创新的能力和水平，全面提高高等教育质量，积极推进高等学校哲学社会科学创新体系建设，为建设国家哲学社会科学创新体系，构建以当代中国马克思主义为指导，具有中国特色、中国风格、中国气派的哲学社会科学提供有力支撑，为全面建设小康社会做出新贡献，是未来十年的主要任务。

2017 年 5 月，党中央印发的《关于加快构建中国特色哲学社会科学的意见》中强调，要坚持为人民服务、为社会主义服务，坚持百花齐放、百家争鸣，立足中国、借鉴国外，挖掘历史、把握当代，关怀人类、面向未来，充分体现继承性、民族性、原创性、时代性、系统性、专业性，加快构建中国特色哲学社会科学学科体系、学术体系、话语体系，创新发展哲学社会科学，为实现"两个一百年"奋斗目标、实现中华民族伟大复兴的中国梦提供强大思想理论支撑。

2020 年 11 月，中华人民共和国教育部发布的《新文科建设宣言》中指出，要坚持走中国特色的文科教育发展之路，构建世界水平、中国特色的文科人才培养体系，推动文科教育创新发展，构建以育人、育才为中心的哲学社会科学发展新格局，建立健全学生、学术、学科一体的综合发展体系，推动形成哲学社会科学中国学派，创造光耀时代、光耀世界的中华文化，不断增强自信心、自豪感、自主性，提升影响力、感召力、塑造力，为新时代人文社科高等教育的创新发展指明了方向。

（2）新时代中国高校人文社科发展所面临的新环境

世界百年未有之大变局加速演进，新一轮科技革命和产业变革深入开展，呼唤人文社会科学的创新发展。全球经济发展日益放缓，世界多极化趋势不断加强，国际局势不稳定、不确定因素日益突出，文化冲突与文化融合并存，第四次科技革命浪潮席卷全球，信息技术、人工智能、大数据、云计算、元宇宙等的发展为人文社科创造了新的发展机遇，新场景、新视野、新方法、新工具的出现，悄然影响着人文社科研究范式的变革。因此，人文社科发展必须顺应世界发展的时代潮流，积极回应时代发展的重要关切，放眼世界、立足中国构建富有中国特色的人文社科发展体系，增强人文社科服务当今和未来社会进步与经济发展的能力，实现人文社科的创新发展。

“双一流”建设是推动我国高等教育超常发展的重大战略，是加快实现由高等教育大国向高等教育强国跨越的关键，也为人文社会科学学科发展创造了重要机遇。为更好解决高等建设存在的身份固化、竞争缺失、重复交叉等问题，2015 年国务院印发《统筹推进世界一流大学和一流学科建设总体方案》，对加快建成一批世界一流大学和一流学科做出总体规划部署；2017 年教育部、财政部、国家发展改革委印发《统筹推进世界一流大学和一流学科建设实施办法（暂行）》，确定了每 5 年为一个建设周期，对建设高校实行总量控制、开放竞争、动态调整的方案。2021 年开始的第二轮“双一流”建设正在进行，与第一轮建设有所不同的是，第二轮建设不再区分一流大学建设高校和一流学科建设高校，更加强调学科的基础性。因此，立足中国特色、瞄定世界一流正是对我国人文社科学科发展的新要求。

新文科建设是新时代推进文科教育创新发展的新举措，对我国人文社会科学发展提出新要求。新文科建设是适应时代之变的必由之路，2020 年教育部发布的《新文科建设宣言》中指出，新时代新使命要求文科教育必须加快创新发展，全面推进新文科建设是提升综合国力、坚定文化自信、培养时代新人、建设高等教育强国及文科教育融合发展的需要，要坚持走中国特色的文科教育发展之路。与 2017 年美国西拉姆学院率先提出的“新文科”概念有所不同，中国的新文科建设在顶层设计、战略地位、价值导向、学科融合机制及人才培养模式方面的改革与创新已远远超出了跨学科、跨专业学习的单一层面，着力构建中国特色新文科学术体系、学科体系、教学体系、评价体系及话语体系，是我国人文社会科学创新发展的一次系统性革命。

科研评价改革如火如荼，“破五唯”已成为我国科技评价的基本准则，为人文社科科研评价提供了导向。在我国科研评价体系中，“唯论文、唯帽子、唯职称、唯学历、唯奖项”的“五唯”倾向由来已久，是制约我国科技创新的顽瘴痼疾，也是我国学术治理的痛点和难点。2020 年 10 月，中共中央国务院印发《深化新时代教育评价改革总体方案》，真正将学界呼吁多年的“破五唯”推向了改革的拐点，随后有关部门陆续出台《关于规范高等学校 SCI 论文相关指标使用树立正确评价导向的若干意见》《关于破除科技评价中“唯论文”不良导向的若干措施（试行）》《关于破除高校哲学社会科学研究评价中“唯论文”不良导向的若干意见》等，在科研评价、人才评价、绩效考核、学术评估等方面要以质量为导向，要突出学术贡献和社会贡献，这也对我国人文社科科研评价提出了更高要求。

（3）中国高校人文社科发展概况

高等院校是承担人文社科人才培养与科研工作的主阵地，是推进我国人文社科实现繁荣发展的主力军。目前，包括高等院校、党校（行政学院）、部队院校、科研院所、党政部门研究机构在内的人文社科工作者被誉为我国哲学社会科学的“五路大军”，而相比较而言，高等院校具有人才高度集中、学科优势突出、研究实力雄厚的特点，无论是教师队伍、科研人员还是在校学生规模均远大于其他机构。据教育部《研究生教育学科专业目录（2022年）》，在我国现有的14个学科门类中，共有9个学科门类属于人文社科的范畴，约占学科门类总数的2/3；可以说，在我国人文社科科学事业发展中，高等院校无疑是开展人文社科理论研究与应用研究的中坚力量，其作用举足轻重、不可或缺。

近年来，我国高校人文社科规模不断扩大，人文社科投入与产出水平不断提高，也存在着一些制约高质量发展的结构性矛盾。据教育部中国高校人文社会科学信息网数据显示，从高校人文社科投入来看（图1-1），2009—2021年研发经费内部支出与社科活动人员均呈现出稳步增长的趋势，研发经费内部支出从2009年的54.63亿元增长到2021年的290.83亿元，13年间实现了约4.32倍的增长，社科活动人员从2009年的42.59万人稳步增长到2021年的89.70万人，同样实现了成倍的增长，约是2009年的2.11倍，研发经费内部支出的增长率在7.37%～26.24%波动，而社科活动人员的增长率在3.42%～18.76%波动，呈现出先增加后降低的趋势，在2011年增长率达到最大值，社科活动人员的增长率与研发经费内部支出的增长率相比要更加平稳，但是两者均呈现出逐步增加的趋势，说明高校社会科学研究的投入不断增长、规模不断扩大。

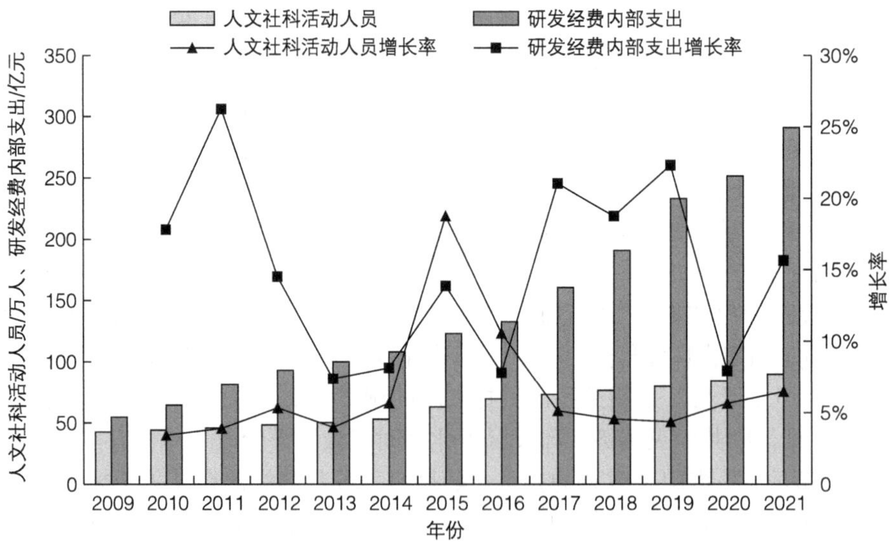

图1-1　2009—2021年中国高校人文社科研究投入情况

从高校人文社科产出来看（图 1-2），2009—2021 年人文社科著作数量在 15.33 千 ~ 30.11 千部波动，在 2009—2015 年总体比较平稳，2016—2017 年下降明显，从 2018 年开始又表现出比较平稳的趋势，其增长率在 -48.95% ~ 71.23% 表现出较大的波动；而 2009—2021 年人文社科学术论文数量在 31.28 万 ~ 37.51 万篇变化，其数量总体表现出相对平稳的增加趋势，其增长率在 -0.78% ~ 8.58% 平稳变化。结合高校人文社科投入产出近年来的综合发展来看，人文社科投入呈现出明显的不断增加的趋势，在 2009—2021 年研发经费内部支出和社科活动人员的年均增长率分别为 15.11% 和 6.48%，而人文社科产出的增长情况总体比较平稳，在 2009—2021 年学术著作与学术论文的年均增长率分别为 3.67% 和 1.55%，人文社科产出与其投入并不匹配，可以明显看出我国高校人文社科绩效并不理想。

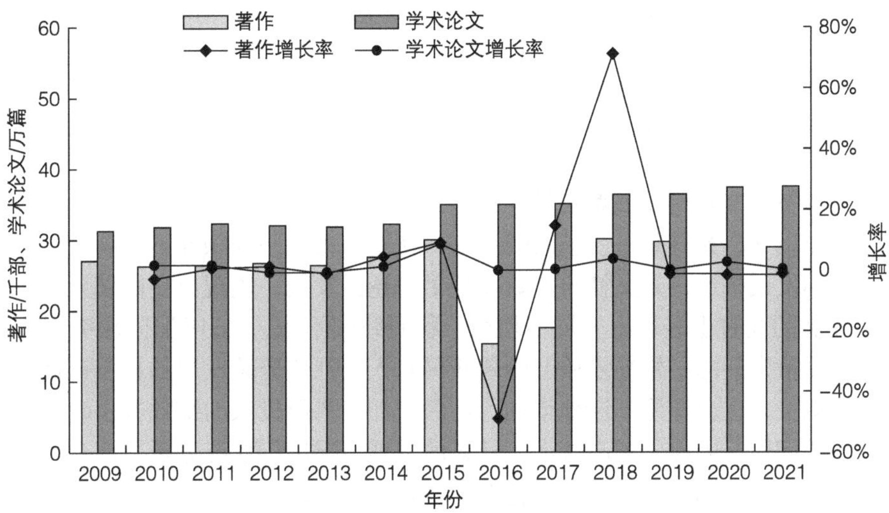

图 1-2　2009—2021 年中国高校人文社科研究产出情况

从高校人文社科奖励数量与课题数量来看（图 1-3），2009—2021 年人文社科奖励数量在 24.71 百 ~ 49.35 百项波动，其增长率也呈现出较大的波动，而社科课题数量则从 2009 年的 19.34 万项稳步增长到 2021 年的 64.06 万项，13 年间实现了约 2.31 倍的增长，表明我国高校人文社科研究规模在不断扩大。

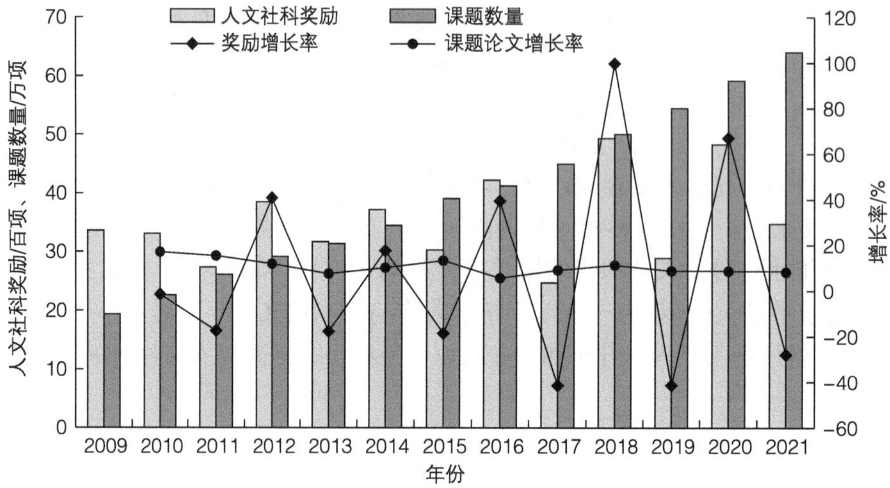

图 1-3　2009—2021 年中国高校人文社科奖励与课题发表情况

（4）中国高校人文社科发展系统性评价不足

自改革开放以来，尤其是进入新时代以来，在党中央的坚强领导下，高校人文社科牢牢抓住前所未有的发展机遇，人文社科事业实现了跨越式发展，呈现出空前繁荣的发展局面，然而在快速发展的同时也表现出发展不均衡、科研绩效不佳、“五唯”问题突出等一系列制约人文社科高质量发展的结构性矛盾。随着我国对人文社科繁荣发展的日益重视，其在人文社科领域的资源投入也会源源不断地增加，不断增加的科研投入的绩效也是政府、高校及公众等广泛关注的问题。因此，对高校人文社科的发展情况进行系统分析与综合评价是科研管理工作的关键环节，有利于更好地发现存在的问题并明确改进的方向，并形成鼓励先进、激励落后的良好局面，从而促进人文社科事业的健康发展。

人文社科的发展与自然科学存在较大不同，人文社科科研产出主要表现为学术论文、学术著作、研究报告、学术奖励等，其投入产出特征和规律与自然科学存在较大差别，自然科学的应用研究往往可以取得经济回报，人文社科成果主要依托政府和高等院校，回报则以社会效益为主。目前针对中国高校人文社科发展的评价还明显不足，已有的一些大学排名报告大多侧重于大学综合实力的排名分析，虽然也涉及了一些文科发展、文科竞争力等的评价分析，但是总体来说，在评价指标、评价方案中并没有对人文社科与自然科学做有效区分，难以真实反映高校人文社科的发展情况。人文社科的发展有其学科的特殊性，从高校人文社科角度进行分析与评价的报告目前比较缺乏，本书正是专门围绕高校人文社科发展进行分析与评价的报告，在国内率先开启了高校人文社科评价报告的先河，以弥补相关领域研究的不足，为促进高校人文社科繁荣发展提供了重要参考。

1.1.2 研究意义

（1）理论意义

本书围绕中国高校人文社科发展展开研究，是目前国内少有的专门针对高校人文社科发展状况的专门论著，本书的内容将极大丰富人文社科发展理论、科研管理理论及绩效管理理论等，极大拓展了传统的评价理论与方法，同时能够将中国高校人文社科发展问题推向公众视野，为深入认识中国高校人文社科发展问题并提升人文社科的发展水平提供理论指导与决策参考，具有较好的理论意义。

（2）实践意义

第一，对于政府及管理部门而言，有利于深入了解中国高校人文社科的总体发展现状，更好地发挥科学评价的导向功能，从而进一步调整优化人文社科发展政策。政府及教育管理部门是高等院校的主要管理者，绝大多数高等院校的经费主要来自政府部门的财政拨款，高校人文社科的发展同样是政府相关管理部分的重要关切。本书对中国高校人文社科发展的总体分析及对高校人文社科实力的综合评价与排名分析，有利于更深入地认识我国高校人文社科的总体发展情况，为政府部门制定行之有效的人文社科发展战略、更好地调整高校人文社科发展政策提供参考。

第二，对于高校自身而言，有利于其充分了解自身人文社科发展水平及在全国的位置排名，为提升人文社科实力、促进人文社科发展繁荣提供重要参考。高校作为实施高等教育的主体单位，担负着人才培养、学科发展和服务社会的重大使命，由于人文社科的特点我国绝大多数高校均开设人文社科专业，高校人文社科的综合实力决定了我国整体人文社科的发展水平。本书的研究对中国各大高校的人文社科发展进行客观评价与排名分析，有利于在高校之间形成鼓励先进、激励落后的良好竞争格局，从而促进高校人文社科实力的总体提升。

第三，对于社会公众而言，有利于其充分了解中国高校人文社科的发展成效，增强公众对高校人文社科的认识。高校人文社科的发展具有极强的社会效益属性，同时其人文社科综合实力也受到社会与公众的高度关注，本书的研究有利于增强社会公众对高校人文社科发展的基本认识，更深入地了解不同地区、不同维度、不同高校人文社科的发展情况，同时也能促使社会力量更好地监督高校人文社科的发展，从而激发高校提高人文社科实力的热情，更好发挥人文社科服务于社会的能力。

1.2 研究界定

1.2.1 人文社会科学的界定

在我国现实生活中，学术界多用“人文社会科学”一词，而行政管理部门多用“哲学社会科学”一词，在大多数情形下二者可以通用（刘大椿，2014）。

毋庸讳言，有时这二者间的差异并非只是字面上的，而是表现在内涵的取舍上。“哲学社会科学”的称谓是基于哲学的抽象性、统摄性和基础性地位，把哲学从两类科学认识即自然科学和社会科学中抽取出来。这里一般识定，哲学是关于世界观的学说，是高度抽象的意识形态，对人类认识和实践活动具有规范和指导作用，与社会科学研究关系更是特别密切。因此，将“哲学”与“社会科学”并称为“哲学社会科学”。

但是也应该看到，社会科学并不能涵盖人文学科，而哲学学科本身的涵盖面也是较窄的，一般不包括除哲学之外的其他人文学科。相对而言，“人文社会科学”的外延则较为宽泛，几乎涵盖了除自然科学之外的所有知识门类，而哲学学科作为它的一个子集也被纳入其中。因此，本书将“哲学社会科学”与“人文社会科学”的两种叫法统称为“人文社会科学”。

1.2.2 人文社会科学的学科范畴

（1）学科目录：教育部学科分类

根据2022年教育部最新修订的《研究生教育学科专业目录（2022年）》显示（表1-1），研究生专业包括哲学、经济学、法学、教育学、文学、历史学、理学、工学、农学、医学、军事学、管理学、艺术学、交叉学科共14个学科门类。结合教育部研究生教育专业目录，本书认为哲学、经济学、法学、教育学、文学、历史学、军事学、管理学、艺术学9个学科门类属于人文社会科学范畴，人文社科学科门类数量约占所有学科门类数量的64.29%，且理学、工学、农学、医学、交叉学科等门类中的部分领域也属于人文社科范畴，可见人文社科在我国高等教育中占据着极其重要的位置。

表1-1　教育部研究生教育学科目录

序号	学科门类	学科代码	学科名称	备注
1	01 哲学	0101	哲学	√
2		0151	应用伦理*	√
3	02 经济学	0201	理论经济学	√
4		0202	应用经济学	√
5		0251	金融*	√
6		0252	应用统计*	√
7		0253	税务*	√
8		0254	国际商务*	√
9		0255	保险*	√
10		0256	资产评估*	√
11		0258	数字经济*	√

续表

序号	学科门类	学科代码	学科名称	备注
12	03 法学	0301	法学	√
13		0302	政治学	√
14		0303	社会学	√
15		0304	民族学	√
16		0305	马克思主义理论	√
17		0306	公安学	√
18		0307	中共党史党建学	√
19		0308	纪检监察学	√
20		0351	法律	√
21		0352	社会工作	√
22		0353	警务*	√
23		0354	知识产权*	√
24		0355	国际事务*	√
25	04 教育学	0401	教育学	√
26		0402	心理学（可授教育学、理学学位）	√
27		0403	体育学	√
28		0451	教育	√
29		0452	体育	√
30		0453	国际中文教育	√
31		0454	应用心理	√
32	05 文学	0501	中国语言文学	√
33		0502	外国语言文学	√
34		0503	新闻传播学	√
35		0551	翻译	√
36		0552	新闻与传播*	√
37		0553	出版	√

续表

序号	学科门类	学科代码	学科名称	备注
38	06 历史学	0601	考古学	√
39		0602	中国史	√
40		0603	世界史	√
41		0651	博物馆*	√
42	07 理学	0701	数学	
43		0702	物理学	
44		0703	化学	
45		0704	天文学	
46		0705	地理学	
47		0706	大气科学	
48		0707	海洋科学	
49		0708	地球物理学	
50		0709	地质学	
51		0710	生物学	
52		0711	系统科学	
53		0712	科学技术史（可授理学、工学、农学、医学学位）	
54		0713	生态学	
55		0714	统计学（可授理学、经济学学位）	部分
56		0751	气象	
57	08 工学	0801	力学（可授工学、理学学位）	
58		0802	机械工程	
59		0803	光学工程	
60		0804	仪器科学与技术	
61		0805	材料科学与工程（可授工学、理学学位）	
62		0806	冶金工程	
63		0807	动力工程及工程热物理	

续表

序号	学科门类	学科代码	学科名称	备注
64	08 工学	0808	电气工程	
65		0809	电子科学与技术（可授工学、理学学位）	
66		0810	信息与通信工程	
67		0811	控制科学与工程	
68		0812	计算机科学与技术（可授工学、理学学位）	
69		0813	建筑学	
70		0814	土木工程	
71		0815	水利工程	
72		0816	测绘科学与技术	
73		0817	化学工程与技术	
74		0818	地质资源与地质工程	
75		0819	矿业工程	
76		0820	石油与天然气工程	
77		0821	纺织科学与工程	
78		0822	轻工技术与工程	
79		0823	交通运输工程	
80		0824	船舶与海洋工程	
81		0825	航空宇航科学与技术	
82		0826	兵器科学与技术	
83		0827	核科学与技术	
84		0828	农业工程	
85		0829	林业工程	
86		0830	环境科学与工程（可授工学、理学、农学学位）	
87		0831	生物医学工程（可授工学、理学、医学学位）	
88		0832	食品科学与工程（可授工学、农学学位）	
89		0833	城乡规划学	

续表

序号	学科门类	学科代码	学科名称	备注
90	08 工学	0835	软件工程	
91		0836	生物工程	
92		0837	安全科学与工程（可授工学、管理学学位）	√
93		0838	公安技术	
94		0839	网络空间安全	
95		0851	建筑*	部分
96		0853	城乡规划*	部分
97		0854	电子信息	
98		0855	机械	
99		0856	材料与化工	
100		0857	资源与环境	√
101		0858	能源动力	
102		0859	土木水利	
103		0860	生物与医药	
104		0861	交通运输	
105		0862	风景园林	√
106	09 农学	0901	作物学	
107		0902	园艺学	部分
108		0903	农业资源与环境	
109		0904	植物保护	
110		0905	畜牧学	
111		0906	兽医学	
112		0907	林学	
113		0908	水产	
114		0909	草学	
115		0910	水土保持与荒漠化防治学	

续表

序号	学科门类	学科代码	学科名称	备注
116	09 农学	0951	农业	
117		0952	兽医	
118		0954	林业	
119		0955	食品与营养*	
120	10 医学	1001	基础医学（可授医学、理学学位）	
121		1002	临床医学（同时设专业学位类别，代码为 1051）	
122		1003	口腔医学（同时设专业学位类别，代码为 1052）	
123		1004	公共卫生与预防医学（可授医学、理学学位）	
124		1005	中医学	
125		1006	中西医结合	
126		1007	药学（可授医学、理学学位，同时设专业学位类别，代码为 1055）	
127		1008	中药学（可授医学、理学学位）	
128		1009	特种医学	
129		1011	护理学（可授医学、理学学位）	
130		1012	法医学	
131		1053	公共卫生	部分
132		1054	护理*	
133		1056	中药*	
134		1057	中医	
135		1058	医学技术	
136		1059	针灸*	
137	11 军事学	1101	军事思想与军事历史	√
138		1102	战略学	√
139		1103	联合作战学	√
140		1104	军兵种作战学	√
141		1105	军队指挥学	√

续表

序号	学科门类	学科代码	学科名称	备注
142	11 军事学	1106	军队政治工作学	√
143		1107	军事后勤学	√
144		1108	军事装备学	√
145		1109	军事管理学	√
146		1110	军事训练学	√
147		1111	军事智能	√
148		1152	联合作战指挥*	√
149		1153	军兵种作战指挥*	√
150		1154	作战指挥保障*	√
151		1155	战时政治工作*	√
152		1156	后勤与装备保障*	√
153		1157	军事训练与管理*	√
154	12 管理学	1201	管理科学与工程（可授管理学、工学学位）	√
155		1202	工商管理学	√
156		1203	农林经济管理	√
157		1204	公共管理学	√
158		1205	信息资源管理	√
159		1251	工商管理*	√
160		1252	公共管理*	√
161		1253	会计	√
162		1254	旅游管理*	√
163		1255	图书情报*	√
164		1256	工程管理*	√
165		1257	审计	√

续表

序号	学科门类	学科代码	学科名称	备注
166	13 艺术学	1301	艺术学（含音乐、舞蹈、戏剧与影视、戏曲与曲艺、美术与书法、设计等历史、理论和评论研究）	√
167		1352	音乐	√
168		1353	舞蹈	√
169		1354	戏剧与影视	√
170		1355	戏曲与曲艺	√
171		1356	美术与书法	√
172		1357	设计	√
173	14 交叉学科	1401	集成电路科学与工程（可授理学、工学学位）	
174		1402	国家安全学（可授法学、工学、管理学、军事学学位）	√
175		1403	设计学（可授工学、艺术学学位）	部分
176		1404	遥感科学与技术（可授理学、工学学位）	
177		1405	智能科学与技术（可授理学、工学学位）	
178		1406	纳米科学与工程（可授理学、工学学位）	
179		1407	区域国别学（可授经济学、法学、文学、历史学学位）	√
180		1451	文物	√
181		1452	密码*	

注："√"表示该学科属于人文社会科学范畴，"部分"表示该学科部分内容属于人文社会科学范畴；名称后加"*"的仅可授予硕士专业学位，其他可授予硕士、博士专业学位。

（2）国际论文人文社科学科界定与研究方向划分

InCites 数据库综合了国际学术论文的各类研究方向，根据研究方向的不同将学术论文划分为不同的学科领域，共分为艺术与人文（Arts & Humanities），临床、临床前和健康（Clinical，Pre-Clinical & Health），工程与技术（Engineering & Technology），生命科学（Life Sciences），物理科学（Physical Sciences）及社会科学（Social Sciences）六大领域，而艺术与人文和社会科学一般被认为是人文社会科学的范畴。因此，艺术与人文和社会科学中国际学术论文所属的研究方向界定如表 1-2 所示。

表 1-2　国际论文人文社科研究方向划分

Arts & Humanities（艺术与人文）	Social Sciences（社会科学）	
ARCHITECTURE（建筑学）	ANTHROPOLOGY（人类学）	LAW（法律）
ART（艺术）	ARCHAEOLOGY（考古学）	LINGUISTICS（语言学）
HUMANITIES, MULTIDISCIPLINARY（人文学科，多学科）	AREA STUDIES（区域研究）	MANAGEMENT（管理）
CLASSICS（经典；古希腊与古罗马的文化研究，尤指对其语言与文学的研究）	PSYCHOLOGY，BIOLOGICAL（心理学、生物学）	SOCIAL SCIENCES, MATHEMATICAL METHODS（社会科学，数学方法）
DANCE（舞蹈）	BUSINESS（商业）	REGIONAL & URBAN PLANNING（区域和城市规划）
FILM，RADIO，TELEVISION（电影、广播、电视）	BUSINESS，FINANCE（商业、金融）	DEVELOPMENT STUDIES（发展研究）
FOLKLORE（民俗学）	PSYCHOLOGY，CLINICAL（心理学，临床）	POLITICAL SCIENCE（政治学）
HISTORY（历史）	COMMUNICATION（沟通）	PSYCHOLOGY（心理学）
HISTORY & PHILOSOPHY OF SCIENCE（科学史与哲学）	CRIMINOLOGY & PENOLOGY（犯罪学与刑罚学）	PSYCHOLOGY, MULTIDISCIPLINARY（心理学，多学科）
ASIAN STUDIES（亚洲研究）	DEMOGRAPHY（人口统计）	PUBLIC ADMINISTRATION（公共行政）
LINGUISTICS（语言学）	ECONOMICS（经济学）	PSYCHOLOGY, PSYCHOANALYSIS（心理学，心理分析）
LITERARY THEORY & CRITICISM（文学理论与批评）	EDUCATION & EDUCATIONAL RESEARCH（教育与教育研究）	PSYCHOLOGY, MATHEMATICAL（心理学，数学）
LANGUAGE & LINGUISTICS（语言与语言学）	EDUCATION，SCIENTIFIC DISCIPLINES（教育、科学学科）	PSYCHOLOGY, EXPERIMENTAL（心理学，实验）

续表

Arts & Humanities （艺术与人文）	Social Sciences （社会科学）	
LITERARY REVIEWS （文学评论）	EDUCATION，SPECIAL （教育，特殊）	SOCIAL ISSUES （社会问题）
LITERATURE （文学）	ETHICS （伦理）	PSYCHOLOGY，SOCIAL （心理学，社会学）
LITERATURE，AFRICAN，AUSTRALIAN，CANADIAN （文学，非洲，澳大利亚，加拿大）	PSYCHOLOGY，EDUCATIONAL （心理学，教育）	SOCIAL SCIENCES，INTERDISCIPLINARY （社会科学，跨学科）
LITERATURE，AMERICAN （文学，美国）	ENVIRONMENTAL STUDIES （环境研究）	SOCIAL SCIENCES，BIOMEDICAL （社会科学、生物医学）
LITERATURE，BRITISH ISLES （文学，不列颠群岛）	ETHNIC STUDIES （种族研究）	SOCIAL WORK （社会工作）
LITERATURE，GERMAN，DUTCH，SCANDINAVIAN （文学，德语，荷兰语，斯堪的纳维亚语）	FAMILY STUDIES （家庭研究）	SOCIOLOGY （社会学）
LITERATURE，ROMANCE （文学，浪漫）	GEOGRAPHY （地理）	URBAN STUDIES （城市研究）
LITERATURE，SLAVIC （文学，斯拉夫语）	GERONTOLOGY （老年学）	WOMEN'S STUDIES （妇女研究）
MEDIEVAL & RENAISSANCE STUDIES （中世纪和文艺复兴时期的研究）	HEALTH POLICY & SERVICES （健康政策与服务）	—
MUSIC （音乐）	HISTORY OF SOCIAL SCIENCES （社会科学史）	—
PHILOSOPHY （哲学）	HOSPITALITY，LEISURE，SPORT & TOURISM （酒店、休闲、运动和旅游）	—
POETRY （诗歌）	PSYCHOLOGY，DEVELOPMENTAL （心理学，发展）	—

续表

Arts & Humanities（艺术与人文）	Social Sciences（社会科学）	
THEATER（剧院）	INDUSTRIAL RELATIONS & LABOR（劳资关系与劳工）	—
RELIGION（宗教）	PSYCHOLOGY，APPLIED（心理学，应用）	—
CULTURAL STUDIES（文化学习）	INTERNATIONAL RELATIONS（国际关系）	—

（3）中文社会科学引文索引（CSSCI）中的期刊学科分类

根据南京大学发布的中文社会科学引文索引（CSSCI）来源期刊目录（2021—2022 年）和中文社会科学引文索引（CSSCI）来源期刊扩展版目录（2021—2022 年）可知，在目录中的期刊共被划分为法学、高校社科学报、管理学、教育学、经济学、考古学、冷门绝学、历史学、马克思主义理论等共计 28 种学科类型，2021—2022 年 CSSCI 及其拓展版期刊目录中学科名称及其对应的期刊数量如表 1–3 所示。

表 1–3　2021—2022 年 CSSCI 及其拓展版期刊目录中学科名称及其对应的期刊数量

学科名称	CSSCI 期刊数量/种	CSSCI 拓展版期刊数量/种
法学	27	18
高校社科学报	11	7
管理学	40	16
教育学	40	18
经济学	74	28
考古学	7	3
冷门绝学	5	2
历史学	30	8
马克思主义理论	21	4
民族学与文化学	15	11
人文经济地理	13	4
社会学	13	8

续表

学科名称	CSSCI 期刊数量/种	CSSCI 拓展版期刊数量/种
体育学	12	3
统计学	4	1
图书馆、情报与文献学	21	5
外国文学	6	1
心理学	8	2
新闻学与传播学	18	9
艺术学	25	14
语言学	25	11
哲学	17	2
政治学	40	13
中国文学	21	6
自然资源与环境科学	6	4
宗教学	3	5
综合性高校学报	62	11
综合性社会科学	49	15
报纸理论版	2	—
总计	615	229

因此，本书所涉及的人文社科范畴是以上三大体系的并集，对于国内人文社科成果的统计主要是基于教育部学科分类及 CSSCI 期刊目录基础上进行的，而对于国外人文社科成果的统计主要是基于 SSCI、AHCI、SCI 等学科分类及人文社科研究基础上进行的。

1.2.3 研究对象分类框架

本书以中国 1270 所本科院校为研究对象，根据办学类型和学科特点可以按 4 类体系将这 1270 所高校划分成不同的类型，以便不同高校之间进行比较分析，具体如表 1-4 所示。

表 1-4　高等院校分类框架

单位：所

分类标准	高校类别	高校数量	总计
第一分类体系：按高校办学体制划分	公办高校	849	1270
	民办高校	251	
	独立学院	161	
	合作办学高校	9	
第二分类体系：按公办高校学科类型划分	师范类高校	124	849
	财经类高校	53	
	政法类高校	38	
	艺术类高校	35	
	语言类高校	15	
	民族类高校	14	
	体育类高校	14	
	综合类高校	195	
	理工类高校	235	
	医药类高校	84	
	农林类高校	42	
第三分类体系：公办高校分为“双一流”高校与普通高校	“双一流”高校	144	849
	普通高校	705	
第四分类体系：按民办高校与独立学院学科类型划分	财经类高校	62	412
	艺术类高校	16	
	语言类高校	15	
	师范类高校	12	
	综合类高校	126	
	理工类高校	156	
	医药类高校	25	

1.3 研究内容

1.3.1 研究框架

本书主要围绕中国高校人文社科发展问题进行系统分析与综合评价，本书的研究框架如图 1–4 所示。

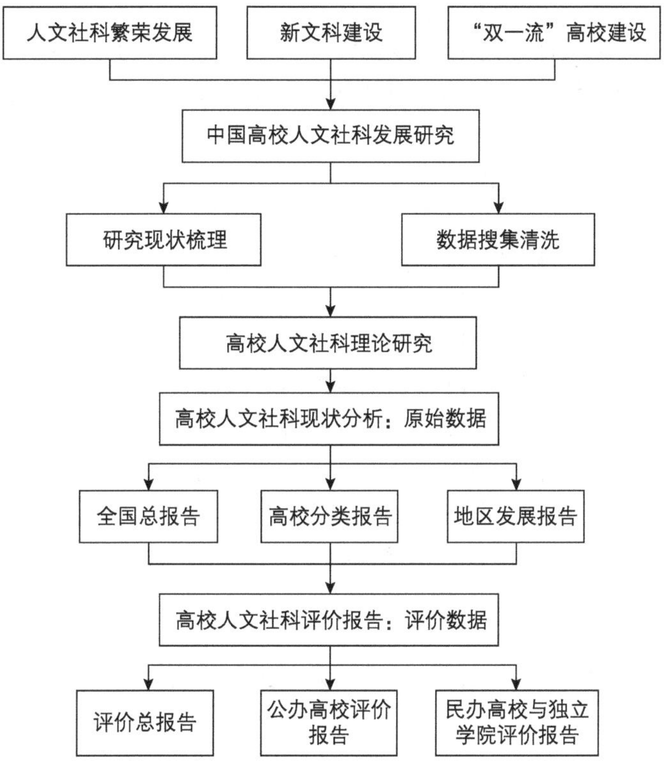

图 1–4 研究框架

本书在中国哲学社会科学繁荣、国家全面推进“双一流”高校建设、新文科建设背景下提出要研究的核心问题，即高校人文社科发展分析与评价。首先，在梳理已有研究特点与数据收集清洗基础上，对高校人文社科发展理论进行系统分析，从而为本书后续研究奠定坚实的理论基础。其次，对高校人文社科发展现状进行综合分析，分别从总体视角、地区视角及高校分类视角对科研项目、学术论文、科研奖励等原始数据进行系统分析。最后，对高校人文社科发展进行评价分析，分别从总体视角、公办高校视角，以及民办高校与独立学院视角进行分析。

1.3.2 章节安排

本书的主要章节安排如下。

第 1 章：绪论

主要介绍了本书的研究背景与研究意义，并对本书的重要概念与研究对象进行界定，进而对本书的研究框架、篇章结构与研究方法进行了介绍，最后全面总结了本书的研究特色及主要创新之处。

第 2 章：高校人文社科发展与评价

主要对人文社会科学的科学地位、学科特征、历时演变及发展趋势进行阐释，在此基础上进一步分析了高校人文社科评价的理论基础、评价内容、发展阶段及存在的问题，并系统总结了高校人文社科评价的重要意义。

第 3 章：中国高校人文社科的评价方法

主要介绍了高校人文社科评价的基本要素、指导思想，以及评价指标体系的构建原则，进而阐述了本书中高校人文社科发展的评价方案，包括评价方法设计原则、权重赋值、评价方法、评价模型等方面，最后对数据采集与处理过程进行了说明。

第 4 章：中国高校人文社科发展总报告

主要从科研项目、学术论文、社科奖励维度对我国高校人文社科发展的总体情况进行深入分析，分析视角包括项目、论文及奖励的基本统计分析、在全国的贡献分析及当量数据分析。科研项目包括高校国家社科项目、教育部人文社科项目；学术论文包括以高校第一单位发表的国际论文与国内论文；社科奖励包括高校取得的研究优秀成果奖（人文社会科学）、高等教育国家级教学成果奖（简称“国家级教学成果奖”）、国家级一流本科课程奖及全国教材建设奖。

第 5 章：中国高校人文社科发展分类报告

主要按高校的不同类别对高校的人文社科发展进行分析，分析视角包括“双一流”高校与普通高校、不同类型的公办高校（师范类、财经类、政法类等 11 类）及不同办学体制的高校（公办、民办、合作办学），从人文社科科研项目、国内外学术论文及高层次社科奖励等维度进行综合分析。

第 6 章：中国高校人文社科发展地区报告

主要基于地区视角分析高校人文社科科研项目、学术论文及社科奖励的情况，以了解不同地区高校人文社科的发展情况，更好地认识不同地区高校人社科的发展水平，并了解高校人文社科发展的区域特征，以便更好地发现问题。

第 7 章：中国高校人文社科发展评价报告

主要对中国 1270 所高校人文社科发展综合能力进行分析，并进一步按地区进行分类分析、不同办学体制的分类分析，以及按不同高校类型的分类分析，从宏观视角了解中国高校人文社科发展的总体水平。

第 8 章：中国公办高校人文社科发展评价报告

主要对公办高校人文社科发展水平进行综合评价与深度分析，包括公办高校人文社科的总排名分析，以及发展差距、地区分布等的进一步分析，并对不同地区的公办高校（31个省、自治区、直辖市）、不同学科类型公办高校（师范类、财经类、政法类等11类），以及不同办学层次的公办高校（“双一流”高校与普通高校）进行分类分析及比较分析。

第9章：中国民办高校和独立学院人文社科发展评价报告

主要对民办高校和独立学院人文社科发展综合能力进行分析，包括民办高校和独立学院总排名分析、前10强、前50强等优势高校的分析，以及发展差距、地区分布等的进一步分析，并对不同类型高校（财经类、艺术类、语言类等7类）的人文社科进行统计分析，最后对合作办学类高校进行统计分析。

1.3.3 研究方法

（1）文献分析法

采用文献分析法主要是对高校人文社科发展研究领域的文献资料、重要论述、主要著作等进行系统性梳理，进而从浩如烟海的文献资料中搜集与本研究相关的信息，并对这些信息进行分析、整合和利用，全方面深入了解已有研究内容的特点、优势与不足，并系统性地总结本研究需要关注的重点内容，为本研究的顺利开展奠定良好的基础。

（2）统计分析法

采用统计分析法主要是对高校人文社科发展的现状及问题进行分析、归纳与总结。统计分析法是指对研究对象的规模、速度、范围、程度等方面予以数量关系的呈现，通过对收集到的各种数据资料进行数理统计分析形成定量的结论，从而认识并揭示研究对象的相互关系、变化规律和发展趋势，进而达到对研究对象的正确解释和预测的一种研究方法，无论是在自然科学领域还是社会科学领域均有广泛的应用。

（3）定性分析法

采用定性分析法主要是对本研究的核心概念、研究对象、理论基础等进行系统分析，如对人文社会科学的概念与内涵进行辨析，明确本研究中人文社会科学的内涵并梳理人文化社科的发展历程，以及在研究对象的框架分析、评价原则、评价要素、评价结果的分析中广泛应用到了定性分析方法。

（4）多属性综合评价

采用多属性综合评价主要是对中国高校人文社科发展水平进行综合评价。多属性评价一般又称为多指标综合评价，在评价中选取几十个甚至上百个指标进行评价，具有信息量大、评价比较全面的优点，目前在科技评价、经济发展、公共管理、绩效管理等领域已有较为广泛的应用。

（5）比较研究法

采用比较研究法主要是对不同科研成果、不同地区、不同高校等进行比较分析，从不同维度揭示高校人文社科的发展特点及差异。比较研究就是对事物或者问题进行区分，以认识其差别、特点和本质的一种辩证逻辑思维方法，通常来说，它是把两种或者两种以上同类事物放在一起进行比较和分析，从而揭示事物发展的规律性，找出最有价值的东西，在分析问题、做出判断、制定政策等领域具有广泛的应用。

1.4 本书特色

1.4.1 以重大问题和社会需求为指引

本书以新时代国家全面推进人文社会科学繁荣发展的重大战略需求为指引，立足于人文社科发展的重大问题及社会的广泛关切，深刻把握学术研究为社会服务的宗旨，系统总结人文社科理论体系、发展脉络，并以高等院校为主体从科研项目、学术论文、科研奖励等维度综合分析高校人文社科的发展情况，有利于深入认识高校人文社科发展的优势与不足，旨在为提升高校人文社科发展水平提供重要参考。

1.4.2 以高校人文社科发展为核心评价内容

人文社科发展与自然科学存在较大不同，自然科学的应用研究往往可以取得经济回报，人文社科成果主要依托政府和高等院校，回报则以社会效益为主，而目前已有的报告在评价时并没有对文科、理科、工科等科研成果进行区分，人文社科的发展有其学科的特殊性，从高校人文社科角度进行分析与评价的报告目前比较罕见，本书正是专门围绕高校人文社科发展的综合评估报告，并且评价体系的设计尤其重视文化传承原则、成果优先原则、全国水平统一原则、高水平成果重视原则等，本书研究视角独特，率先开起了国内高校人文社科评价报告的先河，弥补了相关领域研究的不足。

1.4.3 强调人文社科成果导向

本书人文社科发展评价侧重于人文社科发展的成果，严格区分人文社科与自然科学，重点关注人文社科领域成果，关注人文社科成果的产出与转化。在本书的评价指标中，师资队伍、人才培养、科研项目、学术论文、科研奖励、文化传承、国际化等方面的指标均属于人文社科领域，注重选取一些能够反映人文社科成果质量、效益的指标，同时兼顾数量，并注重不同高校人文社科成果的可比性。以人文社科成果为导向衡量高校人文社科发展水平，更能体现人文社科在社会发展中的贡献，更好发挥评价的导向功能，促进人文社科成果与效益的提升。

参考文献

[1] 刘大椿. 人文社会科学主旨问题报告 [M]. 北京：首都师范大学出版社，2014：8.

2 高校人文社科发展与评价

2.1 人文社会科学的地位

2.1.1 人文社会科学对人类社会的意义

（1）理解人类社会和文化

人文社会科学是人类认识和改造世界的重要工具，其研究对于揭示人类社会的本质与结构具有重要意义。人文社会科学研究可以带领我们回溯人类历史，了解人类社会从原始社会到现代社会的发展脉络，了解不同历史时期的生活方式、社会组织、文化传承等，帮助我们更好地理解社会结构和人际关系的运作方式，去解释了个体行为的动机和心理机制，通过研究过去的经验帮助我们理解社会的演变。并深入研究不同文化，发现它们之间的差异性和共通性，增进对文化多样性的认识、理解与尊重。此外，人文社会科学为社会问题提供了解决方案，帮助我们了解资源的分配和经济发展，研究社会治理机制，探索教育对社会发展的重要性，构建法律体系和维护社会秩序。为我们认识人类社会历史和现状、促进文化多样性与共通性、解决各种社会问题、保护文化遗产及提升人文素养提供了理论基础和实践指导。

（2）推动社会进步与发展

人文社会科学作为人类的精神家园，为社会发展进步提供了重要参考和指导。它是人文科学与社会科学交融而成的综合学科，也可以被广义地称为哲学社会科学。人文社会科学是人们认识世界、解释世界、改造世界的重要工具，同时也是衡量一个国家和民族文明品性、精神品格和思维品质的重要标志。一个国家和民族的文明程度和社会发展水平不仅体现在科技和经济方面，也体现在其文化价值观和人文素养上。通过对人文社会科学的研究，国家可以加强对自身文化传统的传承和保护，树立积极向上的精神风貌，形成独具特色的文化软实力，提升国家文明形象。在大国崛起与世界竞争的进程中，一个国家的发展不仅可能面临自然科学与工程技术领域的挑战，还可能陷入无法清晰阐述和传播的尴尬境地。作为宣传思想文化事业的基石和理论基础，哲学社会科学事业的繁荣发展对于国家现代化进程至关重要，它是不可或缺的组成部分。不仅有助于我们了解社会现象和经济现象规律，为政策制定和社会管理提供决策依据，而且有助于推动社会进步、促进社会繁荣发展。

（3）培养思辨与创新能力

人文社会科学在培养思辨与创新能力方面发挥着不可替代的作用。习近平总书记一次重要讲话中强调了“要更好地运用辩证唯物主义和历史唯物主义的观点和方法，增强对世界发展规律的认识和把握”。这种对唯物辩证法的运用，能够帮助人们从全局角度审视问题，激发了人们的思辨精神，帮助人们提高思考和分析问题的能力。习近平总书记还强调在“新时代要有新气象新作为，要在中国特色社会主义伟大事业上有所建树，必须把马克思主义基本原理同中国具体实际和时代特征相结合，推动理论创新和实践创新”。这表明人文社会科学需要不断创新、与时俱进，将马克思主义原理与中国具体实际相结合，为社会发展和进步提供更有针对性的思考和指导。这种理论创新的努力，为培养创新能力的人才提供了理论支撑。思辨与创新能力体现了一个民族的思维能力、精神品格和文明素质，也是评估一个国家综合国力和国际竞争力的重要指标。

（4）增进人类共同价值观

人文社会科学通过对不同文化和社会的研究，增进对不同文化和价值观的理解与尊重，促进人类共同价值观的形成与传承。它承载着思想的传承和文化的传播，通过思想的碰撞和文化的交流，推动社会的变革与发展。人文社会科学的研究强调社会参与和民主发展的重要性，为民主社会的建设和公民的参与提供了理论支持。此外，人文社会科学的关注点还包括社会福利和人类幸福，通过研究社会问题和社会政策，促进社会的公平与和谐，增进人类的福祉。人文社会科学学科的研究不仅为我们提供了对人类社会的深刻认识，也为社会发展和人类进步提供了重要指导。

2.1.2 人文社会科学的学科界定与特征

（1）人文社会科学的基本内涵

针对人文社会科学的理解有两种方式：一种将其看作“人文社会”的科学，与自然科学形成对立；另一种将其视为人文科学与社会科学的合称，也可称为哲学社会科学或文科。本书所指人文社会科学属于后者范畴（任胜利，2021）。

人文社会科学是人文科学和社会科学的总称（崔延强 等，2021）。人文学科是涵盖了与人类特殊性直接相关的信仰、情感、心态、理想、道德、审美、意义、价值等各个方面的学科。它包含那些既不属于自然科学，也不属于社会科学的学科。人文学科主要包括现代与古典语言学、文学、历史学、哲学、宗教学、神学、考古学、艺术等。这些学科以人文主义的内容和方法为特点。狄尔泰（2004）认为人文科学由 3 个层次构成：第一层次通过感知描绘实在，构成了知识的历史成分；第二层次从实在中抽象出来的内容的一致行为，构成了人文科学的理论成分；第三层次涉及价值判断和预定规则，包含了人文科学的实践成分。

社会科学是一门研究社会现象的科学。它借鉴了自然科学的方法和原则，致力于深入探索日益复杂的社会现象。在现代意义上，社会科学包括政治学、经济学、社会学、法学、教育学等学科领域。通过多个学科的协同研究，社会科学试图从多个侧面、多个视角对人类社会进行系统分类和深入剖析，以揭示社会的本质和发展规律（崔延强 等，2021）。

一般来说，人文科学注重研究人的思想观念、道德精神和情感价值，侧重主观世界和精神文化方面，而社会科学主要研究人类社会整体的客观存在及其发展规律。综合来看，人文社会科学知识涵盖了审美情感到思想观念、从语言符号到生活世界、从个体生存到社会发展、从现实生活到精神文化、从历史到未来、从感性到理性、从人文社会到宇宙自然等一切方面，各种知识都是天地时空之产物。知识面的扩展也是必然增进认识世界的深度。人文社会科学从本质上来说，都是关于人的学问，在一定程度上都是“人学”。

人文社会科学以人类的精神世界和社会发展为研究对象，以关注人类的终极关怀为价值导向，以科学的思维方法和研究工具为基础，致力于认识和阐释人与世界的本质联系及人类社会的发展规律，构建系统而严密的理论体系。它涉及人类意识、认知和知识，这些是人类在自然世界中独特的基础。人类的意志不仅关注自然界，还关注自身。对自然界的认知形成了自然科学知识，而对自身的认知则形成了人文和社会科学（曲庆彪，2004）。

通过对人文社会科学的研究，可以深入探索人类的文化、价值观、社会行为、思维模式等方面。人文社会科学在揭示人类个体和社会的复杂性、多样性及相互关系方面发挥着重要作用。它关注人类的情感、信仰、道德、价值观等主观层面，同时也关注社会结构、社会变迁、社会制度等客观层面。通过综合研究，人文社会科学努力探寻人类存在的意义、社会发展的规律及人类与自然、人类与社会的相互作用。

（2）人文社会科学的基本特征

人文社会科学成为一门综合性、多元性和有深远影响的学科，它帮助我们理解人类行为、社会现象和文化价值，为社会问题的解决提供理论依据和实践指导。人文社会科学的基本特征可以从以下 5 个方面来认识。

第一，多样性与复杂性。

人文社会科学研究涉及的知识涵盖了生存世界里人所能参照的一切领域，具有极大的丰富性和广博性。人文社会科学研究的对象是人类社会的多个领域和复杂现象。它涵盖文化、历史、政治、经济、社会关系、心理等方面。研究者需要综合使用不同的理论、方法和视角来理解和解释这些多样和复杂的现象。通常采用比较研究、案例研究、质性研究等方法来深入探索不同社会背景和文化之间的异同。

第二，解释性与理论性。

人文社会科学旨在解释和理解人类行为和社会现象的原因、动机和影响。研究者通过构建理论框架和提出假设来解释现象的本质和内在关系。使用归纳和演绎推理、实证研究和理论建构等方法来验证理论，并通过不断修正和发展理论来提供更好的解释。

第三，历史与文化性。

人文社会科学关注社会和文化的演变，探索历史的进程和文化的传承。研究者通过研究历史文献、考古发掘、口述历史等方式来还原过去的社会和文化场景。研究不同文化的信仰、价值观、习俗和传统，并探索它们对人类行为和社会组织的影响。

第四，主观性与客观性的结合。

人文社会科学的主观性在于它关注人类主体的意义、价值观和心理状态。研究者探索个体的主观体验、思想和情感，并通过采访、观察等方法获取数据。然而，人文社会科学也追求客观性，通过系统性的研究方法和科学原则来验证结论的可靠性。它使用量化和定性研究方法，运用统计分析和理论构建来提供客观解释。

第五，社会影响与责任。

人文社会科学的研究成果对社会产生重要影响，并具有社会责任。研究者的工作可以为政策制定、社会发展和文化交流提供重要的参考和支持。同时，也需要关注社会正义、人权、社会关系的和谐等重要价值，对社会问题提供思考和反思，并致力于促进社会的进步和人类的福祉。

（3）人文社会科学的学科

人文社会科学是对人类社会进行研究和理解的学科领域。它涵盖了广泛的学科范围，包括哲学、社会学、心理学、历史学、人类学、经济学、政治学、教育学、法学等。这些学科共同探索人类思想、行为、文化、社会组织和社会变迁等方面的问题，旨在揭示人类社会的本质、规律和发展过程。

在人文社会科学中，哲学提供了对人类思维、价值观和存在意义的研究。它关注人类思考的本质、真理的探求和价值观的形成，通过逻辑推理和哲学思考，探索人类思维的规律和认识世界的方法。

社会学研究社会结构、社会关系和社会变迁。它关注社会群体的行为、社会规范和社会组织形式，通过对社会互动、社会制度和社会变革的研究，揭示社会的运行机制和发展趋势。

心理学关注个体的行为、认知和情感等心理过程。它研究人类的思维、情绪、行为及个体之间的关系，通过实验和观察方法，揭示人类行为背后的动机和心理机制。

历史学通过对历史事件和文化传承的研究，帮助我们理解社会的演变和发展。它关注人类社会的历史进程、历史事件的影响及历史文化的传承，通过研究过去的经验和教训，为当前和未来的社会发展提供参考和借鉴。

人类学关注不同文化和社会群体之间的差异和联系。它研究人类的文化、习俗、价值观和社会组织形式，通过对人类社会多样性和共性的研究，促进文化的交流、理解和尊重。

经济学研究资源的分配和经济活动的规律。它关注生产、消费和分配的过程，通过经济理论和实证研究，揭示经济行为的决策原理和市场机制，为资源的有效利用和经济的可持续发展提供理论支持。

政治学研究政治制度、权力关系和治理机制。它关注政治行为、政府组织和政治决策的制定，通过研究政治力量的运行和政治参与的形式，揭示政治权力的分配和社会治理的机制。

教育学探索教育对个体和社会的影响。它研究教育的目标、方法和效果，关注教育的价值观和教育政策的制定，通过教育理论和实践研究，为教育改革和发展提供理论指导和实践经验。

法学构建法律体系和维护社会秩序。它研究法律的起源、发展和实施，关注法律对社会秩序和公正的作用，通过法律理论和法律实践的研究，为法律的改进和司法实践提供理论支持和实践指导。

这些人文社会科学学科的研究对象涵盖人类的精神世界、文化价值及社会组织和运行的物质客体。通过对人类社会的多维度研究，人文社会科学致力于揭示人类社会的本质、规律和发展趋势。它帮助我们深入理解人的思想、行为和文化，以及社会的结构、机制和变迁。同时，人文社会科学也为解决社会问题提供了理论基础和实践指导。它探索社会现象的根源和解决途径，为社会发展、社会公平和人类福祉做出贡献。通过跨学科合作和不断创新，人文社会科学不断丰富我们对人类社会的认知，促进社会的可持续发展和人类社会的进步。

（4）人文社会科学的方法论

1）实证主义

在方法论上，人文社会科学采用实证主义，借鉴社会科学效法的系统性、精确性及经验性，并通过推导理论来不断提升科学的精确性和先进性（张庆熊，2010）。工业革命的兴起引发了圣西门等人对"新秩序"的认识，在圣西门的工业主义乌托邦思想的影响下，孔德提出了实证主义体系。他认为，所有知识都会经历从神学形式到形而上学形式再到实证形式3个发展阶段，而实证主义则是科学主义的最高表达。孔德通过创立"社会学"这一研究领域及对社会学方法论原则进行规范，确认了实证主义在社会科学研究中的重要地位。

实证主义在历史长河中经历了3代发展。第一代以孔德、穆勒和斯宾塞为代表，他们强调通过观察和实证研究来获得科学的知识。第二代以马赫和阿芬那留斯为代表，他们的学说被称为马赫主义或经验批判主义，强调科学研究的重要性和批判性思维的应用。第三代以石里克、卡尔纳普和纽拉特等为代表，他们的学说被称为逻辑实证主义或逻辑经验主义，注重逻辑分析和理论验证的方法。至今，实证主义的方法论取向始终占据着社会科学研究的主流地位，实证研究也成为现代社会科学研究的经典传统。它强调通过观察、实证和验证来揭示社会现象的规律性和普遍性。然而，随着社会科学的发展和复杂性的增加，其他方法论的兴起也在丰富和拓展社会科学研究的视野和方法。

2）人文主义

人文社会科学研究的方法论以韦伯等古典社会学家为代表的人文主义，强调了对社会行动的理解和意义的重要性。这种方法论认为，社会科学的研究对象具有自身的独特性和内在规律，因此不能简单地效仿自然科学的研究方法，而应该建立起适合自身学科特点的研究方法。韦伯认为，社会生活的独特性在于人的行动具有意义，并且这些意义是由行动者赋予的。人文社会科学研究方法强调对个体行为背后的动机、意义和价值进行深入的理解和分析。它注重研究对象的主体性和复杂性，尊重个体的自主性和多样性。研究者通过接触、观察和深入交流，努力理解个体的行为动机、社会互动和文化背景，从而揭示社会现象的内在意义和规律。与自然科学方法不同，人文社会科学研究方法更加灵活和富有创造性。它更注重对情境和背景的理解，借助于个案研究、文献分析、历史比较和理论构建等方法，来深入探索和解释社会现象的复杂性和多样性。

3）马克思主义社会科学研究方法论

马克思主义社会科学研究方法论建立在实践观和历史唯物主义的基础上，具有一定的独特性和创新性，强调在实践的基础上考察主体和客体的关系，突破了传统社会科学研究方法论的局限性。在研究方法论上，马克思主义社会科学强调从实践出发进行研究，并将研究与社会实践相结合。马克思认为，社会科学的目的不仅仅是理解社会现象，更重要的是改变社会现实，推动社会进步。马克思主义社会科学研究方法论还强调历史的内在联系和社会的结构性特点。马克思认为，人类社会是由人与自然、人与人之间的双重关系构成的，人类社会和自然界既对立又统一，存在着相互作用的矛盾运动。马克思主义社会科学研究方法论关注社会的发展和变革过程，通过对社会历史的分析和社会结构的研究，揭示社会现象背后的规律和动力。马克思主义社会科学研究方法论还强调对日常生活和人的实践的关注，将思辨和理论归于日常生活和人的实践，强调研究者与研究对象的密切联系，追求真理的实践性和可操作性。

2.1.3 人文社会科学的历史演变发展

人文社会科学的历史演变既有西方的发展轨迹，也有中国的特殊经历。从西方演变看，西方人文社会科学诞生于古希腊、罗马时期。这一时期，形成了哲学、历史学、文学等学科的雏形，出现了苏格拉底、柏拉图、亚里士多德、修昔底德等思想家，但是各种类型的知识还是浑然一体的，自然科学与人文社会科学知识也没有区分开来。在漫长的中世纪，随着大学教学体系和制度在西方的确立，“七艺”作为继承自古希腊、罗马的文化遗产成为大学文学院中的主要课程，这也是西方现代博雅教育的雏形。文艺复兴时期，高扬人文主义旗帜，使关于人和社会的知识从神学中分离出来，极大地促进了人文科学的发展，在文学院中突破了“七艺”的传统，新增了道德哲学、自然哲学等知识内容。自启蒙运动以来，随着资本主义的兴起、科学技术的发展、启蒙思想的形成，18 世纪末，以社会的各个面向为研究对象的社会科学逐渐从人文科学中分离出来，取得了相对独立的学科地位，逐渐形成了现代学科体系，确立了“人文科学、社会科学、自然科学”三大学科分类的基本模式。

近百年来，西方人文社会科学的发展大致可分为 4 个阶段：第一，19 世纪与 20 世纪之交的学科化。人文科学、社会科学、自然科学的学科轮廓形成，并且通过大学教育制度得到贯彻。第二，20 世纪上半叶的实用化。这一时期的世界格局动荡不安，人文社会科学的发展与时代的需求关系密切，为经济、政治乃至为殖民、战争等服务成为其明显的特征。第三，第二次世界大战结束后的科学化。这一时期量化研究、功能模式、行为主义等方法盛行，人们希望把人文社会科学变成自然科学一样的“硬科学”。第四，20 世纪末以来的多元化。全球化及后现代、后殖民、后结构等话语产生巨大冲击，跨学科、跨地域、多语种研究成为潮流，源头可上溯到 20 世纪中叶兴起的“语言学的转向”，人文社会科学进入“否定之否定”的新阶段。

从中国演变看，中国哲学社会科学的发展拥有深厚的人文传统，其第一次高峰出现在春秋战国时期。这一时期的“百家争鸣”，形成了诸多思想流派，分别围绕天人关系、伦理道德、礼法制度、治国理政、经济发展等问题展开了积极探索和热烈争论。这一时期丰厚的思想遗产积淀了独特的中国智慧，也体现了独特的中国思维。汉代以后，随着“罢黜百家、独尊儒术”政策的实行，儒学取得一枝独秀的地位，经学和理学得到很大发展，儒、释、道各自发展并逐渐融合，对中国思想文化产生深远影响。自 19 世纪中叶起，随着国门被打开，中国人逐渐接触西方近代科学技术、思想观念和政治制度，一方面大力翻译和传播西方人文社会科学知识；另一方面开始出现中国自己的近代哲学社会科学。张之洞在 1903 年提出“八科分学”的近代学科知识体系框架。民国初年制定的学制则完全仿照日本和美国的学科体系，取消了“八科分学”中“经学科”的设置，在北京大学建立了第一个现代哲学社会科学学科体系。

新文化运动前后，中国具有现代意义的哲学社会科学体系开始逐渐形成。白话文取代文言文，成为现代哲学社会科学的主要表达方式；“五四”精神成为现代哲学社会科学的重要精神武器；哲学、政治学、社会学、美学、文学、心理学等主要学科纷纷兴起。十月革命的胜利，加速了马克思列宁主义在中国的传播，推动了以马克思主义为指导的哲学社会科学的发展壮大。马克思主义哲学、马克思主义历史学、马克思主义政治经济学等，都取得了长足发展。

新中国成立后，马克思主义对哲学社会科学的指导地位进一步确立和巩固。在马克思主义指导下，我国成立了中国科学院哲学社会科学学部，各大学和研究机构形成了哲学社会科学教学和研究体系，在马克思、恩格斯、列宁等经典作家的作品编译方面取得巨大成就。改革开放以来，哲学社会科学进入高速发展期，队伍不断壮大，成果日渐丰硕，在借鉴国外经验的同时进行哲学社会科学的本土化探索。在这一时期，我国开展了第二次普通高等学校专业目录的全面修订工作，对哲学社会科学学科体系进行了恢复和调整。党的十八大以来，我国哲学社会科学发展进一步强调以党和国家面临的重大理论与实践问题为主攻方向，强调加强和改善党对哲学社会科学的全面领导，强调加快构建中国特色哲学社会科学的学科体系、学术体系、话语体系。

2.1.4 人文社会科学的发展趋势

（1）人文社会科学的发展现状

2016 年，习近平总书记在哲学社会科学工作座谈会上的讲话中指出，“一个没有发达的自然科学的国家不可能走在世界前列，一个没有繁荣的哲学社会科学的国家也不可能走在世界前列”。因此，自 2016 年以来，我国哲学社会科学人才队伍不断壮大、素质不断提升、结构不断优化，重点研究机构不断扩大，科研成果数量和质量稳步提升，夯实了我国哲学社会科学事业繁荣发展的基础。为全面了解来我国哲学社会科学事业发展的基本情况，结合《国家“十四五”时期哲学社会科学发展规划》，全国哲学社会科学工作办公室近期组织各省（自治区、直辖市）社科工作办（规划办）及在京委托管理机构，重点就全国社科研究队伍、研究机构、研究项目、科研成果等 4 个方面进行了调研，截至 2021 年，相关情况如下。

社科研究队伍情况。全国中级职称以上社科研究人员超过 51.3 万人。具有正高级职称的共 8.8 万人、副高级职称 18 万人、中级职称 24.5 万人；人文学科 20.9 万人，社会科学 30.4 万人，马列 · 科社、应用经济、法学、中国文学、外国文学、语言学、教育学、艺术学、体育学、管理学等 10 个学科研究人员均超过 2 万人；在职人员 43.3 万人，退休人员 2.2 万人，民办机构 5.8 万人；博士生导师 2.8 万人，硕士生导师 11.4 万人，具有博士学位的 15.6 万人。

重点研究机构情况。全国各级各类重点研究机构数量达 3640 个。其中，教育部人文社会科学重点研究机构 510 个、其他部委重点研究机构 454 个、省级人文社会科学重点研究基地 1357 个、其他省级重点研究机构 1319 个。重点研究机构研究人员有 14 万人。

各级各类项目情况。5 年来，全国各级各类项目总量累计超过 70 万项。其中，由国家社会科学基金、国家自然科学基金、教育部、相关部委、省（自治区、直辖市）社会科学基金等资助的纵向项目达 50 万项；企事业单位委托、自筹经费、港澳台地区合作等横向项目超过 20 万项。总体来看，全国各级各类项目总量呈逐年递增趋势，年均增长率约为 10%。

研究成果产出情况。广大哲学社会科学工作者聚焦新时代重大理论和实践问题，聚焦学科学术发展重大基础性前沿性问题，立时代潮头、发思想先声，围绕党和国家中心工作和战略需求建言献策，推出了一大批有思想含量、学术分量、对策质量的研究成果。

全国社会科学研究单位高质量研究成果累计超过 100 万项，包括学术专著 10.4 万部、核心期刊论文 63 万篇、研究报告 18.9 万篇、专利 5.3 万项、软件著作权 2 万项、建成数据库接近 1 万个。高校系统高质量研究成果数量达 82.2 万项，社科院系统 7.2 万项，党校（行政学院）系统 3.5 万项，党政部门所属研究机构 3.9 万项，军队系统 1.9 万项。

（2）当代人文社会科学的发展趋势

进入 21 世纪以来，世界经济高速增长、科学技术飞跃发展及文化交流的频繁推动，为社会科学的繁荣和发展创造了前所未有的条件。然而，与此同时，人口、资源、环境和生态危机不断加深，地区冲突频发，全球性挑战如恐怖主义和难民潮此起彼伏，贫困、失业和收入差距的扩大等现实问题亟须解决。这些复杂因素的相互作用和矛盾冲突，使得解决问题越来越依赖社会科学研究的成果，从而推动了现代社会科学以前所未有的速度和态势快速发展。这为人文社会科学的发展提供了机遇，同时也带来了挑战。

经过发展，我国社会科学的研究取得了长足进步，传统人文学科也形成了百家争鸣的态势。伴随着国际形势的急剧变化，文化与文明的交流互鉴、智能哲学与人类未来的基础性、本源性研究迫切要求提升传统人文社会科学研究范式；此外，随着国家治理体系和治理能力现代化的深入，社会变革与治理、风险预警与应对、非传统安全与国家利益、文化传承与创新等领域迫切要求人文社会科学服务国家需求、面向科学前沿，开展集成性、引领性、创新性的跨学科研究。在这一背景下，社会科学不断开拓新的研究领域，涌现出各种新的边缘学科、交叉学科和新兴学科。人文社会科学研究机构和研究队伍日益壮大，形成了数量庞大的分支学科群。研究手段的进步和研究水平的提高，以及学术交流的频繁进行，进一步彰显了人文社会科学的重要作用。主要发展趋势体现以下 5 个方面。

1）夯实学科基础

夯实学科基础意味着以系统思维的方式回应时代的需求，突出民族特色，弘扬中华文明，并贡献于人类文明的发展。这要求人文社会科学与其他学科相互融合，形成协调有序的学科体系。此外，夯实学科基础也要求将传统学科与新兴学科、前沿学科、交叉学科和冷门学科有机结合起来，以应对当代社会发展中的新问题和挑战。为了夯实学科基础，高校应推动学科体系的自主建构，整合马克思主义研究资源、中华优秀传统文化资源和国外人文社会科学资源。同时，要加强马克思主义理论学科建设，推动重点支撑学科的发展。通过有组织的科研和研究机构的合作，加强对新兴领域的研究，不断完善学科的布局和结构，以确保基础学科的健全扎实、重点学科的优势突出、新兴学科和交叉学科的创新发展，以及冷门学科的传承与发展。

2）鼓励跨学科研究

新形势下，学科交叉与融合现象日益增加。学科间交互产生新的学科增长点，学科内涵和外延不断扩展。社会科学学科与自然科学学科的联系日益紧密，并发展出一系列交叉学科，如国家安全学等新设的一级交叉学科。这些学科既可以授予工学自然科学学位，又可以授予管理学、法学等社会科学学位。在人文社会科学内部，各类学科间的交融更为常见。跨学科的研究方法在社会科学中的应用使得学科结构变得更加灵活。它消除了学科门类、具体学科边界及地域上的人为割裂，实现了不同门类、不同学科和不同地域之间的沟通交流。这为学科体系的重组提供了基础和保障，成为社会科学发展的重要趋势。学科的边缘通常是最活跃的地带，许多跨学科和交叉学科的专业就诞生于此。例如，美国兴起的制度经济学就是将法律制度与经济学结合形成的最新颖和富有创新性的经济学流派。通常，学科的交叉和重叠通常发生在 4 个层面：社会科学各学科内部、人文科学各学科内部、人文科学与社会科学之间及人文社会科学与自然科学之间。中国特色人文社会科学学科体系应涵盖各个领域，包括传统学科、新兴学科、前沿学科、交叉学科和冷门学科。

3）增强应用性

人文社会科学应紧密关注当代社会需求，构建系统化、结构化和体系化的学科体系，以回应新发展阶段和国家发展需要。它应通过系统思维，突出民族特色，弘扬中华文明，贡献人类文明，引领学术发展，服务立德树人，并将重点转向解决社会生活中的实际问题。目前，各国政府越来越意识到解决社会问题需要依靠科学研究，因此，调整科研政策、增加经费投入、加强人文社会科学研究，为国民经济发展和社会治理的决策提供科学依据。这种转变使人文社会科学的研究越来越注重实用性，并通过解决社会问题来影响和改善社会生活。

4）数字化与计算化趋势

互联网、大数据、区块链和人工智能等新一轮科技革命正引领人类社会迈向一个全新的数智时代。在这一新形势下，传统的学科分类和知识服务体系已难以适应学科发展的动态现状。为了满足高等教育内涵式发展的总体要求，人文社会科学的发展必须面向新文科建设。新文科要以大文科思维为基础，统筹协调人文社会科学与自然科学之间的融合与发展，建立一个全新的学科体系。在面对数智时代的挑战和机遇时，建设哲学社会科学话语体系至关重要。要加强基础研究，进行重大创新，将科学主义和人文主义相互渗透、分析和综合思维互补并用。跳出传统思维框架，跨越学科边界，实现大跨度、大纵深的交叉融合创新。其中，计算社会科学和数字人文将成为新文科建设的重要指导。利用大数据和计算机运算方法，构建模型来模拟和分析复杂的社会经济现象，借助计算机和多媒体表达辅助进行人文学科研究。这些新兴技术将为人文社会科学研究带来全新的可能性和方法。此外，人文社会科学还要顺应社会发展需求，更主动地运用科技新成果和新工具，接收和获取生产知识，实现资源优势的互补与共享。数字化与计算化趋势将成为人文社会科学发展的核心，推动学科的融合和创新，为“中国特色”寻找最佳注解。

5）国际化趋势

经济全球化、文化多元化、政治多极化、互联网技术的发展及新技术革命的爆发，赋予具有不同历史文化背景的国家面临的社会发展问题以国际化的意义。这促使世界范围内的政治、经济和文化交流成为最显著的发展趋势。这种趋势推动了人文社会科学研究在更广泛和更深入的层面上实现交流和互补，使各国人文社会科学的发展形成相互关联、相互协调的有机整体。全球性问题，如环境、资源、人口、教育公平和收入差距等，都是人文社会科学研究领域中全球面临的共同问题。全球共同利益促使人文社会科学研究者形成了世界范围的科研共同体。因此，人文社会科学的研究需要扩展国际视野，推出具有世界水平的研究成果。

2.2 高校人文社会科学发展

2.2.1 高校人文社会科学评价的理论基础

（1）系统科学理论

系统科学理论认为，世界上的万事万物，都构成大大小小的系统，大系统由很多小系统组成，而每个子系统则由更小的子系统组成，系统之间既相互联系又相互区别，通过对系统之间和系统内部的分析，可以使得纷扰复杂的问题层次化、简单化，从而达到解决问题的目的。学科评价就是一个复杂的大系统，它是由多个相互联系的要素组成的，学科评价过程也是一个复杂的系统过程，需要系统论作为理论指导。

系统科学理论强调 5 个鲜明特征，即整体性、相关性、目的性、层次性和动态性。第一，系统是由各要素有机联系、组织起来的产物，其整体性不是简单的要素相加，而是在整体与要素、层次、结构、环境之间的关系中得以揭示。第二，系统中各要素之间存在着普遍联系，表现为相互依存和制约、协同与竞争的关系，这种相关性是系统维持整体性和部分独立性的统一。第三，系统具有目的性，即在一定程度内其发展变化不受条件和途径的影响，表现为系统发展的阶段性和目的性与发展的一定阶段相联系。第四，系统内部存在层次性，各要素按照不同质的规定性组成系统等级，形成具有质的差异的系统等级，不同质的系统之间相互联系，处于普遍联系之中。第五，系统是动态的，系统内部结构随时间变化，且与外部环境存在着物质、能量和信息的交换，系统是开放的。在学术评价活动和学科发展中，应遵循系统论的原则和方法，不断优化和调整系统，以实现科学活动的发展与进化。

（2）计量学

从哲学的角度来讲，一切事物都是质和量的统一，把握事物的质是人们实践活动和认识活动的最基本条件，而量是质的等级、规模、范围和结构的表现，认识量是认识质的深化和精确化，只有认识量才能正确估计事物在实践中的地位和作用。科学评价包括“质”的评价和“量”的评价两个方面，“量”的评价主要是通过数学方法和统计学方法对评价对象的数量特征和规律进行统计分析（即计量），来反映其发展状态和水平及其规律（文庭孝 等，2006）。计量是关于测度的科学，是人类探讨、分析和研究事物客观规律的基本手段。计量学包括文献计量学、科学计量学、信息计量学和网络计量学等，即“五计学”，共同为学术评价的定量分析奠定了理论和方法基础，文献计量学和科学计量学在各领域评价中的应用较多，基于计量学的评价方法已经被广泛应用于科研人员评价、科研项目评价、科研机构评价、学科评价、期刊评价等方面。

1）文献计量学

文献计量学的研究可以追溯到20世纪初，1917年，科尔（F. T. Cole）和伊尔斯（N. B. Eales）采用定量的方法研究1543—1860年的比较解剖学文献，被认为是文献统计工作的起点。1923年，英国文献学家胡尔姆（E. W. Hulme）在其编写的《统计目录学与现代文明增长的关系》中首次提出了“统计书目学”（Statistical Bibliography）一词，认为它是通过简单的文献计数并用常规统计方法揭示人类文明进程的定量研究手段。随后文献计量学进入发展阶段，该时期注重理论研究与规律发现，提出了著名的文献计量学的三大基本定律。1926年，A. J. 洛特卡（A. J. Lotka）在《华盛顿科学院会刊》上发表了一篇关于“科学生产率的频次分布”的论文，首次研究并揭示了科技文献数量与著者数量之间的关系，即洛特卡定律。1934年，英国著名的文献学家S. C. 布拉德福（S. C. Bradford）提出了描述文献分散规律的经验定律——布拉德福定律。1935年，美国语言学家G. K. 齐普夫（G. K. Zipf）用大量的统计数据来验证前人有关词频分布规律的研究成果，提出了齐普夫定律。1969年，英国情报学家阿伦·普理查德（A. Pritchard）首次提出用“文献计量学”概念替代“统计书目学”，这一术语的出现标志着文献计量学的正式诞生。自20世纪60年代以来，文献计量学的研究范围进一步拓展，尤其是网络技术的迅速普及，涉及的领域和主题也越来越多，出现了以网络信息为研究对象的“网络计量学”。

文献计量学是以文献体系和文献计量特征为研究对象，采用数学、统计学等计量方法，研究文献情报的分布结构、数量关系、变化规律和定量管理，并进而探讨科学技术的结构、特征和规律的一门分支学科。它是情报学的一个重要理论分支学科，也是一门边缘学科（宋艳辉 等，2019）。文献计量学以文献及其特征为研究对象，通过定量研究方法对文献及其特征进行研究，对文献情报流的机制进行探讨，如论文作者指标、引证文献与被引证文献及二者之间的关系、文献的利用情况、书目、文献、索引等，了解文献内在的数量特征及分布规律，如文献的增长规律、老化规律及分布规律等，揭示文献的本质特征和规律性，有利于把握科学技术发展的趋势和研究热点，也可以据此对图书情报系统中的文献进行科学有效的管理。

文献计量学的研究方法主要包括书目分析法、引文分析法、数学模型法、系统分析法、矩阵分析法、内容分析法及网络分析法等。

2）科学计量学

科学计量学起源于19世纪末，1873年瑞士植物学家阿尔丰沙·德堪多（Alphonse de Candolle）发表了《二百年来科学和科学家的历史》，采用统计方法对科学家进行相关统计，还运用数学方法建立了多个指标比较各国的科学发展状况，被誉为对科学进行计量的先驱。1874年，英国遗传学家弗朗西斯·高尔顿（Francis Galton）发表了《英国科学》，被认为是科学计量学中质量分布研究的先导。1917年，动物学家科尔（F. T. Cole）和博物馆馆长伊尔斯（N. B. Eales）以文献作为切入点对科学进行定量研究，开创了科学计量学的一个新领域。美国科学史家德里克·普赖斯（Derek De Solla Price）出版了《巴比伦以来的科学》和《小科学·大科学》和美国情报学家尤金·加菲尔德（Eugene Garfield）的科学引文索引，被认为是科学计量学发展史上的两件奠基性大事，为科学计量学研究奠定了理论和数据基础，德里克·普赖斯也被认为是“科学计量学之父”。1969 年，苏联学者纳利莫夫（V. V. Nalimov）和穆利钦科（Z.M.Mulchenko）合著的《科学计量学：把科学作为情报过程来研究科学的发展》，首次提出了“科学计量学”这一术语，并将其定义为“研究分析作为情报（信息）过程的科学的定量方法”，转译为英语“Scientometrics”，科学计量学自此进入了发展时期。

科学计量学以科学为研究对象，采用数学、统计学等定量研究方法，反映科技活动的规模，描述科学体系的结构，探究科学发展的内在运行机制，揭示科学发展的规律，并对其发展趋势进行预测，为科学技术事业宏观政策管理和微观管理提供重要的依据，是科学学一门重要的分支学科。

从宏观来讲，科学计量学以科学为研究对象，研究科学的量化问题，包括科学的投入、产出及过程。从微观来讲，科学计量学以科学知识载体为研究对象进行量化研究，如文献、专利及其他形式的科学信息。典型的科学计量学研究问题有：①科学研究的生产率问题；②科研资金投入的最优化；③通过科学计量学方法和指标预测学科发展趋势及确定资助重点；④通过科学计量学方法和指标识别科学的不同学科之间及科学活动同技术活动之间的联系，从而为跨学科研究和理性的科技政策制定提供指导；⑤通过科技产出指标进行科研绩效评估；⑥描述科学活动规律和准规律的各种数学模型，如“成功导致成功”的数学模型、洛特卡定律、布拉德福定律、齐普夫—帕雷托分布等；⑦用科学计量学方法和指标研究科技人才和科技教育问题。

科学计量学的研究内容主要包括以下 3 个方面：①科学的量化研究。科学计量学是对科学学的定量研究，其首要关注的是科学的量化问题。量化的数据资料是揭示科学发展规律的前提，也是进一步探究科学内在机制的基础。但是，由于科学的复杂性，科学数量化的应用是有一定范围的。②科学计量模型的研究。从不同的角度建立各种科学模型，揭示科学发展规律，是科学计量学研究的核心内容。③科学计量学的应用研究。对科学生产投入和产出的各个方面，以及科学内、外各种关系的定量化研究也是科学计量学研究的重要内容。科学计量学已被广泛应用到科学潜力的评价、科研状况的发展分析、水平动向的评估和对科学发展趋势的预测等许多方面。随着科学计量学的不断深入发展，它对科学学、科技管理，以及整个科学发展的影响和作用将越来越明显地体现出来。

科学计量学研究方法主要包括统计分析法、引文分析法、词频分析和内容分析法、共现分析法（包括共词分析和共被引分析）、社会网络分析法、多元统计分析法及信息可视化法等。

3）信息计量学

信息计量学研究始于 20 世纪末，1979 年，德国学者昂托·纳克教授（Otto Nacke）最早提出德文“信息计量学”这一术语，随后很快就出现了英文术语“Informetrics”。1980 年，国际信息和文献联合会（FID）设立了“信息计量学委员会”（Committee on Informetrics），并拟定了长期信息计量学教学与研究工作计划，以促进信息计量学的发展。1980 年 9 月，第一次情报计量学（含科学计量学）研讨会在德国召开。1987 年，第一届文献计量学与情报检索理论国际研讨会在比利时召开，布鲁克斯在会上提议将 Informetrics 术语补充到拟于 1989 年在加拿大召开的第二届国际学术会议的名称中，得到了与会学者的普遍赞同和支持。1991 年在印度、1993 年在德国召开的第三届、第四届国际会议上，布鲁克斯的意见都在一定程度上被接受了。1995 年 6 月，在美国芝加哥召开的学术会议改名为"第五届科学计量学和情报计量学国际会议"，文献计量学被包括在内而在会议名称中被取消了，现名为"国际科学计量学与信息计量学大会"（International Society for Scientometrics and Informetrics，ISSI）主办的两年一次的国际研讨会名称的变化也说明"情报计量学"得到了国际学术界的认可。

信息计量学有广义和狭义两种定义。其中，狭义的信息计量学是指"信息计量学"（或情报计量学），主要研究情报信息（或文献情报）的计量问题，应用数学、统计学等定量方法分析和研究信息的动态特征和内在规律。广义的信息计量学是探讨以信息论为基础的广义信息的计量问题，研究范围非常广泛（文庭孝，2020）。信息计量学是在文献计量学、科学计量学的基础上拓展而来的，是情报学定量化发展的产物。以信息为计量单元，通过引入量的概念及定量研究方法，揭示其体系结构和数量变化规律，充实情报学和信息管理学理论的广度和深度，提高其精确性和科学性，为情报信息系统提供依据，使得信息管理工作能够更加有效地为科学、技术和社会发展服务。

信息计量学的研究对象是各种信息的数量方面。20 世纪 90 年代中期，巴克兰（Buckland）对信息概念进行阐述，认为信息有 3 种含义：即信息作为过程（过程信息）、信息作为知识（知识信息）、信息作为事物（事物信息），其中事物信息包括数据（Data）、文本（Text）、文献（Documents）、实物（Object）、事件（Events）。广义上的信息计量学是以广义信息论为基础，其研究对象包括过程信息、知识信息及事物信息。狭义的信息计量学主要研究事物信息的数量方面，即数据、文本、文献、实物、事件等，既包括通过正式交流产生的事物信息，也包括通过非正式交流产生的事物信息。

信息计量学的研究内容主要包括以下几个方面：①信息计量学的理论研究。其中包括学科的基本问题研究、信息的基本测度研究及信息分布变化规律与信息流模型评价研究。②信息计量学的方法研究。其中包括信息计量学方法的探讨、信息计量工具的自动化实现方面的研究及信息计量的应用软件研究。③信息计量学的应用研究。目前信息计量学已被应用于情报学理论研究、图书馆管理、信息分析和预测、信息检索及科学评价等方面。随着信息计量学的深入研究，其应用范围也在不断拓展。

信息计量学的研究方法主要有统计分析法、数学模型分析法、引文分析法、词频分析法、共现分析法、聚类分析法和计算机辅助信息计量分析法等。

4）网络计量学

网络计量学始于 20 世纪 90 年代后期，起初表现为文献计量学在网络中的应用。1997 年，T. C. Almind 等在"Information analysis on the WWW：methodological approaches to Webmetrics"一文中首次提出了"Webometrics"这一术语，他认为：情报计量方法完全可以应用到万维网上，只不过是将万维网看作引文网络，传统的引文由 Web 页面所取代，开创了网络计量学研究的先河。1997 年，网络电子期刊 *Cybermetrics* 创刊讨论会在西班牙新德里召开，选题范围包括文献计量学、科学计量学在网络信息分析中的应用，这标志着网络计量学成为一门独立的新型学科。随后，以 Cybermetrics 和 Webometrics 为主题的研究大量涌现。

网络计量学是采用数学、统计学等定量研究方法，对网上信息的组织、存储、分布、传递、相互特征和研究利用等进行定量描述和统计分析，以揭示其数量特征和内在规律的一门新兴学科。通过对网上信息的计量分析，对网上信息进行有效的组织和合理分布，达到网络信息资源的优化配置和有效利用，为网络管理的规范化和科学化提供必要的参考依据，提高网络信息组织管理水平。此外，有利于研究网络环境下的科学信息交流和传播，分析和掌握科学发展状态，探讨科学的发展趋势。

网络计量学的研究对象分为 3 个层次：①网络信息本身的直接计量，其中包括数学信息、文字信息及集文字、图形和声音于一体的多媒体信息等。②网上文献的信息计量，网上文献包括数字论文、电子期刊、电子图书等信息资源，探索文献计量学在网络环境下的新规律，包括著者分布规律、文献分散规律、增长与老化规律、引文规律，以及对这些规律的理论揭示和数学模型的研究。③网络结构单元信息的研究，包括网站、网页、链接、数据库等信息资源，主要研究网络结构单元之间的相互引证和联系。

网络计量学的研究方法包括文献信息统计分析法、数学模型分析法、网络链接分析法、书目分析法、系统分析法、关键词统计分析法、关联数据分析法（包括聚类分析、共词分析、同域分析法等）、计算机辅助文献计量分析法、Web 信息检索算法、图论分析法及社会网络分析法等。

5）知识计量学

知识计量学是以整个人类知识体系为对象，运用定量分析和计算技术对社会的知识能力（生产、流通、消费、累积和增殖等）和知识的社会关系（组织形式、协作网络、社会建制等）进行综合研究的一门交叉学科，是正在形成的知识科学中一门方法性的分支学科（刘则渊 等，2002）。

知识计量学的研究对象包括知识载体和知识内容两个维度。其中，知识载体的计量包括知识载体的数量特征、发展规律和结构关系的计量，既包括图书、期刊、论文、专利等编码化的文献知识载体的数量、质量和关联，也包括隐性的人脑知识载体的数量、质量和关联；知识内容计量包括知识内容的数量特征、发展规律和结构关系，如科学知识、技术知识、专利知识的直接计量研究（文庭孝 等，2013）。

知识计量学的研究内容包括以下 4 个方面：①知识量测度。包括知识的数量特征、结构特征和时空分布等方面。②知识质量测度。主要是对知识成果中知识的含量、水平、层次、创新度及影响度等方面的测度。③知识价值测度。主要是研究知识活动中的成本和收益、投入和产出、生产和分配、重新和转移等问题，确定知识产品或知识商品的价值和价格等。④知识关联发现。包括知识关联链与知识关联网络的发现与构建，主要是分析知识主体和主体单元之间存在的复杂的关联关系。

知识计量学的研究方法主要包括无形资产评估方法、人力资本测度方法、知识资本评价方法、引文分析法、内容分析法、知识可视化及价值评估法等。

6）“五计学”与学科评价

文献是学术成果的主要表现形式，文献的质量和数量是衡量学者、机构、学科乃至整个国家学术水平的重要指标。“五计学”用于学科评价基于各学科研究成果的理论基础是学术成果及相关特征的数量变化和分布规律。例如，科学增长的指数规律、三大经典规律（洛特卡定律、布拉德福定律、齐普夫定律）、普赖斯定律等，对学术成果的数量、质量、相互引证等进行定量描述和统计分析，运用数学和统计学的方法，将文献信息过程中的基本规律用数学模型表示出来，从不同方面反映学术成果的数量特征和内在规律。“五计学”是学术评价中最常用的定量方法，是对同行评议方法的辅助，通过定量指标分析一个地区、国家科研发展的现状和趋势，以此为依据制定合理的科研政策。此外，还可以用于研究学术研究热点，从而决定科研资源的分配与使用。

但是“五计学”的方法并不是万能的，具有一定的局限性。①韦恩斯托克（Weinstock）分析了15条引用动机，而索恩（Thorne）总结了6条非正常动机，实质是对被引文献的一种否定，而计量学方法将这些引用一视同仁，认为这些引证同等重要。②不同类之间的特征不同，不能进行类比较，如理论研究者与应用研究者、不同学科之间不能直接进行比较。③计量学的理论和方法对个体的评价作用有限，对于学科、机构、国家层面的评价结果才更有意义。④计量学方法对数据的质量要求较高，不仅要求数据库收录完备，还需要保证数据是准确的、指标是合理的。

（3）科学管理与决策理论

科学管理与决策理论是指在组织管理和决策制定过程中运用科学方法和理论，以提高管理效率、决策质量和组织绩效的学科领域。科学管理理论主要关注组织的运作和管理，强调通过科学的方法和技术来提高生产效率和工作效率。其中，弗雷德里克·泰勒的科学管理理论（Taylorism）被广泛应用。该理论强调通过工作任务分解、工作方法分析和工作时间标准化来实现工作的最大效益，以提高生产力和效率。决策理论则关注决策过程和决策结果，旨在提供科学的决策方法和准则，使决策者能够做出理性、有效的决策。决策理论包括多种方法和模型，如决策树、利益—代价分析、风险管理等，用于分析和评估不同决策选项的利弊，并选择最优的决策方案。

科学管理与决策理论的应用范围广泛，涵盖了各个领域和层级的管理和决策过程。在组织管理中，科学管理理论可以帮助优化工作流程、提高生产效率和质量、降低成本和资源浪费。在决策制定中，决策理论可以提供决策支持工具和方法，帮助决策者在复杂和不确定的环境中做出明智的决策。

科学管理与决策理论的应用需要结合具体情境和实践，灵活运用，并与人文关怀和创新思维相结合，以实现组织管理和决策的最佳效果。同时，随着科学技术的不断发展，科学管理与决策理论也在不断演进和更新，以适应变化的组织环境和需求。

（4）竞争力评价理论

竞争力评价理论是研究衡量和评估个体、组织、地区或国家在特定竞争环境中竞争力的理论框架和方法。它旨在揭示竞争力的内在机制，帮助分析竞争力的形成和发展，并为制定竞争策略和提升竞争力提供理论依据。

竞争力评价理论关注各个竞争主体在特定领域中的综合能力和相对优势。它考虑了多个方面的因素，如经济、技术、创新、市场、人力资源、财务状况等，通过定量和定性的方法对这些因素进行测量和评估，从而得出竞争力的综合指标和评价结果。

在竞争力评价理论中，常用的方法包括比较分析、综合评价、层次分析、模糊数学等。比较分析方法通过对不同竞争主体的指标数据进行对比，找出其差异和优、劣势。综合评价方法则将各个指标进行综合加权，得出综合竞争力评价结果。层次分析方法通过构建层次结构模型，对不同层次的指标进行权重分配和排序。模糊数学方法则可以处理指标数据的模糊性和不确定性，得出模糊的竞争力评价结果。竞争力评价理论为我们理解和评估竞争力提供了重要的理论框架和方法。随着全球化和市场竞争的加剧，竞争力评价理论的研究和应用将继续发展，为个体、组织、地区和国家提升竞争力提供有力支持。

（5）科研绩效评价理论

科研绩效评价理论是指对科研工作进行衡量、评估和排名的理论体系和方法。它旨在客观、全面地评价科研人员、科研团队或科研机构在科学研究活动中的质量、产出和影响力，以便为决策制定者、资金管理者、学术界和科研人员提供参考和指导。

科研绩效评价理论的核心是建立科学合理的指标体系和评价模型，用于衡量科研成果、科研过程和科研影响力。这些指标和模型可以包括科研成果数量、质量、引用次数、专利申请、学术论文发表、科研项目获得、科研经费使用效益、学术影响力等多个方面的指标。通过对这些指标的测量和评估，可以得出科研绩效评价的结果和排名。

科研绩效评价理论的应用涵盖了科研人员、科研团队和科研机构等不同层面。在科研人员层面，科研绩效评价可以帮助科研人员了解自身的科研水平和贡献，为晋升、职称评定和个人发展提供依据。在科研团队和科研机构层面，科研绩效评价可以帮助评估科研团队的实力和潜力，为资源配置和合作决策提供依据。科研绩效评价理论为我们对科研工作进行评价和管理提供了重要的理论基础和方法支持。随着科学研究的不断发展和变化，科研绩效评价理论也在不断演进和完善，以适应新的科研环境和需求。通过科研绩效评价，我们可以更好地激励科研人员的创新和贡献，推动科学研究的进步和发展。

2.2.2 高校人文社会科学评价

（1）高校人文社会科学的评价内容

依据评价目的不同，人文社会科学评价呈现 3 种基本类型：学术性评价、行政性评价与社会经济效益评价（刘大椿 等，2009）。

学术性评价是学术界为了促进学术交流、提升学术研究水平，对研究成果知识价值的承认，其核心是对学术成果的学术价值的评价。学术性评价的目的主要体现在 4 个方面，依次是促进学术交流、提高学术研究水平、规范学术研究及学科发展的知识自觉。学术交流中对知识、真理的探索，集中了研究者的相互协作和知识共享，加快了知识的更新速度，避免了重复性劳动和研究的盲目性。在学术交流增多的同时，提高学术研究水平，可以使得更多研究者参照他人的成果继续研究。学术评价能够促进学科发展的知识自觉，引导学术研究活动不断去追求知识进步，以对学术创新的激励保持学术发展的持久生命力和存在意义。

行政性评价，目前而言学术界没有明确的界定。通常有两种观点：一是行政评价就是由行政管理部门所进行的评估活动；二是行政评价就是政府采用行政方式进行的评估。在学科发展过程中，学术研究从纯粹的个人兴趣和爱好转变为一种对社会职业的要求，显示的功利追求逐渐弱化"为知识而知识"的纯粹追求。学术研究者由纯粹的学者转变为学者和雇员的双重身份。各类学术建制单位间的学术资源、学术水平竞争日趋激烈。行政评价已经成为人文社会科学评价的主要形式和影响学科发展的主要因素。在人文社会科学领域，行政性评价涉及 4 类对象。首先是成果评价，根据不同的分类标准可以将成果分为最终成果和中间成果。最终成果包括学术论文、研究报告和著作等，中间成果则涉及项目建议书、中期报告等。其次是项目评价，主要关注研究项目是否达到最初的目标、对认识结论的影响因素及科学性等。再次是人员评价，包括专业职称评定、学位评定和人才评奖等。职称评定在学术建制中具有重要影响力。最后是机构评价，如教学评估、大学排名和学科重点基地评选等，对学校的发展产生直接影响。需要注意的是，行政性评价与学术性评价在形式上相似，都强调知识价值。然而，它们的目的和侧重点有所不同。学术性评价旨在促进学术交流，而行政性评价则以荣誉性承认为目标，常用于评奖或认定。此外，行政性评价还面临学术与政治、社会价值与学术价值等冲突，而学术性评价则力求避免这些冲突。

社会经济效益评价的目标就是现实效益与潜在效益的比较，并以效益的大小来衡量社会科学成果的价值。自 20 世纪下半叶以来，社会科学逐渐注重应用取向，成为推动其发展的重要力量。社会科学家与社会改革者、商业管理者的合作日益增多，知识分子的角色从批判的旁观者转变为积极参与政策设计和技术工作的人员。这导致社会科学的量化研究蓬勃发展，为应用研究提供实证支持。同时，社会科学与社会经济利益的联系日益紧密，社会经济效益评价变得普遍。商业部门和政府成为社会科学应用研究的主要倡导者，商业部门关注经济价值，政府部门关注推动经济、文化和社会发展的潜在价值。社会经济效益评价的特点是注重效益性和测算性，即通过衡量现实效益与潜在效益的比较，以经济效益的大小来衡量社会科学成果的价值，并使用量化方法来计算评价结果。

（2）高校人文社会科学的评价方法

评价方法种类大体相同。学术评价方法可以分为 3 类：定性评价、定量评价及定性定量综合评价。常用的同行评议法、德尔菲法等定性评价方法在自然科学评价中适用，在人文社会科学同样适用：定量评价法主要包括文献计量法、经济计量法、知识计量法等；层次分析法、综合指标法、知识图谱法等综合评价方法亦在两大类学科的评价中均有应用。

关于定性评价与定量评价各自的优势与缺陷，已经有很多学者进行了探讨，各国对定性评价与定量评价应用的广泛程度也略有差异。这两大类方法有各自的优势，有不同的适用性，在国内外的学术评价中，无论是自然科学评价还是人文社会科学评价，并不能完全摒弃其中任何一个。但定性评价与定量评价在具体实施应用中，又都存在一定的不足之处，它们具有自身的局限性。正因如此，出现了定性与定量相结合的综合评价方法，在合适的情况下，二者的结合可以互相丰富和补充（Rossman，1985）。

（3）高校人文社会科学的评价标准

评价标准指导具体评价指标的设定，评价标准也影响具体评价方法的选择。人文社科评价标准具有以下特点：定性评价标准难以量化、评价带有主观性、人文社科研究成果影响效应存在滞后性及评价随时域地域变化而变化。因此，针对高校人文社科评价标准可以从多个方面进行考量和评估。不同高校和评价机构可能会根据自身的特点和目标制定不同的评价标准。评价标准应当综合考虑人文社科学科的特点和需求，既关注学术水平和研究成果，也重视教学质量和社会影响。评价标准的制定应当公正、科学，并且与高校的发展目标和战略相一致。

通常评价涉及以下方面，学术研究成果、资助项目、学术声誉与影响力、学生培养与教学质量、学科建设与团队建设及社会影响与服务。关于学术研究成果方面，评估高校人文社科学者的学术产出，包括发表的学术论文、研究报告、著作等，可以考虑成果的数量、质量、影响力和创新性。关于资助项目方面，评估高校人文社科学者获得的外部资助和参与的研究项目，如考察资助额度、项目数量、合作伙伴、项目的学术和社会影响等。关于学术声誉与影响力方面，评估高校人文社科学者在学术界的声誉和影响力，包括学术会议的邀请、学术组织的任职、学术奖项的获得等。关于学生培养与教学质量方面，评估高校人文社科学者在学生培养和教学方面的表现，包括指导研究生和本科生的能力、教学评价和教学成果等。关于学科建设与团队建设方面，评估高校人文社科学科的建设情况和团队建设成果，包括学科发展规划、学科团队的人员结构和合作能力等。关于社会影响与服务方面，评估高校人文社科学者的社会影响和社会服务能力，包括参与公共政策咨询、社会调查研究、社会组织合作等方面的表现。

2.2.3 高校人文社会科学评价的发展阶段

（1）高校人文社会科学评价的起步阶段

国外的科学评价研究工作最早始于 20 世纪 20 年代，主要由美国率先展开，接着法国、德国、加拿大、日本、丹麦、英国、澳大利亚等国也相继进行了相关研究。这些国家在人文社会科学评价领域的研究各具特色，其中美国的研究最为丰富和成熟，已经形成了相对完整和有效的管理体系，代表着人文社会科学学术评价研究的先进水平。

相比之下，我国在人文社会科学学术评价研究方面起步较晚，大约在 20 世纪 80 年代逐渐开始展开相关工作。与国际先进水平相比，我国的人文社会科学评价发展水平仍存在较大差距。虽然我国已经开展了一系列的评价工作，但在理论体系的构建、评价方法的研究和指标体系的建立等方面仍有进一步发展的空间。在这一起步阶段，我国人文社会科学评价研究面临着多个挑战和问题。首先，缺乏科学有效的评价体系和方法，无法全面准确地评价人文社会科学研究的质量和价值。其次，对于人文社会科学的评价标准和指标体系尚不完善，难以准确衡量学者的学术贡献和研究成果的影响力。最后，评价过程中可能存在主观偏见和不公正现象，需要进一步提升评价的客观性和公正性。

（2）高校人文社会科学评价制度化阶段

随着学科在社会进步发展的重要性日趋凸显，建制单位（政府、学术结构等）需要对学科各方面进行评价，以进行更为有效的公共资源分配，促使知识向有利于社会经济、国家利益的方面发展。以人文社会科学学术评价发展最成熟的美国为例，美国已建立用于评价人文社会科学学术成果的标准体系，包括数量标准、质量标准、学术影响标准、社会效益标准等，根据不同需要对学术成果展开评价；对于不同类型的学术成果，采用不同的评价方式。例如，在对基础理论成果进行评价时主要采用引文计量法、同行评议法等，而对应用与发展研究成果的评价则采用社会实验、民意测验、政策效果评估等评价方法（宋少强，2007）。这些现象皆表明，美国的人文社会科学学术评价已基本实现科学化、系统化，评价中不仅有专家的同行评价，亦已形成社会化的评价组织和方式，已基本形成一个良好的学术评价机制。而我国的人文社会科学学术评价机制鼓励研究人员多出成果，被评价者也是建制内人员与机构，同时制度化的评价倾向荣誉性，通过对优异给予充分的肯定并且根据已有绩效基础进行经费投入管理，如经费投入方式、结项成果等都有明确规定（邱均平 等，2007）。

（3）高校人文社会科学评价多元化阶段

在高校人文社会科学评价多元化阶段，把定性评价和定量评价结合起来，积极探索不同形式的评价方法，并不断完善。评价工作逐渐关注到学科特色、研究团队、社会影响等更多方面。根据社科研究可以分为基础理论性研究与应用实务性研究，社科领域各专业性质不同、功能不同，不仅要有经济成果也要有理论贡献。评价要从实用型、应用型、经验型社科领域各专业在响应国家发展战略、构建中国特色，服务于社会治理及国家决策方面提高社科研究成果质量。在评价指标和标准方面不再局限于数量和质量，还包括创新性、学术影响力、社会影响力等维度。评价方法和手段也更加多样化，包括专家评审、学术评议、学术调查、社会反馈等方式。评价的内容更加全面和综合，注重发现学科的优势和特色，推动学科发展和创新。

（4）高校人文社会科学新时代阶段

全球治理与社会变革、科技进步与经济发展拓展了传统人文社会科学研究的领域和范畴。自2011年以来，国家发布了《高等学校哲学社会科学繁荣计划（2011—2020年）》《高等学校创新能力提升计划》《关于加强中国特色新型智库建设的意见》《关于加快构建中国特色哲学社会科学的意见》等系列文件，为我国人文社会科学的系统化建设做出了战略性部署和指导。习近平总书记在哲学社会科学工作座谈会、全国教育大会上强调，加快构建中国特色哲学社会科学要超前布局，要深化教育体制改革，要深入研究和回答国家发展和我们党执政面临的重大理论和实践问题，加快推进教育现代化、建设教育强国。新时代，人文社会科学的转型提升与创新发展已成为高校哲学社会科学管理工作亟待回答的时代问题。2019年，教育部决定实施“六卓越一拔尖”计划2.0，推进新文科建设，就是要回应时代需求对文科发展提出的新战略，就是要立足新时代，引领人文社会科学新发展，实现文科、理科、工科、农科、医科等融合交叉的新文科，与互联网、大数据、人工智能、基因工程等密切联系的新文科，从而实现社会主义现代化国家建设中“人的现代化”建设目标。新文科建设为国内高校人文社会科学建设提供了千载难逢的机遇和未来光辉灿烂的前景。

2.2.4 高校人文社会科学评价存在的问题

我国科研评价经历了起步阶段、制度化阶段、多元化阶段和新时代阶段。这些阶段反映了科研评价从主观主义向客观化、定量化和综合化的演变趋势。然而，在过去的发展过程中，科研评价标准过分依赖数量指标，尤其是SCI和核心期刊的使用受到了广泛批评。这种重视数量而轻视质量、重视形式而轻视实质、重视经济效益而轻视社会效益的评价方式被认为是当前学术浮躁、学术功利化、学术造假和学术腐败的主要原因之一。因此，现有人文社会科学评价体系中存在的不足和挑战总结如下。

（1）缺乏宏观评价视角

目前评价制度主要依赖计量学指标、引用等标准，利用其对研究质量、机构进行量化排名。当前高校评价体系中，科研成果和经费投入等自然科学指标往往占据主导地位，而人文社会科学的特点和贡献往往被忽视。这种偏重自然科学指标的评价方式导致人文社会科学在资源配置和学科发展上相对弱势。人文社科评价方法相对单一，缺乏综合多维度的评价方法，无法全面准确地反映学科的特点、质量和影响力。如过度依赖数量指标和“帽子”等情况，唯论文数量和SCI/SSCI等级，而忽视质量、影响力、创新性和社会效益等方面的评价，导致评价结果偏向于重视数量而忽视质量和实质。

（2）评价指标不够全面

首先，人文社会科学研究往往涉及多个学科和领域的交叉与融合，然而现有评价指标往往只注重单一学科的学术成果，缺乏对跨学科研究的充分考虑。其次，高校人文社会科学评价指标主要关注于学术成果的数量和质量，但忽视了学科交叉与融合、学科师资队伍的结构与水平、学科间的协同与互动等重要因素。最后，人文社会科学研究离不开高水平的学者和研究团队，然而现有评价指标主要关注学术成果，较少关注师资队伍的结构和水平。因此，评价体系需要引入更多的跨学科评价指标、师资队伍、项目等评价指标，以综合评估高校在人文社会科学领域的实力。

（3）地区差异影响评价公正性

不同地区的高校在发展条件、师资资源等方面存在差异，但现有的评价体系对地区差异的适应性不足，可能会造成评价结果的不公正和不合理。例如，一些经济相对较落后地区的高校在人文社会科学领域的投入和研究成果可能相对较低，但由于评价体系的不灵活，这些高校可能无法得到应有的认可和支持。

（4）“双一流”高校与普通高校评价标准不同

“双一流”高校与普通高校在人文社会科学领域的评价标准存在明显的差异。“双一流”高校通常在学科建设、师资队伍、研究项目和成果及社会影响力等方面具有明显优势，而普通高校可能在这些方面相对处于劣势，科学领域的投入和研究成果相对较低。然而，现有的评价体系在对待“双一流”高校和普通高校时可能没有区分对待，导致一些普通高校在评价结果上相对处于劣势。

（5）公办高校与民办高校评价不公平

当前人文社会科学评价中，对公办高校和民办高校采取相同的评价标准可能导致评价不公平。公办高校通常享有更多的政策支持和资源，这使得其在人文社会科学领域具有较大的优势。相比之下，民办高校面临着较大的经费和师资压力，限制了其在人文社会科学研究和教学方面的投入。

（6）高校类型分类评价标准模糊

当前高校类型的多样性给人文社会科学评价带来了挑战，特别是在不同类型高校之间评价标准的模糊性方面。不同类型的高校，如师范、财经、政法等，在人文社会科学领域的研究重点、学科特色和发展目标各不相同，导致评价标准的界定和应用存在困难。因此，需要更加细化和个性化的评价指标和体系。

（7）忽视社会影响和经济效益

人文社会科学的价值往往体现在其对社会发展、文化传承和公共政策等方面的影响。但现有评价体系较少考虑学科的社会影响力和经济效益，导致高校在人文社会科学领域的贡献未能得到充分肯定。

2.3 高校人文社会科学评价的意义

2.3.1 塑造社会价值观和文化氛围

人文社会科学的研究和教育活动有助于培养学生的人文素养和社会责任感，引导他们形成正确的价值观和道德观念。通过深入研究和讨论社会、文化、历史、伦理等议题，学生能够增进对社会现象和人类行为的理解，培养公民意识和社会参与能力。高校人文社会科学评价的机制和标准，能够激励教师和研究者更加注重社会责任，推动他们开展具有深远影响的研究，引领社会舆论和价值观的发展。

2.3.2 深刻影响社会经济发展

人文社会科学的研究成果和专业知识在社会经济领域具有重要的应用价值。经济政策、市场运作、社会管理等方面的问题需要通过人文社会科学的分析和研究来解决。高校人文社会科学评价的过程和结果，能够鼓励教师和研究者关注实际问题、深入研究社会经济现象，为政府决策提供科学依据，为企业和社会组织提供咨询和指导，推动社会经济的可持续发展和进步。

2.3.3 改善教育和学术环境

通过评价教师和研究者在人文社会科学领域的表现和贡献，可以激励教师提高教学质量，加强学生的人文素养和综合能力培养。同时，评价机制也能够促进学术研究的创新和发展，推动教师和研究者积极参与学术交流、合作研究和学术出版活动，提升学术影响力和学术声誉。高校人文社会科学评价的过程和结果，有助于营造积极向上的学术氛围和教育环境，提升高校的整体水平和声誉。

2.3.4 推动人文社会科学的学科发展

通过高校人文社会科学评价机制和标准可以激励高校加强对人文社会科学的支持和投入，促进学科的建设和创新。评价结果可以为高校的人文社会科学学科发展提供参考和指导，帮助高校制定战略规划、优化学科布局、提升学科影响力和竞争力。此外，高校人文社会科学评价还可以促进学科间的交流与合作，推动跨学科和交叉学科的发展，促进学科间的协同和互补性，鼓励学科间的合作研究和交流活动，培养具有综合素养和跨学科视野的人才，进而提升学科的整体质量和综合实力。

参考文献

[1] 任胜利. 人文社会科学概览［M］. 北京：科学出版社，2021：25.
[2] 崔延强，段禹. 新文科究竟“新”在何处：基于对人文社会科学发展史的考察［J］. 大学教育科学，2021（1）：36－43.
[3] 狄尔泰. 人文科学导论［M］. 赵希方，译. 北京：华复出版社，2004：27.
[4] 曲庆彪. 社会科学基础［M］. 北京：高等教育出版社，2004：2.
[5] 张庆熊. 社会科学的哲学［M］. 上海：复旦大学出版社，2010：12－13.
[6] 习近平. 在哲学社会科学工作座谈会上的讲话［J］. 人民日报，2016－05－19（2）.
[7] 文庭孝，邱均平. 科学评价中的计量学理论及其关系研究［J］. 情报理论与实践，2006（6）：650－656.
[8] 宋艳辉，邱均平. 从“三计学”到“五计学”的演化发展［J］. 图书馆论坛，2019，39（4）：1－7.
[9] 文庭孝. “五计学”与科学评价的关系研究［J］. 信息与管理研究，2020，5（Z2）：66－77.
[10] 刘则渊，刘凤朝. 关于知识计量学研究的方法论思考［J］. 科学学与科学技术管理，2002（8）：5－8.
[11] 文庭孝，刘璇. 论知识计量研究的维度［J］. 图书情报知识，2013（3）：103－109.
[12] 刘大椿，等. 人文社会科学研究成果评价体系研究［M］. 北京：经济科学出版社，2009：61.

[13] ROSSMAN G B, WILSON B L.Numbers and words: combining quantitative and qualitative methods in a single large－seale evaluation study [J].Evaluation review, 1985 (5): 627－643.

[14] 宋少强．国内外人文社会科学研究评价综述［J］．评价与管理，2007（4）：39－63，73.

[15] 邱均平，任全娥．国内外人文社会科学科研成果评价比较研究［J］．国外社会科学，2007（3）：58－66.

3 中国高校人文社科的评价方法

3.1 中国高校人文社科的评价指标体系设计

3.1.1 中国高校人文社科的评价要素

基于系统科学的角度，系统是由相互联系、相互作用具有特定功能的要素组成的整体。人文社科评价系统由人文社科评价目的、人文社科评价对象、人文社科评价内容及人文社科评价标准等要素构成。有效的评价需要这四部分要素同时发挥作用，此外，这四部分要素之间又是相互联系、相互作用的。

（1）中国高校人文社科的评价目的

人文社科发展的评价目的是指通过人文社科发展评价活动所期望达到的结果，即为什么要进行人文社科评价？评价结果干什么用？评价目的是开展人文社科发展评价的出发点，在评价活动中起着导向作用，评价目的决定着评价方法、评价客体、评价标准等的选择。

从宏观层面来说，中国人文社科发展评价的目的是促进我国人文社科发展水平和质量的提升，实现高等教育培养人才的根本任务，实现发展科学、服务社会的职能，促进当代中国人文社会科学的繁荣发展。另外，推动中国特色人文社科学科评价体系建设，发挥其对我国人文社科繁荣发展的目标引领和指挥作用，支撑我国特色社会主义建设，增强中国人文社科评价体系的话语权。

具体而言，从高校、社会公众及构建中国特色人文社科发展评价体系等 3 个方面明确开展人文社科发展评价的目的：①深刻把握并落实人文社科评价的相关文件精神，为构建新时代具有中国特色的人文社科发展评价体系贡献力量，推动人文社科的学科发展及话语体系的建设。②对于高校而言，开展人文社科发展评价能够更好地发挥其对繁荣人文社科发展的导向、激励与诊断作用，实现以评促建、以评促改的目的。开展人文社科发展评价使得高校对人文社科的发展状况有一个全面认知，发现高校在人文社科发展过程中存在的问题，帮助高校明确人文社科发展的方向和路径，通过评估来激励学校的创新探索，促进人文社科的创新发展，找寻人文社科繁荣发展的新动力。③对于社会公众而言，人文社科发展评价一方面能够为社会公众提供高校人文社科发展质量的相关信息，帮助社会各界了解高校人文社科发展的水平与质量，为学生选报学校和专业及人才流动提供参考；另一方面，人文社科发展评价结果可以为人文社科的科学化管理提供必要的依据，政府管理部门可以明确把握人文社科相关学科的建设水平及发展方向，人文社科发展评价结果能够为政府管理部门进行管理和决策提供明确、科学的依据，从而提高管理的科学性、针对性和有效性。

（2）中国高校人文社科的评价对象

评价对象即评价客体，也是评价活动中被评价的对象。为了评价我国本科院校的人文社科发展情况，本次评价活动的评价对象为设立有人文社科相关学科的所有本科院校，总计1270所高校。

（3）中国高校人文社科的评价内容

人文社科发展评价内容包括师资队伍、人才培养、科学研究、文化传承与社会服务、国际化5个方面。其中，师资队伍主要考察高校人文社科在高层次人才建设和队伍建设等方面的情况；人才培养主要考察高校人文社科在推进创新哲学社会科学人才培养模式、强化教材体系建设、培养高层次人才、推动中国特色案例建设等方面的发展情况；科学研究主要考察高校人才社科的科学研究成果及科研平台建设情况，包括科研项目、科研论文、科研基地及科学奖励等方面的发展建设情况；文化传承与社会服务主要考察高校人文社科在传承和创新优秀传统文化、推进高校智库建设、打造专业化创新型高质量高校智库、智库优秀成果等方面的情况；国际化主要考察高校人文社科在坚持交流互鉴、加强中国话语和中国叙事体系建设、提升国际影响力等方面的情况。

（4）中国高校人文社科的评价标准

评价标准是人们在评价活动中应用于对象的评价尺度和界限，评价标准是人们价值认识的反映，它表明人们重视什么、忽视什么，具有引导被评价者向何处努力的作用。

① 政治标准。人文社科的政治功能主要是指人文社会科学的理论与方法通过对政治家、政治集团与社会各阶层的影响，服务于社会政治生活、军事斗争，为制定政治路线、方针和政策提供理论基础，指导政治活动，规范日常政治行为。人文社科的政治标准具体包括政治导向性和目标导向性。政治导向性是指人文社科发展要牢牢把握正确的政治导向，始终坚持马克思主义在我国人文社科领域的指导地位。目标导向性是指人文社科发展要牢牢把握"为谁服务"，始终坚持"四为"方针，即为人民服务、为中国共产党治国理政服务、为巩固和发展中国特色社会主义制度服务、为改革开放和社会主义现代化建设服务。

② 学术价值标准。人文社科的成果评价是人文社科发展评价的重要组成部分，而学术价值标准是研究成果评价的重要依据，反映了研究成果对学术领域的贡献和影响力。具体而言，学术价值标准包括价值性、科学性和创新性。价值性是指研究成果对于实际问题或社会发展的作用和贡献，具体表现为研究成果能否提高生产效率、能否改善人们的生活质量、能否解决社会问题等。科学性是指研究成果得到的研究结论是可靠的和有效的。创新性是指研究成果具有前瞻性，能够填补学科研究的空白或是解决重大理论和实际问题。

③ 社会价值标准。人文社科的社会功能主要包括文化传承创新、资政育人和服务社会等，人文社科的社会价值取决于它帮助社会进步的功能作用，代表了人文社科为人类社会发展和时代进步的贡献。社会价值表现在其给人类社会带来的社会效益、经济效益，社会价值标准包括社会效益性和经济效益性两个方面。社会效益性具体体现在"为解决经济社会的基本问题提供了强大的智力和学理支撑，并被有关部门、学术界或者社会公众所采用和接纳，对经济社会发展具有较大的推动作用"。经济效益性具体体现在"通过生产要素的优化组合产生生产力，产生直接的经济效益，或者通过生产经营做出正确的决策，从而产生间接的经济效益"。

3.1.2 中国高校人文社科评价的指导思想及基本原则

（1）中国高校人文社科评价的指导思想

以习近平新时代中国特色社会主义思想为指导，深入贯彻党的教育方针、哲学社会科学战略任务及《深化新时代教育评价改革总体方案》精神，遵循人文社会科学的学科发展规律，落实立德树人的根本任务，突出创新、质量与贡献，突出人文社会科学在智库建设、公共建设和弘扬中华优秀传统文化等方面的贡献，克服不科学的评价导向，推动形成更为科学完善的人文社会科学发展评价体系，全面提升人文社会科学的学科建设水平，加快推进世界一流学科和中国特色人文社会科学学科体系构建。

（2）中国高校人文社科评价的基本原则

坚持政治性原则。政治性原则是指中国特色人文社科评价体系要突出马克思主义的指导地位，牢牢把握人文社科评价中的政治关。中国人文社科学科具有鲜明的意识形态属性，忠实代表和维护社会主义制度下最广大人民的根本利益。人文社科评价也要坚持政治性原则，始终坚持正确的政治方向和评价导向，依据评价目的设置政治标准、学术标准和社会标准，将人文社科的学术属性和政治属性统一起来考察，充分发挥评价的导向作用。

彰显中国特色。建构中国特色人文社会科学评价体系要立足于中国实际，建立符合中国国情的标准，不能简单套用和硬搬国外的评价标准和模式。重点考察人文社科在讲好中国故事、解决中国实际问题、传播中国声音等方面的贡献，鼓励人文社科各学科从中国国情出发，扎根于中国特色社会主义伟大实践，提出具有自主性、独创性的理论观点，凸显中国特色、中国风格、中国气派，解决重大现实问题、时代问题、历史之问和现实之需。

坚持创新、质量和贡献为核心的评价导向。在构建人文社科评价体系时，重点考察学科发展成果的产出与转化，强调人文社科在服务社会和文化传承创新方面的贡献，构建质量为主、兼顾数量的评价体系。充分发挥评价的导向作用，强化人文社科学科对国家、区域重大战略需求和经济社会发展的实际贡献，促进人文社科学科的成果产出和转化。

坚持公平公正原则。针对一些奖项和人才称号，由于各省的评审办法、评审标准和奖项设置五花八门，各行其道。为了体现评价的公平公正性，坚持全国水平统一原则，将省级的称号、荣誉、奖项等排除在外，仅统计国家级和部级的称号、荣誉、奖项等，这样就可以在统一的评审规则下进行比较。此外，对西部奖励、项目等赋予相对低的权重。

3.1.3 中国高校人文社科评价指标体系的构建

3.1.3.1 中国高校人文社科评价指标体系的构建方法

基于以下几点构建人文社科评价指标体系：

一是基于我国学科分类标准，确定人文社科评价的统计对象及统计范畴，明确人文社科的界定与统计范围，为后续确定评价指标的统计范围奠定基础。

二是基于已有研究成果，确定指标体系的基本框架，根据国内外的相关研究成果，确定人文社科评价指标体系的基本框架，具体包括师资队伍（包含国家级人才和教师团队）、人才培养（包含教材与课程建设、培养层次、教学质量）、科学研究（包含科研项目、科研论文、科研基地、科研奖励）、文化传承与社会服务（包含文化传承和智库建设）、国际化（包含国际交流合作和国际影响力）。

三是基于国家“十四五”时期的人文社科相关政策文件设计具体的评价指标，在确定指标体系的基本框架范畴下，通过分析国家“十四五”时期发布的国家级及部级人才社科发展相关的规划文件（如《国家“十四五”时期哲学社会科学发展规划》《面向 2035 年高校哲学社会科学高质量发展行动计划》等）中关于人文社科发展的具体规划目标和发展要求，设定具体的评价指标，旨在构建具有中国特色的人文社科发展评价指标体系，发挥人文社科评价的指挥棒作用，达到“以评促建”的目的，促进人文社科的繁荣发展。

3.1.3.2　中国高校人文社科评价指标体系的构建原则

（1）中国高校人文社科评价评价指标体系的设计原则

目的导向性原则：评价目的是评价指标体系的构建基础与参考依据，评价指标是为评价目的而服务，一旦脱离了评价目的，评价指标将会变得毫无意义，因此，评价指标的选取要从评价目的出发。简单来说，人文社科发展评价目的有 3 个：一是帮助高校了解学科发展现状、优势与不足；二是为相关管理部门提供决策依据；三是为社会公众提供高校的人文社科发展信息。三方对于人文社科发展信息的需求存在差异，因此，在构建人文社科发展评价体系时，要把握好 3 个目的之间的关系。

全面性原则：指标的设置应尽可能地从不同侧面反映人文社科发展的全貌，大学具有传播知识、培养人才、科学研究、服务社会、扩大国际影响力等功能，而人文社科同时承担着文化传承创新和服务社会的使命，因此，对高校的人文社科发展评价要从人才培养、科学研究、师资队伍、文化传承和服务社会、国际化等方面构造评价指标。

科学性原则：指标体系的设计及评价指标的选择必须以科学性为原则，客观真实地反映大学人文社科发展的现状、特点及发展规律，能客观全面地反映出各指标之间的真实关系。同时，各评价指标应该具有典型代表性，不能过多过细，使指标过于烦琐，相互重叠；指标又不能过少过简，避免指标信息遗漏，出现错误、不真实现象。

可比性原则：可比性原则是指必须明确评价指标体系中每一个指标的含义、统计口径和范围，指标的计算量度和计算方法必须保持一致和统一，以确保时空上的可比性。此外，所构造的评价指标体系必须对每一个评价对象都是公平的、可比的，指标体系中不能包括一些有明显“倾向性”的指标。

可操作性原则：考虑到调查、测评、统计上的可行性，所选择的指标要便于量化、数据要便于采集和计算。一方面，各指标尽量简单明了，指标含义明确，计算指标所需的数据资料便于收集，计算方法简便、易于掌握；另一方面，指标的数据需要经过严格的计算，能够保证计算结果的真实性和可靠性。

动态性与稳定性相结合原则：人文社科发展实际上是一个较长时期的动态过程，随着经济、社会和教育环境的发展变化，其内涵及发展要求也在不断发生变化，因此，要求人文社科发展评价指标体系也要满足动态发展的要求，对评价指标构成、指标权重及打分标准等及时进行动态调整。此外，由于人文社科发展评价指标体系具有较强的导向性，因此，在一定时期内，评价指标及其涉及的内容应该保持相对稳定，以确保指标的连续性和可比性。

（2）中国高校人文社科评价指标的筛选原则

成本效益原则：在筛选评价指标的时候，不仅要考虑到评价指标的全面性，还要将获取指标数据的成本考虑在内。人文社科发展评价是一个涉及多个评价对象和多个评价指标的评价活动，考虑到一些指标的数据获取难度较大，需要耗费大量的时间、人力和物力，可选择同类型容易获取数据的指标进行代替，尤其是那些需要通过对高校进行调查才能获得的数据。

辨识度原则：辨识度是指各评价指标在区分评价对象某方面特征时的能力和效果，也称为“区分度”。构成评价指标体系的各分项指标的辨识度尽可能高，否则，若各评价对象在该指标上取值的差异并不大，那么，就无法评判各评价对象的优劣，无法做出科学的取舍。指标的辨识度可以通过计算其平均差或者相应的变异系数来测量，辨识度分析方法包括变异系数分析、极小广义方差法等方法。

权威性原则：权威性是指评价指标的数据来源应该具有权威性，如权威机构、官方网站、政府报告等，有效避免了数据伪造或者不实信息的出现。此外，要尽量选择一些权威指标。例如，在对学校获得的奖项进行评价时，尽量选择那些受到社会公众和学术界认可的权威奖项。

可比性原则：可比性是指评价指标的含义清晰明了，核算方法一致，计算口径一致，确保不同评价对象和不同评价年份的相同指标都具有可比性。评价指标的数据尽可能连续获得，或者具有时间上的连续性。尤其是对于那些官方公布的数据，要明确其公布周期，确保今后的数据是可以获取的，针对那些不具有时间连贯性的数据，要慎重选择。

结果导向性原则：结果导向性是指人文社科评价的指标要以产出指标为主，投入指标反映的是高校人文社科现有的、全面的情况，然而产出评价是对高校人文社科的声望或者质量更为精确的评价，应该确保投入指标和产出指标的权重达到恰当的平衡。

3.1.4 中国高校人文社科评价指标体系框架

中国高校人文社科评价指标体系框架如表 3-1 所示。

表 3-1 中国高校人文社科评价指标体系框架

一级指标	二级指标	三级指标
A 师资队伍	A1 国家级人才	A1-1 人文社科国家级人才数
	A2 教师团队	A2-1 人文社科国家级教师团队数

续表

一级指标	二级指标	三级指标
B 人才培养	B2 教材和课程建设	B2－1 人文社科全国教材建设奖数
		B2－2 人文社科国家一流本科课程数
	B3 培养层次	B3－1 人文社科一级学科博士点数
		B3－2 人文社科一级学科硕士点数
	B4 教学质量	B4－1 人文社科国家级教学成果奖数
C 科学研究	C1 科研项目	C1－1 国家自然科学基金管理科学部项目数
		C1－2 国家社会科学基金项目数
		C1－3 教育部人文社科项目数
	C2 科研论文	C2－1 SCI（文科）/SSCI 论文数
		C2－2 A&HCI 论文数
		C2－3 CSSCI 论文数
	C3 科研基地	C3－1 人文社科研究基地数
	C4 科研奖励	C4－1 高等学校科学研究优秀成果奖（人文社会科学）
D 文化传承与社会服务	D1 文化传承	D1－1 人文社科 CSSCI 论文当量比例
	D2 智库建设	D2－1 人文社科国家高端智库数
		D2－2 人文社科高校智库数
		D2－3 人文社科 CTTI 百强高校智库数
		D2－4 人文社科智库优秀成果数
E 国际化	E1 国际交流合作	E1－1 人文社科国际合作办学机构和项目数
		E1－2 人文社科国际合作论文比例
	E2 国际影响力	E2－1 人文社科学科规范化的引文影响力
		E2－2 人文社科高被引论文百分比

3.1.4.1 师资队伍

师资队伍建设对于人文社科的学科建设起到了至关重要的支撑作用，是学科建设的关键，人文社科师资队伍的建设不仅取决于学科领军人物及优秀青年教师的培养和引进，还取决于学科带头人与团队成员之间的相互支撑关系，即团队建设。基于此，从人文社科的师资质量及团队建设两个方面来考察人文社科的师资队伍建设情况，下设国家级人才和教师团队两个二级指标。

（1）国家级人才

学科高端人才具有旺盛的创造力和示范作用，在学术传承和人才培养方面发挥着重要作用，对于学科领域的繁荣和发展具有不可替代的重要作用。高端人才建设是人才队伍建设的关键，用人文社科国家级人才数来衡量高校人文社科的高端人才建设情况。人文社科国家级人才数是由截至统计当年，高校人文社科相关学科中入选国家“万人计划”、“长江学者奖励计划”、获得国家杰出青年科学基金及国家优秀青年科学基金、入选国家级教学名师各类人才数加权计算得到，本书对不同类别的人才进行区分并赋予不同的分值。

（2）教师团队

学科团队建设有利于促进教师专业素质和业务水平的提高，发挥名师的示范引领作用，提高学科的教学和科研水平。学科团队建设水平用人文社科国家级教师团队数衡量，主要考察截至统计当年，高校人文社科相关学科中入选全国高校黄大年式教师团队的数量。黄大年式教师团队在师德师风、教育教学、科研创新、社会服务、团队建设等方面建设突出，为国家重大战略和地方经济社会发展做出重要贡献的高校教学科研单位、创新团队。到目前为止，已经在 2018 年、2022 年公布两批建设名单。

3.1.4.2　人才培养

学科建设的根本目的是人才培养，学科建设、布局、调整和优化都离不开育人的主责主业。为了考察人文社科的人才培养情况，下设教材和课程建设、培养层次和教学质量 3 个二级指标。

（1）教材和课程建设

教材是培根铸魂、启智增慧的重要载体，教材建设是人才培养的重要支撑，而课程建设是影响高校人才培养效果的关键因素，加强教材和课程建设是提高教学质量、提升人才培养水平的重要保障。为了考察人文社科的教材和课程建设情况，下设人文社科全国教材建设奖数和人文社科国家一流本科课程数两个三级指标。

人文社科全国教材建设奖数是指截至统计当年高校人文社科相关学科中获得全国教材建设奖的数量。全国教材建设奖为表彰奖励优秀教材和对教材建设做出突出贡献的集体和个人，代表了高校人文社科的教材建设水平，首届全国教材建设奖于 2020 年启动，每 4 年评选一次，全国教材建设奖分为全国优秀教材、全国教材建设先进集体、全国教材建设先进个人 3 个奖项，本研究仅统计全国优秀教材，不统计全国教材建设先进集体和先进个人，其中全国优秀教材分为基础教育、职业教育与继续教育、高等教育三大类，本研究仅统计高等教育的全国优秀教材数，并对特等奖、一等奖、二等奖进行区分并赋予不同的分值。

人文社科国家一流本科课程数是指截至统计当年高校人文社科学科中入选国家一流本科的课程数。国家一流本科课程代表了高校在提高课程质量、推动课堂革命方面取得的成效，其中国家一流本科课程包括线上一流课程、虚拟仿真实验教学一流课程、线下一流课程、线下线上混合式一流课程和社会实践一流课程。

（2）培养层次

研究生教育在培养创新人才、服务经济社会、国家治理现代化方面有着重要地位与独特作用，在培养高层次人才方面具有基础性重要意义。为了考察人文社科学科的培养层次，下设人文社科一级学科博士点数、人文社科一级学科硕士点数两个三级指标。分别考察截至统计当年高校人文社科相关学科中设立的一级学科博士点、一级学科硕士点的数量。

（3）教学质量

教学质量是影响人才培养质量高低的最直接因素，也是衡量人文社科学科办学质量和办学水平的关键因素。为了考察人文社科的教学质量，下设人文社科国家级教学成果奖数指标。

人文社科国家级教学成果奖数是指截至统计当年高校人文社科学科中获得国家级教学成果奖的数量。国家级教学成果奖是教育部为表彰先进、激励创新、促进高等教育事业发展而设立的最高层次的教学奖励，是衡量高校教学质量、推动学校事业高质量发展的标志性指标，充分体现了高校重视人才培养工作和教育教学改革所取得的成绩。国家级教学成果奖包括基础教育教学成果奖、职业教育教学成果奖、高等教育（本科）教学成果奖、高等教育（研究生）教学成果奖，这里只统计高等教育（本科）教学成果奖和高等教育（研究生）教学成果奖，并对特等奖、一等奖和二等奖进行区分并赋予不同的分值。

3.1.4.3 科学研究

科学研究是学科建设发展的永恒主题和动力，是学科建设的基础和关键点，在学科发展方向上发挥了引领作用。从科研成果、科研基地建设及科研奖励 3 个方面考察高校人文社科的科学研究发展状况，下设科研项目、科研论文、科研基地和科研奖励 4 个二级指标。

（1）科研项目

人文社科科研项目主要是指根据经济社会发展需求，以经济和社会发展规划纲要为指导，围绕经济社会发展的中心工作进行的理论和现实问题及富有地方特色的优长学科建设，在一定期限内进行的社会科学研究及相关活动。依据项目主管部门级别的不同，将社科项目分为国家级、省部级、市厅级、校级等，主要包括国家社会科学基金项目、教育部人文社科研究项目、省社会科学项目、市社会科学项目、校社会科学项目及各类社会科学研究专项项目。遵循全国水平统一原则，本研究只统计国家自然科学基金管理科学部项目数、国家社会科学基金项目数、教育部人文社科研究项目数 3 类。

国家自然科学基金管理科学部项目数是指高校在统计当年获批的国家自然科学基金管理科学部项目的总数。国家自然科学基金是国家创新体系的重要组成部分，主要资助自然科学基础研究和部分应用研究，重点支持具有良好研究条件、研究实力的高等院校和科研机构中的研究人员，由国家自然科学基金委员会负责实施和管理，资助结果一般在当年 8 月或 9 月进行公布。国家自然科学基金学科分类包括数理科学部、化学科学部、生命科学部、地球科学部、工程科学部与材料科学部、信息科学部和管理科学部，本研究仅统计管理科学部的项目数。国家自然科学基金项目包括国家自然科学基金重点项目、国家自然科学基金面上项目、国家自然科学基金国际（地区）合作交流项目、国家自然科学基金青年科学基金项目、国家自然科学基金地区科学基金项目项目和国家自然科学基金专项项目，本研究只统计项目主持人的依托单位，并针对不同类别的项目赋予不同的分值。

国家社会科学基金项目数是指高校人文社科相关学科在统计当年获批的国家社会科学基金项目的总数。国家社会科学基金，简称“国家社科基金”，于 1986 年经国务院批准设立，由全国哲学社会科学工作办公室负责管理，资助结果一般在当年 8 月或者 9 月进行公布。国家社会科学基金项目包括国家社科基金重大项目、国家社科基金重点项目、国家哲学社会科学成果文库项目、国家社科基金一般项目、国家社科基金西部项目、国家社科基金青年项目。本研究仅统计项目主持人的依托单位，并针对不同类别的项目赋予不同的分值。

教育部人文社科项目数是指高校人文社科学科在统计当年获批的教育部人文社科项目的数量。教育部人文社科项目包括教育部哲学社会科学研究重大项目、教育部人文社科研究规划基金（一般、专项、后期）项目、教育部人文社科研究青年基金项目、教育部人文社科研究自筹基金项目、教育部人文社科研究西部规划基金项目、教育部人文社科研究西部青年基金项目、高校辅导员研究专项。本研究针对不同类别的项目赋予不同的分值。

（2）科研论文

科研论文是科研成果的基本载体，从某种意义上来说，是研究成果的最终表述。下设 SCI（文科）/SSCI 论文数、A&HCI 论文数和 CSSCI 论文数 3 个三级指标。本研究仅按照第一作者和通讯作者所属单位进行统计，并且对于以第一作者发表的论文和以通讯作者发表的论文赋予不同的分值。

SCI（文科）/SSCI 论文数是指高校在统计当年被 SCI（人文社科）/SSCI 数据库收录的论文总数，本研究按照第一作者或者通讯作者的所属单位进行统计。SCI 即科学引文索引（Science Citation Index），是美国科学信息研究所创建的，SCI 创刊于 1961 年，是目前国际上被公认的最具权威的科技文献检索工具。SSCI 即社会科学引文索引（Social Sciences Citation Index），是美国科学情报研究所建立的综合性社科文献数据库。针对 SCI 论文，本研究仅统计人文社科相关学科分类下的论文数量，并采用 JCR 分区方式对 SCI/SSCI 论文所属期刊分区进行区分并赋予不同的分值。

A&HCI 论文数是指高校在统计当年被 A&HCI 数据库收录的论文总数。A&HCI（Art & Humanities Citation Index，艺术与人文科学引文索引）是全球著名的艺术与人文社科领域的科技文摘引文数据库，其数据涵盖了考古学、建筑学、艺术、文学、哲学、宗教、历史等社会科学领域。

CSSCI 论文数是指高校在统计当年被 CSSCI 数据库收录的论文总数。CSSCI 数据库（Chinese Social Sciences Citation Index）是中国社会科学院推出的中文社会科学领域的权威引文索引数据库，也是目前国内最具代表性和最全面的人文社会科学期刊引用数据库之一。其中，CSSCI 期刊包括 3 个系列，分别是 CSSCI 来源期刊、CSSCI 来源期刊扩展版及 CSSCI 来源集刊，由于 CSSCI 来源集刊本质上是书，因此不在本研究的统计范围内。本研究在借鉴 FMS 期刊、国家自然科学基金委管理学期刊、国内一流大学期刊分级的基础上，构建了 TOP 期刊、一级期刊、普通期刊目录，并对 TOP 期刊、一级期刊和普通期刊进行区分并赋予不同的分值。

（3）科研基地

人文社科的重点研究基地建设打破了一系列体制性障碍，打破了学科界限和院系壁垒，促进了人才、学科的融合，有利于加快重点学科建设，在认识世界、传承文明、创新理论、资政育人、服务社会方面发挥了重要作用。本研究用人文社科研究基地数来衡量科研基地建设情况，主要考察截至统计当年高校人文社科相关学科中成立的人文社科重点研究基地、国家级协同创新中心、国家实验室、教育部哲学社会科学实验室、教育部及省部共建重点实验室、文化和旅游部重点实验室、教育部国家教材建设重点研究基地的总数量。

（4）科研奖励

科研奖励代表了高校人文社科的高水平科研成果和突出成绩，用高等学校科学研究优秀成果奖（人文社会科学）数来表示，主要考察高校人文社科相关学科中入选最近一届（即第八届）高等学校科学研究优秀成果奖的成果数量。高等学校科学研究优秀成果奖（人文社会科学）是中国目前最具公信力、影响力和代表性的国家级人文社会科学奖励，是国内人文社科领域最高层次的科研奖励，充分展现了高校社科界服务党和国家事业发展的重大理论与实践成果。该奖项一般每 3 年评选一次，奖项分设特等奖，以及一、二、三等奖和成果普及奖，本研究针对不同奖项赋予不同的分值。

3.1.4.4 文化传承与社会服务

文化传承与社会服务能够促进学科的交叉融合，形成新的学科生长点，促进学科建设的规范化和专业化，增强学科的竞争力和影响力，实现学科的社会价值和经济价值，推动学科发展和创新。为了考察高校人文社科的文化传承与社会服务情况，下设文化传承和智库建设两个二级指标。

（1）文化传承

新时代人文社会科学的发展，要将文化传承与创新相结合，弘扬民族传统文化，推进中国特色社会主义文化大发展大繁荣。文化传承水平用人文社科 CSSCI 论文当量比例来衡量，即高校在统计当年发表的人文社科 CSSCI 论文当量与高校在统计当年发表的人文社科相关的中英文论文当量的比值。

（2）智库建设

服务国家经济和社会发展战略，逐渐成为高校人文社会科学研究工作的重要责任和使命，也是繁荣和发展人文社会科学的重要切入点。用智库建设来衡量社会服务情况，下设人文社科国家高端智库数、人文社科高校智库数、人文社科 CTTI 百强高校智库数、人文社科智库优秀成果数 4 个三级指标。

人文社科国家高端智库数是指截至统计当年高校人文社科相关学科中建设的国家高端智库的数量。国家高端智库是国家最高水平的决策咨询机构，是国家最高水平的决策咨询机构，目前全国有 29 家国家智库建设单位。

人文社科高校智库数是指截至统计当年高校人文社科相关学科中建设的高校智库数量。高校智库是现代大学体系的重要组成部分，是学科服务地方、服务社会和服务国家的对策研究机构，主要基于社会需求切实履行高校服务社会的功能，并开展相应的对策研究，是构建中国人文社科的突破点。高校智库由南京大学中国智库研究与评价中心与光明日报智库研究与发布中心联合评选。

人文社科 CTTI 百强高校智库数是指截至统计当年高校人文社科相关学科中入选 CTTI 百强高校智库的数量。CTTI 高校智库百强榜评选由南京大学中国智库研究与评价中心启动，旨在推出一批高层次、高水平的高校智库，发挥其在全国高校智库界的标杆和示范作用。截至目前，已经在 2018 年、2022 年进行了两轮评选。本研究仅统计评分等级为 A+ 和 A 的智库数，对不同评分等级进行区分并赋予不同的分值。

人文社科智库优秀成果数是指高校人文社科相关学科入选最近一届 CTTI 智库优秀成果的成果数量。为了宣传智库界的建设经验与丰硕成果，鼓励智库形成质量高、效果好、影响广的决策咨询成果，南京大学每两年会围绕不同的主题启动 CTTI 智库优秀成果的征集与推介活动，经过初审和终审两个步骤推介出若干优秀成果。本研究对不同等级的奖项进行区分并赋予不同的分值。

3.1.4.5 国际化

国际化已经成为世界高等教育发展的一大基本趋势，是建设世界一流大学和世界一流学科的重要抓手。一方面，要加强与国际其他学科机构的交流与合作，借鉴国际一流大学的先进理念与模式，引进优质教育资源有效融合到教学科研全过程，为学科发展助力；另一方面，要扩大人文社科相关学科的国际影响力和知名度，下设国际交流合作和国际影响力指标。

（1）国际交流合作

通过高校与国外高校、科研机构、企业等开展国际交流合作，开展联合培养、科研合作、人才交流等项目，吸收借鉴国际一流大学的先进理念与模式，在科研创新、人才培养、师资队伍建设、管理制度优化等方面推进学科的跨越式发展，加快世界一流学科的建设进程。用人文社科国际合作办学机构和项目数、人文社科国际合作论文比例来表示人文社科国际交流合作的情况。

人文社科国际合作办学机构和项目是指截至统计当年高校人文社科专科专业中设立的，经过教育部审批的本科生及以上层次中外合作办学机构和合作办学项目（包含内地与港澳台），其中包括依据《中华人民共和国中外合作办学条例》和《中华人民共和国中外合作办学条例实施办法》批准设立和举办的中外合作办学机构和项目，以及依据原《中外合作办学暂行规定》依法批准设立和举办，现经审核通过的中外合作办学机构和项目。

人文社科国际合作论文比例是指高校在统计当年发表的人文社科国际合著论文总数占高校发表的人文社科英文论文总数的百分比，其中国际合著论文是指由 2 个或者 2 个以上国家（地区）的作者共同参与合作发表的英文论文。该指标是高校国际科研合作的重要绩效指标，反映了高校国际化视野和国际合作的水平。

（2）国际影响力

学科的国际影响力是衡量世界一流学科建设成效的重要指标之一，提升学科的国际影响力对于更好培育和吸纳国际化优秀人才具有关键性作用。下设人文社科学科规范化的引文影响力和人文社科高被引论文百分比两个三级指标。

人文社科学科规范化的引文影响力（CNCI）是通过其实际被引次数除以同文献类型、同学科领域文献的期望被引次数获得的，一组文献的 CNCI，如某个人、某个机构或国家，是该组中每篇文献 CNCI 的平均值，该指标能够表征一组论文在学科层面上的相对影响力水平，一般以 1 为分界线，大于 1 表示科研产出影响力高于平均水平，小于 1 表示低于平均水平。本研究考察在统计当年高校人文社科相关学科的学科规范化的引文影响力。

人文社科高被引论文百分比是指高校人文社科相关学科在统计当年的 ESI 高被引论文数占该高校人文社科相关学科论文总数的比例，其中，ESI 高被引论文是同一年同一个 ESI 学科发表论文的总被引频次按照从高到低进行排序，排在前 1% 的论文。该指标代表了高校人文社科高水平科研及其论文产出在全球最具影响力的论文中的百分比情况。

3.2　中国高校人文社科的评价方法

3.2.1　多属性评价方法设计原则

（1）基于客观统计数据原则

评价指标包括两种：一种是客观指标，其数据主要来源于高校、教育部等官方网站、学术信息资源库等渠道；另一种是主观指标，其数据来源于专家打分或者调查。指标数据本质上是对客观世界的反映，然而客观世界难以完全用客观数据体现，但评价时又必须对这些定性的内容进行定量转换，这样才能使评价结果定量化。所以很多时候，采用客观指标数据与主观指标数据相结合进行评价是难免的。在中国人文社科发展评价中，考虑到调查的成本及获取数据的难度较大，难以对高校及其他社会公众开展调查，因此，评价数据总体上基于客观统计数据，这样必然会带来一些缺失，这是难免的。

（2）主观与客观并重原则

主观评价一般采用专家赋权，然后进行加权汇总。主观评价的最大优点是能够体现评价目的，根据各指标的重要程度赋予其不同的权重，体现管理目的，但这也是其缺点。由于主观评价法存在着人为因素的影响，稳定性和重复性较差，不同专家小组给出的权重是不相同的，即使是同一个专家小组，在不同时间给出的专家权重也不一致，因而会受到一些批评。

为了排除评价中的人为因素，出现了许多客观评价方法，如熵权法、变异系数法、复相关系数法、主成分分析法、因子分析法、DEA 数据包络分析法等。表面上看，这些评价方法貌似公平，但是客观评价法最大的优点也正是其缺点，客观评价类方法完全根据数据讲话，不考虑评价指标的相对重要性，较少考虑评价主体——人的主观能动性。不同类型的评价对评价的客观性要求是不同的，如大气环境评价就要求相对客观一些，而人文社科发展评价涉及价值判断问题，因此，需要将主观和客观评价相结合。

从本质上说，绝对主观是难以做到的，因为很多评价基础数据是客观的。绝对客观的评价也是做不到的，首先评价指标的选取是主观的，某些指标值本身可能也是主观的。即使全部都是客观评价方法，但评价方法的选取也是主观的，是由评价者确定的，所以完全主观与完全客观都是有失偏颇的。

在评价中，应该充分考虑各种评价方法的优缺点，采取主观与客观并重的原则进行评价，以相互取长补短，发挥各种评价方法的特长，从而为科学合理地进行人文社科发展评价服务。

（3）指标齐全原则

为了减少计算量和消除指标间的相关性，会人为删除部分存在重复信息的指标，对这个问题的处理要慎重，因为完全相同的指标是不存在的，删除指标必然会带来信息的损失。在评价对象数量较多的情况下，由于评价指标数据比较密集，删除指标对整个排序结果将产生较大的影响。现在计算机技术发展很快，已经没有必要考虑计算的精简，何况许多评价方法都有自己的软件包，我们需要解决的问题是如何消除指标间的相关问题。

当然，并不是说在指标选取时就可以滥选指标，要综合考虑指标的内涵及获取成本，就人文社科发展评价而言，数据的获取成本总体是相对低廉的，因为基本数据来自各种官方网站或是数据库，而对于医学检验，指标多了，意味着患者化验的项目多了，既增加了患者的负担，也延误了诊断时间。

（4）总量与质量兼顾原则

由于不同评价活动的评价目的不同，评价也呈现出不同的特点，有的评价侧重总量评价，有的侧重质量评价，有的侧重综合评价。由于评价目的不同，在评价指标的选取上也呈现出不同的特点，有的评价总量指标偏多，有的评价相对指标偏多；在评价指标的权重设定上，也体现出这种变化，有的评价总量指标权重较高，有的评价相对指标的权重较高。

人文社科发展评价既要考察总量，因为这是人文社科发展规模和综合实力的重要体现，又要以质量为先，切实强化评价的质量意识，正确把握数量和质量的辩证关系，将质量导向贯穿于评价活动的各个环节、各个层面，从根本上改变简单以数量评价发展状况的做法，促进人文社科发展水平和质量不断提升，促进人文社科发展繁荣。

（5）纵向评价结果可比原则

多属性评价可以分为线性评价与非线性评价，如图 3-1 所示，对于线性评价方法，又可以分为权重依赖数据的评价方法与权重独立确定的评价方法，前者如离散系数法、复相关系数法，后者主要是专家赋权法、层次分析法等。非线性评价方法完全依赖于评价数据，对于所有权重依赖数据的评价方法，在纵向时间轴上均没有可比性。

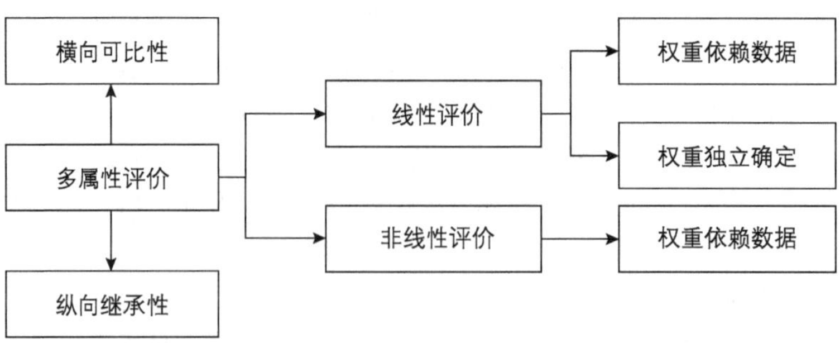

图 3-1　评价方法的可比性

评价的可比性问题一直是个容易受到忽视的问题，所谓评价的可比性，就是对不同时间的评价结果之间的可比。例如，今年的评价结果与去年评价结果的可比，以大学排名为例，×机构对某大学进行评价，去年排全球第 57 位，今年则排第 53 位，那么，能说明该大学总体水平有所提升吗？不一定，假如去年和今年采取的是同样的加权汇总评价方法，在权重没有变化的情况下，那么结果是可比的，如果采取的是系统模型评价方法，那么不同年度的评价结果是不可比的，因为采用系统模型评价方法，或者说非加权汇总类评价方法，本质上都是依赖评价数据的，在这种情况下是无法比较的，假如同样采取的是主成分分析法，那评价结果也是不可比的，就评价结果的纵向可比性而言，采用相同权重的加权汇总类评价方法是唯一可比的。

对于人文社科发展评价而言，各高校每年都会有一个评价结果，每个高校也希望通过多方面的综合努力，提升学校的人文社科发展水平和质量，在这种情况下，评价结果的纵向结果适当可比就具有一定的现实意义。

（6）指标单调性原则

所谓单调递增原则，就是不管什么评价方法，正向指标值增加一定会导致总评分值增加，反向指标增加一定会导致总评分值减少，按道理这似乎不应该存在问题。在按照权重加权汇总类的评价方法中，如熵权法、专家会议法、层次分析法等，这并没有任何问题，但是在一些采用系统模型评价方法的评价中，如主成分分析法、因子分析法、灰色关联法等，则存在递减的可能性。在给定评价指标和数据后，用这些系统模型方法进行评价，然后再用评价值作为因变量，评价指标作为自变量进行回归，有时会发现某些评价指标的系数为负数的异常情况，即出现某个指标值增加，其总得分会减少、排序会下降的异常现象。

针对这种情况，要具体问题具体分析，如果排除评价指标选择不当的情况，那么说明评价方法选择有问题，即不能用该评价方法进行评价，因此，评价方法是否单调递增可以作为评价指标筛选和评价方法选择的一个标准。

那么，如何发现指标递减现象呢？可以将评价值作为因变量，评价指标作为自变量进行回归，然后看回归系数符号是否为负数。在用非线性评价类方法进行评价时，较为广泛地存在着某个正向指标值增加、评价值反而减小的情况。那么，该异常情况究竟是由于该指标值不合理还是评价方法不合理呢？对于这个问题要进行具体分析，在确认指标选取没有问题的情况下，要分析指标值增加评价值减小的原因，如果采取岭回归排除多重共线性的影响之后，该问题依然存在，那么，就要重新选取其他评价方法进行评价；如果评价方法肯定没有问题，采用岭回归排除多重共线性影响后，问题依然存在，则要考虑删除相关指标。与非约束主成分分析法相比，回归修正法是针对非线性评价类方法的一种相对通用的检验方法。

（7）定值评价原则

根据评价结果的不同，可以将评价区分为定值评价和定序评价两种。所谓定值评价，就是评价结果具有确定的分值，为了便于比较且符合人们的习惯，一般采用百分制转换后表示。所谓定序评价，就是评价结果没有确定的评价值，只有评价指标之间的排序。一些评价方法的评价结果只有排序，属于定序评价，对于大多数评价方法而言，评价结果是定值评价。

定序评价的产生，可能与多属性决策有关，多属性评价与多属性决策并没有本质上的差别，不过多属性决策一般待选方案较少，在进行方案优选时只要排序就足够了，无须知道具体的评价值，这样就催生了定序评价方法的产生。

定值评价可以非常方便地转换为定序评价，而定序评价却不可能转化为定值评价。定序评价难以衡量评价对象的相对差距，因此，从提供信息的完备性角度来说是非常不够的。如果评价目的是为了选优，那么采用定序评价是可以的，对人文社科发展评价而言，各高校需要从评价结果中寻找优势与不足，需要更为完备的评价信息，因此需要采用定值评价。

（8）区分度适当原则

评价的目的之一就是对所有评价对象的综合表现进行区分，或者说，各评价对象的评价结果得分之间越分散越好，这里就涉及区分度的概念。很显然，对于相同的评价对象，不同评价方法的区分度是不一样的。如果评价值比较拥挤，那么相邻评价对象就不易区分。

（9）评价公众接受原则

决策更多地体现了决策者的意志，无须关心决策对象的满意度。而评价则类似于考试，更多地要兼顾公平。在大多数情况下，决策者根本无须向公众公布决策方法甚至决策结果，而评价方法和评价结果往往是要公开的。因此，在评价方法的选取过程中，除了兼顾方法的科学性外，一些影响小、使用不多的评价方法要慎重使用，如指标体系赋权中采取的变异系数法、复相关系数法。对于近年来出现的一些新的评价方法，如遗传算法、康托对角线法也要在认真研究评价原理的基础上加以选用。哪怕方法再科学，但只要评价对象普遍不认可该方法与结论，那这样的评价就是失败的，我国某些大学排行榜就遭遇这样的命运。

（10）标准化尊重原始数据原则

任何评价都离不开数据标准化，标准化是进行高质量评价工作的第一步，但是一些常用的数据标准化方法不尊重原始数据，存在一定的缺陷，比如常见的正向指标标准化方法：

$$y_j=\frac{x_j-\min(x_j)}{\max(x_j)-\min(x_j)},\tag{3-1}$$

其中，x_j 是原始数据，y_j 是标准化后的数据，其原理是用原始数据减去极小值的结果再除以极差，该公式在传统统计学应用了很长时间，但是该方法存在的问题是，如果某个评价对象所有值均为倒数第一，则最终评价结果为 0，明显不符合原始数据和社会生活常识。因此，这种标准化方法用于排序是可以的，但不能用于定值评价，应该采用传统的另一种标准化方法进行评价：

$$y_j=\frac{x_j}{\max(x_j)}。\tag{3-2}$$

同样，对于反向指标的标准化，传统的标准化公式之一是：

$$y_j=\frac{1}{x_j},\tag{3-3}$$

即用反向指标的倒数转化为正向指标，然后再进行标准化后评价，问题是这种转换方式的缺点是对原始数据进行了非线性转换，严重扭曲了原始数据，因而是一种存在较大问题的标准化方法，为此笔者于 2009 年提出了一种通用的反向指标标准化方法，彻底解决了这个问题：

$$y_j = 1 - \frac{x_j}{\max(x_j)} + \left\{1 - \max\left[1 - \frac{x_j}{\max(x_j)}\right]\right\}, \tag{3-4}$$

其中，极大值为 1，属于线性变换，标准化前后的极差不固定，反映了指标间的差距，是充分尊重原始数据的体现。

3.2.2 权重赋值方法

（1）权重及其确定方法

在科技评价中，指标权重是一个非常重要的要素，评价离不开权重的计算，权重不仅体现了评价者对评价指标体系中单项指标重要性程度的认识，也体现了评价指标体系中单项指标评价能力的大小。从权重确定的方法角度，科技评价方法大致可以分为赋权评价与不赋权评价两类，如图 3–2 所示。

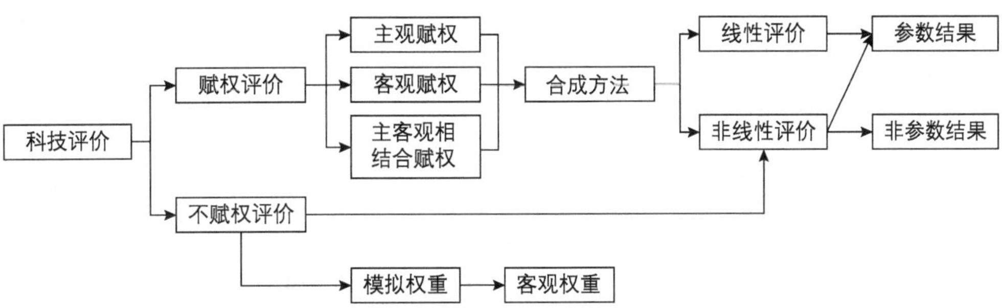

图 3–2 多属性综合评价方法及权重

第一类是需要赋权的科技评价方法，赋权评价方法又分为主观赋权、客观赋权与主客观相结合赋权。主观赋权法是基于决策者的知识经验或偏好，通过重要程度对各指标（属性）进行比较、赋值和计算得出其权重的方法，包括层次分析法（AHP）、专家调研法（Delphi）、模糊综合评判法、二项系数法等。客观赋权法是基于评价指标值的客观数据的差异而确定各指标权重的方法，包括熵权法、变异系数法、概率权、CRITIC 等。主客观相结合赋权法就是结合主观和客观因素及方法进行赋权。赋权仅仅是评价的一个重要环节，还要进行评价指标值的合成，合成方法又包括两类：一类是线性评价方法，其原理是将指标标准化后按照权重进行线性加权汇总，这也是实际工作中用得最多的一种评价方法；另一类是采用非线性评价方法进行评价，即评价得分与评价指标之间并非简单的线性关系，如调和平均、几何平均、加权 TOPSIS、VIKOR、灰色关联分析、证据理论、模糊综合评价、人工神经网络等。

第二类是不需要赋权的评价方法，此方法完全根据数据说话，不需要主观或者客观赋权，该类评价方法大都是非线性评价方法，如主成分分析法、因子分析法、数据包络分析法、聚类分析法等。不需要赋权的评价方法其评价指标也是有隐含权重的，不可能每个指标的重要性相同。笔者于 2011 年提出模拟权重的概念，其原理是将非线性评价方法的评价得分作为被解释变量，评价指标作为解释变量进行回归，对回归系数进行归一化处理后就得到模拟权重。这种模拟权重也可以称为实际权重，本质上属于客观权重的范畴。

在科技评价中，不管是赋权还是不赋权，不管是参数评价还是非参数评价，不管是线性评价还是非线性评价，均存在权重，不过一些非线性评价方法和非参数评价，需要通过一定的回归方法计算模拟权重，从而得到实际权重。权重的本质问题存在于所有的多属性评价方法中，是多属性评价的基础理论问题。

在多属性评价问题中，存在着实际权重的扭曲问题，即设计权重与实际权重存在差异。即使是在等权重的情况下，由于标准化后评价指标的均值并不相等，导致评价得分中不同指标的重要性也不相同，即评价指标具有“自然权重”。笔者于 2018 年提出计算自然权重的方法，在不赋权评价的情况下，分别计算各指标均值占评价结果均值的比重。自然权重问题是指由于指标无量纲化后评价均值不等引起的实际权重差异问题。以学术期刊评价为例，假设只采用总被引频次和影响因子两个指标进行评价，采用等权重进行汇总加权，即期刊评价得分为总被引频次与影响因子无量纲化后的数值分别乘以 0.5 进行加权汇总，但是总被引频次与影响因子无量纲化后均值并不相等，假设总被引频次无量纲化后均值并不相等，假设总被引频次无量纲化后均值为 20，影响因子无量纲化后的均值为 50，那么在实际评价中虽然是等权重，但总被引频次由于均值较低明显没有得到重视，其实际权重只有影响因子的 40%（20/50），这就是由于数据本身产生的问题，因此称为自然权重，其根源是评价指标的数据分布及数据自身特点不同。

在线性评价中，只有保证实际权重与设计权重相等，才能真正发挥权重在评价中的作用。由于自然权重的存在，或者说是由于评价指标数据的差异性，导致这种情况是一种理想状况，很难在现实生活中实现。尤其在科技评价中，自然权重问题是普遍存在的现象，它是隐藏在评价数据中的一种权重，根本原因是评价指标不服从正态分布、评价指标均值不相等所致，

以线性加权汇总评价为例，其计算公式为：

$$C_i=\omega_1 X_1+\omega_2 X_2+\cdots+\omega_n X_n, \tag{3-5}$$

其中，ω_j 表示权重，X_j 是标准化后的评价指标，C_i 表示评价得分。ω_j 表示主观赋权，也可以是客观赋权，或者主观与客观相结合赋权，这是传统意义上的权重，为了以示区别，将该权重称为设计权重，傅蓉（2011）将该权重称为初始权重，这里将其用 ω_D 表示。

自然权重 ω_S 是假设设计权重相等的情况下，各指标的相对重要性，可以用各指标的均值或是汇总值所占比重表示：

$$\omega_S=\frac{\sum_{i=1}^{m}X_{ij}}{\sum_{j=1}^{n}\sum_{i=1}^{m}X_{ij}}。\tag{3-6}$$

实际权重是在评价结果中，各指标实际均值或者汇总值所占比重，傅蓉（2011）称其为结果权重，这里用 ω_R 表示：

$$\omega_R=\frac{\sum_{i=1}^{m}\omega_jX_{ij}}{\sum_{j=1}^{n}\sum_{i=1}^{m}\omega_jX_{ij}},\tag{3-7}$$

很明显，设计权重 ω_D、自然权重 ω_S、实际权重 ω_R 并不相等。

在加权线性评价中，如果认识不到自然权重问题，将造成实际权重的严重扭曲，从而对评价结果产生影响，降低评价质量，尤其是在个体评价中。为了做到设计权重与实际权重相等，必须彻底消除自然权重问题，一种最为简捷的方法就是通过标准化方法，使得所有评价指标的均值相等，这样其汇总值也相等。为了尽可能地避免自然权重问题造成的实际权重扭曲，本研究将通过Sigmoid函数标准化方法对原始指标数据进行标准化处理，提高评价质量，Sigmoid 函数标准化方法将在 3.2.3 节中进行详细阐述。

（2）主观权重确定方法及其比较

主观赋权法在根据决策者意图和属性含义确定权重方面比客观赋权法具有更大的优势，专家可以根据实际的决策问题和专家自身的知识经验合理地确定各属性权重的排序，不至于出现属性权重与属性实际重要程度相悖的情况。而客观赋权法主要是根据原始数据之间的关系来确定权重，因此权重的客观性强，且不增加决策者的负担，方法具有较强的数学理论依据。但是客观赋权法没有考虑决策者的主观意向，因此，确定的权重可能与人们的主观愿望或实际情况不一致，使人感到困惑。

在开展人文社科发展评价时，一方面，考虑到人文社科发展评价具有较强的专业性和实务性，使用客观赋权法可能会出现权重与人们的主观愿望或者实际情况不一致，因此本研究采用主观赋权法确定指标权重；另一方面，为了保持不同年份评价结果的可比性，指标权重要尽可能保持不变，而客观赋权法确定的指标权重会根据评价数据的不同而发生改变，使得评价结果在时间上的可比性变差，因此，考虑采用专家评价法计算指标权重。

最常见的主观赋权法包括层次分析法（AHP）、德尔菲法（Delphi）和模糊综合评判法等，现对最常见的主观赋权法进行简单介绍。

① 层次分析法（AHP）是 20 世纪 70 年代由著名运筹学家 T.L.Saaty 提出的，其基本原理是根据具有递阶结果的目标、子目标（准则）、约束条件及部门等来评价方案，用两两比较的方法确定判断矩阵，然后将判断矩阵的最大特征根相应的特征向量的分量作为相应的系数，最后综合得出方案各自的权重（优先程度），该方法作为一种定性和定量相结合的工具，目前已得到了广泛应用。层次分析法将人们的主观判断进行了科学的整理和综合，其权数体现的是评价者对各指标的主观价值判断大小，所需的定量信息较少，对指标结构复杂而且缺

乏必要的数据情况下的评价非常实用，它能大大提高综合评价的有效性、可靠性和可行性，但由于要求评价者对评价本质、所包含的要素及其相互之间的逻辑关系掌握得十分透彻，因此，虽然层次分析法较好地考虑和集成了综合评价过程中的各种定性和定量信息，但是在应用中仍摆脱不了评价过程中的随机性、评价专家主观上的不确定性及认识上的模糊性，同时当同一层指标较多时，除了使上述问题更加突出之外，决策者很容易做出矛盾且混乱的相对重要性判断，使判断矩阵出现严重的不一致现象。

② 德尔菲法（Delphi），又称专家评分法或者专家咨询法，采取匿名的方式广泛征求专家的意见，经过反复多次的信息交流和反馈修正，使专家的意见逐步趋向一致，最后根据专家的综合意见，对评价对象做出评价的一种定量与定性相结合的预测、评价方法。德尔菲法能够充分发挥各位专家的作用，集思广益，准确性高，能把各位专家意见的分歧点表达出来，取各家多长，避各家所短。但是德尔菲法不能避免权威人士的意见对其他人的影响，有的专家碍于情面，不愿意发表与其他人不同的意见，出于自尊心不愿意修改自己原来不全面的意见，最主要的缺点是过程比较复杂，花费的时间较长。

③ 模糊综合评判法。其基本原理是首先确定被评判对象的因素集和评价集，再分别确定各个因素的权重及他们的隶属度向量，获得模糊评判矩阵，最后把模糊评判矩阵与因素的权重集进行模糊运算并进行归一化，得到模糊评价综合结果。模糊综合评判法无法解决以下问题：评价指标间相关造成的评价信息重复，各因素权重的确定带有一定的主观性，在某些情况下，隶属函数的确定较为困难，尤其是多目标评价模型，要对每一个目标、每个因素确定隶属度函数，过于烦琐，实用性不强。

（3）基于专家评价法的指标权重确定

本研究采用专家评价法确定指标权重，通过专家组背靠背打分，既消除了因专家关注点不同而产生的差异，又能发挥专家对于人文社科发展评价指标权重分配的专业观点，是一种较具操作性的指标权重确定方法。我们设计了人文社科发展评价指标权重体系的专家意见调查表，并对学术界、理论界和政府相关部门的相关专家进行了调查。具体办法是：

第一，在调查中，要求各位专家对 24 项三级指标的重要性程度进行打分，分别在“1 ~ 4”的范围进行赋值；其中，1 为“一般”、2 为“重要”、3 为“比较重要”、4 为“非常重要”。

第二，统计打分分别为 1、2、3、4 的总项数并赋值，其中打分为 1、2、3、4 分别赋值为 1、2、3、4，计算出每个三级指标的重要性。

$$I_{3,ij}=4x_{3,ij}+3y_{3,ij}+2z_{3,ij}+h_{3,ij}, \tag{3-8}$$

其中，$I_{3,ij}$ 表示第 i 个二级指标下第 j 个三级指标的重要性，$x_{3,ij}$ 表示打分为 4 的总项数，$y_{3,ij}$ 表示打分为 3 的总项数，$z_{3,ij}$ 表示打分为 2 的总项数，$h_{3,ij}$ 表示打分为 1 的总项数。

第三，按照式（3－9）将每个三级指标重要性折算为比例数，即得到三级指标的权重：

$$w_{3,ij}=\frac{I_{3,ij}}{\sum_{m=1}^{M_1}\sum_{k=1}^{M_{2,m}}\sum_{l=1}^{M_{3,k}}I_{3,kl}}, \tag{3-9}$$

其中，$I_{3,ij}$ 为第 i 个二级指标下第 j 个三级指标的重要性；M_1 为一级指标个数，$M_{2,m}$ 和 $M_{3,k}$ 分别为第 m 个一级指标和第 k 个二级指标下次级指标的个数；$w_{3,ij}$ 为第 i 个二级指标下第 j 个三级指标的权重计算结果。

第四，对每个二级指标下的三级指标权重进行累加，得到二级指标的权重。

$$w_{2,i}=\frac{\sum_{l=1}^{M_{3,i}}W_{3,il}}{\sum_{m=1}^{M_1}\sum_{k=1}^{M_{2,m}}\sum_{l=1}^{M_{3,k}}I_{3,kl}},\tag{3-10}$$

其中 $w_{2,i}$ 为第 i 个二级指标对应的权重值，$M_{3,i}$ 为第 i 个二级指标下次级指标个数。

第五，采用类似方法，计算得到一级指标权重。

最终形成指标权重分配结果，如表 3-2 所示。

表 3-2　人文社科发展评价指标权重

评价指标	指标权重
师资队伍	0.11
人才培养	0.14
科学研究	0.51
文化传承与社会服务	0.15
国际化	0.09

3.2.3　中国人文社科的评价方法及评价流程

（1）数据标准化方法及其选择

在多属性综合评价模型中，由于各指标原始数据的度量单位、内在属性及数量级存在差异，不能直接进行综合和比较，因此，需要一定的数学变换以消除指标类型及量纲的影响，这一过程即为指标的标准化。原始数据经过数据标准化处理后，各指标处于同一数量级，适合进行综合对比分析。指标数据标准化是多属性评价的基础，指标标准化方法又称为数据无量纲化方法，包括线性无量纲化方法和非线性无量纲化方法，最常见的线性标准化方法是极大值标准化，即

$$y_i=\frac{x_i}{\max(x_i)}。\tag{3-11}$$

另一种最常见的正向标准化方法是极差标准化，也称为最大最小值标准化或离差标准化，其特点是标准化后指标极大值为 1、极小值为 0，但是当有新的数据加入时，会导致最小值和最大值发生变化，需要重新定义，极差标准化的计算公式如下：

$$y_i=\frac{x_i-\min(x_i)}{\max(x_i)-\min(x_i)}。\tag{3-12}$$

Z-score（又称标准差标准化）也是一种常见的正向标准化方法，其计算公式如下：

$$x^*=\frac{x-\mu}{\sigma},\tag{3-13}$$

其中，μ 和 σ 分别为原始数据集的均值和方差。该方法的特点是经过处理的数据符合正态分布，均值为 0，标准差为 1，对于样本多的数据比较稳定，不改变数据的原始分布，但是计算时需要得到总体的均值及标准差，在数据较多时难以实现，大多数情况下用样本均值及标准差代替，此举会导致分析结果与真实结果之间存在差异。此外，该方法只有在数据大致符合正态分布时才能得到最佳结果。

对于一些分布特殊、发展速度较快的指标，也可以采用对数标准化方法进行标准化，这是一种非线性标准化方法，对数标准化也包括极大值标准化和极差标准化，由于取对数容易得到负数，对于这种情况，需要加上一个合适的正数，如 $|\text{int}\{\min[\ln(x_i)]\}|$，然后再根据式（3-14）进行标准化，以极大值标准化为例：

$$y_i=\begin{cases}\dfrac{\ln(x_i)}{\max[\ln(x_i)]}, & \max[\ln(x_i)]>0\\ \dfrac{\ln(x_i)+|\text{int}\{\min[\ln(x_i)]\}|}{\max[\ln(x_i)]+|\text{int}\{\min[\ln(x_i)]\}|}, & \max[\ln(x_i)]<0\end{cases}。\tag{3-14}$$

对于反向指标，采用取倒数的标准化方法也是一种非线性标准化：

$$y_i=\frac{1}{x_i}。\tag{3-15}$$

但是式（3-15）标准化方法并不彻底，因为标准化后其极大值不等于 1，所以实际评价中还要除以极大值进行再次标准化，即

$$y_i=\frac{\frac{1}{x_i}}{\max\left(\frac{1}{x_i}\right)}。\tag{3-16}$$

本研究采用 Sigmoid 函数进行标准化，首先要计算评价指标的 z 值，即：

$$z=\frac{X-\mu}{\sigma}。\tag{3-17}$$

其中，X 为原始指标值，μ 为其平均值，σ 为其标准差。

将 z 值代入 Sigmoid 函数，就得到标准化后的指标 Y，即

$$Y=\frac{1}{1+e^{-z}}。\tag{3-18}$$

Sigmoid 函数反映了事物的成长规律，用其作为判断标准符合客观情况。采用该方法进行标准化无须考虑原始指标的数据分布问题，无论原始数据是否服从正态分布，均可采用 Sigmoid 函数进行标准化。采用此方法进行标准化使得不同指标的均值有接近趋势，即使在评价指标不服从正态分布的情况下，这样可以有效消除由于某个指标均值过低导致其在多属性评价值中比重过小的问题，即自然权重问题，从而使得评价结果更加科学合理。

（2）广义加权 BM 算子定义

在绝大多数现实世界中的多属性评价问题中，不同指标之间往往会存在不同程度的联系，如互补、冗余、偏好关系等，但是现有的评价活动中，很少会将指标之间的相互关联考虑在内，这在一定程度上导致了评价结果的不准确。而 Bonferroni 平均算子能够很好地捕获变量之间的相互关联情况，可以将多个输入变量集结为一个输入变量，是一种介于最大和最小之间的集成算子，本研究采用 GBM 算子对评价信息进行聚合。BM 算子的定义如下：

令 a_i=（i=1，2，…，n）为一系列非负实数，参数 s，$t \geqslant 0$ 且 $s+t>0$。若

$$BM^{s,t}(a_1, a_2, \cdots, a_n)=\left(\frac{1}{n(n-1)}\sum_{i,j=1}^{n} a_i^s a_j^t\right)^{\frac{1}{s+t}}, \tag{3-19}$$

则 $BM^{s,t}$ 被称为 BM 算子。

BM 算子只能反映任意两个变量之间的关联关系，实际上，在实际的多指标综合评价问题中，往往是多个指标之间的关联关系，所以在信息集成时仅仅考虑两个输入变量之间的关联关系是不够的，Beloakov 等提出了广义 BM（GBM）算子，Xia 等对 GBM 算子进行了改进，提出了加权形式的 GBM，即广义加权 BM（GWBM）算子，其定义如下：

令 p，q，$r \geqslant 0$，a_i（i=1，2，…，n）为一列非负实数，并且对应的权重向量为 $w=(w_1, w_2, \cdots, w_n)^T$，满足 $w_i \in [0, 1]$ 和 $\sum_{i=1}^{n} w_i=1$，则 GWBM 可以定义为：

$$GWBM^{p,q,r}(a_1, a_2, \cdots, a_n)=\left(\sum_{i,j,k=1}^{n} w_i w_j w_k a_i^p a_j^q a_k^r\right)^{\frac{1}{p+q+r}}。 \tag{3-20}$$

本研究采用 GWBM 算子计算综合评价值，并取 $p=q=1$，$r=0$，该算子能够综合考虑指标间的内在联系，使得评价结果更加科学合理。

（3）中国人文社科评价的基本流程

评价流程是指评价活动的组织流程，人文社科发展评价活动主要包括评价的前期准备、评价实施及评价结果分析 3 个阶段。其中，评价的前期准备工作主要包括确定评价对象、确定评价目的及评价原则、建立专家评价小组、构建人文社科发展评价指标体系、选择综合评价方法等多个环节；评价实施主要包括收集评价数据信息、数据预处理、基于专家评价法确定评价指标权重、基于 GWBM 算子计算综合评价结果 4 个环节。评价结果分析包括撰写评价报告、公布评价结果、评价结果反馈 3 个环节。中国人文社科评价的基本流程如图 3-3 所示。

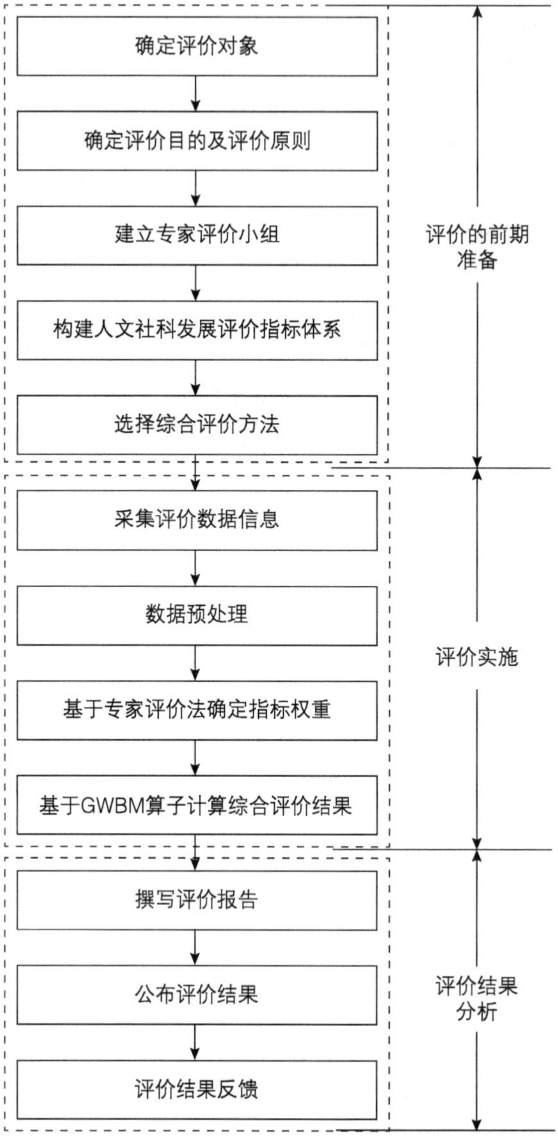

图 3-3　中国人文社科评价的基本流程

此外，在参考教育部学科评估专业分档基础上，本研究中高校人文社科评价结果同样采取“分档”的方式呈现，具体方法是按“高校人文社科评价得分”的位次百分比，将评价高校划分为 A、B、C、D 四大类别共 12 个等级予以呈现：前 2% 为 A+，2% ~ 5% 为 A（不含 2%，下同），5% ~ 10% 为 A-，10% ~ 20% 为 B+，20% ~ 30% 为 B，30% ~ 40% 为 B-，40% ~ 50% 为 C+，50% ~ 60% 为 C，60% ~ 70% 为 C-，70% ~ 80% 为 D+，80% ~ 90% 为 D，最后 10% 为 D-。高校人文社科评价结果分档方法如表 3-3 所示。

表 3-3 高校人文社科评价结果分档方法

类别	级别	标准	类别百分比	级别百分比
A 类	A+	排名前 2%	2%	10%
	A	2% ~ 5%	3%	
	A-	5% ~ 10%	5%	
B 类	B+	10% ~ 20%	10%	30%
	B	20% ~ 30%	10%	
	B-	30% ~ 40%	10%	
C 类	C+	40% ~ 50%	10%	30%
	C	50% ~ 60%	10%	
	C-	60% ~ 70%	10%	
D 类	D+	70% ~ 80%	10%	30%
	D	80% ~ 90%	10%	
	D-	最后 10%	10%	

3.3 数据采集与预处理

3.3.1 数据来源及采集

（1）数据来源

本研究的数据主要来源于互联网，主要包括各学校官网、中共中央组织部、教育部、国家自然科学基金委员会、科学基金网络信息系统、全国哲学社会科学工作办公室、教育部学位与研究生教育发展研究中心、中共中央宣传部、中国智库索引、中华人民共和国教育部中外合作办学监管工作信息平台等官方网站，还包括 Incites、Web of Science（WOS）、Scopus、中国知网、中文社会科学引文索引（CSSCI）等数据库网站。

（2）数据采集原则和方法

数据采集是指通过各种手段收集、整理、分析和处理数据的过程，在进行数据采集时，需要遵循五大原则，以确保数据的准确性、可靠性和有效性。

目的性原则，在数据采集之前，我们必须清楚了解我们需要什么类型的数据，明确采集数据的目的和用途，只有明确了数据采集的目的，才能有针对性地采集数据，避免浪费时间和资源。

选择合适的数据源。数据源的选择直接影响到数据的质量和可靠性，在选择数据源时，需要考虑数据的来源、采集方式、采集时间等因素，以确保数据的准确性和可靠性。为了保证数据信息的准确性，我们一般采用官方机构发布的数据、权威的研究报告和调查数据，以及经过严格审核和筛选的第三方数据等，有时还需要对各种渠道的数据信息进行多方比对。

采用合适的采集方法。采集方法的选择需要根据数据的类型、数量和质量等因素进行综合考虑，常见的采集方法包括问卷调查、访谈、观察、实验等，选择合适的数据采集方法可以提高数据采集的效率和精度。

保证数据的准确性和完整性。在进行数据采集时，需要注意数据的准确性和完整性。采集数据时，应尽可能避免主观性和偏见，确保数据的客观性和真实性。对于一些缺失数据，要分析数据缺失的原因，避免数据遗漏不完整的情况出现。

人文社科发展评价指标体系是一个包含 5 个一级指标、13 个二级指标、24 个三级指标的庞大系统，需要调查的指标众多，数据类型和数据来源多种多样，根据指标的类型和数据来源，主要考虑采用人工收集整理和网络爬虫这两种方式收集数据。

3.3.2 数据质量检查

（1）数据可视化方法

采用可视化工具，如条形图、散点图、饼图等，直观地观察数据是否存在异常值、趋势及分布等情况，对数据进行初步筛选。

（2）值域检查方法

对数据值的范围、单位、格式及数据类型等进行检查，包括进行数值大小、数值范围、逻辑关系等方面的检查，以确保数据的准确性。

（3）缺失值检查方法

对数据表格中的缺失值进行检查，包括检查缺失值的数量、位置、类型等，找出缺失值的原因及对应的处理方法。

（4）重复值检查方法

对数据表格中的重复值进行检查，采用公式或软件工具进行比对，找出重复值的位置和原因，对数据进行去重处理。

（5）数据源检查方法

对数据源的可靠性、可信度及完整性进行检查，包括数据来源的背景、数据收集方式、数据处理信息等方面进行分析，确保数据来源可靠。

（6）历史数据对比方法

通过历史数据观察数据变化规律，从而验证数据质量。从变化趋势、加速或减速、周期、拐点等方面论证数据的可靠性程度。通常以同比发展速度进行判断，评估时应根据各种指标发展特点，重点对同比发展速度增幅（或降幅）较大的数据进行审核。历史数据对比法包括同比和环比两种方式。

3.3.3　数据预处理

在综合评价指标体系中，无论是定名尺度还是定序尺度，定性变量都必须具有方向性，即与评价目标完全相关，否则该定性变量就不能成为综合评价指标体系中的一个变量。根据量化时的具体对象不同，定性变量的量化分析可分为直接量化法和间接量化法（苏为华，1998）。

直接量化法是将总体中各单位的某一品质标准表现直接给出一个定量的数值。例如，在评价大学的学术声誉时，可以采用一定的方式直接给出每一个重点大学的评分值。间接量化法则是先列出定性变量所有可能取值的集合，并且将每个待评价单位在该变量上定性取值登记下来，然后再将“定性变量取值集合”中的元素进行量化，据之将每个单位的定性取值全部转化为数量。

在本研究中，采用间接量化法对定性变量进行量化。例如，对于学术论文数进行评价时，首先按照一定的分类标准将期刊划分为 TOP 期刊、一级期刊、普通期刊，然后再确定不同级别期刊的具体分值。针对奖项进行评价时，对不同奖项（如特等奖、一等奖、二等奖等）分别赋予不同的分值。

4 中国高校人文社科发展总报告

4.1 全国人文社科科研项目发展报告

本部分将主要从2020—2022年3年全国高校国家社科基金项目、国家自然科学基金管理学项目、教育部人文社科研究项目的立项情况进行统计，进而对高校立项情况进行整体分析，并通过不同指数对不同项目的均衡情况、竞争类型、集中程度进行分析。

4.1.1 全国高校国家社科基金项目统计分析

分别对全国高校2022年和2020—2022年3年的国家社科基金项目进行总体的统计分析，首先根据项目性质将国家社科基金项目分为重大项目、重点项目、国家哲学社会科学成果文库项目、一般项目、西部项目、青年项目。国家社科重大项目包括国家社科基金重大项目、国家社科基金艺术学重大项目、国家社科基金教育学重大项目、十九届四中全会精神国家社科基金重大项目、十九届五中全会精神国家社科基金重大项目、十九届六中全会精神国家社科基金重大项目。国家社科重点项目包括国家社科基金年度重点项目、国家社科基金后期重点项目、国家社科基金艺术学重点项目、国家社科基金教育学重点项目、高校思政重点项目、中华学术外译重点项目。国家社科西部项目包括国家社科基金西部项目、国家社科基金艺术学西部项目、国家社科基金教育学西部项目。国家社科青年项目包括国家社科基金青年项目、国家社科基金艺术学青年项目、国家社科基金教育学青年项目。国家社科一般项目包括国家社科基金年度一般项目、国家社科基金后期一般项目、国家社科基金艺术学一般项目、国家社科基金教育学一般项目、中华学术外译一般项目。2022年高校国家社科基金项目统计如表4-1所示。

表4-1 2022年全国高校国家社科基金项目统计 单位：项

项目	项目数
重大项目	443
重点项目	465
国家哲学社会科学成果文库项目	62
一般项目	4509

续表

项目	项目数
西部项目	475
青年项目	1084
合计	7038

2022 年，全国高校国家社科基金项目总数为 7038 项。单个类别项目中总数最多的是国家社科基金一般项目，项目数为 4509 项；单个项目中最少的是国家哲学社会科学成果文库项目，项目数为 62 项。此外，国家社科基金重大项目、重点项目、西部项目、青年项目的项目数从低到高依次是 443 项、465 项、475 项、1084 项，具体如图 4-1 所示。

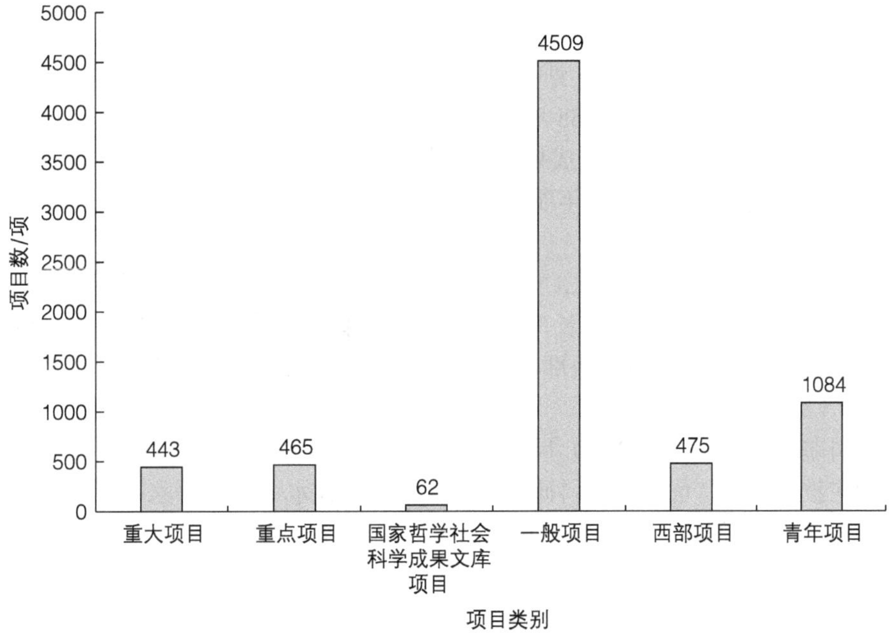

图 4-1　2022 年全国高校国家社科基金项目分布

2020 年全国高校国家社科基金项目总数为 6383 项，2021 年全国高校国家社科基金项目总数为 7096 项，2022 年全国高校国家社科基金项目总数为 7038 项，2020—2022 年的年均增长率为 5.01%，总体呈现上升趋势，如表 4-2 所示。

表 4-2　2020—2022 年全国高校国家社科基金项目统计　　单位：项

项目	2020 年	2021 年	2022 年	年均增长率
重大项目	444	455	443	-0.11%
重点项目	410	470	465	6.50%
国家哲学社会科学成果文库项目	—	—	62	—
一般项目	3988	4681	4509	6.33%
西部项目	434	444	475	4.62%
青年项目	968	1046	1084	5.82%
高校思政项目	139	—	—	—
合计	6383	7096	7038	5.01%

从项目类别角度出发，单个类别项目总数最多的是国家社科基金一般项目，2020 年、2021 年、2022 年项目数分别为 3988 项、4681 项、4509 项，3 年总项目数为 13 178 项。单个项目最少的是国家哲学社会科学成果文库项目，项目数为 62 项。此外，国家社科基金重大项目、重点项目、西部项目、青年项目的项目数从低到高依次是 1342 项、1345 项、1353 项、3098 项。

从项目数的年均增长率角度出发，年均增长率最高的项目是国家社科基金重点项目，年均增长率为 6.50%。年均增长率最低的项目是国家社科基金重大项目，年均增长率为-0.11%。此外，国家社科基金西部项目、青年项目、一般项目的年均增长率由低到高分别是 4.62%、5.82%、6.33%。

国家社科基金项目设立于 1980 年，是中国社科领域最重要的学术研究资助项目之一。它的设立旨在鼓励和支持优秀的社科研究，提高学术研究水平，为国家决策提供科学依据，因此统计 2022 年高校国家社科基金项目的占比，可以分析高校人文社科专业的贡献，结果如表 4-3 所示。

表 4-3　2022 年全国高校国家社科基金项目数及占比统计　　单位：项

项目	高校项目数	项目总数	高校项目占比
重大项目	443	496	89.31%
重点项目	465	498	93.37%
西部项目	475	539	88.13%
青年项目	1084	1217	89.07%

续表

项目	高校项目数	项目总数	高校项目占比
一般项目	4509	4593	98.17%
国家哲学社会科学成果文库项目	62	65	95.38%

从项目占比情况看，国家哲学社会科学成果文库项目的占比最高，达到了 95.38%；国家社科基金西部项目的占比最低，为 88.13%，各项目占比均达到了 88% 以上，说明高校是我国社科研究的前沿阵地，对我国人文社科的发展具有举足轻重的作用。

4.1.2 全国高校国家自然科学基金管理学项目统计分析

对全国高校 2022 年和 2020—2022 年 3 年的国家自然科学基金管理学项目进行总体的统计分析，具体如表 4–4、图 4–2 和表 4–5 所示。

表 4–4 2022 年全国高校国家自然科学基金管理学项目统计 单位：项

项目	项目数
重点项目	26
面上项目	746
青年科学基金项目	983
地区科学基金项目	144
国际（地区）合作交流项目	4
专项项目	10
合计	1913

2022 年，国家自然科学基金管理学项目总数为 1913 项，从项目类别角度看，青年科学基金项目立项 983 项，位列第一；立项最少的为国际（地区）合作交流项目，立项数为 4 项。此外，重点项目、面上项目、专项项目的立项数分别是 26 项、746 项、10 项，如图 4–2 所示。

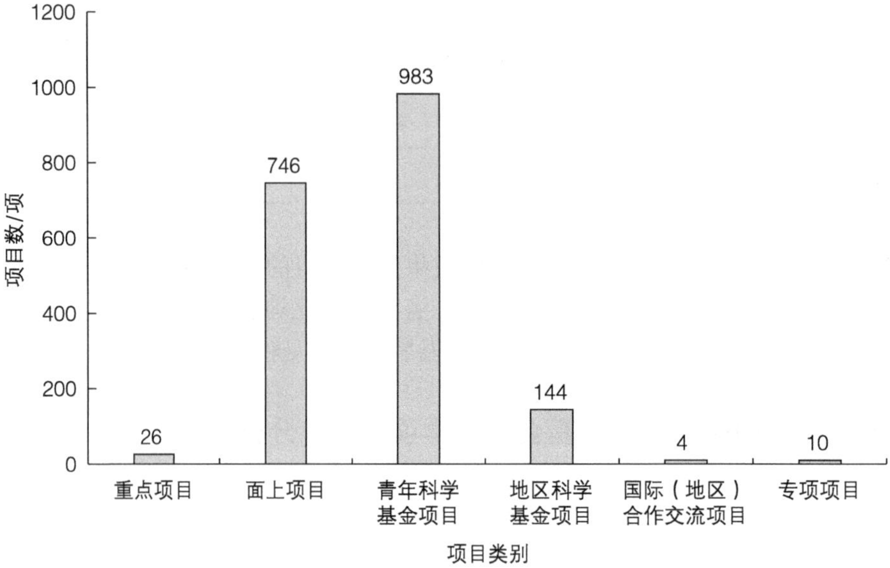

图 4-2　2022 年全国高校国家自然科学基金管理学项目统计

2020 年全国高校国家自然科学基金管理学项目总数为 1750 项，2021 年全国高校国家自然科学基金管理学项目总数为 1939 项，2022 年全国高校国家自然科学基金管理学项目总数为 1913 项，2020—2022 年的年均增长率为 4.55%，总体呈现上升趋势，如表 4-5 所示。

从项目数的年均增长率角度出发，年均增长率最高的项目是面上项目，为 13.51%；年均增长率最低的项目是国际（地区）合作交流项目，为-74.60%。此外，专项项目、重点项目、地区科学基金项目、青年科学基金项目的年均增长率由低到高分别是-49.36%、-9.86%、0.70%、5.87%。

表 4-5　2020—2022 年全国高校国家自然科学基金管理学项目统计　　单位：项

项目	2020 年	2021 年	2022 年	年均增长率
重大研究计划	19	0	0	—
重点项目	32	34	26	-9.86%
面上项目	579	744	746	13.51%
青年科学基金项目	877	957	983	5.87%
地区科学基金项目	142	142	144	0.70%
国际（地区）合作交流项目	62	27	4	-74.60%
专项项目	39	35	10	-49.36%
合计	1750	1939	1913	4.55%

从项目类别角度出发，单个类别项目总数最多的是青年科学基金项目，2020 年、2021 年、2022 年项目数分别为 877 项、957 项、983 项，3 年项目总数为 2817 项。单个项目最少的为重大研究计划，且重大研究计划在 2021 年、2022 年减幅较大，2020 年为 19 项，2021 年和 2022 年均为 0 项（图 4–3）。此外，高校联合基金项目仅 2020 年立项 1 项，故不放入表中分析。

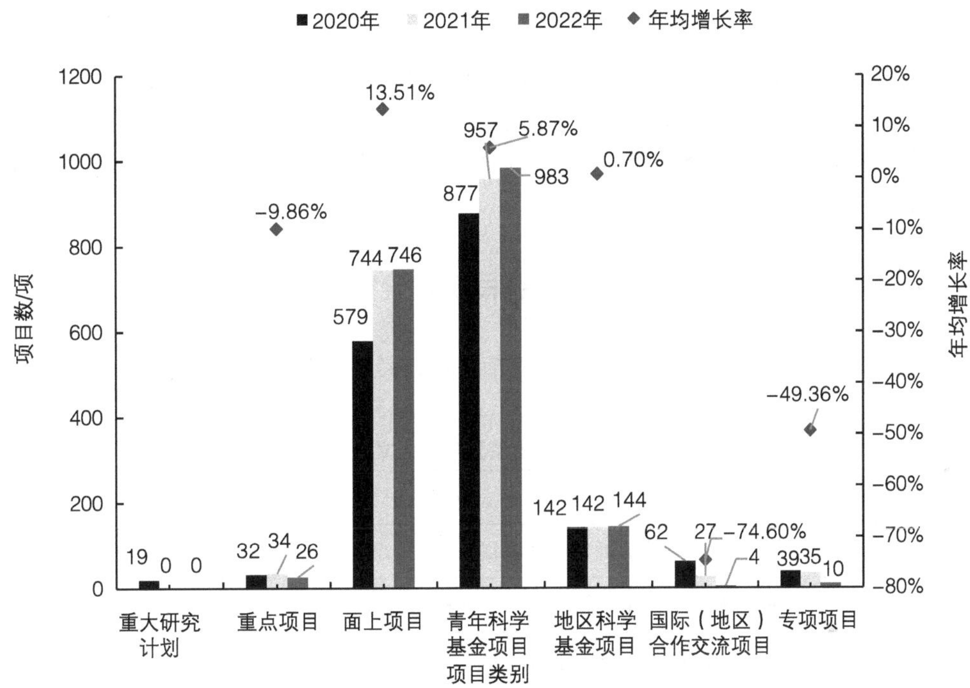

图 4–3　2020—2022 年全国高校国家自然科学基金管理学项目统计

对 2022 年全国高校国家自然科学基金管理学项目占比进行统计，分析高校人文社科专业的贡献，结果如表 4–6 所示。

表 4–6　2022 年全国高校国家自然科学基金管理学项目占比　　单位：项

项目	高校项目数	总项目数	高校项目占比
重点项目	26	28	92.86%
面上项目	746	757	98.55%
青年科学基金项目	983	1023	96.09%
地区科学基金项目	144	148	97.30%

续表

项目	高校项目数	总项目数	高校项目占比
国际（地区）合作交流项目	4	5	80.00%
专项项目	10	12	83.33%
合计	1913	1973	96.96%

从项目占比情况看，2022 年高校国家自然科学基金管理学项目面上项目的占比最高，达到了 98.55%，国际（地区）合作交流项目最低，为 80.00%，各项目占比均达到了 80% 以上，说明在国家自然科学基金管理学项目中，高校同样是人文社会科学研究的前沿阵地，有着巨大贡献。

4.1.3 全国高校教育部人文社科研究项目统计分析

对 2022 年全国高校教育部人文社科研究项目进行总体分析，结果如表 4-7 所示。

表 4-7 2022 年全国高校教育部人文社科研究项目统计 单位：项

项目	项目数
教育部哲学社会科学研究重大项目	51
教育部人文社科研究规划基金（一般、专项、后期）项目	1072
教育部人文社科研究青年基金项目	1597
教育部人文社科研究自筹基金项目	10
教育部人文社科研究西部规划基金项目	58
教育部人文社科研究西部青年基金项目	105
高校辅导员研究专项	185
合计	3078

2022 年，教育部人文社科研究项目总数为 3078 项，单个类别项目总数最多的是教育部人文社科研究青年基金项目，项目数为 1597 项；单个项目最少的是教育部人文社科研究自筹基金项目，项目数为 10 项。此外，教育部哲学社会科学研究重大项目、教育部人文社科研究规划基金（一般、专项、后期）项目、教育部人文社科研究西部规划基金项目、教育部人文社科研究西部青年基金项目、高校辅导员研究专项分别为 51 项、1072 项、58 项、105 项、185 项，如图 4-4 所示。

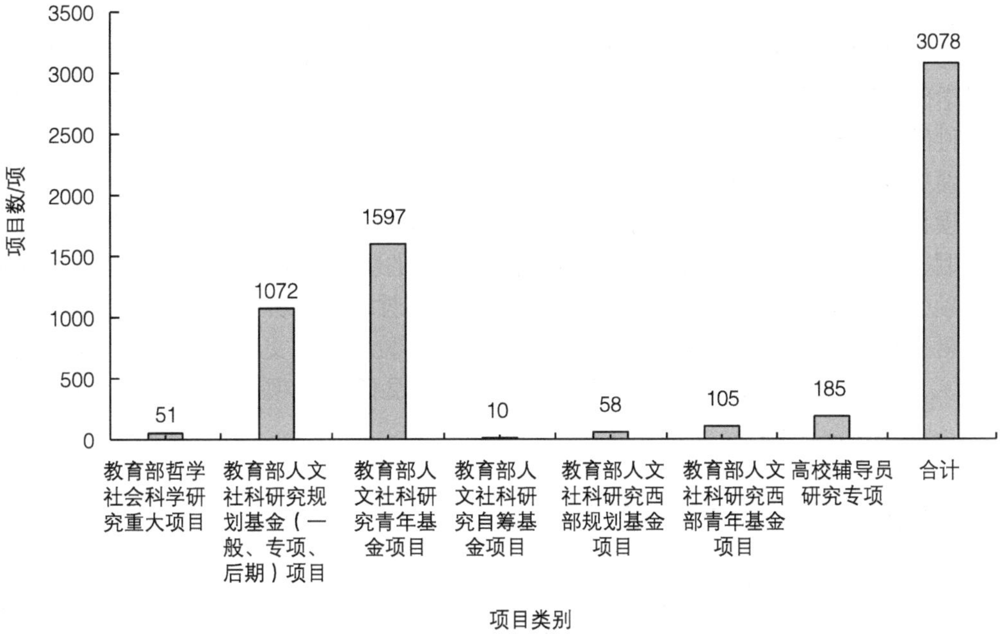

图 4-4　2022 年全国高校教育部人文社科研究项目统计

2020 年全国高校教育部人文社科项目总数为 3053 项，2021 年为 2701 项，2022 年为 3078 项，2020—2022 年的年均增长率为 0.41%，总体呈现上升趋势，如表 4-8 所示。

表 4-8　2020—2022 年全国高校教育部人文社科研究项目统计　　单位：项

项目	2020 年	2021 年	2022 年	年均增长率
教育部哲学社会科学研究重大项目	51	60	51	0
教育部人文社科研究规划基金（一般、专项、后期）项目	1031	907	1072	1.97%
教育部人文社科研究青年基金项目	1634	1389	1597	-1.14%
教育部人文社科研究自筹基金项目	6	9	10	29.10%
教育部人文社科研究西部规划基金项目	72	55	58	-10.25%
教育部人文社科研究西部青年基金项目	84	95	105	11.80%
高校辅导员研究专项	175	186	185	2.82%
合计	3053	2701	3078	0.41%

从项目类别角度出发，单个类别项目总数最多的是教育部人文社科研究青年基金项目，

2020—2022 年项目数分别为 1634 项、1389 项、1597 项，3 年项目总数为 4620 项。单个项目最少的是教育部人文社科研究自筹基金项目，3 年项目总数为 25 项。此外，教育部哲学社会科学研究重大项目、教育部人文社科研究规划基金（一般、专项、后期）项目、教育部人文社科研究西部规划基金项目、教育部人文社科研究西部青年基金项目、高校辅导员研究专项分别立项 162 项、3010 项、185 项、284 项、546 项。

从项目数的年均增长率角度出发，年均增长率最高的项目是教育部人文社科研究自筹基金项目，年均增长率为 29.10%。年均增长率最低的项目是教育部人文社科研究西部规划基金项目，年均增长率为 -10.25%。此外，教育部哲学社会科学研究重大项目、教育部人文社科研究规划基金（一般、专项、后期）项目、教育部人文社科研究青年基金项目、教育部人文社科研究西部青年基金项目、高校辅导员研究专项的年均增长率分别是 0、1.97%、-1.14%、11.80%、2.82%。

4.1.4 全国高校项目当量统计分析

对 2020—2022 年全国高校国家社科基金项目、国家自然科学基金管理学项目、教育部人文社科研究项目进行总体统计分析，国家社科基金项目的权重如表 4-9 所示。

表 4-9 国家社科基金项目的权重

项目大类权重	项目类别	二级项目权重
国家社科基金项目大类权重为 1.5	重大项目	3.0
	国家哲学社会科学成果文库项目	1.5
	重点项目	1.5
	一般项目	1.0
	高校思政项目	1.0
	西部项目	0.6
	青年项目	0.6

国家自然科学基金管理学项目的权重如表 4-10 所示。

表 4–10　国家自然科学基金管理学项目的权重

项目大类权重	项目类别	二级项目权重
国家自然科学基金管理学项目大类权重为 1.5	重大研究计划	3.0
	重点项目	1.5
	面上项目	1.0
	地区科学基金项目	0.6
	国际（地区）合作交流项目	0.6
	青年科学基金项目	0.6
	专项项目	0.5

教育部人文社科研究项目的权重如表 4–11 所示。

表 4–11　教育部人文社科研究项目的权重

项目大类权重	项目类别	二级项目权重
教育部人文社科研究项目大类权重为 1	教育部哲学社会科学研究重大项目	3.0
	教育部人文社科研究规划基金（一般、专项、后期）项目	1.0
	教育部人文社科研究青年基金项目	0.6
	教育部人文社科研究自筹基金项目	0.6
	教育部人文社科研究西部规划基金项目	0.6
	教育部人文社科研究西部青年基金项目	0.6
	高校辅导员研究专项	0.6

根据项目大类权重和二级项目权重可计算得到全国高校项目当量，全国高校 2020 年的项目当量是 10 996.4，2021 年是 12 026.6，2022 年是 12 331.1，全国高校的项目当量近 3 年呈现稳步增长态势，如图 4–5 所示。

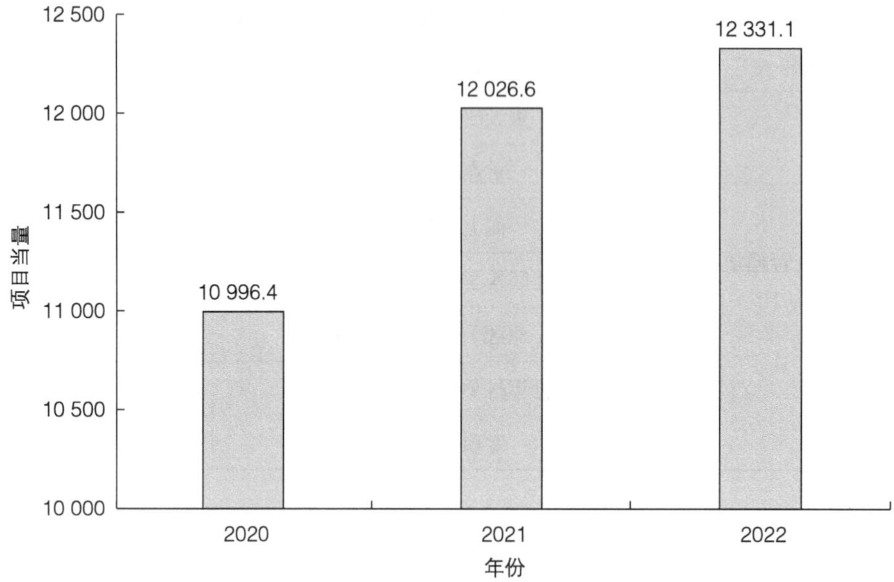

图 4-5 2020—2022 年全国高校项目当量

4.2 全国人文社科论文发展报告

4.2.1 全国高校人文社科科研论文统计分析

本部分将从全国高校国际期刊与国内期刊发表的文科论文出发，对高校人文社科水平进行整体的统计分析。

WOS（Web of Science）是外文索引库，其核心合集包含三大学科引文索引（SCIE、SSCI、A&HCI）、两大国际会议录引文索引 CPCI（社会科学人文版+自然科学版）、图书引文索引（社会科学人文版+自然科学版）和两大化学索引。本研究以高校在 WOS 核心合集中发表的文科论文数量视作高校人文社科国际论文的主要发表状况。对高校 2019—2021 年发表的国际人文社科论文进行统计，统计源为 WOS 核心合集中 SSCI 期刊收录的论文及 SCI 期刊收录的人文社科类论文，结果如表 4-12、图 4-6 所示。

表 4-12 2019—2021 年全国高校 WOS 数据库论文发表统计 单位：篇

期刊	2019 年	2020 年	2021 年	合计
全国总体	31 833	41 278	34 528	107 639
高校平均	25.1	32.5	27.2	84.8

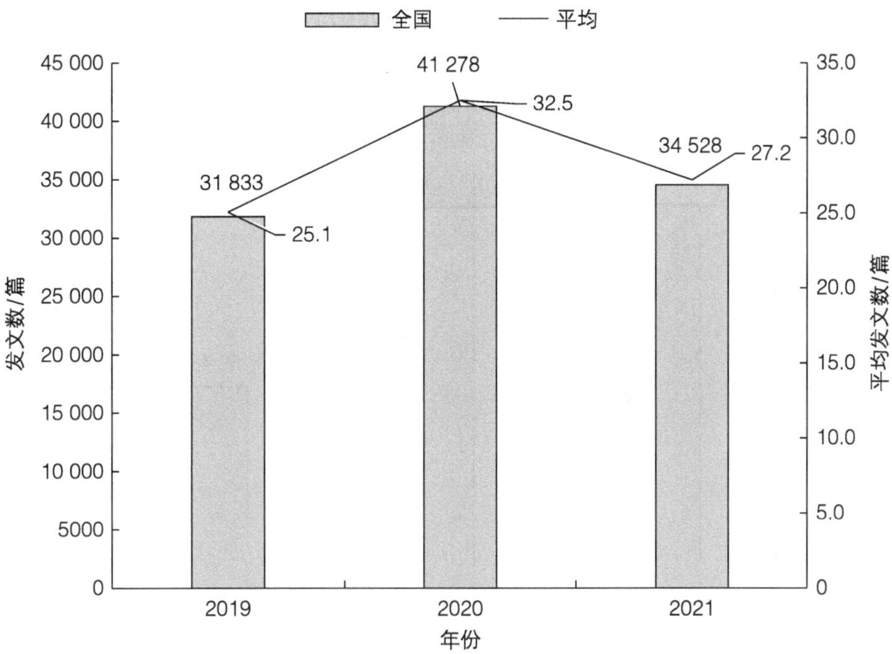

图 4-6 2019—2021 年全国高校 WOS 数据库论文发表分布

2019—2021 年我国高校 WOS 数据库的总发文数为 107 639 篇。3 年，我国高校 WOS 数据库的发文数和平均发文数都呈现出先增后降的趋势，2020 年的高校发文数和平均发文数最高，其中 2019 年我国高校 WOS 数据库发文数为 31 833 篇，高校平均发文数为 25.1 篇；2020 年我国高校 WOS 数据库发文数为 41 278 篇，高校平均发文数为 32.5 篇；2021 年我国高校 WOS 数据库发文数为 34 528 篇，高校平均发文数为 27.2 篇。

中文社会科学引文索引（Chinese Social Sciences Citation Index）与中文社会科学引文索引（扩展版）是由南京大学投资建设、南京大学中国社会科学研究评价中心开发研制的人文社会科学引文数据库，用来检索中文人文社会科学领域的论文收录和被引用情况。本研究将高校在 CSSCI 来源期刊（简称“CSSCI 期刊”）和 CSSCI 扩展版来源期刊（简称“CSSCI 扩展版期刊”）上发表的论文数量视作高校国内人文社科论文的主要发表状况。对 2020—2022 年全国高校 CSSCI 期刊论文发表总量与平均发表情况进行统计分析，如图 4-7 所示。

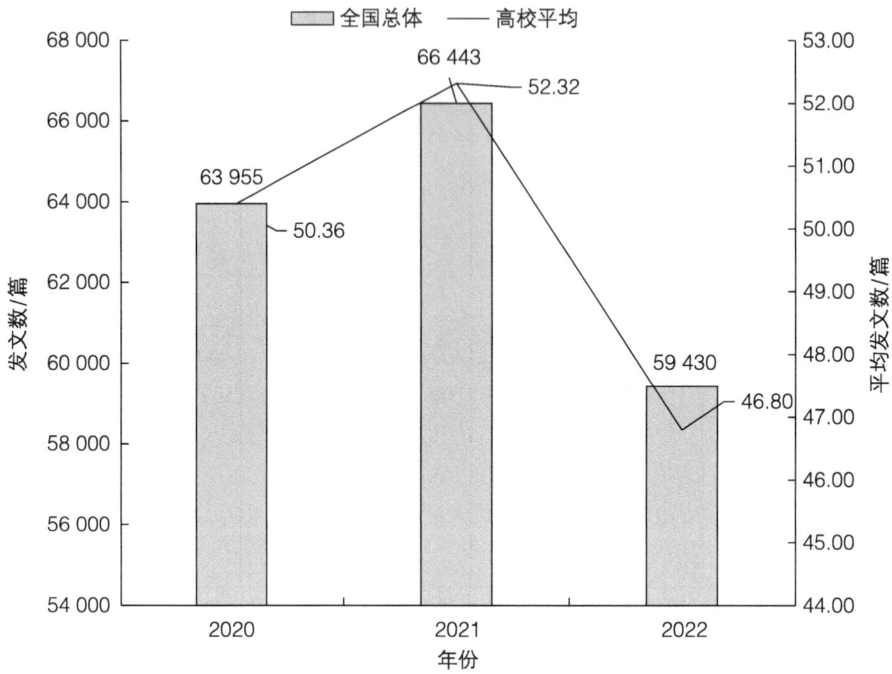

图 4-7　2020—2022 年全国高校 CSSCI 期刊论文发表情况

对 2020—2022 年全国高校 CSSCI 期刊论文的发表情况进行统计分析，结果如表 4-13 所示。

表 4-13　2020—2022 年全国高校 CSSCI 期刊论文发表统计　　单位：篇

期刊论文	全国总体	高校平均
2020 年 CSSCI 期刊论文数	63 955	50.36
2021 年 CSSCI 期刊论文数	66 443	52.32
2022 年 CSSCI 期刊论文数	59 430	46.80
年均增长率	-3.33%	-3.33%
论文合计	189 828	149.48

2020—2022 年，全国本科高校 CSSCI 期刊发文数分别为 63 955 篇、66 443 篇、59 430 篇，3 年累计 189 828 篇，高校发文数呈现先增后降的趋势。2020—2022 年，累计发文数为 0 的高校共 294 所，占 1270 所本科高校的 23.15%；累计发文数位于（0，1000］区间的高校共 930 所，占 1270 所本科高校的 73.23%；累计发文数位于（1000，2000］区间的高校共 27 所，占 1270 所本科高校的 2.13%；累计发文数位于（2000，3000］区间的高校共 8 所，占 1270

所本科高校的 0.63%；累计发文数位于（3000，4000］区间的高校共 5 所，占 1270 所本科高校的 0.39%；累计发文数位于（4000，5000］区间的高校共 4 所，占 1270 所本科高校的 0.31%。此外，累计发文数超过 5000 篇的高校仅 2 所，占 1270 所本科高校的 0.16%。高校 3 年平均 CSSCI 期刊发文数为 149.5 篇。

对 2020—2022 年全国高校 CSSCI 扩展版期刊论文的发表情况进行统计分析，结果如表 4-14 和图 4-8 所示。

表 4-14　2020—2022 年全国高校 CSSCI 扩展版期刊论文发表统计　　单位：篇

期刊论文	全国总体	高校平均
2020 年 CSSCI 扩展版期刊论文数	31 377	24.71
2021 年 CSSCI 扩展版期刊论文数	31 792	25.03
2022 年 CSSCI 扩展版期刊论文数	31 919	25.13
年均增长率	0.86%	0.86%
合计	95 088	74.87

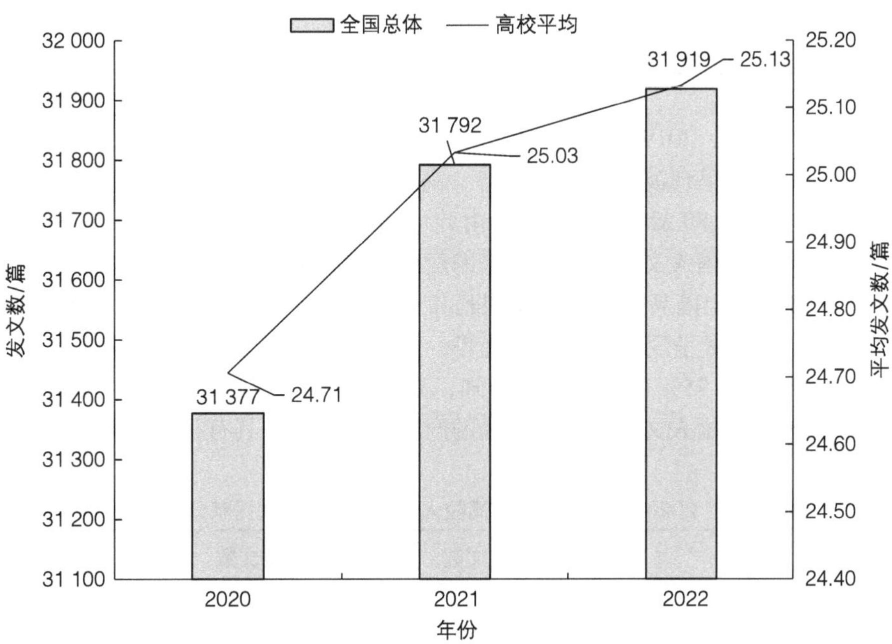

图 4-8　2020—2022 年全国高校 CSSCI 扩展版期刊论文发表统计

2020—2022 年，全国本科高校 CSSCI 扩展版期刊发文数分别为 31 377 篇、31 792 篇、31 919 篇，3 年累计 95 088 篇。CSSCI 扩展版期刊的高校发文数呈现缓慢增长趋势。2020—2022 年，累计发文数为 0 的高校共 118 所，占 1270 所本科高校的 9.29%；累计发文数位于(0,500]区间的高校共1120所，占1270所本科高校的88.19%；累计发文数位于(500,1000]区间的高校共23所，占1270所本科高校的1.81%；累计发文数位于(1000，1500]区间的高校共4所，占1270所本科高校的0.31%。累计发文数位于(1500，2000]区间的高校共5所，占1270所本科高校的0.39%。高校3年平均CSSCI扩展版期刊发文数为74.87篇。

4.2.2 全国高校人文社科科研论文贡献分析

高校是我国科研的主要阵地，是支撑教育强国、科技强国和人才强国的核心力量，论文是展示科研成果进而服务于社会的基石，因此，对2019—2021年全国高校论文的发表占总论文发表的情况进行统计分析，如表4-15所示。

表 4-15 2019—2021 年全国高校人文社科国际论文贡献分析统计 单位：篇

年份	高校发文数	总发文数	占比
2019 年	31 833	37 277	85.40%
2020 年	41 278	46 265	89.22%
2021 年	34 528	39 178	88.13%
合计	107 639	122 720	87.71%

根据表4-15可知，2019—2021年我国高校WOS数据库收录文章分别为31 833篇、41 278篇、34 528篇，呈现波动上升的趋势，高校科研论文发文数在2019—2021年占全部单位发文数的85.40%、89.22%、88.13%，由此可知高校是我国国际人文社会科学论文的主要产出阵地，高校对我国人文社会科学成果的产出在国际上具有很大贡献。

对2020—2022年全国高校在CSSCI期刊和CSSCI扩展版期刊上发表的论文进行统计分析（表4-16），文章数量呈现先增后降的趋势，全部单位发文数呈现递减趋势，高校发文数占总发文数的比例均在75%以上，由此可知，高校同样是我国国内人文社会科学论文的主要产出阵地，高校对我国人文社会科学成果的产出在国内同样具有很大贡献。

表 4-16 2020—2022 年全国高校人文社科国内论文贡献分析统计 单位：篇

期刊	高校发文数	总发文数	占比
2020 年 CSSCI 期刊	63 955	75 489	84.72%
2020 年 CSSCI 扩展版期刊	31 377	41 683	75.28%
2021 年 CSSCI 期刊	66 443	75 457	88.05%

续表

期刊	高校发文数	总发文数	占比
2021 年 CSSCI 扩展版期刊	31 792	39 030	81.46%
2022 年 CSSCI 期刊	59 430	73 024	81.38%
2022 年 CSSCI 扩展版期刊	31 919	35 905	88.90%
合计	284 916	340 588	83.65%

对英文期刊 2019—2021 年的文科论文进行当量运算，其中 WOS 数据库论文按照 JCR 分区中 1、2、3、4 区分别赋予权重 8、4、2、1，中文期刊按照 TOP 期刊、权威期刊、普通 CSSCI 期刊、普通 CSSCI 扩展版期刊分别赋予权重 8、4、2、1，计算国内高校英文期刊当量。

计算可得，国内高校 2019 年英文 WOS 期刊论文当量为 95 499，2020 年英文 WOS 期刊论文当量为 123 834，2021 年英文 WOS 期刊论文当量为 103 584。对中文期刊 2020—2022 年的论文进行当量运算，国内高校 2020 年期刊论文当量为 1 143 246，2021 年期刊论文当量为 123 214，2022 年期刊当量为 129 436。论文作为科研成果，是服务于社会的基石，可知高校是我国科研的主要阵地，是支撑教育强国、科技强国和人才强国的核心力量，为促进我国发展做出了巨大贡献。

4.3　全国人文社科奖励发展报告

本部分将从高校人文社科奖励的获奖情况及分布情况进行统计分析，本章采用的奖励数据为第八届高等学校科学研究优秀成果奖、2022 年高等教育国家级教学成果奖、首批国家级一流本科课程、首届全国教材建设奖，其中奖励计数仅包含人文社会科学类研究。

4.3.1　全国高等学校科学研究优秀成果奖（人文社会科学）统计分析

高等学校科学研究优秀成果奖（人文社会科学）评奖是教育部为表彰奖励高校哲学社会科学工作者取得的突出成绩，展示高校社科界服务党和国家事业发展的重大理论与实践成果，推动高校加快构建中国特色哲学社会科学的重大举措。

对全国高等学校科学研究优秀成果奖（人文社会科学）进行奖项总体的统计分析，如表 4-17 所示。

表 4-17 全国高等学校科学研究优秀成果奖（人文社会科学）获奖统计 单位：项

奖项	著作论文奖（一等奖）	著作论文奖（二等奖）	著作论文奖（三等奖）	咨询服务报告奖（一等奖）	咨询服务报告奖（二等奖）	咨询服务报告奖（三等奖）	普及读物奖	青年成果奖	合计
奖励数	152	777	306	10	45	12	19	201	1522

我国高校的著作论文奖（一等奖）、著作论文奖（二等奖）、著作论文奖（三等奖）、咨询服务报告奖（一等奖）、咨询服务报告奖（二等奖）、咨询服务报告奖（三等奖）、普及读物奖、青年成果奖的获奖总数分别为 152 项、777 项、306 项、10 项、45 项、12 项、19 项、201 项（图 4-9）。

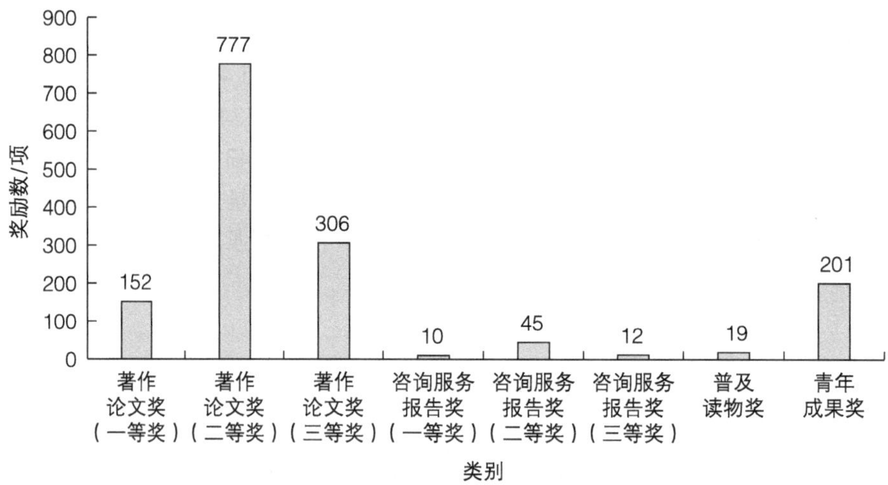

图 4-9 高等学校科学研究优秀成果奖（人文社会科学）获奖分布

我国高等学校科学研究优秀成果奖（人文社会科学）的 CR4、CR8、CR20 指数测算，结果如表 4-18 所示。

表 4-18 高等学校科学研究优秀成果奖（人文社会科学）CR 指数

奖励	CR4	CR8	CR20
著作论文奖（一等奖）	0.329	0.553	0.717
著作论文奖（二等奖）	0.211	0.399	0.550
著作论文奖（三等奖）	0.170	0.330	0.497
咨询服务报告奖（一等奖）	0.500	1.000	1.000
咨询服务报告奖（二等奖）	0.244	0.489	0.711

续表

奖励	CR4	CR8	CR20
咨询服务报告奖（三等奖）	0.583	1.000	1.000
普及读物奖	0.474	0.789	1.000
青年成果奖	0.229	0.448	0.632

根据高等学校科学研究优秀成果奖（人文社会科学）的 CR8 指数，咨询服务报告奖（一等奖）、咨询服务报告奖（三等奖）、普及读物奖均大于 0.7，因此，这 3 种奖励为极高寡占型，奖项总量少且分布集中。高校的著作论文奖（二等奖）、著作论文奖（三等奖）为低集中竞争型，咨询服务报告奖（二等奖）、青年成果奖为低集中寡占型。

高等学校科学研究优秀成果奖（人文社会科学）HHI 指数、CI 指数和 Gini 系数测算，结果如表 4－19 所示。

表 4－19　高等学校科学研究优秀成果奖（人文社会科学）HHI、CI 指数、Gini 系数

项目	HHI	CI	Gini
著作论文奖（一等奖）	0.244	0.243	0.487
著作论文奖（二等奖）	0.222	0.221	0.247
著作论文奖（三等奖）	0.177	0.177	0.365
咨询服务报告奖（一等奖）	0.187	0.185	0.361
咨询服务报告奖（二等奖）	0.188	0.187	0.246
咨询服务报告奖（三等奖）	0.181	0.180	0.322
普及读物奖	0.086	0.085	0.283
青年成果奖	0.128	0.128	0.322

高等学校科学研究优秀成果奖（人文社会科学）的 HHI 指数、CI 指数分最低的均为普及读物奖，HHI 指数、CI 指数分别为 0.086、0.085，这说明在高校普及读物奖的获奖分布最为分散。著作论文奖（一等奖）的 HHI 指数、CI 指数最高，分别为 0.244、0.243，说明著作论文奖（一等奖）的分布集中，奖励少，集中程度高，仅个别少数高校获得奖励。从基尼系数角度看，著作论文奖（一等奖）为获奖较为悬殊的，著作论文奖（二等奖）、著作论文奖（三等奖）、咨询服务报告奖（一等奖）、咨询服务报告奖（二等奖）、咨询服务报告奖（三等奖）普及读物奖、青年成果奖的获奖分布均较为合理。

4.3.2　全国高校国家级教学成果奖统计分析

国家级教学成果奖是中华人民共和国教育部为了奖励取得教学成果的集体和个人，鼓励教育工作者从事教育教学研究、提高教学水平和教育质量而设立的最高级别的奖励。对全国高校国家级教学成果奖中的人文社会科学专业的奖励进行统计分析，本研究采用 2022 年国家级教学成果奖，并对数据进行统计，结果如表 4-20 所示。

表 4-20　全国高校国家级教学成果奖获奖统计　　单位：项

奖项	本科			研究生			合计
	特等奖	一等奖	二等奖	特等奖	一等奖	二等奖	
全国高校获奖	0	16	219	0	9	79	323

高校人文社会科学专业的国家级教学成果奖主要包括：本科一等奖 16 项、二等奖 219 项；研究生一等奖 9 项、二等奖 79 项。其中，本科一等奖获奖高校 12 所，高校占比为 0.94%；本科二等奖获奖高校 143 所，高校占比为 11.26%。研究生一等奖获奖高校 7 所，高校占比为 0.55%；研究生二等奖获奖高校 59 所，高校占比为 4.65%。

4.3.3　全国高校国家级一流本科课程奖统计分析

国家级一流本科课程奖是为贯彻落实习近平总书记关于教育的重要论述和全国教育大会精神，落实新时代全国高等学校本科教育工作会议要求，深化教育教学改革，把教学改革成果落实到课程建设上而制定的法规规定的奖励。对首批全国高校国家级一流本科课程中的人文社会科学课程进行统计分析，结果如表 4-21 所示。

表 4-21　全国高校国家级一流本科课程奖获奖统计　　单位：项

奖项	线上一流课程	线下一流课程	社会实践一流课程	虚拟仿真实验教学一流课程	线上线下混合式一流课程	合计
全国高校获奖	1108	705	155	149	565	2682

全国高校线上一流课程、线下一流课程、社会实践一流课程、虚拟仿真实验教学一流课程、线上线下混合式一流课程的获奖数目分别是 1108 项、705 项、155 项、149 项、565 项。其中，线上一流课程获奖高校 258 所，高校占比为 20.31%。线下一流课程获奖高校 304 所，高校占比为 23.94%。社会实践一流课程获奖高校 142 所，高校占比为 11.18%。虚拟仿真实验教学一流课程获奖高校 111 所，高校占比为 8.74%。线上线下混合式一流课程获奖高校 315 所，高校占比为 24.80%。

4.3.4 全国高校全国教材建设奖统计分析

全国教材建设奖，是 1987 年由国家教委主办的全国高等学校优秀教材评奖审定会评定的国家级优秀教材奖。对首届高校全国教材建设奖中的人文社会科学专业的获奖情况进行统计分析，如表 4-22 所示。

表 4-22 首届高校全国教材建设奖获奖统计 单位：项

地区	特等奖（高等教育类）	一等奖（高等教育类）	二等奖（高等教育类）	合计
全国	0	47	178	225

首届高校全国教材建设奖一等奖（高等教育类）、二等奖（高等教育类）获奖数目分别是 47 项、178 项。其中，全国教材建设奖一等奖（高等教育类）获奖高校 27 所，高校占比为 2.13%。全国教材建设奖的二等奖（高等教育类），获奖高校 87 所，高校占比为 6.85%。

5 中国高校人文社科发展分类报告

5.1 不同办学主体高校人文社科发展报告

首先根据不同办学主体将1270所高校进行分类，分为公办高校849所、独立学院类高校161所、合作办学类高校9所、民办高校251所。进而对不同办学主体的高校分别从基金项目类高校、论文发表、奖励获取的角度进行统计分析。

5.1.1 不同办学主体高校基金项目立项统计分析

（1）不同办学主体高校国家社科基金项目统计分析

对公办高校、民办高校、独立学院类高校、合作办学类高校2022年的国家社科基金项目进行统计分析，如表5-1所示。

表5-1 2022年不同办学主体高校国家社科基金项目统计　单位：项

项目	公办高校	民办高校	独立学院类高校	合作办学类高校	合计
重大项目	443	0	0	0	443
重点项目	464	1	0	0	465
国家哲学社会科学成果文库项目	62	0	0	0	62
一般项目	4480	23	5	1	4509
西部项目	471	4	0	0	475
青年项目	1081	3	0	0	1084

2022年，我国公办高校国家社科基金项目总数为7001项，占比为99.47%，公办高校平均立项8.2项，无论从立项总数还是平均数，公办高校都以极大优势位列第一。所有项目类别中，公办高校该类立项最多的是一般项目，立项总数为4480项，公办高校一般项目的平均立项5.3项，全国所有高校一般项目的平均立项3.5项；立项数量最少的是国家哲学社会科学成果文库项目，总立项62项，但项目为公办高校独揽。此外，重大项目、重点项目、西部项目、青年项目的立项数目分别是443项、464项、471项、1081项，其中重大项目、国家哲学社会科学成果文库项目占有率均为100%，为公办高校独揽，获得立项的公办学校

共有 635 所高校，占所有公办学校的 74.79%。

2022 年，我国民办高校国家社科基金项目总数为 31 项，占比为 0.44%，民办高校平均立项 0.1 项，各类国家社科项目中一般项目立项数最多，立项数为 23 项。其中，获得立项的民办高校共有 22 所，占所有民办高校的 8.76%。

2022 年，我国独立学院类高校国家社科基金总项目为 5 项，立项占比为 0.07%，平均立项 0.03 项。仅一般项目获得立项，立项数为 5 项，共 5 所独立学院类高校获得国家社科项目立项，占所有独立学院类高校的 3.11%。

2022 年，我国合作办学类高校国家社科基金总项目为 1 项，占比为 0.01%。其中，合作办学类高校在一般项目获得立项，平均立项 0.1 项，获得立项的高校仅 1 所，占全部高校的 11.11%。

（2）不同办学主体高校国家自然科学基金管理学项目统计分析

分别对公办高校、民办高校、独立学院类高校、合作办学类高校 2022 年的国家自然科学基金管理学项目进行统计分析，如表 5–2 所示。

表 5–2　2022 年不同办学主体高校国家自然科学基金管理学项目统计　单位：项

项目	公办高校	民办高校	独立学院类高校	合作办学类高校	合计
重点项目	26	0	0	0	26
面上项目	745	0	0	1	746
青年科学基金项目	973	2	0	8	983
地区科学基金项目	144	0	0	0	144
国际（地区）合作交流项目	4	0	0	0	4
专项项目	10	0	0	0	10

2022 年，我国公办高校国家自然科学基金管理学项目总数为 1902 项，占比为 99.42%，公办高校平均立项 2.2 项，无论是立项总数还是立项平均数，公办高校均占据绝对优势。所有项目类别中，公办高校该类立项最多的是青年科学基金项目，立项总数为 973 项；公办高校青年科学基金项目平均立项 1.2 项。全国所有高校青年科学基金项目平均立项 0.8 项；立项数目最少的是国际（地区）合作交流项目，总立项 4 项。此外，重点项目、面上项目、地区科学基金项目、专项项目分别立项 26 项、746 项、144 项、10 项。其中，重点项目、地区科学基金项目、国际（地区）合作交流项目、专项项目均为公办高校独揽。

2022 年，我国民办高校国家自然科学基金管理学项目总数为 2 项，立项占比为 0.1%，均为青年科学基金项目。

2022 年，我国独立学院类高校国家自然科学基金管理学项目总数为 0 项。

2022 年，我国合作办学类高校国家自然科学基金管理学项目总数为 9 项，占比为 0.47%。其中，合作办学类高校在面上项目、青年科学基金项目两个类别项目获得立项，分别立项 1 项、8 项。

（3）不同办学主体高校教育部人文社科研究项目统计分析

分别对公办高校、民办高校、独立学院类高校、合作办学类高校 2022 年的教育部人文社科研究项目进行统计分析，如表 5-3 所示。

表 5-3　2022 年不同办学主体高校教育部人文社科研究项目统计　单位：项

项目	公办学校	民办学校	独立学院类学校	合作办学类学校	合计
教育部哲学社会科学研究重大项目	51	0	0	0	51
教育部人文社科研究规划基金（一般、专项、后期）项目	1047	21	0	0	1068
教育部人文社科研究青年基金项目	1561	24	6	6	1597
教育部人文社科研究自筹基金项目	9	1	0	0	10
教育部人文社科研究西部规划基金项目	57	1	0	0	58
教育部人文社科研究西部青年基金项目	102	3	0	0	105
高校辅导员研究专项	175	6	3	1	185

2022 年，我国公办高校、民办高校、独立学院类高校、合作办学类高校的教育部人文社科研究项目立项总数分别为 3002 项、56 项、9 项、7 项。其中，公办高校的教育部哲学社会科学研究重大项目、教育部人文社科研究规划基金（一般、专项、后期）项目、教育部人文社科研究青年基金项目、教育部人文社科研究自筹基金项目、教育部人文社科研究西部规划基金项目、教育部人文社科研究西部青年基金项目、高校辅导员研究专项的立项数目分别为 51 项、1047 项、1561 项、9 项、57 项、102 项、175 项。民办高校的教育部哲学社会科学研究重大项目、教育部人文社科研究规划基金（一般、专项、后期）项目、教育部人文社科研究青年基金项目、教育部人文社科研究自筹基金项目、教育部人文社科研究西部规划基金项目、教育部人文社科研究西部青年基金项目、高校辅导员研究专项的立项数目分别为 0 项、21 项、24 项、1 项、1 项、3 项、6 项。独立学院类高校的教育部哲学社会科学研究重大项目、教育部人文社科研究规划基金（一般、专项、后期）项目、教育部人文社科研究青年基金项目、教育部人文社科研究自筹基金项目、教育部人文社科研究西部规划基金项目、教育部人文社科研究西部青年基金项目、高校辅导员研究专项的立项数目分别为 0 项、0 项、6 项、0 项、0 项、0 项、3 项。合作办学类高校的教育部哲学社会科学研究重大项目、教育部人文社科研究规划基金（一般、专项、后期）项目、教育部人文社科研究青年基金项目、教育部人文社科研究自筹基金项目、教育部人文社科研究西部规划基金项目、教育部人文社科研究西部青年基金项目、高校辅导员研究专项的立项数目分别为 0 项、0 项、6 项、0 项、0 项、0 项、1 项。

我国公办高校教育部人文社科研究项目总数为 3002 项，在所有类别高校中位列第一，公办高校平均立项 3.54 项。所有类别项目中，公办高校立项最多的是教育部人文社科研究青年基金项目，立项总数为 1561 项；公办高校教育部人文社科研究青年基金项目平均立项 1.84 项；全国所有高校教育部人文社科研究青年基金项目平均立项 1.26 项；立项数目最少的是教育部人文社科研究自筹基金项目，总立项 9 项。共 594 所公办高校获得教育部社科基金项目立项，在全部公办学校中占比为 69.96%。

我国民办高校教育部人文社科研究项目总数为 56 项，民办高校平均立项 0.22 项。教育部人文社科研究规划基金（一般、专项、后期）项目、教育部人文社科研究青年基金项目、教育部人文社科研究自筹基金项目、教育部人文社科研究西部规划基金项目、教育部人文社科研究西部青年基金项目、高校辅导员研究专项获得立项，所有项目中立项最多的是教育部人文社科研究青年基金项目，立项总数为 24 项，共 32 所民办高校获得教育部社科基金项目立项，占所有民办学校的 12.75%。

我国独立学院类高校教育部人文社科研究项目总数为 9 项，独立学院类高校平均立项 0.06 项。教育部人文社科研究青年基金项目、高校辅导员研究专项两类项目获得立项，所有项目中立项最多的是教育部人文社科研究青年基金项目，立项总数为 6 项，共 5 所独立学院类高校获得国家社科基金项目立项，占比为 3.1%。

我国合作办学类高校教育部人文社科研究项目总数为 7 项，合作办学类高校平均立项 0.78 项。教育部人文社科研究青年基金项目、高校辅导员研究专项两类项目获得立项，所有项目中立项最多的是教育部人文社科研究青年基金项目，立项总数为 6 项，共 4 所合作办学类高校获得教育部社科基金项目立项，占所有合作办学类高校的 44.44%。

对不同主体办学的高校进行项目当量的运算，其中，公办高校的项目当量为 48 203.1，民办高校的项目当量为 311.55，独立学院类高校的项目当量为 48.2，合作办学类高校的项目当量为 41.7。

5.1.2 不同办学主体高校论文分布

（1）不同办学主体高校国外学术论文统计分析

对公办高校、独立学院类高校、合作办学类高校、民办高校 2021 年 WOS 收录的人文社科论文情况进行统计分析，如表 5–4 所示。

表 5–4 2021 年不同办学主体高校 WOS 收录的人文社科论文统计 单位：篇

期刊论文	公办高校	民办高校	独立学院类高校	合作办学类高校	合计
2021 年 WOS 论文数	33 530	62	585	351	34 528
发文占比	97.11%	0.18%	1.69%	1.02%	100%
2021 年 WOS 平均数发文	39.49	0.25	3.63	39	27.18

2021 年，我国公办高校、民办高校、独立学院类高校、合作办学类高校的 WOS 收录论

文总数分别为 33 530 篇、62 篇、585 篇、351 篇，其中公办高校的发表总数最高。

2021 年，我国公办高校 WOS 论文平均发表数为 39.49 篇。独立学院类高校 WOS 平均发文数为 3.63 篇。合作办学类高校 WOS 发文平均发文数为 39 篇。民办高校 WOS 论文平均发文数为 0.25 篇。从高校平均发文数来看，公办高校与合作办学类高校的平均发文数最高，民办高校的平均发文数最低。

（2）不同办学主体高校国内学术论文统计分析

对公办高校、民办高校、独立学院类高校、合作办学类高校 2022 年发表的 CSSCI 期刊与 CSSCI 扩展版期刊论文情况进行统计分析，如表 5-5 所示。

表 5-5　2022 年不同办学主体高校 CSSCI 期刊与 CSSCI 扩展版期刊发文统计　　单位：篇

期刊发文	公办高校	民办高校	独立学院类高校	合作办学类高校	合计
CSSCI 期刊发文数	59 146	235	35	14	59 430
CSSCI 扩展版期刊发文数	30 898	792	223	6	31 919

2022 年，我国公办高校、民办高校、独立学院类高校、合作办学类高校 CSSCI 期刊发文总数分别为 59 146 篇、235 篇、35 篇、14 篇。公办高校的 CSSCI 期刊发文总数最多，占比为 99.52%。民办高校发文占比为 0.40%。独立学院类高校发文占比为 0.06%。合作办学类高校发文占比为 0.02%。公办高校在 CSSCI 期刊与 CSSCI 扩展版期刊发表论文总数上均远高于其余 3 类高校。

2022 年，我国公办高校、民办高校、独立学院类高校、合作办学类高校 CSSCI 扩展版期刊发文总数分别为 30 898 篇、792 篇、223 篇、6 篇。公办高校的 CSSCI 扩展版期刊发文总数最多，占比为 96.80%。民办高校发文占比为 2.48%。独立学院类高校发文占比为 0.70%。合作办学类高校发文占比为 0.02%。

5.1.3　不同办学主体高校人文社科奖励分布

（1）不同办学主体高等学校科学研究优秀成果奖（人文社会科学）统计分析

对公办高校、民办高校、独立学院类高校、合作办学类高校的科学研究优秀成果奖（人文社会科学）进行统计分析，如表 5-6 所示。可以发现，高等学校科学研究优秀成果奖（人文社会科学）仅公办高校获得。

表 5-6　不同办学主体高等学校科学研究优秀成果奖（人文社会科学）获奖统计　　单位：项

奖励	公办高校	民办高校	独立学院类高校	合作办学类高校	合计
著作论文奖（一等奖）	152	0	0	0	152
著作论文奖（二等奖）	777	0	0	0	777

续表

奖励	公办高校	民办高校	独立学院类高校	合作办学类高校	合计
著作论文奖（三等奖）	306	0	0	0	306
咨询服务报告奖（一等奖）	10	0	0	0	10
咨询服务报告奖（二等奖）	45	0	0	0	45
咨询服务报告奖（三等奖）	12	0	0	0	12
普及读物奖	19	0	0	0	19
青年成果奖	201	0	0	0	201

全国高校的著作论文奖（一等奖）、著作论文奖（二等奖）、著作论文奖（三等奖）、咨询服务报告奖（一等奖）、咨询服务报告奖（二等奖）、咨询服务报告奖（三等奖）、普及读物奖、青年成果奖的获奖总数分别为 152 项、777 项、306 项、10 项、45 项、12 项、19 项、201 项。高校著作论文奖（二等奖）为获得奖励最多的项目，咨询服务报告奖（一等奖）为获得奖励最少的项目。平均获奖数分别为 0.18 项、0.92 项、0.36 项、0.01 项、0.05 项、0.01 项、0.02 项、0.24 项。共 222 所公办高校获得了奖项，占全部公办学校的 26.15%。

（2）不同办学主体高校国家级教学成果奖统计分析

对公办高校、民办高校、独立学院类高校、合作办学类高校的国家级教学成果奖进行统计，如表 5-7 所示。

表 5-7　不同办学主体高校国家级教学成果获奖统计　　单位：项

奖励	公办高校	民办高校	独立学院类高校	合作办学类高校	合计
本科特等奖	0	0	0	0	0
本科一等奖	16	0	0	0	16
本科二等奖	218	1	0	0	219
研究生特等奖	0	0	0	0	0
研究生一等奖	9	0	0	0	9
研究生二等奖	79	0	0	0	79

可知国家级教学成果奖公办高校为获奖的主力军，公办高校获得本科一等奖 16 项、本科二等奖 218 项；研究生一等奖 9 项、研究生二等奖 79 项。此外，民办高校获得本科二等奖 1 项。

（3）不同办学主体高校国家一流本科课程奖统计分析

对公办高校、民办高校、独立学院类高校、合作办学类高校的国家一流本科课程获奖情况进行统计分析，如表 5-8 所示。

表 5-8　不同办学主体高校国家一流本科课程奖获奖统计　　单位：项

奖励	公办高校	民办高校	独立学院类高校	合作办学类高校	合计
线上一流课程	1105	3	0	0	1108
线下一流课程	694	8	1	2	705
社会实践一流课程	153	2	0	0	155
虚拟仿真实验教学一流课程	146	3	0	0	149
线上线下混合式一流课程	555	10	0	0	565

公办高校的线上一流课程、线下一流课程、社会实践一流课程、虚拟仿真实验教学一流课程、线上线下混合式一流课程的获奖数目分别是 1105 项、694 项、153 项、146 项、555 项。独立学院类高校线下一流课程的获奖数目为 1 项。合作办学类高校获得线下一流课程 2 项。民办高校的线上一流课程、线下一流课程、社会实践一流课程、虚拟仿真实验教学一流课程、线上线下混合式一流课程的获奖数目分别是 3 项、8 项、2 项、3 项、10 项。

（4）不同办学主体高校全国教材建设奖统计分析

对公办高校、民办高校、独立学院类高校、合作办学类高校的全国教材建设奖进行统计分析，如表 5-9 所示。

表 5-9　不同办学主体高校全国教材建设奖获奖统计　　单位：项

奖励	公办高校	民办高校	独立学院类高校	合作办学类高校	合计
特等奖（高等教育类）	0	0	0	0	0
一等奖（高等教育类）	46	1	0	0	47
二等奖（高等教育类）	177	1	0	0	178

公办高校一等奖（高等教育类）、二等奖（高等教育类）的获奖数目分别是 46 项、177 项。此外，民办高校一等奖（高等教育类）、二等奖（高等教育类）各 1 项。

5.2　“双一流”高校与普通高校人文社科发展报告

5.2.1　“双一流”高校与普通高校基金项目立项分布

对 2022 年“双一流”高校、普通高校国家社科基金项目进行统计分析，如表 5-10 所示。

表 5-10 2022 年“双一流”高校、普通高校国家社科基金项目统计 单位：项

项目	“双一流”高校	普通高校	合计
重大项目	339	104	443
重点项目	292	173	465
国家哲学社会科学成果文库项目	49	13	62
一般项目	2158	2351	4509
西部项目	123	352	475
青年项目	644	440	1084

2022 年，我国“双一流”高校国家社科基金项目总数为 3605 项，占比为 51.22%，“双一流”高校平均立项 25 项；单个类别项目数最多的是一般项目，项目数为 2158 项，“双一流”高校平均立项 14.97 项；单个类别项目数最少的是国家哲学社会科学成果文库项目，项目数为 49 项。此外，“双一流”高校的重大项目、重点项目、西部项目、青年项目的立项数分别是 339 项、292 项、123 项、644 项。我国普通高校国家社科基金项目总数为 3433 项，占比为 48.78%，普通高校平均立项 3 项；单个类别项目数最多的是一般项目，项目数为 2351 项，普通高校平均立项 2.1 项；单个类别项目数最少的是国家哲学社会科学成果文库项目，项目数为 13 项。此外，普通高校的重大项目、重点项目、西部项目、青年项目的立项数分别是 104 项、173 项、352 项、440 项。

对 2022 年“双一流”高校、普通高校国家自然科学基金管理学项目进行统计分析，如表 5-11 所示。

表 5-11 2022 年“双一流”高校、普通高校国家自然科学基金管理学项目统计 单位：项

项目	“双一流”高校	普通高校	合计
重点项目	25	1	26
面上项目	605	141	746
青年科学基金项目	708	275	983
地区科学基金项目	34	110	144
国际（地区）合作交流项目	3	1	4
专项项目	7	3	10

2022 年，我国“双一流”高校国家自然科学基金管理学项目总数为 1382 项，占比为 72.24%。我国普通高校国家自然科学基金管理学项目总数为 531 项，项目占比为 27.76%。各类别项目中青年科学基金项目为两类高校立项数最多的项目。“双一流”高校的重点项目、

面上项目、青年科学基金项目、地区科学基金项目、国际（地区）合作交流项目、专项项目的立项数分别为 25 项、605 项、708 项、34 项、3 项、7 项，各项目占比分别为 96.15%、81.10%、72.02%、23.61%、75.00%、70.00%。普通高校的重点项目、面上项目、青年科学基金项目、地区科学基金项目、国际（地区）合作交流项目、专项项目的立项数分别为 1 项、141 项、275 项、110 项、1 项、3 项，各项目占比分别为 3.85%、18.90%、27.98%、76.39%、25.00%、30.00%。

对 2022 年“双一流”高校、普通高校教育部人文社科研究项目进行统计分析，如表 5-12 所示。

表 5-12　2022 年“双一流”高校、普通高校教育部人文社科研究项目统计　　单位：项

项目	“双一流”高校	普通高校	合计
教育部哲学社会科学研究重大项目	41	10	51
教育部人文社科研究规划基金（一般、专项、后期）项目	468	604	1072
教育部人文社科研究青年基金项目	729	868	1597
教育部人文社科研究自筹基金项目	6	4	10
教育部人文社科研究西部规划基金项目	22	36	58
教育部人文社科研究西部青年基金项目	46	59	105
高校辅导员研究专项	58	127	185

2022 年，我国“双一流”高校教育部人文社科研究项目总数为 1370 项，占比为 44.51%。我国普通高校教育部人文社科研究项目总数为 1708 项，占比为 55.49%。教育部人文社科研究青年基金项目为两类高校立项数最多的项目。“双一流”高校教育部哲学社会科学研究重大项目、教育部人文社科研究规划基金（一般、专项、后期）项目、教育部人文社科研究青年基金项目、教育部人文社科研究自筹基金项目、教育部人文社科研究西部规划基金项目、教育部人文社科研究西部青年基金项目、高校辅导员研究专项的立项数分别为 41 项、468 项、729 项、6 项、22 项、46 项、58 项，各项目占比分别为 80.39%、43.66%、45.65%、60.00%、37.93%、43.81%、31.35%。普通高校教育部哲学社会科学研究重大项目、教育部人文社科研究规划基金（一般、专项、后期）项目、教育部人文社科研究青年基金项目、教育部人文社科研究自筹基金项目、教育部人文社科研究西部规划基金项目、教育部人文社科研究西部青年基金项目、高校辅导员研究专项的立项数分别为 10 项、604 项、868 项、4 项、36 项、59 项、127 项，各项目占比分别为 19.61%、56.34%、54.35%、40.00%、62.07%、56.19%、68.65%。

计算“双一流”高校和普通高校项目当量，如表 5-13 所示。

表 5-13 2022 年“双一流”高校、普通高校项目当量

类别	“双一流”高校	普通高校	合计
项目当量	8231.45	8064.05	16 295.55

“双一流”高校 2022 年项目当量为 8231.45，普通高校 2022 年项目当量为 8064.05。

5.2.2 “双一流”高校与普通高校期刊发表分布

对 2021 年“双一流”高校、普通高校 WOS 期刊收录的人文社科论文进行统计分析，如表 5-14 所示。

表 5-14 2021 年“双一流”高校、普通高校 WOS 期刊发表分布 单位：篇

高校	WOS 期刊发表总数	WOS 期刊发表平均数
“双一流”高校	23 236	161.3
普通高校	11 403	10.1
合计	34 639	27.3

2021 年，我国“双一流”高校 WOS 期刊发文总数为 23 236 篇，占全部发文数的 67.08%。我国“双一流”高校 WOS 期刊的平均发文数为 161.3 篇。我国普通高校 WOS 期刊发文总数为 11 403 篇，占全部发文数的 32.92%。我国普通高校 WOS 期刊的平均发文数为 10.1 篇。无论从发表总数还是发表平均数角度来看，“双一流”高校都要高于普通高校。

计算“双一流”高校与普通高校 WOS 期刊人文社科论文的各项指数，如表 5-15 所示。

表 5-15 2021 年“双一流”高校、普通高校 WOS 期刊人文社科论文的 CR、HHI、CI、Gini 系数

高校类别	论文	CR4	CR8	HHI	CI	Gini
“双一流”高校	2021 年 WOS 收录期刊	0.13	0.23	0.02	0.02	0.38
普通高校	2021 年 WOS 收录期刊	0.12	0.17	0.02	0.02	0.41

由表 5-15 可知，“双一流”高校与普通高校，WOS 收录期刊均为分散竞争型，也就是平均发表论文接近，发文分散。两个类别的高校在各自类别中组内差异较小，高校的论文发表较为平均分散；Gini 系数处于相对合理的范围，说明两类高校的组内差异较小。

对 2022 年“双一流”高校、普通高校 CSSCI 期刊与 CSSCI 扩展版期刊收录情况进行统计分析，如表 5-16 所示。

表 5-16　2022 年“双一流”高校、普通高校 CSSCI 期刊与 CSSCI 扩展版期刊收录统计　单位：篇

发文	“双一流”高校	普通高校	合计
CSSCI 期刊发文数	41 043	18 387	59 430
CSSCI 扩展版期刊发文数	16 900	15 019	31 919
CSSCI 期刊平均发文数	285.02	127.69	46.80
CSSCI 扩展版期刊平均发文数	15.01	13.34	25.13

2022年，我国“双一流”高校CSSCI期刊发文数为41 043篇，占全部发文数的69.06%。“双一流”高校 CSSCI扩展版期刊发文总数为16 900篇，占全部发文数的52.95%。我国“双一流”高校 CSSCI 期刊的平均发文数为 285.02 篇，CSSCI 扩展版期刊的平均发文数为 15.01 篇。

我国普通高校 CSSCI 期刊发文数为 18 387 篇，占全部发文数的 30.94%。普通高校 CSSCI 扩展版期刊发文数为 15 019 篇，占全部发文数的 47.05%。我国普通高校 CSSCI 期刊的平均发文数为 127.69 篇，CSSCI 扩展版期刊的平均发文数为 13.34 篇。

计算 2022 年“双一流”高校、普通高校 CSSCI 期刊与 CSSCI 扩展版期刊的 CR、HHI、CI、Gini 系数，如表 5-17 所示。

表 5-17　2022 年“双一流”高校、普通高校 CSSCI 期刊与 CSSCI 扩展版期刊的 CR、HHI、CI、Gini 系数

高校类别	期刊	CR4	CR8	HHI	CI	Gini
“双一流”高校	CSSCI 期刊	0.16	0.28	0.022	0.021	0.31
	CSSCI 扩展版期刊	0.14	0.26	0.017	0.017	0.26
普通高校	CSSCI 期刊	0.38	0.54	0.12	0.108	0.37
	CSSCI 扩展版期刊	0.24	0.38	0.037	0.037	0.36

由表 5-17 可知，“双一流”高校中，CSSCI 期刊与 CSSCI 扩展版期刊均为分散竞争型，也就是“双一流”高校整体科研水平较高，平均发文数接近，发文分散。

普通高校中，CSSCI 期刊与 CSSCI 扩展版期刊发文为低集中竞争型发表，少数普通高校发文较为集中，是论文发表的主力军，较低的 HHI、CI 系数说明存在大量发文相同的高校，即发文数都较小的高校，普通高校基尼系数相对“双一流”高校较高说明普通高校的论文发文较为悬殊一些。

5.2.3　“双一流”高校与普通高校科研奖励获奖分布

（1）“双一流”高校与普通高校科学研究优秀成果奖（人文社会科学）分布

对“双一流”高校及普通高校科学研究优秀成果奖（人文社会科学）进行统计分析，如表 5-18、图 5-1 所示。

表 5-18 “双一流”高校、普通高校科学研究优秀成果奖（人文社会科学）获奖统计 单位：项

奖励	“双一流”高校奖励总数	“双一流”高校奖励平均数	普通高校奖励总数	普通高校奖励平均数
著作论文奖（一等奖）	140	0.972	12	0.011
著作论文奖（二等奖）	635	4.410	142	0.126
著作论文奖（三等奖）	230	1.597	76	0.067
咨询服务报告奖（一等奖）	8	0.056	2	0.002
咨询服务报告奖（二等奖）	40	0.278	5	0.004
咨询服务报告奖（三等奖）	9	0.063	3	0.003
普及读物奖	19	0.132	0	0.000
青年成果奖	168	1.167	33	0.029
合计	1249	8.67	273	0.24

我国“双一流”高校的著作论文奖（一等奖）、著作论文奖（二等奖）、著作论文奖（三等奖）、咨询服务报告奖（一等奖）、咨询服务报告奖（二等奖）、咨询服务报告奖（三等奖）、普及读物奖、青年成果奖的获奖总数分别为140项、635项、230项、8项、40项、9项、19项、168项。我国普通高校的著作论文奖（一等奖）、著作论文奖（二等奖）、著作论文奖（三等奖）、咨询服务报告奖（一等奖）、咨询服务报告奖（二等奖）、咨询服务报告奖（三等奖）、普及读物奖、青年成果奖的获奖总数分别为12项、142项、76项、2项、5项、3项、0项、33项。从项目类型看，著作论文奖（二等奖）为“双一流”高校与普通高校共同的获奖最多的类型。

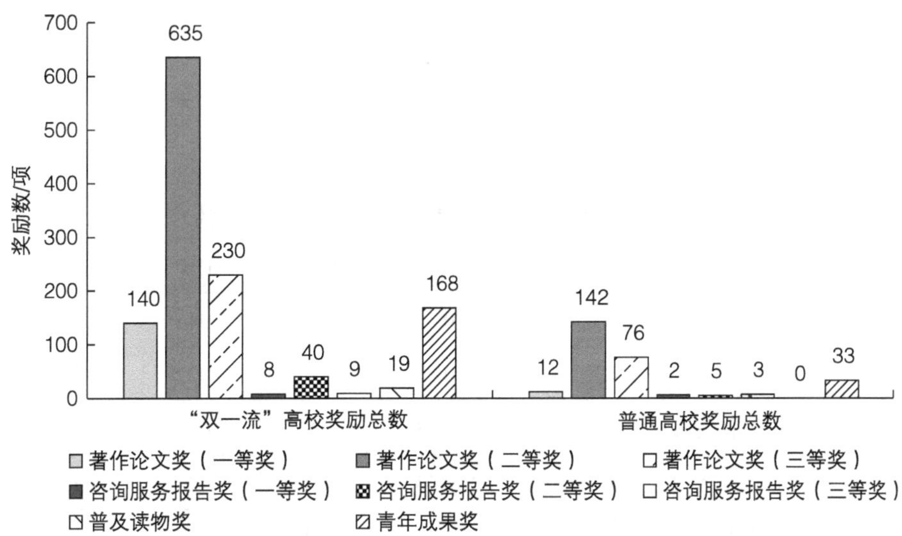

图 5-1 “双一流”高校、普通高校科学研究优秀成果奖（人文社会科学）获奖分布

对“双一流”高校、普通高校科学研究优秀成果奖（人文社会科学）平均奖励数进行统计分析，如图 5-2 所示。

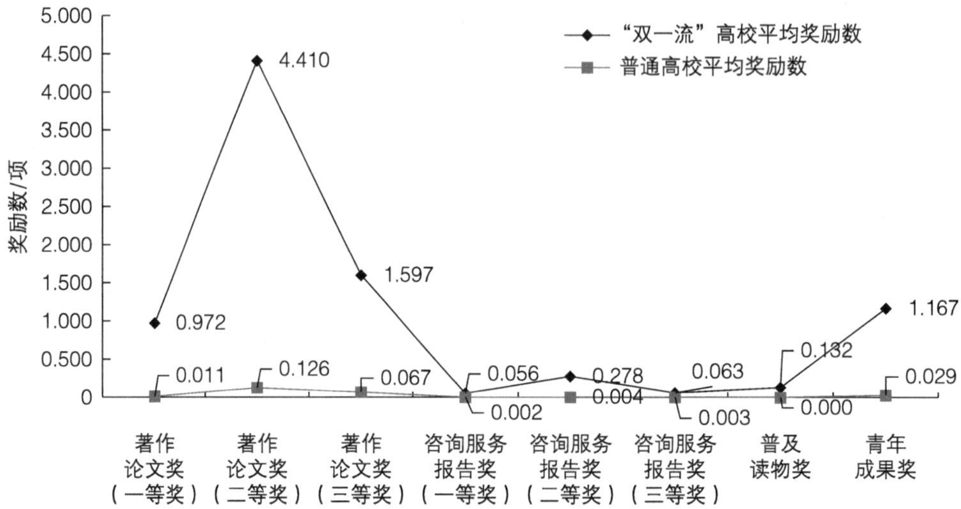

图 5-2 “双一流”高校、普通高校平均科学研究优秀成果奖（人文社会科学）获奖分布

我国“双一流”高校的著作论文奖（一等奖）、著作论文奖（二等奖）、著作论文奖（三等奖）、咨询服务报告奖（一等奖）、咨询服务报告奖（二等奖）、咨询服务报告奖（三等奖）、普及读物奖、青年成果奖的平均奖励数分别为 0.972 项、4.410 项、1.597 项、0.056 项、0.278 项、0.063 项、0.132 项、1.167 项。我国普通高校的著作论文奖（一等奖）、著作论文奖（二等奖）、著作论文奖（三等奖）、咨询服务报告奖（一等奖）、咨询服务报告奖（二等奖）、咨询服务报告奖（三等奖）、普及读物奖、青年成果奖的平均奖励数分别为 0.011 项、0.126 项、0.067 项、0.002 项、0.004 项、0.003 项、0 项、0.029 项。

计算“双一流”高校、普通高校科学研究优秀成果奖（人文社会科学）的 CR、HHI、CI、Gini 系数，如表 5-19 所示。

表 5-19 “双一流”高校、普通高校科学研究优秀成果奖（人文社会科学）的 CR、HHI、CI、Gini 系数

高校类别	奖励	CR4	CR8	HHI	CI	Gini
“双一流”高校	著作论文奖（一等奖）	0.36	0.54	0.044	0.043	0.587
	著作论文奖（二等奖）	0.26	0.43	0.022	0.021	0.447
	著作论文奖（三等奖）	0.23	0.37	0.017	0.017	0.365
	咨询服务报告奖（一等奖）	0.63	1.00	0.022	0.021	0.447
	咨询服务报告奖（二等奖）	0.28	0.48	0.017	0.017	0.363

续表

高校类别	奖励	CR4	CR8	HHI	CI	Gini
“双一流”高校	咨询服务报告奖（三等奖）	0.78	1.00	0.12	0.108	0.733
	普及读物奖	0.47	0.68	0.037	0.037	0.566
	青年成果奖	0.27	0.47	0.017	0.028	0.312
普通高校	著作论文奖（一等奖）	0.33	0.67	0.043	0.043	0.61
	著作论文奖（二等奖）	0.17	0.28	0.022	0.021	0.447
	著作论文奖（三等奖）	0.17	0.28	0.017	0.017	0.363
	咨询服务报告奖（一等奖）	1.00	1.00	0.12	0.108	0.733
	咨询服务报告奖（二等奖）	0.80	1.00	0.037	0.135	0.566
	咨询服务报告奖（三等奖）	1.00	1.00	0.044	0.242	0.217
	普及读物奖	1.00	1.00	0.022	0.083	0.399
	青年成果奖	0.24	0.42	0.017	0.016	0.322

由表5-19可知，“双一流”高校中著作论文奖（一等奖）、著作论文奖（二等奖）、著作论文奖（三等奖）、咨询服务报告奖（二等奖）、青年成果奖奖项为低集中竞争型；咨询服务报告奖（一等奖）为低集中寡占型；咨询服务报告奖（三等奖）为极高寡占型。

普通高校中著作论文奖（二等奖）、著作论文奖（三等奖）为分散竞争型；著作论文奖（一等奖）、青年成果奖为低集中竞争型；咨询服务报告奖（一等奖）、普及读物奖属于极高寡占型。较低的HHI、CI系数说明了存在大量获奖相同的高校，即获奖都较小的高校，基尼系数较高说明普通高校的获奖数悬殊。

（2）“双一流”高校与普通高校国家级教学成果奖分布

对“双一流”高校、普通高校国家级教学成果奖获奖情况进行统计分析，如表5-20所示。

表5-20 “双一流”高校、普通高校国家级教学成果奖获奖统计 单位：项

奖励	“双一流”高校	普通高校	合计
本科特等奖	0	0	0
本科一等奖	15	1	16
本科二等奖	135	84	219
研究生特等奖	0	0	0
研究生一等奖	9	0	9
研究生二等奖	56	23	79

“双一流”高校获得国家级教学成果奖，本科一等奖 15 项、本科二等奖 135 项；研究生一等奖 9 项、研究生二等奖 56 项。普通高校获得国家级教学成果奖本科一等奖 1 项，本科二等奖 84 项；研究生二等奖 23 项。

（3）“双一流”高校与普通高校国家级一流本科课程奖分布

对“双一流”高校、普通高校国家级一流本科课程奖获奖情况进行统计分析，如表 5-21 所示。

表 5-21 “双一流”高校、普通高校国家级一流本科课程奖获奖统计 单位：项

奖励	“双一流”高校	普通高校	合计
线上一流课程	814	294	1108
线下一流课程	398	307	705
社会实践一流课程	71	84	155
虚拟仿真实验教学一流课程	77	72	149
线上线下混合式一流课程	264	301	565

“双一流”高校的线上一流课程、线下一流课程、社会实践一流课程、虚拟仿真实验教学一流课程、线上线下混合式一流课程的获奖数目分别是 814 项、398 项、71 项、77 项、264 项。普通高校的线上一流课程、线下一流课程、社会实践一流课程、虚拟仿真实验教学一流课程、线上线下混合式一流课程的获奖数目分别是 294 项、307 项、84 项、72 项、301 项。

（4）“双一流”高校与普通高校全国教材建设奖分布

对“双一流”高校、普通高校全国教材建设奖获奖情况进行统计分析，如表 5-22 所示。

表 5-22 “双一流”高校、普通高校全国教材建设奖获奖统计 单位：项

奖励	“双一流”高校	普通高校	合计
特等奖（高等教育类）	0	0	0
一等奖（高等教育类）	40	7	47
二等奖（高等教育类）	148	30	178

“双一流”高校的一等奖（高等教育类）、二等奖（高等教育类）获奖数目分别是 40 项、148 项。普通高校的一等奖（高等教育类）、二等奖（高等教育类）获奖数目分别是 7 项、30 项。

5.3 公办大学人文社科发展报告

5.3.1 各类公办学科类型高校基金项目立项分布

如前所述，公办高校是各类项目、论文、奖励的主力高校，因此将公办高校分为财经类、理工类、民族类、农林类、师范类、体育类、医药类、艺术类、语言类、政法类、综合类 11 类，并对其 2022 年国家社科基金项目进行统计分析，如表 5-23 所示。

表 5-23 2022 年不同公办学科类型高校国家社科基金项目统计 单位：项

公办学科类型	重大项目	重点项目	国家哲学社会科学成果文库项目	一般项目	西部项目	青年项目
财经类	50	46	5	470	39	142
理工类	36	49	6	712	56	159
民族类	10	15	2	154	53	33
农林类	15	4	0	123	10	20
师范类	68	95	11	947	124	202
体育类	2	7	0	35	3	6
医药类	3	0	0	56	7	10
艺术类	8	10	2	43	3	6
语言类	13	13	2	141	10	23
政法类	6	8	3	116	23	33
综合类	232	217	36	1683	143	447
合计	443	464	67	4480	471	1081

从不同类公办高校立项总数来看，2022 年公办综合类高校的项目总数最多，立项 2758 项，占比为 39.37%；公办艺术类高校的项目总数最少，立项 72 项，占比为 1.03%。从高校平均立项的角度出发，公办民族类高校的平均立项数最多，达到了 19.07 项；公办医药类高校的平均立项数最少，达到了 0.90 项。

2022 年，公办财经类高校的国家社科重大项目、重点项目、国家哲学社会科学成果文库项目、一般项目、西部项目、青年项目立项总数分别为 50 项、46 项、5 项、470 项、39 项、142 项，分别占公办高校该类立项总数的 11.29%、9.91%、7.46%、10.49%、8.28%、13.14%。

2022年，公办理工类高校的国家社科重大项目、重点项目、国家哲学社会科学成果文库项目、一般项目、西部项目、青年项目总数分别为36项、49项、6项、712项、56项、159项，分别占公办高校该类立项总数的8.13%、10.56%、8.96%、15.89%、11.89%、14.71%。

2022年，公办民族类高校的国家社科重大项目、重点项目、国家哲学社会科学成果文库项目、一般项目、西部项目、青年项目总数分别为10项、15项、2项、154项、53项、33项，分别占公办高校该类立项总数的2.26%、3.23%、2.99%、3.44%、11.25%、3.05%。

2022年，公办农林类高校的国家社科重大项目、重点项目、国家哲学社会科学成果文库项目、一般项目、西部项目、青年项目总数分别为15项、4项、0项、123项、10项、20项，分别占公办高校该类立项总数的3.39%、0.86%、0、2.75%、2.12%、1.85%。

2022年，公办师范类高校的国家社科重大项目、重点项目、国家哲学社会科学成果文库项目、一般项目、西部项目、青年项目总数分别为68项、95项、11项、947项、124项、202项，分别占公办高校该类立项总数的15.35%、20.47%、16.42%、21.14%、26.33%、18.69%。

2022年，公办体育类高校的国家社科重大项目、重点项目、国家哲学社会科学成果文库项目、一般项目、西部项目、青年项目总数分别为2项、7项、0项、35项、3项、6项，分别占公办高校该类立项总数的0.45%、1.51%、0、0.78%、0.64%、0.56%。

2022年，公办医药类高校的国家社科重大项目、重点项目、国家哲学社会科学成果文库项目、一般项目、西部项目、青年项目总数分别为3项、0项、0项、56项、7项、10项，分别占公办高校该类立项总数的0.68%、0、0、1.25%、1.49%、0.93%。

2022年，公办艺术类高校的国家社科重大项目、重点项目、国家哲学社会科学成果文库项目、一般项目、西部项目、青年项目总数分别为8项、10项、2项、43项、3项、6项，分别占公办高校该类立项总数的1.81%、2.16%、2.99%、0.96%、0.64%、0.56%。

2022年，公办语言类高校的国家社科重大项目、重点项目、国家哲学社会科学成果文库项目、一般项目、西部项目、青年项目总数分别为13项、13项、2项、141项、10项、23项，分别占公办高校该类立项总数的2.93%、2.80%、2.99%、3.15%、2.12%、2.13%。

2022年，公办政法类高校的国家社科重大项目、重点项目、国家哲学社会科学成果文库项目、一般项目、西部项目、青年项目总数分别为6项、8项、3项、116项、23项、33项，分别占公办高校该类立项总数的1.35%、1.72%、4.48%、2.59%、4.88%、3.05%。

2022年，公办综合类高校的国家社科重大项目、重点项目、国家哲学社会科学成果文库项目、一般项目、西部项目、青年项目总数分别为232项、217项、36项、1683项、143项、447项，分别占公办高校该类立项总数的52.37%、46.77%、53.73%、37.57%、30.36%、41.35%。

对2022年不同公办学科类型高校国家自然科学基金管理学项目进行统计分析，如表5-24所示。

表 5-24　2022 年不同公办学科类型高校国家自然科学基金管理学项目统计　单位：项

公办学科类型	重点项目	面上项目	青年科学基金项目	地区科学基金项目	国际（地区）合作交流项目	专项项目
财经类	1	134	192	36	0	4
理工类	5	212	265	36	1	1
民族类	0	4	4	5	0	0
农林类	0	26	42	9	0	1
师范类	0	26	44	12	0	0
体育类	0	0	0	0	0	0
医药类	0	19	40	10	0	0
艺术类	0	0	0	0	0	0
语言类	0	7	15	0	1	0
政法类	0	3	6	0	0	0
综合类	20	314	365	36	2	4
合计	26	745	973	144	4	10

2022 年，公办高校国家自然科学基金管理学项目总数为 1902 项，高校平均立项 2.24 项。公办政法类高校国家自然科学基金管理学项目总数为 9 项，占比为 0.47%，高校平均立项 0.24 项。公办艺术类、体育类高校国家自然科学基金管理学项目总数为 0 项。公办理工类高校国家自然科学基金管理学项目为 520 项，占比为 27.34%，高校平均立项 2.21 项。公办农林类高校国家自然科学基金管理学项目为 78 项，占比为 4.10%，高校平均立项 1.86 项。公办综合类高校国家自然科学基金管理学项目为 741 项，占比为 38.96%，高校平均立项 3.80 项。公办民族类高校国家自然科学基金管理学项目为 13 项，占比为 0.68%，高校平均立项 0.93 项。公办师范类高校国家自然科学基金管理学项目为 82 项，占比为 4.31%，高校平均立项 0.66 项。公办财经类高校国家自然科学基金管理学项目为 367 项，占比为 19.30%，高校平均立项 6.93 项。公办医药类高校国家自然科学基金管理学项目为 69 项，占比为 3.63%，高校平均立项 0.82 项。

从项目总数角度出发，公办综合类高校国家自然科学基金管理学项目总数最多，立项总数为 741 项，占比为 38.96%；公办艺术类、体育类高校的项目总数最少，立项总数为 0 项。从高校平均立项的角度出发，公办财经类高校的平均立项数最多，平均达到了 6.93 项。

2022 年，公办财经类高校的重点项目、面上项目、青年科学基金项目、地区科学基金项目、国际（地区）合作交流项目、专项项目总数分别为 1 项、134 项、192 项、36 项、0 项、4 项，分别占公办高校该类立项总数的 3.85%、17.99%、19.73%、25.00%、0、40.00%。

2022 年，公办理工类高校的重点项目、面上项目、青年科学基金项目、地区科学基金项目、国际（地区）合作交流项目、专项项目总数分别为 5 项、212 项、265 项、36 项、1 项、1 项，分别占公办高校该类立项总数的 19.23%、28.46%、27.24%、25.00%、25.00%、10.00%。

2022 年，公办民族类高校的重点项目、面上项目、青年科学基金项目、地区科学基金项目、国际（地区）合作交流项目、专项项目总数分别为 0 项、4 项、4 项、5 项、0 项、0 项，分别占公办高校该类立项总数的 0、0.54%、0.41%、3.47%、0、0。

2022 年，公办农林类高校的重点项目、面上项目、青年科学基金项目、地区科学基金项目、国际（地区）合作交流项目、专项项目总数分别为 0 项、26 项、42 项、9 项、0 项、1 项，分别占公办高校该类立项总数的 0、3.49%、4.32%、6.25%、0、10.00%。

2022 年，公办师范类高校的重点项目、面上项目、青年科学基金项目、地区科学基金项目、国际（地区）合作交流项目、专项项目总数分别为 0 项、26 项、44 项、12 项、0 项、0 项，分别占公办高校该类立项总数的 0、3.49%、4.52%、8.33%、0、0。

2022 年，公办体育类高校的重点项目、面上项目、青年科学基金项目、地区科学基金项目、国际（地区）合作交流项目、专项项目总数均为 0 项。

2022 年，公办医药类高校的重点项目、面上项目、青年科学基金项目、地区科学基金项目、国际（地区）合作交流项目、专项项目总数分别为 0 项、19 项、40 项、10 项、0 项、0 项，分别占公办高校该类立项总数的 0、2.55%、4.11%、6.94%、0、0。

2022 年，公办艺术类高校的重点项目、面上项目、青年科学基金项目、地区科学基金项目、国际（地区）合作交流项目、专项项目总数均为 0 项。

2022 年，公办语言类高校的重点项目、面上项目、青年科学基金项目、地区科学基金项目、国际（地区）合作交流项目、专项项目总数分别为 0 项、7 项、15 项、0 项、1 项、0 项，分别占公办高校该类立项总数的 0、0.94%、1.54%、0、25.00%、0。

2022 年，公办政法类高校的重点项目、面上项目、青年科学基金项目、地区科学基金项目、国际（地区）合作交流项目、专项项目总数分别为 0 项、3 项、6 项、0 项、0 项、0 项，分别占公办高校该类立项总数的 0、0.40%、0.62%、0、0、0。

2022 年，公办综合类高校的重点项目、面上项目、青年科学基金项目、地区科学基金项目、国际（地区）合作交流项目、专项项目总数分别为 20 项、314 项、365 项、36 项、2 项、4 项，分别占公办高校该类立项总数的 76.92%、42.15%、37.51%、25.00%、50.00%、40.00%。

对不同公办学科类型高校教育部人文社科研究项目进行统计分析，如表 5-25 所示。

表 5-25 2022 年不同公办学科类型高校教育部人文社科研究项目统计 单位：项

公办学科类型	教育部哲学社会科学研究重大项目	教育部人文社科研究规划基金（一般、专项、后期）项目	教育部人文社科研究青年基金项目	教育部人文社科研究自筹基金项目	教育部人文社科研究西部规划基金项目	教育部人文社科研究西部青年基金项目	高校辅导员研究专项
财经类	3	124	185	1	6	13	18
理工类	3	260	371	4	4	27	63
民族类	1	11	17	0	3	1	2
农林类	1	47	65	1	3	2	7
师范类	7	185	258	1	19	20	30
体育类	0	7	15	0	0	1	0
医药类	0	45	39	1	3	1	9
艺术类	0	22	15	0	0	0	2
语言类	3	17	63	0	0	6	0
政法类	3	23	29	0	2	2	4
综合类	30	306	504	1	17	29	40
合计	51	1047	1561	9	57	102	175

2022 年，公办高校教育部人文社科研究项目总数为 3002 项，高校平均立项 2.36 项。公办政法类高校教育部人文社科研究项目总数为 63 项，占比为 2.10%，高校平均立项 1.66 项。公办艺术类高校教育部人文社科研究项目总数为 39 项，占比为 1.30%，高校平均立项 1.11 项。公办理工类高校教育部人文社科研究项目总数为 732 项，占比为 24.38%，高校平均立项 3.12 项。公办农林类高校教育部人文社科研究项目总数为 126 项，占比为 4.20%，高校平均立项 3.01 项。公办综合类高校教育部人文社科研究项目总数为 927 项，占比为 30.88%，高校平均立项 4.76 项。公办民族类高校教育部人文社科研究项目总数为 35 项，占比为 1.17%，高校平均立项 2.5 项。公办师范类高校教育部人文社科研究项目总数为 520 项，占比为 17.87%，高校平均立项 4.19 项。公办体育类高校教育部人文社科研究项目总数为 23 项，占比为 0.77%，高校平均立项 1.65 项。公办财经类高校教育部人文社科研究项目总数为 350 项，占比为 11.66%，高校平均立项 6.6 项。公办医药类高校教育部人文社科研究项目总数为 98 项，占比为 3.26%，高校平均立项 1.16 项。

从项目总数角度出发，公办综合类高校教育部人文社科研究项目总数最多；公办体育类高校的项目总数最少。从高校平均立项的角度出发，公办财经类高校的平均立项数最多，平均达到了 6.6 项。

2022 年，公办财经类高校教育部哲学社会科学研究重大项目、教育部人文社科研究规划基金（一般、专项、后期）项目、教育部人文社科研究青年基金项目、教育部人文社科研究自筹基金项目、教育部人文社科研究西部规划基金项目、教育部人文社科研究西部青年基金项目、高校辅导员研究专项项目的总数分别为 3 项、124 项、185 项、1 项、6 项、13 项、18 项，分别占公办高校该类立项总数的 5.88%、11.84%、11.85%、11.11%、10.53%、12.75%、10.29%。

2022 年，公办理工类高校教育部哲学社会科学研究重大项目、教育部人文社科研究规划基金（一般、专项、后期）项目、教育部人文社科研究青年基金项目、教育部人文社科研究自筹基金项目、教育部人文社科研究西部规划基金项目、教育部人文社科研究西部青年基金项目、高校辅导员研究专项项目的总数分别为 3 项、260 项、371 项、4 项、4 项、27 项、63 项，分别占公办高校该类立项总数的 5.88%、24.83%、23.77%、44.44%、7.02%、26.47%、36.00%。

2022 年，公办民族类高校教育部哲学社会科学研究重大项目、教育部人文社科研究规划基金（一般、专项、后期）项目、教育部人文社科研究青年基金项目、教育部人文社科研究自筹基金项目、教育部人文社科研究西部规划基金项目、教育部人文社科研究西部青年基金项目、高校辅导员研究专项项目的总数分别为 1 项、11 项、17 项、0 项、3 项、1 项、2 项，分别占公办高校该类立项总数的 1.96%、1.05%、1.09%、0、5.26%、0.98%、1.14%。

2022 年我国公办农林类高校的教育部哲学社会科学研究重大项目、教育部人文社科研究研究规划基金（一般、专项、后期）项目、教育部人文社科研究青年基金项目、教育部人文社科研究自筹基金项目、教育部人文社科研究西部规划基金项目、教育部人文社科研究西部青年基金项目、高校辅导员研究专项项目的总数分别为 1、47、65、1、3、2、7 项，分别占分公办高校该类立项总数的 1.96%、4.49%、4.16%、11.11%、5.26%、1.96%、4.00%。

2022 年，公办师范类高校教育部哲学社会科学研究重大项目、教育部人文社科研究规划基金（一般、专项、后期）项目、教育部人文社科研究青年基金项目、教育部人文社科研究自筹基金项目、教育部人文社科研究西部规划基金项目、教育部人文社科研究西部青年基金项目、高校辅导员研究专项项目的总数分别为 7 项、185 项、258 项、1 项、19 项、20 项、30 项，分别占公办高校该类立项总数的 13.73%、17.67%、16.53%、11.11%、33.33%、19.61%、17.14%。

2022 年，公办体育类高校教育部哲学社会科学研究重大项目、教育部人文社科研究规划基金（一般、专项、后期）项目、教育部人文社科研究青年基金项目、教育部人文社科研究自筹基金项目、教育部人文社科研究西部规划基金项目、教育部人文社科研究西部青年基金项目、高校辅导员研究专项项目的总数分别为 0 项、7 项、15 项、0 项、0 项、1 项、0 项，分别占分公办高校该类立项总数的 0、0.67%、0.96%、0、0、0.98%、0。

2022 年，公办医药类高校教育部哲学社会科学研究重大项目、教育部人文社科研究规划基金（一般、专项、后期）项目、教育部人文社科研究青年基金项目、教育部人文社科研究自筹基金项目、教育部人文社科研究西部规划基金项目、教育部人文社科研究西部青年基金项目、高校辅导员研究专项项目的总数分别为0项、45项、39项、1项、3项、1项、9项，分别占公办高校该类立项总数的0、4.30%、2.50%、11.11%、5.26%、0.98%、5.14%。

2022年我国公办艺术类高校的教育部哲学社会科学研究重大项目、教育部人文社科研究研究规划基金（一般、专项、后期）项目、教育部人文社科研究青年基金项目、教育部人文社科研究自筹基金项目、教育部人文社科研究西部规划基金项目、教育部人文社科研究西部青年基金项目、高校辅导员研究专项项目的总数分别为0、22、15、0、0、0、2项，分别占公办高校该类立项总数的0、2.10%、0.96%、0、0、0、1.14%。

2022年，公办语言类高校教育部哲学社会科学研究重大项目、教育部人文社科研究规划基金（一般、专项、后期）项目、教育部人文社科研究青年基金项目、教育部人文社科研究自筹基金项目、教育部人文社科研究西部规划基金项目、教育部人文社科研究西部青年基金项目、高校辅导员研究专项项目的总数分别为3项、17项、63项、0项、0项、6项、0项，分别占公办高校该类立项总数的5.88%、1.62%、4.04%、0、0、5.88%、0。

2022年，公办政法类高校教育部哲学社会科学研究重大项目、教育部人文社科研究规划基金（一般、专项、后期）项目、教育部人文社科研究青年基金项目、教育部人文社科研究自筹基金项目、教育部人文社科研究西部规划基金项目、教育部人文社科研究西部青年基金项目、高校辅导员研究专项项目的总数分别为3项、23项、29项、0项、2项、2项、4项，分别占公办高校该类立项总数的5.88%、2.20%、1.86%、0、3.51%、1.96%、2.29%。

2022年，公办综合类高校教育部哲学社会科学研究重大项目、教育部人文社科研究规划基金（一般、专项、后期）项目、教育部人文社科研究青年基金项目、教育部人文社科研究自筹基金项目、教育部人文社科研究西部规划基金项目、教育部人文社科研究西部青年基金项目、高校辅导员研究专项项目的总数分别为30项、306项、504项、1项、17项、29项、40项，分别占公办高校该类立项总数的58.82%、29.23%、32.29%、11.11%、29.82%、28.43%、22.86%。

5.3.2 各类公办高校期刊论文统计分析

对11类公办高校2021年发表于WOS期刊的人文社科论文进行统计分析，如表5-26所示。

表5-26 2021年各类公办高校WOS期刊发文统计 单位：篇

公办学科类型	WOS期刊发文总数	WOS期刊平均发文数
财经类	1883	35.53
理工类	10 149	43.20
民族类	169	12.07
农林类	1308	31.20
师范类	3672	29.61

续表

公办学科类型	WOS 期刊发文总数	WOS 期刊平均发文数
体育类	153	10.96
医药类	1558	18.51
艺术类	21	0.60
语言类	407	27.15
政法类	129	3.40
综合类	14 187	72.82
合计	33 636	39.62

2021 年，我国公办高校 WOS 期刊发文总数为 33 636 篇，占高校全部发文数的 97%。公办高校中，公办政法类高校 WOS 期刊发文总数为 129 篇，占公办高校 WOS 期刊发文总数的 0.38%，平均发文数为 3.40 篇；公办艺术类高校 WOS 期刊发文总数为 21 篇，占公办高校 WOS 期刊发文总数的 0.06%，平均发文数为 0.6 篇；公办理工类高校 WOS 期刊发文总数为 10 149 篇，占公办高校 WOS 期刊发文总数的 30.17%，平均发文数为 43.20 篇；公办农林类高校 WOS 期刊发文总数为 1308 篇，占公办高校 WOS 期刊发文总数的 3.89%，平均发文数为 31.20 篇；公办综合类高校 WOS 期刊发文总数为 14 187 篇，占公办高校 WOS 期刊发文总数的 42.18%，平均发文数为 72.82 篇；公办民族类高校 WOS 期刊发文总数为 169 篇，占公办高校 WOS 期刊发文总数的 0.50%，平均发文数为 12.07 篇；公办师范类高校 WOS 期刊发文总数为 3672 篇，占公办高校 WOS 期刊发文总数的 10.92%，平均发文数为 29.61 篇；公办体育类高校 WOS 期刊发文总数为 153 篇，占公办高校 WOS 期刊发文总数的 0.45%，平均发文数为 10.96 篇；公办语言类高校 WOS 期刊发文总数为 407 篇，占公办高校 WOS 期刊发文总数的 1.21%，平均发文数为 27.15 篇；公办财经类高校 WOS 期刊发文总数为 1883 篇，占公办高校 WOS 期刊发文总数的 5.60%，平均发文数为 35.53 篇；公办医药类高校 WOS 期刊发文总数为 1558 篇，占公办高校 WOS 期刊发文总数的 4.63%，平均发文数为 18.51 篇。

公办综合类高校 WOS 期刊发文总数与平均发文数在 11 类公办高校中都是最高的，公办艺术类高校 WOS 期刊发文总数与平均发文数最低。

对 2022 年 11 类公办高校 CSSCI 期刊论文与 CSSCI 扩展版期刊收录情况进行统计分析，如表 5–27 所示。

表 5–27　2022 年各类公办高校 CSSCI 期刊与 CSSCI 扩展版期刊发文统计　　单位：篇

公办学科类型	CSSCI 期刊发文总数	CSSCI 扩展版期刊发文总数	CSSCI 期刊平均发文数	CSSCI 扩展版期刊平均发文数
财经类	5225	2188	98.59	41.29
理工类	7415	5691	31.56	24.22

续表

公办学科类型	CSSCI 期刊发文总数	CSSCI 扩展版期刊发文总数	CSSCI 期刊平均发文数	CSSCI 扩展版期刊平均发文数
民族类	998	735	71.27	52.49
农林类	1538	920	36.69	21.95
师范类	10 655	5775	85.91	46.57
体育类	542	329	38.81	23.56
医药类	258	303	3.07	3.60
艺术类	866	880	24.62	25.02
语言类	1545	1032	103.08	68.85
政法类	1745	1558	45.95	41.03
综合类	28 359	11 487	145.56	58.96
合计	59 146	30 898	69.67	36.39

2022 年，我国公办高校 CSSCI 期刊发文总数为 59 146 篇，占高校全部发文数的 99.6%。公办高校 CSSCI 扩展版期刊发文总数为 30 898 篇，占全部高校发文总数的 96.9%。公办政法类高校 CSSCI 期刊发文总数为 1745 篇，占公办高校 CSSCI 期刊发文总数的 2.95%；公办政法类高校 CSSCI 扩展版期刊发文总数为 1558 篇，占公办高校 CSSCI 扩展版期刊发文总数的 5.04%。公办艺术类高校 CSSCI 期刊发文总数为 866 篇，占公办高校 CSSCI 期刊发文总数的 1.46%；公办艺术类高校 CSSCI 扩展版期刊发文总数为 880 篇，占公办高校 CSSCI 扩展版期刊发文总数的 2.85%。公办理工类高校 CSSCI 期刊发文总数为 7415 篇，占公办高校 CSSCI 期刊发文总数的 12.54%；公办理工类高校 CSSCI 扩展版期刊发文总数为 5691 篇，占公办高校 CSSCI 扩展版期刊发文总数的 18.42%。公办农林类高校 CSSCI 期刊发文总数为 1538 篇，占公办高校 CSSCI 期刊发文总数的 2.60%；公办农林类高校 CSSCI 扩展版期刊发文总数为 920 篇，占公办高校 CSSCI 扩展版期刊发文总数的 2.98%。公办综合类高校 CSSCI 期刊发文总数为 28 359 篇，占公办高校 CSSCI 期刊发文总数的 47.95%；公办综合类高校 CSSCI 扩展版期刊发文总数为 11 487 篇，占公办高校 CSSCI 扩展版期刊发文总数的 37.18%。公办民族类高校 CSSCI 期刊发文总数为 998 篇，占公办高校 CSSCI 期刊发文总数的 1.69%；公办民族类高校 CSSCI 扩展版期刊发文总数为 735 篇，占公办高校 CSSCI 扩展版期刊发文总数的 2.38%。公办师范类高校 CSSCI 期刊发文总数为 10 655 篇，占公办高校 CSSCI 期刊发文总数的 18.01%；公办师范类高校 CSSCI 扩展版期刊发文总数为 5775 篇，占公办高校 CSSCI 扩展版期刊发文总数的 18.69%。公办体育类高校 CSSCI 期刊发文总数为 542 篇，占公办高校 CSSCI 期刊发文总数的 0.92%；公办体育类高校 CSSCI 扩展版期刊发文总数为 329 篇，占公办高校 CSSCI 扩展版期刊发文总数的 1.06%。公办语言类高校 CSSCI 期刊发文总数为 1545

篇，占公办高校 CSSCI 期刊发文总数的 2.61%；公办语言类高校 CSSCI 扩展版期刊发文总数为 1032 篇，占公办高校 CSSCI 扩展版期刊发文总数的 3.34%。公办财经类高校 CSSCI 期刊发文总数为 5225 篇，占公办高校 CSSCI 期刊发文总数的 8.83%；公办财经类高校 CSSCI 扩展版期刊发文总数为 2188 篇，占公办高校 CSSCI 扩展版期刊发文总数的 7.08%。公办医药类高校 CSSCI 期刊发文总数为 258 篇，占公办高校 CSSCI 期刊发文总数的 0.44%；公办医药类高校 CSSCI 扩展版期刊发文总数为 303 篇，占公办高校 CSSCI 扩展版期刊总发文数的 0.98%。

对 11 类公办高校 2022 年 CSSCI 期刊论文与 CSSCI 扩展版期刊的平均收录情况进行计算分析。公办政法类高校 CSSCI 期刊平均发文数为 45.95 篇，公办政法类高校 CSSCI 扩展版期刊平均发文数为 41.03 篇。公办艺术类高校 CSSCI 期刊平均发文数为 24.62 篇，公办艺术类高校 CSSCI 扩展版期刊平均发文数为 25.02 篇。公办理工类高校 CSSCI 期刊平均发文数为 31.56 篇，公办理工类高校 CSSCI 扩展版期刊平均发文数为 24.22 篇。公办农林类高校 CSSCI 期刊平均发文数为 36.69 篇，公办农林类高校 CSSCI 扩展版期刊平均发文数为 21.95 篇。公办综合类高校 CSSCI 期刊平均发文数为 145.56 篇，公办综合类高校 CSSCI 扩展版期刊平均发文数为 58.96 篇。公办民族类高校 CSSCI 期刊平均发文数为 71.27 篇，公办民族类高校 CSSCI 扩展版期刊平均发文数为 52.49 篇。公办师范类高校 CSSCI 期刊平均发文数为 85.91 篇，公办师范类高校 CSSCI 扩展版期刊平均发文数为 46.57 篇。公办体育类高校 CSSCI 期刊平均发文数为 38.81 篇，公办体育类高校 CSSCI 扩展版期刊平均发文数为 23.56 篇。公办语言类高校 CSSCI 期刊平均发文数为 103.08 篇，公办语言类高校 CSSCI 扩展版期刊平均发文数为 68.85 篇。公办财经类高校 CSSCI 期刊平均发文数为 98.59 篇，公办财经类高校 CSSCI 扩展版期刊平均发文数为 41.29 篇。公办医药类高校 CSSCI 期刊平均发文数为 3.07 篇，公办医药类高校 CSSCI 扩展版期刊平均发文数为 3.60 篇。

5.3.3 各类公办高校科研奖励获奖分布

（1）各类公办高校科学研究优秀成果奖（人文社会科学）统计分析

对 11 类公办高校高等学校科学研究优秀成果奖（人文社会科学）获奖情况进行统计分析，如表 5-28 所示。

表 5-28 不同公办高校科学研究优秀成果奖（人文社会科学）获奖统计 单位：项

公办学科类型	著作论文奖			咨询服务报告奖			普及读物奖	青年成果奖
	一等奖	二等奖	三等奖	一等奖	二等奖	三等奖		
财经类	5	45	21	3	5	1	0	13
理工类	5	54	19	0	6	4	1	12
民族类	0	12	5	0	0	0	0	1
农林类	2	6	2	0	0	1	0	6

续表

公办学科类型	著作论文奖			咨询服务报告奖			普及读物奖	青年成果奖
	一等奖	二等奖	三等奖	一等奖	二等奖	三等奖		
师范类	32	126	61	1	5	1	3	42
体育类	1	4	3	0	1	0	0	2
医药类	1	0	0	0	0	0	0	0
艺术类	3	19	7	0	0	0	0	3
语言类	2	17	9	0	0	0	0	3
政法类	3	15	8	0	2	0	0	5
综合类	98	479	171	6	26	5	15	114
合计	152	777	306	10	45	12	19	201

公办政法类高校的著作论文奖（一等奖）、著作论文奖（二等奖）、著作论文奖（三等奖）、咨询服务报告奖（一等奖）、咨询服务报告奖（二等奖）、咨询服务报告奖（三等奖）、普及读物奖、青年成果奖的获奖总数分别为3项、15项、8项、0项、2项、0项、0项、5项。公办艺术类高校的著作论文奖（一等奖）、著作论文奖（二等奖）、著作论文奖（三等奖）、咨询服务报告奖（一等奖）、咨询服务报告奖（二等奖）、咨询服务报告奖（三等奖）、普及读物奖、青年成果奖的获奖总数分别为3项、19项、7项、0项、0项、0项、0项、3项。公办理工类高校的著作论文奖（一等奖）、著作论文奖（二等奖）、著作论文奖（三等奖）、咨询服务报告奖（一等奖）、咨询服务报告奖（二等奖）、咨询服务报告奖（三等奖）、普及读物奖、青年成果奖的获奖总数分别为5项、54项、19项、0项、6项、4项、1项、12项。公办农林类高校的著作论文奖（一等奖）、著作论文奖（二等奖）、著作论文奖（三等奖）、咨询服务报告奖（一等奖）、咨询服务报告奖（二等奖）、咨询服务报告奖（三等奖）、普及读物奖、青年成果奖的获奖总数分别为2项、6项、2项、0项、0项、1项、0项、6项。公办综合类高校的著作论文奖（一等奖）、著作论文奖（二等奖）、著作论文奖（三等奖）、咨询服务报告奖（一等奖）、咨询服务报告奖（二等奖）、咨询服务报告奖（三等奖）、普及读物奖、青年成果奖的获奖总数分别为98项、479项、171项、6项、26项、5项、15项、114项。公办民族类高校的著作论文奖（一等奖）、著作论文奖（二等奖）、著作论文奖（三等奖）、咨询服务报告奖（一等奖）、咨询服务报告奖（二等奖）、咨询服务报告奖（三等奖）、普及读物奖、青年成果奖的获奖总数分别为0项、12项、5项、0项、0项、0项、0项、1项。公办师范类高校的著作论文奖（一等奖）、著作论文奖（二等奖）、著作论文奖（三等奖）、咨询服务报告奖（一等奖）、咨询服务报告奖（二等奖）、咨询服务报告奖（三等奖）、普及读物奖、青年成果奖的获奖总数分别为32项、126项、61项、1项、5项、1项、3项、42项。公办体育类高校的著作论文奖（一等奖）、著作论文奖（二等奖）、著作论文奖（三

等奖）、咨询服务报告奖（一等奖）、咨询服务报告奖（二等奖）、咨询服务报告奖（三等奖）、普及读物奖、青年成果奖的获奖总数分别为 1 项、4 项、3 项、0 项、1 项、0 项、0 项、2 项。公办语言类高校的著作论文奖（一等奖）、著作论文奖（二等奖）、著作论文奖（三等奖）、咨询服务报告奖（一等奖）、咨询服务报告奖（二等奖）、咨询服务报告奖（三等奖）、普及读物奖、青年成果奖的获奖总数分别为 2 项、17 项、9 项、0 项、0 项、0 项、0 项、3 项。公办财经类高校的著作论文奖（一等奖）、著作论文奖（二等奖）、著作论文奖（三等奖）、咨询服务报告奖（一等奖）、咨询服务报告奖（二等奖）、咨询服务报告奖（三等奖）、普及读物奖、青年成果奖的获奖总数分别为 5 项、45 项、21 项、3 项、5 项、1 项、0 项、13 项。公办医药类高校的著作论文奖（一等奖）、著作论文奖（二等奖）、著作论文奖（三等奖）、咨询服务报告奖（一等奖）、咨询服务报告奖（二等奖）、咨询服务报告奖（三等奖）、普及读物奖、青年成果奖的获奖总数分别为 1 项、0 项、0 项、0 项、0 项、0 项、0 项、0 项。

（2）各类公办高校国家级教学成果奖统计分析

对 11 类公办高校国家级教学成果奖获奖情况进行统计分析，如表 5-29 所示。

表 5-29　不同公办高校国家级教学成果奖获奖统计　　单位：项

公办学科类型	本科特等奖	本科一等奖	本科二等奖	研究生特等奖	研究生一等奖	研究生二等奖
财经类	0	1	33	0	0	7
理工类	0	0	26	0	1	11
民族类	0	0	6	0	0	0
农林类	0	0	1	0	0	1
师范类	0	0	27	0	2	17
体育类	0	0	1	0	0	1
医药类	0	0	0	0	0	0
艺术类	0	1	11	0	1	3
语言类	0	2	7	0	0	2
政法类	0	0	8	0	0	2
综合类	0	12	98	0	5	35
合计	0	16	218	0	9	79

公办财经类高校的本科特等奖、本科一等奖、本科二等奖、研究生特等奖、研究生一等奖、研究生二等奖获奖数分别为 0 项、1 项、33 项、0 项、0 项、7 项。公办理工类高校的本科特等奖、本科一等奖、本科二等奖、研究生特等奖、研究生一等奖、研究生二等奖获奖数分别为 0 项、0 项、26 项、0 项、1 项、11 项。公办民族类高校的本科特等奖、本科一等

奖、本科二等奖、研究生特等奖、研究生一等奖、研究生二等奖获奖数分别为 0 项、0 项、6 项、0 项、0 项、0 项。公办农林类高校的本科特等奖、本科一等奖、本科二等奖、研究生特等奖、研究生一等奖、研究生二等奖获奖数分别为 0 项、0 项、1 项、0 项、0 项、1 项。公办师范类高校的本科特等奖、本科一等奖、本科二等奖、研究生特等奖、研究生一等奖、研究生二等奖获奖数分别为 0 项、0 项、27 项、0 项、2 项、17 项。公办体育类高校的本科特等奖、本科一等奖、本科二等奖、研究生特等奖、研究生一等奖、研究生二等奖获奖数分别为 0 项、0 项、1 项、0 项、0 项、1 项。公办艺术类高校的本科特等奖、本科一等奖、本科二等奖、研究生特等奖、研究生一等奖、研究生二等奖获奖数分别为 0 项、1 项、11 项、0 项、1 项、3 项。公办语言类高校的本科特等奖、本科一等奖、本科二等奖、研究生特等奖、研究生一等奖、研究生二等奖获奖数分别为 0 项、2 项、7 项、0 项、0 项、2 项。公办政法类高校的本科特等奖、本科一等奖、本科二等奖、研究生特等奖、研究生一等奖、研究生二等奖获奖数分别为 0 项、0 项、8 项、0 项、0 项、2 项。公办综合类高校的本科特等奖、本科一等奖、本科二等奖、研究生特等奖、研究生一等奖、研究生二等奖获奖数分别为 0 项、12 项、98 项、0 项、5 项、35 项。

（3）各类公办高校国家级一流本科课程奖统计分析

对 11 类公办高校国家级一流本科课程奖获奖情况进行统计分析，如表 5-30 所示。

表 5-30　不同公办高校国家级一流本科课程奖获奖统计　　单位：项

公办学科类型	线上一流课程	线下一流课程	社会实践一流课程	虚拟仿真实验教学一流课程	线上线下混合式一流课程
财经类	76	79	16	16	48
理工类	192	115	43	28	166
民族类	12	8	1	1	7
农林类	74	12	8	9	28
师范类	135	105	16	41	90
体育类	0	10	3	6	2
医药类	53	9	6	0	18
艺术类	5	54	3	4	4
语言类	17	30	7	4	13
政法类	14	28	5	1	11
综合类	527	244	45	36	168
合计	1105	694	153	146	555

公办财经类高校的线上一流课程、线下一流课程、社会实践一流课程、虚拟仿真实验教学一流课程、线上线下混合式一流课程的获奖数分别是 76 项、79 项、16 项、16 项、48 项。公办理工类高校的线上一流课程、线下一流课程、社会实践一流课程、虚拟仿真实验教学一流课程、线上线下混合式一流课程的获奖数分别是 192 项、115 项、43 项、28 项、166 项。公办民族类高校的线上一流课程、线下一流课程、社会实践一流课程、虚拟仿真实验教学一流课程、线上线下混合式一流课程的获奖数分别是 12 项、8 项、1 项、1 项、7 项。公办农林类高校的线上一流课程、线下一流课程、社会实践一流课程、虚拟仿真实验教学一流课程、线上线下混合式一流课程的获奖数分别是 74 项、12 项、8 项、9 项、28 项。公办师范类高校的线上一流课程、线下一流课程、社会实践一流课程、虚拟仿真实验教学一流课程、线上线下混合式一流课程的获奖数分别是 135 项、105 项、16 项、41 项、908 项。公办体育类高校的线上一流课程、线下一流课程、社会实践一流课程、虚拟仿真实验教学一流课程、线上线下混合式一流课程的获奖数分别是 0 项、10 项、3 项、6 项、2 项。公办医药类高校的线上一流课程、线下一流课程、社会实践一流课程、虚拟仿真实验教学一流课程、线上线下混合式一流课程的获奖数分别是 53 项、9 项、6 项、0 项、18 项。公办艺术类高校的线上一流课程、线下一流课程、社会实践一流课程、虚拟仿真实验教学一流课程、线上线下混合式一流课程的获奖数分别是 5 项、54 项、3 项、4 项、4 项。公办语言类高校的线上一流课程、线下一流课程、社会实践一流课程、虚拟仿真实验教学一流课程、线上线下混合式一流课程的获奖数目分别是 17 项、30 项、7 项、4 项、13 项。公办政法类高校的线上一流课程、线下一流课程、社会实践一流课程、虚拟仿真实验教学一流课程、线上线下混合式一流课程的获奖数分别是 14 项、28 项、5 项、1 项、11 项。公办综合类高校的线上一流课程、线下一流课程、社会实践一流课程、虚拟仿真实验教学一流课程、线上线下混合式一流课程的获奖数分别是 527 项、244 项、45 项、36 项、168 项。从奖励数的角度出发，公办综合类高校的奖励数均为最高。

（4）各类公办高校全国教材建设奖统计分析

对 11 类公办高校全国教材建设奖获奖情况进行统计分析，如表 5-31 所示。

表 5-31　不同公办高校全国教材建设奖获奖统计　　单位：项

公办学科类型	特等奖（高等教育类）	一等奖（高等教育类）	二等奖（高等教育类）
财经类	0	2	19
理工类	0	1	11
民族类	0	0	2
农林类	0	1	6
师范类	0	7	34
体育类	0	0	1

续表

公办学科类型	特等奖（高等教育类）	一等奖（高等教育类）	二等奖（高等教育类）
医药类	0	0	0
艺术类	0	2	6
语言类	0	1	12
政法类	0	1	6
综合类	0	31	80
合计	0	46	177

公办财经类高校的一等奖（高等教育类）、二等奖（高等教育类）分别为 2 项、19 项。公办理工类高校的一等奖（高等教育类）、二等奖（高等教育类）分别为 1 项、11 项。公办民族类高校的一等奖（高等教育类）、二等奖（高等教育类）分别为 0 项、2 项。公办农林类高校的一等奖（高等教育类）、二等奖（高等教育类）分别为 1 项、6 项。公办师范类高校的一等奖（高等教育类）、二等奖（高等教育类）分别为 7 项、34 项。公办体育类高校的一等奖（高等教育类）、二等奖（高等教育类）分别为 0 项、1 项。公办医药类高校的一等奖（高等教育类）、二等奖（高等教育类）均为 0 项。公办艺术类高校的一等奖（高等教育类）、二等奖（高等教育类）分别为 2 项、6 项。公办语言类高校的一等奖（高等教育类）、二等奖（高等教育类）分别为 1 项、12 项。公办政法类高校的一等奖（高等教育类）、二等奖（高等教育类）分别为 1 项、6 项。公办综合类高校的一等奖（高等教育类）、二等奖（高等教育类）分别为 31 项、80 项。

6　中国高校人文社科发展地区报告

6.1　科研项目地区发展报告

对全国（不含港澳台）进行东部、中部、西部地区的分类，进而对不同地区高校的基金项目、论文发表、奖励进行统计分析，进而分析不同地区之间的差距。31 个省、自治区、直辖市所属地区的划分如下。

东部：辽宁、河北、北京、天津、山东、江苏、浙江、上海、福建、广东、广西、海南。

中部：黑龙江、吉林、内蒙古、山西、河南、湖北、江西、安徽、湖南。

西部：陕西、甘肃、青海、宁夏、新疆、四川、重庆、云南、贵州、西藏。

6.1.1　全国高校国家社科基金项目地区统计分析

对 2022 年东部、中部、西部地区高校国家社科基金项目进行统计分析，如表 6－1 所示。

表 6－1　2022 年东部、中部、西部地区高校国家社科基金项目统计　单位：项

项目	东部	中部	西部	合计
重大项目	300	87	56	443
重点项目	310	94	61	465
国家哲学社会科学成果文库项目	42	12	8	62
一般项目	2596	1142	771	4509
西部项目	73	63	339	475
青年项目	661	237	186	1084

2022 年，我国东部地区高校国家社科基金总项目为 3982 项，占比为 56.58%，所占比例最大，东部地区高校平均立项 6.41 项。其中，国家社科重大项目、重点项目、国家哲学社会科学成果文库项目、一般项目、西部项目、青年项目分别立项 300 项、310 项、42 项、2596 项、73 项、661 项，东部地区各类别项目占全部地区的比例分别为 67.72%、66.67%、67.74%、57.57%、15.37%、60.98%。

2022 年，我国中部地区高校国家社科基金总项目为 1635 项，占比为 23.23%，中部地区高校平均立项 4.14 项。其中，国家社科重大项目、重点项目、国家哲学社会科学成果文库项目、一般项目、西部项目、青年项目分别立项 87 项、94 项、12 项、1142 项、63 项、237 项，中部地区各类别项目占全部地区的比例分别为 19.64%、20.22%、19.35%、25.33%、13.26%、21.86%。

2022 年，我国西部地区高校国家社科基金总项目为 1421 项，占比为 20.19%，西部地区高校平均立项 5.59 项。其中，国家社科重大项目、重点项目、国家哲学社会科学成果文库项目、一般项目、西部项目、青年项目分别立项 56 项、61 项、8 项、771 项、339 项、186 项，西部地区各类别项目占全部地区的比例分别为 12.64%、13.12%、12.90%、17.10%、71.37%、17.16%。

对 2022 年各省（自治区、直辖市）高校国家社科基金项目进行统计分析，如表 6-2 所示。

表 6-2 2022 年各省（自治区、直辖市）高校国家社科基金项目统计

单位：项

地区	重大项目	重点项目	国家哲学社会科学成果文库项目	一般项目	西部项目	青年项目
北京	101	84	15	448	0	191
上海	41	40	6	373	0	99
江苏	37	39	5	365	0	90
重庆	5	6	1	147	53	40
广东	29	26	2	280	0	59
浙江	28	36	4	309	0	73
湖北	41	29	3	274	2	59
天津	15	14	5	106	0	26
四川	15	15	4	154	53	39
陕西	17	15	2	168	51	36
福建	11	19	0	176	14	31
湖南	12	17	2	237	4	38
山东	21	24	2	236	0	44
青海	1	3	0	21	18	2
海南	2	3	1	22	13	7

续表

地区	重大项目	重点项目	国家哲学社会科学成果文库项目	一般项目	西部项目	青年项目
西藏	0	2	0	21	3	4
吉林	10	8	2	96	7	21
甘肃	7	2	0	52	42	16
安徽	4	10	0	100	0	22
云南	5	5	0	84	35	14
辽宁	8	16	1	97	0	21
内蒙古	2	6	0	50	32	11
河南	6	12	1	163	0	47
黑龙江	5	1	1	65	0	8
宁夏	2	0	1	25	19	5
新疆	1	8	0	54	20	11
江西	4	7	2	106	18	22
广西	4	4	0	88	46	11
贵州	3	5	0	45	45	19
山西	3	4	1	51	0	9
河北	3	5	1	96	0	9
全国	443	465	62	4509	475	1084

从项目立项总数角度出发，31 个省（自治区、直辖市）中，北京高校国家社科基金项目总数最多，立项 839 项。从单个项目的立项总数角度出发，除国家社科西部项目四川省位列第一外，其他类别项目北京市高校的立项总数均为第一。

6.1.2　全国高校国家自然科学基金管理学项目地区统计分析

对 2022 年东部、中部、西部地区高校国家自然科学基金管理学项目进行统计分析，如表 6-3 所示。

表 6-3 2022 年东部、中部、西部地区高校国家自然科学基金管理学项目统计 单位：项

项目	东部	中部	西部	合计
重点项目	21	3	2	26
面上项目	537	134	75	746
青年科学基金项目	685	178	120	983
地区科学基金项目	26	59	59	144
国际（地区）合作交流项目	3	1	0	4
专项项目	9	1	0	10

2022 年，我国东部地区高校国家自然科学基金管理学项目总数为 1281 项，占比为 66.96%，东部地区高校平均立项 2.06 项。其中，重点项目、面上项目、青年科学基金项目、地区科学基金项目、国际（地区）合作交流项目、专项项目分别立项 21 项、537 项、685 项、26 项、3 项、9 项。东部地区各类别项目占全部地区的比例分别为 80.77%、71.98%、69.68%、18.06%、75.00%、90.00%。

2022 年，我国中部地区高校国家自然科学基金管理学总项目为 376 项，占比为 19.65%，中部地区高校平均立项 0.95 项。其中，重点项目、面上项目、青年科学基金项目、地区科学基金项目、国际（地区）合作交流项目、专项项目分别立项 3 项、134 项、178 项、59 项、1 项、1 项。中部地区各类别项目占全部地区的比例分别为 11.54%、17.96%、18.11%、40.97%、25.00%、10.80%。

2022 年，我国西部地区高校国家自然科学基金管理学总项目为 256 项，占比为 13.38%，西部地区高校平均立项 1.01 项。其中，重点项目、面上项目、青年科学基金项目、地区科学基金项目、国际（地区）合作交流项目、专项项目分别立项 2 项、75 项、120 项、59 项、0 项、0 项。西部地区各类别项目占全部地区比例分别为 7.69%、10.05%、12.21%、40.97%、0、0。

对 2022 年各省（自治区、直辖市）高校国家自然科学基金管理学项目进行统计分析，如表 6-4 所示。

表 6-4 2022 年各省（自治区、直辖市）高校国家自然科学基金管理学项目统计 单位：项

地区	重点项目	面上项目	青年科学基金项目	地区科学基金项目	国际（地区）合作交流项目	专项项目
北京	4	174	205	0	1	3
上海	5	94	98	0	0	2
江苏	3	61	107	0	0	3

续表

地区	重点项目	面上项目	青年科学基金项目	地区科学基金项目	国际（地区）合作交流项目	专项项目
重庆	0	8	8	0	0	0
广东	1	59	77	0	2	0
浙江	2	46	66	0	0	0
湖北	3	60	73	0	1	1
天津	2	26	29	0	0	1
四川	0	26	55	0	0	0
陕西	2	32	41	1	0	0
福建	3	19	23	0	0	0
湖南	0	23	32	0	0	0
山东	0	27	42	0	0	0
青海	0	0	0	1	0	0
海南	0	0	3	10	0	0
西藏	0	0	0	1	0	0
吉林	0	3	3	0	0	0
甘肃	0	3	9	5	0	0
安徽	0	20	31	0	0	0
云南	0	5	3	29	0	0
辽宁	1	26	30	0	0	0
内蒙古	0	0	1	15	0	0
河南	0	4	15	0	0	0
黑龙江	0	11	15	0	0	0
宁夏	0	0	2	5	0	0
新疆	0	0	0	7	0	0
江西	0	11	3	44	0	0
广西	0	1	0	16	0	0

续表

地区	重点项目	面上项目	青年科学基金项目	地区科学基金项目	国际（地区）合作交流项目	专项项目
贵州	0	1	2	10	0	0
山西	0	2	5	0	0	0
河北	0	4	5	0	0	0
全国	26	746	983	144	4	10

从项目立项总数角度出发，在 31 个省（自治区、直辖市）中，北京高校国家自然科学基金管理学项目总数最多，有 387 项，项目占比为 20.23%。

从单个项目的立项总数角度出发，重点项目立项最多的省（自治区、直辖市）为上海，立项数为 5 项，占比为 19.23%。面上项目立项最多的省（自治区、直辖市）为北京，立项数为 174 项，占比为 23.32%。青年科学基金项目立项最多的省（自治区、直辖市）为北京，立项数为 205 项，占比为 20.85%。地区科学基金项目立项最多的省（自治区、直辖市）为江西，立项数为 44 项，占比为 30.56%。国际（地区）合作交流项目立项最多的省（自治区、直辖市）为广东，立项数为 2 项，占比为 50.00%。专项项目立项最多的省（自治区、直辖市）为北京和江苏，立项数均为 3 项，占比均为 30.00%。

6.1.3 全国高校教育部人文社科研究项目地区统计分析

对 2022 年东部、中部、西部地区高校教育部人文社科研究项目进行统计分析，如表 6–5 所示。

表 6–5 2022 年东部、中部、西部地区高校教育部人文社科研究项目统计 单位：项

项目	东部	中部	西部	合计
教育部哲学社会科学研究重大项目	31	11	9	51
教育部人文社科研究规划基金（一般、专项、后期）项目	641	275	156	1072
教育部人文社科研究青年基金项目	1004	360	233	1597
教育部人文社科研究自筹基金项目	8	2	0	10
教育部人文社科研究西部规划基金项目	9	2	47	58
教育部人文社科研究西部青年基金项目	5	5	95	105
高校辅导员研究专项	110	48	27	185

2022 年，我国东部地区高校教育部社科研究项目总数为 1808 项，占比为 58.74%，高校平均立项 2.91 项。其中，教育部哲学社会科学研究重大项目、教育部人文社科研究规划基金（一般、专项、后期）项目、教育部人文社科研究青年基金项目、教育部人文社科研究自筹基金项目、教育部人文社科研究西部规划基金项目、教育部人文社科研究西部青年基金项目、高校辅导员研究专项分别立项 31 项、641 项、1004 项、8 项、9 项、5 项、110 项。东部地区各类别项目占全部地区的比例分别为 60.78%、59.79%、62.87%、80.00%、15.52%、4.76%、59.46%。

2022 年，我国中部地区高校教育部社科研究项目总数为 703 项，占比为 22.84%，高校平均立项 1.78 项。其中，教育部哲学社会科学研究重大项目、教育部人文社科研究规划基金（一般、专项、后期）项目、教育部人文社科研究青年基金项目、教育部人文社科研究自筹基金项目、教育部人文社科研究西部规划基金项目、教育部人文社科研究西部青年基金项目、高校辅导员研究专项分别立项 11 项、275 项、360 项、2 项、2 项、5 项、48 项。中部地区各类别项目占全部地区的比例分别为 21.57%、25.65%、22.54%、20.00%、3.45%、4.76%、25.95%。

2022 年，我国西部地区高校教育部社会科学研究项目总数为 567 项，占比为 18.42%，高校平均立项 2.23 项。其中，教育部哲学社会科学研究重大项目、教育部人文社科研究规划基金（一般、专项、后期）项目、教育部人文社科研究青年基金项目、教育部人文社科研究自筹基金项目、教育部人文社科研究西部规划基金项目、教育部人文社科研究西部青年基金项目、高校辅导员研究专项分别立项 9 项、156 项、233 项、0 项、47 项、95 项、27 项。西部地区各类别项目占全部地区的比例分别为 17.65%、14.55%、14.59%、0、81.03%、90.48%、14.59%。

对 2022 年各省（自治区、直辖市）高校教育部人文社科研究项目进行统计分析，如表 6–6 所示。

表 6–6　2022 年各省（自治区、直辖市）高校教育部人文社科研究项目统计　单位：项

地区	教育部哲学社会科学研究重大项目	教育部人文社科研究规划基金（一般、专项、后期）项目	教育部人文社科研究青年基金项目	教育部人文社科研究自筹基金项目	教育部人文社科研究西部规划基金项目	教育部人文社科研究西部青年基金项目	高校辅导员研究专项
北京	15	112	157	2	0	157	13
上海	3	72	113	0	0	113	6
江苏	2	99	189	3	0	189	15
重庆	3	31	28	0	5	28	4
广东	4	87	149	1	0	149	15
浙江	3	84	136	2	0	136	20

续表

地区	教育部哲学社会科学研究重大项目	教育部人文社科研究规划基金(一般、专项、后期）项目	教育部人文社科研究青年基金项目	教育部人文社科研究自筹基金项目	教育部人文社科研究西部规划基金项目	教育部人文社科研究西部青年基金项目	高校辅导员研究专项
湖北	4	95	115	0	0	115	15
天津	0	25	39	0	0	39	7
四川	2	48	71	0	15	71	9
陕西	1	37	76	0	11	76	4
福建	2	25	47	0	0	47	6
湖南	3	49	64	1	0	64	12
山东	0	76	101	0	0	101	13
青海	0	1	1	0	1	1	0
海南	0	3	2	0	4	2	1
西藏	0	4	2	0	0	2	0
吉林	1	19	19	0	0	19	4
甘肃	1	8	10	0	5	10	0
安徽	1	19	43	0	0	43	2
云南	1	10	20	0	5	20	6
辽宁	1	33	45	0	0	45	7
内蒙古	2	8	3	0	2	3	0
河南	0	22	54	0	0	54	4
黑龙江	0	17	9	1	0	9	2
宁夏	0	1	1	0	0	1	0
新疆	1	7	8	0	0	8	3
江西	0	20	19	0	0	19	6
广西	0	13	10	0	5	10	5
贵州	0	9	16	0	5	16	1
山西	0	26	34	0	0	34	3

续表

地区	教育部哲学社会科学研究重大项目	教育部人文社科研究规划基金（一般、专项、后期）项目	教育部人文社科研究青年基金项目	教育部人文社科研究自筹基金项目	教育部人文社科研究西部规划基金项目	教育部人文社科研究西部青年基金项目	高校辅导员研究专项
河北	1	12	16	0	0	16	2
全国	51	1072	1597	10	58	1597	185

从项目立项总数角度出发，在 31 个省（自治区、直辖市）中，高校教育部社会科学研究项目总数排名前 3 位的分别为江苏、北京、广东，立项数分别为 497 项、456 项、405 项。

从单个项目的立项总数角度出发，教育部哲学社会科学研究重大项目立项最多的省（自治区、直辖市）为北京，立项数为 15 项，占比为 29.41%。教育部人文社科研究规划基金（一般、专项、后期）项目立项最多的省（自治区、直辖市）为北京，立项数为 112 项，占比为 10.45%。教育部人文社科研究青年基金项目立项最多的省（自治区、直辖市）为江苏，立项数为 189 项，占比为 11.83%。教育部人文社科研究自筹基金项目立项最多的省（自治区、直辖市）为江苏，立项数为 3 项，占比为 30.00%。教育部人文社科研究西部规划基金项目立项最多的省（自治区、直辖市）为四川，立项数为 15 项，占比为 25.86%。教育部人文社科研究西部青年基金项目立项最多的省（自治区、直辖市）为江苏，立项数为 189 项，占比为 11.83%。高校辅导员研究专项立项最多的省（自治区、直辖市）为浙江，立项数为 20 项，占比为 10.81%。

6.2 学术论文地区发展报告

6.2.1 全国高校人文社科国外学术论文地区统计分析

对 2021 年东部、中部、西部地区高校 WOS 期刊人文社科论文进行统计分析，如表 6-7 所示。

表 6-7 2021 年东部、中部、西部地区高校 WOS 期刊人文社科论文统计 单位：篇

地区	东部	中部	西部	合计
2021 年 WOS 期刊人文社科论文数	22 755	6602	5171	34 528

2021 年我国东部地区高校 WOS 期刊人文社科论文发文 22 755 篇，占比为 65.90%；我国中部地区高校 WOS 期刊人文社科论文发文 6602 篇，占比为 19.12%；我国西部地区高校 WOS 期刊人文社科论文发文 5171 篇，占比为 14.98%。

对 2021 年各省（自治区、直辖市）高校 WOS 期刊收录的人文社科论文进行统计分析，如表 6-8 所示。

表 6-8　2021 年各省（自治区、直辖市）高校 WOS 期刊人文社科论文统计　　单位：篇

地区	WOS 期刊人文社科论文数	地区高校平均发文数
北京	5385	80.37
上海	3222	80.55
江苏	3424	43.9
重庆	648	24.92
广东	3522	52.57
浙江	2023	33.73
湖北	2160	32.23
天津	902	30.07
四川	1851	34.93
陕西	1834	32.17
福建	855	21.93
湖南	1109	21.74
山东	1410	20.15
青海	18	4.51
海南	99	12.38
西藏	7	1.75
吉林	521	14.08
甘肃	252	11.45
安徽	686	14.92
云南	230	7.19
辽宁	1267	20.10
内蒙古	94	5.53
河南	654	11.47
黑龙江	747	19.14

续表

地区	WOS 期刊人文社科论文数	地区高校平均发文数
宁夏	55	6.89
新疆	118	6.21
江西	405	8.99
广西	306	8.05
贵州	184	6.35
山西	264	7.77
河北	386	6.32
全国	34 638	27.27

从论文发表总数与平均发文数出发，在 31 个省（自治区、直辖市）中，北京高校 WOS 期刊人文社科论文发表数量最多，为 5385 篇，高校平均发表 80.37 篇。西藏高校 WOS 期刊人文社科论文发表数量最少，为 7 篇。

6.2.2 全国高校人文社科国内学术论文地区统计分析

对 2022 年东部、中部、西部地区高校 CSSCI 期刊与 CSSCI 扩展版期刊收录的论文进行计算分析，如表 6-9 所示。

表 6-9 2022 年东部、中部、西部地区高校 CSSCI 期刊与 CSSCI 扩展版期刊论文统计 单位：篇

发文数	东部	中部	西部	合计
CSSCI 期刊发文数	39 584	11 733	8113	59 430
CSSCI 扩展版期刊发文数	19 387	7664	4868	31 919
CSSCI 期刊平均发文数	63.74	29.70	31.94	46.8
CSSCI 扩展版期刊平均发文数	31.22	19.40	19.17	25.13

2022 年，我国东部地区高校 CSSCI 期刊发文总数为 39 584 篇，占全部发文数的 66.61%；CSSCI 扩展版期刊发文总数为 19 387 篇，占全部发文数的 60.74%。我国中部地区高校 CSSCI 期刊发文总数为 11 733 篇，占全部发文数的 19.74%；CSSCI 扩展版期刊发文总数为 7664 篇，占全部发文数的 24.01%。我国西部地区高校 CSSCI 期刊发文总数为 8113 篇，占全部发文数的 13.65%；CSSCI 扩展版期刊发文总数为 4868 篇，占全部发文数的 15.25%。

2022 年，我国东部地区高校 CSSCI 期刊与 CSSCI 扩展版期刊平均发文数最高，发文数分别为 63.74 篇、31.22 篇；西部地区高校 CSSCI 期刊与 CSSCI 扩展版期刊平均发文数分别为 29.70 篇、19.40 篇；中部部地区高校 CSSCI 期刊与 CSSCI 扩展版期刊平均发文数分别为 31.94 篇、19.17 篇。

对 2022 年各省（自治区、直辖市）高校 CSSCI 期刊论文进行统计分析，如表 6-10 所示。

表 6-10　2022 年各省（自治区、直辖市）高校 CSSCI 期刊论文统计　单位：篇

地区	2022 年 CSSCI 期刊发文数	地区高校平均发文数
北京	12574	187.67
上海	6608	165.2
江苏	5714	73.26
重庆	1458	56.08
广东	3411	50.91
浙江	2883	48.05
湖北	4011	58.99
天津	1780	59.33
四川	2088	39.4
陕西	2306	40.46
福建	1460	37.44
湖南	1909	36.71
山东	2679	38.27
青海	46	11.5
海南	202	25.25
西藏	80	20
吉林	1629	44.03
甘肃	764	34.73
安徽	966	21
云南	589	18.41
辽宁	1308	20.76

续表

地区	2022 年 CSSCI 期刊发文数	地区高校平均发文数
内蒙古	230	13.53
河南	1128	19.79
黑龙江	552	14.15
宁夏	78	9.75
新疆	307	16.16
江西	757	16.82
广西	496	13.05
贵州	396	13.66
山西	551	16.21
河北	470	7.7
全国	59430	46.8

从发表总数角度出发，在 31 个省（自治区、直辖市）中，北京高校的 CSSCI 期刊论文发文数最多，为 12 574 篇。青海地区高校的 CSSCI 期刊论文发文数最少，为 46 篇。

从平均发文数角度出发，在 31 个省（自治区、直辖市）中，北京高校平均 CSSCI 期刊论文发文数最多，平均每个高校发表 187.67 篇。河北高校平均 CSSCI 期刊论文发文数最少，平均每个高校发表 7.70 篇。

对 2022 年各省（自治区、直辖市）高校 CSSCI 扩展版期刊论文进行统计分析，如表 6-11 所示。

表 6-11　2022 年各省（自治区、直辖市）高校 CSSCI 扩展版期刊论文统计　　单位：篇

地区	2022 年 CSSCI 扩展版期刊发文数	地区高校平均发文数
北京	6737	100.55
上海	2291	57.28
江苏	2680	34.36
重庆	837	32.19
广东	1635	24.40
浙江	1157	19.25
湖北	2176	32.00

续表

地区	2022 年 CSSCI 扩展版期刊发文数	地区高校平均发文数
天津	885	29.50
四川	965	18.21
陕西	1138	19.96
福建	652	16.72
湖南	1225	23.56
山东	1236	17.66
青海	83	20.75
海南	141	17.63
西藏	131	32.75
吉林	926	25.03
甘肃	438	19.91
安徽	503	10.93
云南	530	16.56
辽宁	818	12.98
内蒙古	226	13.29
河南	1097	19.25
黑龙江	577	14.79
宁夏	97	12.13
新疆	287	15.11
江西	498	11.07
广西	558	14.68
贵州	360	12.41
山西	436	12.82
河北	599	9.82
全国	31919	25.13

从论文发表总数与平均发文数出发，在 31 个省（自治区、直辖市）中，北京高校 CSSCI 扩展版期刊发文数最多，为 6737 篇。青海高校的 CSSCI 扩展版期刊发文数最少，为 83 篇。

从平均发文数角度出发，在 31 个省（自治区、直辖市）中，北京高校的平均 CSSCI 扩展版期刊论文发文数最多，平均每个高校发表 100.55 篇。河北高校的平均 CSSCI 扩展版期刊论文发文数最少，平均每个高校发表 9.82 篇。

6.3 人文社科奖励发展报告

6.3.1 全国高等学校科学研究优秀成果奖（人文社会科学）地区统计分析

对 2022 年东部、中部、西部地区高等学校科学研究优秀成果奖（人文社会科学）获奖情况进行统计分析，如表 6-12 所示。

表 6-12 2022 年东部、中部、西部地区高等学校科学研究优秀成果奖（人文社会科学）获奖统计

单位：项

地区	东部	中部	西部	合计
著作论文奖（一等奖）	124	21	7	152
著作论文奖（二等奖）	586	115	76	777
著作论文奖（三等奖）	211	55	40	306
咨询服务报告奖（一等奖）	7	1	2	10
咨询服务报告奖（二等奖）	34	6	5	45
咨询服务报告奖（三等奖）	10	2	0	12
普及读物奖	14	2	3	19
青年成果奖	152	32	17	201

我国东部地区高校著作论文奖（一等奖）、著作论文奖（二等奖）、著作论文奖（三等奖）、咨询服务报告奖（一等奖）、咨询服务报告奖（二等奖）、咨询服务报告奖（三等奖）、普及读物奖、青年成果奖获奖总数分别为 124 项、586 项、211 项、7 项、34 项、10 项、14 项、152 项。东部地区奖励占全部地区奖励的比例分别为 81.58%、75.42%、68.95%、70.00%、75.56%、83.33%、73.68%、75.62%。

我国中部地区高校著作论文奖（一等奖）、著作论文奖（二等奖）、著作论文奖（三等奖）、咨询服务报告奖（一等奖）、咨询服务报告奖（二等奖）、咨询服务报告奖（三等奖）、普及读物奖、青年成果奖获奖总数分别为 21 项、115 项、55 项、1 项、6 项、2 项、2 项、32 项。中部地区奖励占全部地区奖励的比例分别为 13.82%、14.80%、17.97%、10.00%、13.33%、16.67%、10.53%、15.92%。

我国西部地区高校著作论文奖（一等奖）、著作论文奖（二等奖）、著作论文奖（三等奖）、咨询服务报告奖（一等奖）、咨询服务报告奖（二等奖）、咨询服务报告奖（三等奖）、普及读物奖、青年成果奖获奖总数分别为7项、76项、40项、2项、5项、0项、3项、17项。西部地区奖励占全部地区奖励的比例分别为4.61%、9.78%、13.07%、20.00%、11.11%、0、15.79%、8.46%。

对各省（自治区、直辖市）高等学校科学研究优秀成果奖（人文社会科学）获奖情况进行统计，如表6-13所示。

表6-13 各省（自治区、直辖市）高等学校科学研究优秀成果奖（人文社会科学）获奖统计 单位：项

地区	著作论文奖			咨询服务报告奖			普及读物奖	青年成果奖
	一等奖	二等奖	三等奖	一等奖	二等奖	三等奖		
北京	60	205	63	1	15	4	7	51
上海	21	114	44	5	7	0	3	36
江苏	17	77	27	1	2	2	1	14
重庆	1	15	9	1	2	0	0	5
广东	8	58	24	0	3	0	0	13
浙江	8	52	18	0	2	3	1	17
湖北	11	52	30	1	3	0	2	18
天津	4	21	7	0	3	0	1	8
四川	3	29	9	0	1	0	2	4
陕西	1	18	8	1	2	0	1	6
福建	2	16	9	0	1	0	1	4
湖南	1	22	7	0	1	0	0	4
山东	2	26	6	0	0	0	0	5
青海	0	0	1	0	0	0	0	0
海南	1	1	0	0	0	0	0	0
西藏	0	0	1	0	0	0	0	0
吉林	2	23	4	0	1	1	0	4
甘肃	0	6	5	0	0	0	0	1
安徽	3	5	4	0	1	0	0	1

续表

地区	著作论文奖			咨询服务报告奖			普及读物奖	青年成果奖
	一等奖	二等奖	三等奖	一等奖	二等奖	三等奖		
云南	2	6	3	0	0	0	0	1
辽宁	0	8	4	0	0	1	0	4
内蒙古	0	3	2	0	0	0	0	0
河南	1	3	5	0	0	0	0	1
黑龙江	1	1	1	0	0	1	0	1
宁夏	0	2	0	0	0	0	0	0
新疆	0	0	2	0	0	0	0	0
江西	1	2	0	0	0	0	0	1
广西	1	3	6	0	1	0	0	0
贵州	0	0	2	0	0	0	0	0
山西	1	4	2	0	0	0	0	2
河北	0	5	3	0	0	0	0	0
全国	152	777	306	10	45	12	19	201

从奖励总数出发，在各省（自治区、直辖市）中北京高校的著作论文奖（一等奖）、著作论文奖（二等奖）、著作论文奖（三等奖）、咨询服务报告奖（二等奖）、咨询服务报告奖（三等奖）、普及读物奖、青年成果奖获奖量皆为最多，分别为 60 项、205 项、63 项、15 项、4 项、7 项、51 项，分别占全部地区的 39.47%、26.38%、20.59%、33.33%、33.33%、36.84%、25.37%。咨询服务报告奖（一等奖）为上海市获奖最多，获奖 5 项，占全部地区的 50%。

6.3.2 全国高校国家级教学成果奖地区统计分析

对 2022 年东部、中部、西部地区高校国家级教学成果奖获奖情况进行统计分析，如表 6–14 所示。

表 6–14 2022 年东部、中部、西部地区高校国家级教学成果奖获奖统计 单位：项

地区	东部	中部	西部	合计
本科特等奖	0	0	0	0
本科一等奖	11	2	3	16

续表

地区	东部	中部	西部	合计
本科二等奖	142	44	33	219
研究生特等奖	0	0	0	0
研究生一等奖	7	1	1	9
研究生二等奖	45	24	10	79

我国东部地区高校本科特等奖、本科一等奖、本科二等奖、研究生特等奖、研究生一等奖、研究生二等奖获奖数分别为0项、11项、142项、0项、7项、45项。其中，东部地区高校本科一等奖、本科二等奖、研究生一等奖、研究生二等奖的奖励占全部地区的68.75%、64.84%、77.78%、56.96%。

我国中部地区高校的本科特等奖、本科一等奖、本科二等奖、研究生特等奖、研究生一等奖、研究生二等奖获奖数分别为0项、2项、44项、0项、1项、24项。其中，中部地区高校本科一等奖、本科二等奖、研究生一等奖、研究生二等奖的奖励占全部地区的12.50%、20.09%、11.11%、30.38%。

我国西部高校的本科特等奖、本科一等奖、本科二等奖、研究生特等奖、研究生一等奖、研究生二等奖获奖数分别为0项、3项、33项、0项、1项、10项。其中，西部地区高校本科一等奖、本科二等奖、研究生一等奖、研究生二等奖的奖励占全部地区的18.75%、15.07%、11.11%、12.66%。

对2022年各省（自治区、直辖市）高校国家级教学成果奖获奖情况进行统计分析，如表6-15所示。

表6-15　2022年各省（自治区、直辖市）高校国家级教学成果奖获奖统计　　单位：项

地区	本科特等奖	本科一等奖	本科二等奖	研究生特等奖	研究生一等奖	研究生二等奖
北京	0	5	40	0	5	10
上海	0	1	33	0	0	14
江苏	0	1	15	0	0	3
重庆	0	1	5	0	0	4
广东	0	0	18	0	0	1
浙江	0	1	12	0	2	2
湖北	0	2	8	0	0	3
天津	0	0	5	0	0	4

续表

地区	本科特等奖	本科一等奖	本科二等奖	研究生特等奖	研究生一等奖	研究生二等奖
四川	0	1	6	0	1	2
陕西	0	1	3	0	0	3
福建	0	1	6	0	0	7
湖南	0	0	8	0	0	12
山东	0	2	6	0	0	1
青海	0	0	1	0	0	0
海南	0	0	1	0	0	0
西藏	0	0	3	0	0	0
吉林	0	0	5	0	1	2
甘肃	0	0	1	0	0	0
安徽	0	0	10	0	0	1
云南	0	0	10	0	0	0
辽宁	0	0	3	0	0	3
内蒙古	0	0	1	0	0	0
河南	0	0	4	0	0	2
黑龙江	0	0	1	0	0	1
宁夏	0	0	0	0	0	0
新疆	0	0	4	0	0	1
江西	0	0	7	0	0	3
广西	0	0	2	0	0	0
贵州	0	0	0	0	0	0
山西	0	0	0	0	0	0
河北	0	0	1	0	0	0
全国	0	16	219	0	9	79

在各省（自治区、直辖市）中，北京高校本科一等奖、本科二等奖、研究生一等奖的获奖数均位列第一，获奖分别为 5 项、40 项、5 项，分别占全部奖励的 31.25%、18.26%、

55.56%。上海高校研究生二等奖获奖数最多，占全部奖励的 17.72%。

6.3.3 全国高校国家级一流本科课程奖地区统计分析

对我国 2022 年东部、中部、西部地区高校首批国家级一流本科课程奖获奖情况进行统计分析，如表 6-16 所示。

表 6-16 2022 年东部、中部、西部地区高校国家级一流本科课程奖获奖统计 单位：项

名称	东部	中部	西部	合计
线上一流课程	672	279	157	1108
线下一流课程	442	163	100	705
社会实践一流课程	95	32	28	155
虚拟仿真实验教学一流课程	99	30	20	149
线上线下混合式一流课程	316	172	77	565

我国东部地区高校线上一流课程、线下一流课程、社会实践一流课程、虚拟仿真实验教学一流课程、线上线下混合式一流课程的获奖数量分别是 672 项、442 项、95 项、99 项、316 项。其奖励占全部地区的比例分别为 60.65%、62.70%、61.29%、66.44%、55.93%。

我国中部地区高校线上一流课程、线下一流课程、社会实践一流课程、虚拟仿真实验教学一流课程、线上线下混合式一流课程的获奖数量分别是 279 项、163 项、32 项、30 项、172 项。其奖励占全部地区的比例分别为 25.18%、23.12%、20.65%、20.13%、30.44%。

我国西部地区高校线上一流课程、线下一流课程、社会实践一流课程、虚拟仿真实验教学一流课程、线上线下混合式一流课程的获奖数量分别是 157 项、100 项、28 项、20 项、77 项。其奖励占全部地区的比例分别为 14.17%、14.18%、18.06%、13.42%、13.63%。

对 2022 年各省（自治区、直辖市）高校国家级一流本科课程奖获奖情况进行统计分析，如表 6-17 所示。

表 6-17 2022 年各省（自治区、直辖市）高校国家级一流本科课程奖获奖统计 单位：项

地区	线上一流课程	线下一流课程	社会实践一流课程	虚拟仿真实验教学一流课程	线上线下混合式一流课程
北京	195	130	20	14	43
上海	94	53	11	14	30
江苏	109	51	14	20	68
重庆	20	19	6	3	15

续表

地区	线上一流课程	线下一流课程	社会实践一流课程	虚拟仿真实验教学一流课程	线上线下混合式一流课程
广东	60	32	8	10	32
浙江	50	28	11	13	34
湖北	114	41	2	7	44
天津	19	27	3	5	10
四川	74	24	8	5	24
陕西	46	23	7	10	20
福建	57	19	8	9	10
湖南	41	32	8	6	26
山东	39	39	11	7	41
青海	1	1	1	0	2
海南	2	4	0	0	1
西藏	0	2	0	0	0
吉林	20	26	1	1	18
甘肃	1	5	2	0	4
安徽	4	25	3	1	14
云南	11	13	1	2	2
辽宁	37	29	5	3	23
内蒙古	1	5	1	1	6
河南	31	14	3	9	12
黑龙江	36	8	5	2	22
宁夏	1	2	0	0	2
新疆	1	6	1	0	5
江西	32	5	6	2	19
广西	4	10	1	1	11
贵州	2	5	2	0	3
山西	0	7	3	1	11

续表

地区	线上一流课程	线下一流课程	社会实践一流课程	虚拟仿真实验教学一流课程	线上线下混合式一流课程
河北	6	20	3	3	13
全国	1108	705	155	149	565

在 31 个省（自治区、直辖市）中，北京高校线上一流课程、线下一流课程、社会实践一流课程奖励最多，分别有 195 项、130 项、20 项，虚拟仿真实验教学一流课程江苏高校奖励最多，为 20 项奖励。江苏高校线上线下混合式一流课程奖励最多，共计 68 项。

6.3.4 全国高校全国教材建设奖地区统计分析

对我国 2022 年东部、中部、西部地区高校全国教材建设奖获奖情况进行统计分析，如表 6－18 所示。

表 6－18　2022 年东部、中部、西部地区高校全国教材建设奖获奖统计　单位：项

地区	东部	中部	西部	合计
特等奖（高等教育类）	0	0	0	0
一等奖（高等教育类）	45	1	1	47
二等奖（高等教育类）	134	33	11	178

我国东部地区高校全国教材建设奖一等奖（高等教育类）、二等奖（高等教育类）分别为 45 项、134 项，分别占全部地区的 95.74%、75.28%。我国中部地区高校一等奖（高等教育类）、二等奖（高等教育类）分别为 1 项、33 项，分别为全部地区的 2.13%、18.54%。我国西部地区高校全国教材建设奖一等奖（高等教育类）、二等奖（高等教育类）分别为 1 项、11 项，分别占全部地区的 2.13%、6.18%。

对各省（自治区、直辖市）高校全国教材建设奖获奖情况进行统计分析，如表 6－19 所示。

表 6－19　2022 年各省（自治区、直辖市）高校全国教材建设奖获奖统计

地区	特等奖（高等教育类）	一等奖（高等教育类）	二等奖（高等教育类）
北京	0	24	72
上海	0	6	23

续表

地区	特等奖（高等教育类）	一等奖（高等教育类）	二等奖（高等教育类）
江苏	0	2	18
重庆	0	0	1
广东	0	4	4
浙江	0	2	4
湖北	0	1	16
天津	0	3	2
四川	0	0	5
陕西	0	1	2
福建	0	1	1
湖南	0	0	1
山东	0	3	4
青海	0	0	0
海南	0	0	1
西藏	0	0	0
吉林	0	0	5
甘肃	0	0	1
安徽	0	0	1
云南	0	0	2
辽宁	0	0	5
内蒙古	0	0	0
河南	0	0	2
黑龙江	0	0	7
宁夏	0	0	0
新疆	0	0	0
江西	0	0	0
广西	0	0	0

续表

地区	特等奖（高等教育类）	一等奖（高等教育类）	二等奖（高等教育类）
贵州	0	0	0
山西	0	0	1
河北	0	0	0
全国	0	47	178

在各省（自治区、直辖市）中，北京高校全国教材建设奖一等奖（高等教育类）、二等奖（高等教育类）奖励最多，分别有 24 项、72 项，占全部奖励的 51.06%、40.45%。

7 中国高校人文社科发展评价报告

7.1 中国高校总榜

本部分根据建立的指标体系对中国1270所本科高校人文社科发展情况进行评价，并将综合得分降序排列，由于排名后30%高校的得分总体偏低，区分度不高，因此，只公布排名前70%高校的综合得分，排名后30%高校的综合得分暂不予公布，中国高校人文社科发展评价总榜如表7-1所示。

表7-1 中国高校人文社科发展评价总榜

总排名	学校名称	所有制	办学层次	学校类型	省份	得分
1	中国人民大学	公办	“双一流”	综合类	北京	95.109
2	北京大学	公办	“双一流”	综合类	北京	81.484
3	浙江大学	公办	“双一流”	综合类	浙江	72.827
4	清华大学	公办	“双一流”	综合类	北京	72.171
5	武汉大学	公办	“双一流”	综合类	湖北	70.672
6	北京师范大学	公办	“双一流”	师范类	北京	65.954
7	复旦大学	公办	“双一流”	综合类	上海	64.796
8	中山大学	公办	“双一流”	综合类	广东	63.877
9	上海交通大学	公办	“双一流”	综合类	上海	60.296
10	南京大学	公办	“双一流”	综合类	江苏	60.108
11	四川大学	公办	“双一流”	综合类	四川	58.519
12	华东师范大学	公办	“双一流”	师范类	上海	55.978
13	厦门大学	公办	“双一流”	综合类	福建	53.953
14	山东大学	公办	“双一流”	综合类	山东	51.322
15	南开大学	公办	“双一流”	综合类	天津	47.681
16	华中科技大学	公办	“双一流”	综合类	湖北	42.976

续表

总排名	学校名称	所有制	办学层次	学校类型	省份	得分
17	华中师范大学	公办	“双一流”	师范类	湖北	40.368
18	西安交通大学	公办	“双一流”	综合类	陕西	40.117
19	吉林大学	公办	“双一流”	综合类	吉林	34.117
20	南京师范大学	公办	“双一流”	师范类	江苏	34.102
21	同济大学	公办	“双一流”	综合类	上海	33.058
22	西南大学	公办	“双一流”	综合类	重庆	32.352
23	上海大学	公办	“双一流”	综合类	上海	32.039
24	暨南大学	公办	“双一流”	综合类	广东	31.533
25	湖南大学	公办	“双一流”	综合类	湖南	30.419
26	东南大学	公办	“双一流”	综合类	江苏	30.305
27	陕西师范大学	公办	“双一流”	师范类	陕西	29.888
28	中南财经政法大学	公办	“双一流”	财经类	湖北	29.467
29	中南大学	公办	“双一流”	综合类	湖南	29.067
30	中国科学院大学	公办	“双一流”	理工类	北京	27.116
31	华南师范大学	公办	“双一流”	师范类	广东	26.861
32	苏州大学	公办	“双一流”	综合类	江苏	26.860
33	东北师范大学	公办	“双一流”	师范类	吉林	26.418
34	湖南师范大学	公办	“双一流”	师范类	湖南	26.005
35	西南财经大学	公办	“双一流”	财经类	四川	25.623
36	对外经济贸易大学	公办	“双一流”	财经类	北京	25.440
37	郑州大学	公办	“双一流”	综合类	河南	25.362
38	华南理工大学	公办	“双一流”	理工类	广东	25.191
39	深圳大学	公办	—	综合类	广东	24.983
40	天津大学	公办	“双一流”	理工类	天津	24.301
41	重庆大学	公办	“双一流”	综合类	重庆	24.268
42	中国政法大学	公办	“双一流”	政法类	北京	23.607

续表

总排名	学校名称	所有制	办学层次	学校类型	省份	得分
43	中央财经大学	公办	“双一流”	财经类	北京	23.004
44	电子科技大学	公办	“双一流”	理工类	四川	22.521
45	西北大学	公办	“双一流”	综合类	陕西	22.251
46	大连理工大学	公办	“双一流”	理工类	辽宁	22.176
47	云南大学	公办	“双一流”	综合类	云南	21.915
48	河南大学	公办	“双一流”	综合类	河南	21.903
49	上海财经大学	公办	“双一流”	财经类	上海	21.519
50	北京航空航天大学	公办	“双一流”	理工类	北京	21.086
51	北京理工大学	公办	“双一流”	理工类	北京	20.230
52	哈尔滨工业大学	公办	“双一流”	理工类	黑龙江	19.778
53	福建师范大学	公办	—	师范类	福建	19.669
54	浙江工商大学	公办	—	财经类	浙江	19.547
55	广州大学	公办	—	综合类	广东	19.396
56	山东师范大学	公办	—	师范类	山东	19.215
57	上海师范大学	公办	—	师范类	上海	19.160
58	首都师范大学	公办	“双一流”	师范类	北京	19.099
59	广东外语外贸大学	公办	—	语言类	广东	18.915
60	安徽大学	公办	“双一流”	综合类	安徽	18.649
61	兰州大学	公办	“双一流”	综合类	甘肃	18.495
62	西北工业大学	公办	“双一流”	理工类	陕西	18.486
63	中央民族大学	公办	“双一流”	民族类	北京	18.155
64	东北大学	公办	“双一流”	理工类	辽宁	18.071
65	东北财经大学	公办	—	财经类	辽宁	17.356
66	浙江师范大学	公办	—	师范类	浙江	16.714
67	中国社会科学院大学	公办	—	综合类	北京	16.472
68	江西财经大学	公办	—	财经类	江西	16.244

续表

总排名	学校名称	所有制	办学层次	学校类型	省份	得分
69	北京交通大学	公办	“双一流”	理工类	北京	15.990
70	山西大学	公办	“双一流”	综合类	山西	15.964
71	浙江工业大学	公办	—	理工类	浙江	15.888
72	南京农业大学	公办	“双一流”	农林类	江苏	15.853
73	中国传媒大学	公办	“双一流”	语言类	北京	15.644
74	山东财经大学	公办	—	财经类	山东	15.376
75	河北大学	公办	—	综合类	河北	15.320
76	杭州师范大学	公办	—	师范类	浙江	14.949
77	中国科学技术大学	公办	“双一流”	理工类	安徽	14.819
78	江西师范大学	公办	—	师范类	江西	14.707
79	西南交通大学	公办	“双一流”	理工类	四川	14.690
80	浙江财经大学	公办	—	财经类	浙江	14.552
81	南京财经大学	公办	—	财经类	江苏	14.380
82	湘潭大学	公办	“双一流”	综合类	湖南	14.346
83	曲阜师范大学	公办	—	师范类	山东	14.337
84	中国农业大学	公办	“双一流”	农林类	北京	13.921
85	扬州大学	公办	—	综合类	江苏	13.816
86	广西师范大学	公办	—	师范类	广西	13.676
87	江南大学	公办	“双一流”	综合类	江苏	13.502
88	天津师范大学	公办	—	师范类	天津	13.498
89	南昌大学	公办	“双一流”	综合类	江西	13.390
90	上海外国语大学	公办	“双一流”	语言类	上海	13.218
91	首都经济贸易大学	公办	—	财经类	北京	13.163
92	西安电子科技大学	公办	“双一流”	理工类	陕西	13.053
93	西北师范大学	公办	—	师范类	甘肃	12.957
94	南京航空航天大学	公办	“双一流”	理工类	江苏	12.911

续表

总排名	学校名称	所有制	办学层次	学校类型	省份	得分
95	青岛大学	公办	—	综合类	山东	12.801
96	西南政法大学	公办	—	政法类	重庆	12.787
97	中国海洋大学	公办	“双一流”	综合类	山东	12.669
98	江苏大学	公办	—	综合类	江苏	12.478
99	北京科技大学	公办	“双一流”	理工类	北京	12.258
100	合肥工业大学	公办	“双一流”	理工类	安徽	12.232
101	海南大学	公办	“双一流”	综合类	海南	12.211
102	华东理工大学	公办	“双一流”	理工类	上海	11.902
103	西北农林科技大学	公办	“双一流”	农林类	陕西	11.789
104	安徽师范大学	公办	—	师范类	安徽	11.682
105	北京外国语大学	公办	“双一流”	语言类	北京	11.608
106	华东政法大学	公办	—	政法类	上海	11.599
107	四川师范大学	公办	—	师范类	四川	11.597
108	宁波大学	公办	“双一流”	综合类	浙江	11.581
109	华中农业大学	公办	“双一流”	农林类	湖北	11.469
110	辽宁大学	公办	“双一流”	综合类	辽宁	11.216
111	广东工业大学	公办	—	理工类	广东	11.179
112	南京理工大学	公办	“双一流”	理工类	江苏	10.993
113	山西财经大学	公办	—	财经类	山西	10.938
114	福州大学	公办	“双一流”	理工类	福建	10.725
115	南京审计大学	公办	—	财经类	江苏	10.590
116	华侨大学	公办	—	综合类	福建	10.536
117	北京工业大学	公办	“双一流”	理工类	北京	10.499
118	湖北大学	公办	—	综合类	湖北	10.377
119	江苏师范大学	公办	—	师范类	江苏	10.366
120	河海大学	公办	“双一流”	理工类	江苏	10.292

续表

总排名	学校名称	所有制	办学层次	学校类型	省份	得分
121	内蒙古大学	公办	“双一流”	综合类	内蒙古	10.175
122	广西大学	公办	“双一流”	综合类	广西	10.087
123	贵州大学	公办	“双一流”	综合类	贵州	9.920
124	南京信息工程大学	公办	“双一流”	理工类	江苏	9.854
125	杭州电子科技大学	公办	—	理工类	浙江	9.607
126	中国地质大学（北京）	公办	“双一流”	理工类	北京	9.391
127	重庆工商大学	公办	—	财经类	重庆	9.273
128	黑龙江大学	公办	—	综合类	黑龙江	9.157
129	中国矿业大学	公办	“双一流”	理工类	江苏	8.881
130	武汉理工大学	公办	“双一流”	理工类	湖北	8.870
131	北京邮电大学	公办	“双一流”	理工类	北京	8.856
132	温州大学	公办	—	综合类	浙江	8.838
133	河北师范大学	公办	—	师范类	河北	8.761
134	大连海事大学	公办	“双一流”	理工类	辽宁	8.748
135	中南民族大学	公办	—	民族类	湖北	8.618
136	河南师范大学	公办	—	师范类	河南	8.587
137	新疆大学	公办	“双一流”	综合类	新疆	8.521
138	西南民族大学	公办	—	民族类	四川	8.425
139	华南农业大学	公办	“双一流”	农林类	广东	8.412
140	北京工商大学	公办	—	财经类	北京	8.364
141	天津财经大学	公办	—	财经类	天津	8.273
142	湖南工商大学	公办	—	财经类	湖南	8.181
143	上海对外经贸大学	公办	—	财经类	上海	8.073
144	贵州师范大学	公办	—	师范类	贵州	7.768
145	内蒙古师范大学	公办	—	师范类	内蒙古	7.721
146	南通大学	公办	—	综合类	江苏	7.569

续表

总排名	学校名称	所有制	办学层次	学校类型	省份	得分
147	中国地质大学（武汉）	公办	“双一流”	理工类	湖北	7.487
147	南京林业大学	公办	“双一流”	农林类	江苏	7.487
149	云南师范大学	公办	—	师范类	云南	7.375
150	南京邮电大学	公办	“双一流”	理工类	江苏	7.361
151	北京语言大学	公办	—	语言类	北京	7.356
152	云南财经大学	公办	—	财经类	云南	7.155
153	贵州财经大学	公办	—	财经类	贵州	6.669
154	燕山大学	公办	—	理工类	河北	6.653
155	广东财经大学	公办	—	财经类	广东	6.633
156	宁夏大学	公办	“双一流”	综合类	宁夏	6.545
157	上海理工大学	公办	—	理工类	上海	6.500
158	新疆师范大学	公办	—	师范类	新疆	6.345
159	广西民族大学	公办	—	民族类	广西	6.215
160	山东科技大学	公办	—	理工类	山东	6.108
161	安徽财经大学	公办	—	财经类	安徽	6.088
162	中国石油大学（北京）	公办	“双一流”	理工类	北京	6.085
163	长沙理工大学	公办	—	理工类	湖南	6.054
164	东华大学	公办	“双一流”	理工类	上海	6.038
165	上海体育学院	公办	“双一流”	体育类	上海	6.020
166	北京体育大学	公办	“双一流”	体育类	北京	5.990
167	湖南科技大学	公办	—	综合类	湖南	5.817
168	石河子大学	公办	“双一流”	综合类	新疆	5.790
169	哈尔滨师范大学	公办	—	师范类	黑龙江	5.718
170	浙江理工大学	公办	—	理工类	浙江	5.697
171	重庆师范大学	公办	—	师范类	重庆	5.684
172	四川外国语大学	公办	—	语言类	重庆	5.649

续表

总排名	学校名称	所有制	办学层次	学校类型	省份	得分
173	西北民族大学	公办	—	民族类	甘肃	5.640
174	湖南农业大学	公办	—	农林类	湖南	5.559
175	首都医科大学	公办	—	医药类	北京	5.443
176	云南民族大学	公办	—	民族类	云南	5.322
177	河南财经政法大学	公办	—	财经类	河南	5.302
178	西安外国语大学	公办	—	语言类	陕西	5.262
179	哈尔滨工程大学	公办	“双一流”	理工类	黑龙江	5.236
180	重庆邮电大学	公办	—	理工类	重庆	5.182
181	中央美术学院	公办	“双一流”	艺术类	北京	5.173
182	福建农林大学	公办	—	农林类	福建	5.167
183	上海海事大学	公办	—	理工类	上海	5.127
184	北京化工大学	公办	“双一流”	理工类	北京	5.013
185	辽宁师范大学	公办	—	师范类	辽宁	5.011
186	四川农业大学	公办	“双一流”	农林类	四川	4.960
187	西藏民族大学	公办	—	民族类	西藏	4.948
188	南方科技大学	公办	“双一流”	理工类	广东	4.897
189	北方民族大学	公办	—	民族类	宁夏	4.894
190	西北政法大学	公办	—	政法类	陕西	4.860
191	西安理工大学	公办	—	理工类	陕西	4.819
192	华北电力大学	公办	“双一流”	理工类	北京	4.719
193	济南大学	公办	—	综合类	山东	4.715
194	中国石油大学（华东）	公办	“双一流”	理工类	山东	4.701
194	昆明理工大学	公办	—	理工类	云南	4.701
196	西安建筑科技大学	公办	—	理工类	陕西	4.694
197	山西师范大学	公办	—	师范类	山西	4.541
198	中国美术学院	公办	“双一流”	艺术类	浙江	4.520

续表

总排名	学校名称	所有制	办学层次	学校类型	省份	得分
199	南方医科大学	公办	—	医药类	广东	4.490
200	上海政法学院	公办	—	政法类	上海	4.444
201	北京林业大学	公办	“双一流”	农林类	北京	4.383
202	南京艺术学院	公办	—	艺术类	江苏	4.379
203	山东理工大学	公办	—	理工类	山东	4.328
204	广西财经学院	公办	—	财经类	广西	4.301
205	海南师范大学	公办	—	师范类	海南	4.237
206	青海师范大学	公办	—	师范类	青海	4.178
207	武汉体育学院	公办	—	体育类	湖北	4.141
208	北京联合大学	公办	—	综合类	北京	4.059
209	南京医科大学	公办	“双一流”	医药类	江苏	4.044
210	成都理工大学	公办	“双一流”	理工类	四川	4.005
211	贵州民族大学	公办	—	民族类	贵州	3.968
212	汕头大学	公办	—	综合类	广东	3.928
212	上海工程技术大学	公办	—	理工类	上海	3.928
214	河北工业大学	公办	“双一流”	理工类	河北	3.910
215	国际关系学院	公办	—	政法类	北京	3.909
216	浙江农林大学	公办	—	农林类	浙江	3.901
217	浙江传媒学院	公办	—	语言类	浙江	3.886
218	山东工商学院	公办	—	财经类	山东	3.863
219	三峡大学	公办	—	综合类	湖北	3.858
220	吉首大学	公办	—	综合类	湖南	3.857
221	南宁师范大学	公办	—	师范类	广西	3.823
222	延边大学	公办	“双一流”	综合类	吉林	3.815
223	西藏大学	公办	“双一流”	综合类	西藏	3.778
224	广州美术学院	公办	—	艺术类	广东	3.757

续表

总排名	学校名称	所有制	办学层次	学校类型	省份	得分
225	长安大学	公办	“双一流”	理工类	陕西	3.720
226	湖北经济学院	公办	—	财经类	湖北	3.702
227	广东金融学院	公办	—	财经类	广东	3.689
228	常州大学	公办	—	理工类	江苏	3.687
229	东北林业大学	公办	“双一流”	农林类	黑龙江	3.672
230	东北农业大学	公办	“双一流”	农林类	黑龙江	3.592
231	重庆交通大学	公办	—	理工类	重庆	3.585
232	天津理工大学	公办	—	理工类	天津	3.573
233	青岛科技大学	公办	—	理工类	山东	3.553
234	青海民族大学	公办	—	民族类	青海	3.551
235	山东农业大学	公办	—	农林类	山东	3.523
236	烟台大学	公办	—	综合类	山东	3.508
237	南京工业大学	公办	—	理工类	江苏	3.476
238	湖州师范学院	公办	—	师范类	浙江	3.472
239	武汉科技大学	公办	—	理工类	湖北	3.432
240	聊城大学	公办	—	综合类	山东	3.423
241	上海戏剧学院	公办	—	艺术类	上海	3.395
242	江苏科技大学	公办	—	理工类	江苏	3.377
243	闽南师范大学	公办	—	师范类	福建	3.372
244	苏州科技大学	公办	—	理工类	江苏	3.324
245	上海音乐学院	公办	“双一流”	艺术类	上海	3.322
246	郑州航空工业管理学院	公办	—	财经类	河南	3.310
247	中央音乐学院	公办	“双一流”	艺术类	北京	3.289
248	华东交通大学	公办	—	理工类	江西	3.247
249	湖北工业大学	公办	—	理工类	湖北	3.224
250	北京协和医学院	公办	“双一流”	医药类	北京	3.219

续表

总排名	学校名称	所有制	办学层次	学校类型	省份	得分
251	绍兴文理学院	公办	—	综合类	浙江	3.201
252	鲁东大学	公办	—	综合类	山东	3.168
253	安徽工业大学	公办	—	理工类	安徽	3.162
254	中国医科大学	公办	—	医药类	辽宁	3.158
255	上海立信会计金融学院	公办	—	财经类	上海	3.157
256	温州医科大学	公办	—	医药类	浙江	3.124
257	哈尔滨理工大学	公办	—	理工类	黑龙江	3.113
258	重庆医科大学	公办	—	医药类	重庆	3.053
259	哈尔滨商业大学	公办	—	财经类	黑龙江	3.048
260	浙大城市学院	公办	—	综合类	浙江	3.035
261	中国计量大学	公办	—	理工类	浙江	3.012
262	信阳师范学院	公办	—	师范类	河南	2.995
263	北京第二外国语学院	公办	—	语言类	北京	2.993
264	北京电影学院	公办	—	艺术类	北京	2.992
265	中国人民公安大学	公办	“双一流”	政法类	北京	2.982
266	齐鲁工业大学	公办	—	理工类	山东	2.978
267	新疆财经大学	公办	—	财经类	新疆	2.973
268	哈尔滨医科大学	公办	—	医药类	黑龙江	2.957
269	中国矿业大学（北京）	公办	“双一流”	理工类	北京	2.947
270	广东技术师范大学	公办	—	师范类	广东	2.943
271	宁波诺丁汉大学	合作办学	—	合作办学	浙江	2.876
272	河南农业大学	公办	—	农林类	河南	2.859
273	湖南第一师范学院	公办	—	师范类	湖南	2.830
274	嘉兴学院	公办	—	综合类	浙江	2.820
275	华北水利水电大学	公办	—	理工类	河南	2.794
276	淮阴师范学院	公办	—	师范类	江苏	2.792

续表

总排名	学校名称	所有制	办学层次	学校类型	省份	得分
277	沈阳师范大学	公办	—	师范类	辽宁	2.781
278	太原理工大学	公办	“双一流”	理工类	山西	2.765
279	北京物资学院	公办	—	财经类	北京	2.755
280	南京晓庄学院	公办	—	师范类	江苏	2.721
281	长江大学	公办	—	综合类	湖北	2.720
282	河北经贸大学	公办	—	财经类	河北	2.684
283	西安邮电大学	公办	—	理工类	陕西	2.662
284	赣南师范大学	公办	—	师范类	江西	2.658
285	武汉工程大学	公办	—	理工类	湖北	2.650
286	桂林理工大学	公办	—	理工类	广西	2.640
287	内蒙古财经大学	公办	—	财经类	内蒙古	2.629
288	湖北师范大学	公办	—	师范类	湖北	2.617
289	江西农业大学	公办	—	农林类	江西	2.607
290	大连外国语大学	公办	—	语言类	辽宁	2.606
290	成都体育学院	公办	—	体育类	四川	2.606
292	长沙学院	公办	—	综合类	湖南	2.548
293	天津商业大学	公办	—	财经类	天津	2.546
294	吉林财经大学	公办	—	财经类	吉林	2.532
295	西交利物浦大学	合作办学	—	合作办学	江苏	2.529
296	沈阳农业大学	公办	—	农林类	辽宁	2.525
297	湖南财政经济学院	公办	—	财经类	湖南	2.524
297	西安财经大学	公办	—	财经类	陕西	2.524
299	西南石油大学	公办	“双一流”	理工类	四川	2.490
300	桂林电子科技大学	公办	—	理工类	广西	2.485
301	中南林业科技大学	公办	—	农林类	湖南	2.474
302	湖南工业大学	公办	—	理工类	湖南	2.459

续表

总排名	学校名称	所有制	办学层次	学校类型	省份	得分
303	河北农业大学	公办	—	农林类	河北	2.455
304	郑州轻工业大学	公办	—	理工类	河南	2.420
305	集美大学	公办	—	综合类	福建	2.412
306	四川美术学院	公办	—	艺术类	重庆	2.403
307	景德镇陶瓷大学	公办	—	理工类	江西	2.394
308	盐城师范学院	公办	—	师范类	江苏	2.366
309	内蒙古民族大学	公办	—	民族类	内蒙古	2.349
310	西南科技大学	公办	—	理工类	四川	2.345
311	河南工业大学	公办	—	理工类	河南	2.335
312	兰州财经大学	公办	—	财经类	甘肃	2.332
313	天津工业大学	公办	“双一流”	理工类	天津	2.328
314	台州学院	公办	—	综合类	浙江	2.309
315	北京建筑大学	公办	—	理工类	北京	2.295
316	外交学院	公办	“双一流”	语言类	北京	2.267
317	山东建筑大学	公办	—	理工类	山东	2.266
318	西华师范大学	公办	—	师范类	四川	2.220
319	成都大学	公办	—	综合类	四川	2.216
320	西华大学	公办	—	综合类	四川	2.182
321	西安美术学院	公办	—	艺术类	陕西	2.177
322	洛阳师范学院	公办	—	师范类	河南	2.164
323	广州医科大学	公办	“双一流”	医药类	广东	2.142
324	长江师范学院	公办	—	师范类	重庆	2.126
325	青岛农业大学	公办	—	农林类	山东	2.113
326	天津科技大学	公办	—	理工类	天津	2.107
326	渤海大学	公办	—	综合类	辽宁	2.107
328	重庆理工大学	公办	—	理工类	重庆	2.078

续表

总排名	学校名称	所有制	办学层次	学校类型	省份	得分
329	河南理工大学	公办	—	理工类	河南	2.068
330	大连民族大学	公办	—	民族类	辽宁	2.067
331	中国音乐学院	公办	“双一流”	艺术类	北京	2.058
332	浙江外国语学院	公办	—	语言类	浙江	2.049
333	浙江海洋大学	公办	—	农林类	浙江	2.008
333	安徽医科大学	公办	—	医药类	安徽	2.008
335	江西理工大学	公办	—	理工类	江西	2.005
336	青岛理工大学	公办	—	理工类	山东	2.001
337	徐州工程学院	公办	—	理工类	江苏	1.989
338	福建医科大学	公办	—	医药类	福建	1.938
339	武汉纺织大学	公办	—	理工类	湖北	1.934
340	湖北民族大学	公办	—	民族类	湖北	1.920
341	安徽工程大学	公办	—	理工类	安徽	1.914
342	东华理工大学	公办	—	理工类	江西	1.902
343	天津体育学院	公办	—	体育类	天津	1.889
344	中央戏剧学院	公办	“双一流”	艺术类	北京	1.888
345	北方工业大学	公办	—	理工类	北京	1.869
345	浙江越秀外国语学院	民办	—	语言类	浙江	1.869
347	陕西科技大学	公办	—	理工类	陕西	1.866
348	河南科技大学	公办	—	综合类	河南	1.844
349	岭南师范学院	公办	—	师范类	广东	1.843
350	浙江中医药大学	公办	—	医药类	浙江	1.835
351	常熟理工学院	公办	—	理工类	江苏	1.832
352	浙江万里学院	公办	—	理工类	浙江	1.827
353	首都体育学院	公办	—	体育类	北京	1.824
354	西安工程大学	公办	—	理工类	陕西	1.820

续表

总排名	学校名称	所有制	办学层次	学校类型	省份	得分
355	周口师范学院	公办	—	师范类	河南	1.804
356	浙江科技学院	公办	—	理工类	浙江	1.800
357	内蒙古工业大学	公办	—	理工类	内蒙古	1.794
358	东莞理工学院	公办	—	理工类	广东	1.763
359	青海大学	公办	“双一流”	综合类	青海	1.732
360	长春工业大学	公办	—	理工类	吉林	1.708
360	北京中医药大学	公办	“双一流”	医药类	北京	1.708
362	大理大学	公办	—	综合类	云南	1.698
363	中国药科大学	公办	“双一流”	医药类	江苏	1.685
364	香港中文大学（深圳）	合作办学	—	合作办学	广东	1.681
365	长春师范大学	公办	—	师范类	吉林	1.663
366	延安大学	公办	—	综合类	陕西	1.648
367	辽宁工业大学	公办	—	理工类	辽宁	1.647
368	临沂大学	公办	—	综合类	山东	1.643
368	北京舞蹈学院	公办	—	艺术类	北京	1.643
370	天津医科大学	公办	“双一流”	医药类	天津	1.642
371	兰州理工大学	公办	—	理工类	甘肃	1.625
372	上海应用技术大学	公办	—	理工类	上海	1.613
373	佛山科学技术学院	公办	—	理工类	广东	1.580
374	南京中医药大学	公办	“双一流”	医药类	江苏	1.554
375	桂林旅游学院	公办	—	财经类	广西	1.547
376	成都信息工程大学	公办	—	理工类	四川	1.539
377	北京信息科技大学	公办	—	理工类	北京	1.533
378	福建工程学院	公办	—	理工类	福建	1.525
379	云南艺术学院	公办	—	艺术类	云南	1.524
380	南华大学	公办	—	综合类	湖南	1.508

续表

总排名	学校名称	所有制	办学层次	学校类型	省份	得分
381	内蒙古农业大学	公办	—	农林类	内蒙古	1.504
382	广州体育学院	公办	—	体育类	广东	1.503
383	兰州交通大学	公办	—	理工类	甘肃	1.499
384	昆明医科大学	公办	—	医药类	云南	1.495
385	上海科技大学	公办	“双一流”	理工类	上海	1.488
386	北京服装学院	公办	—	艺术类	北京	1.485
387	安徽农业大学	公办	—	农林类	安徽	1.477
388	黄冈师范学院	公办	—	师范类	湖北	1.471
389	西安科技大学	公办	—	理工类	陕西	1.457
390	山东青年政治学院	公办	—	综合类	山东	1.441
391	江西科技师范大学	公办	—	师范类	江西	1.437
392	上海中医药大学	公办	“双一流”	医药类	上海	1.435
393	甘肃农业大学	公办	—	农林类	甘肃	1.412
394	新疆农业大学	公办	—	农林类	新疆	1.400
395	浙大宁波理工学院	公办	—	理工类	浙江	1.392
396	成都中医药大学	公办	“双一流”	医药类	四川	1.382
397	沈阳工业大学	公办	—	理工类	辽宁	1.374
398	太原科技大学	公办	—	理工类	山西	1.353
399	江汉大学	公办	—	综合类	湖北	1.351
400	武汉轻工大学	公办	—	理工类	湖北	1.350
401	闽江学院	公办	—	理工类	福建	1.345
402	天津外国语大学	公办	—	语言类	天津	1.339
403	成都师范学院	公办	—	师范类	四川	1.336
404	重庆文理学院	公办	—	综合类	重庆	1.333
405	江苏理工学院	公办	—	理工类	江苏	1.330
406	徐州医科大学	公办	—	医药类	江苏	1.309

续表

总排名	学校名称	所有制	办学层次	学校类型	省份	得分
407	新乡医学院	公办	—	医药类	河南	1.283
408	广州中医药大学	公办	“双一流”	医药类	广东	1.279
409	石家庄铁道大学	公办	—	理工类	河北	1.277
410	塔里木大学	公办	—	综合类	新疆	1.268
411	中国民航大学	公办	—	理工类	天津	1.266
412	厦门理工学院	公办	—	理工类	福建	1.243
413	吉林师范大学	公办	—	师范类	吉林	1.242
414	广西科技大学	公办	—	理工类	广西	1.236
415	沈阳体育学院	公办	—	体育类	辽宁	1.235
416	湖南工程学院	公办	—	理工类	湖南	1.233
417	淮北师范大学	公办	—	师范类	安徽	1.229
417	湖南理工学院	公办	—	理工类	湖南	1.229
419	三明学院	公办	—	综合类	福建	1.225
420	哈尔滨音乐学院	公办	—	艺术类	黑龙江	1.224
421	山东第一医科大学	公办	—	医药类	山东	1.207
422	太原师范学院	公办	—	师范类	山西	1.205
423	安庆师范大学	公办	—	师范类	安徽	1.202
424	山东艺术学院	公办	—	艺术类	山东	1.199
425	湖南文理学院	公办	—	综合类	湖南	1.196
426	许昌学院	公办	—	理工类	河南	1.194
426	贵州师范学院	公办	—	师范类	贵州	1.194
428	天津城建大学	公办	—	理工类	天津	1.171
429	上海商学院	公办	—	财经类	上海	1.148
430	湖南中医药大学	公办	—	医药类	湖南	1.136
431	河北科技大学	公办	—	理工类	河北	1.135
432	西安工业大学	公办	—	理工类	陕西	1.128

续表

总排名	学校名称	所有制	办学层次	学校类型	省份	得分
433	西南林业大学	公办	—	农林类	云南	1.123
433	辽宁工程技术大学	公办	—	理工类	辽宁	1.123
435	昆山杜克大学	合作办学	—	合作办学	江苏	1.118
436	盐城工学院	公办	—	理工类	江苏	1.109
437	天津职业技术师范大学	公办	—	师范类	天津	1.105
438	南京体育学院	公办	—	体育类	江苏	1.101
439	井冈山大学	公办	—	综合类	江西	1.091
440	广西艺术学院	公办	—	艺术类	广西	1.081
441	南昌航空大学	公办	—	理工类	江西	1.077
442	金陵科技学院	公办	—	理工类	江苏	1.065
443	怀化学院	公办	—	综合类	湖南	1.061
444	上海海洋大学	公办	“双一流”	农林类	上海	1.052
445	河南中医药大学	公办	—	医药类	河南	1.050
446	安阳师范学院	公办	—	师范类	河南	1.043
447	中国劳动关系学院	公办	—	政法类	北京	1.042
448	山东工艺美术学院	公办	—	艺术类	山东	1.031
448	阜阳师范大学	公办	—	师范类	安徽	1.031
450	北京印刷学院	公办	—	理工类	北京	1.027
451	铜仁学院	公办	—	综合类	贵州	1.009
452	中国人民警察大学	公办	—	政法类	河北	1.004
453	甘肃政法大学	公办	—	政法类	甘肃	1.001
454	江苏海洋大学	公办	—	理工类	江苏	0.985
455	重庆三峡学院	公办	—	综合类	重庆	0.983
456	南京工程学院	公办	—	理工类	江苏	0.968
457	安徽建筑大学	公办	—	理工类	安徽	0.966
458	潍坊医学院	公办	—	医药类	山东	0.963

续表

总排名	学校名称	所有制	办学层次	学校类型	省份	得分
459	莆田学院	公办	—	综合类	福建	0.962
459	西安体育学院	公办	—	体育类	陕西	0.962
461	上海海关学院	公办	—	政法类	上海	0.960
462	宁波财经学院	民办	—	财经类	浙江	0.957
462	咸阳师范学院	公办	—	师范类	陕西	0.957
464	上饶师范学院	公办	—	师范类	江西	0.955
465	广州商学院	民办	—	财经类	广东	0.952
466	湖南科技学院	公办	—	理工类	湖南	0.950
467	山东管理学院	公办	—	财经类	山东	0.949
468	常州工学院	公办	—	理工类	江苏	0.948
468	长春中医药大学	公办	—	医药类	吉林	0.948
470	伊犁师范大学	公办	—	师范类	新疆	0.937
471	华北理工大学	公办	—	理工类	河北	0.936
472	浙江树人学院	民办	—	理工类	浙江	0.926
473	吉林农业大学	公办	—	农林类	吉林	0.925
474	廊坊师范学院	公办	—	师范类	河北	0.919
474	淮阴工学院	公办	—	理工类	江苏	0.919
476	衡阳师范学院	公办	—	师范类	湖南	0.917
477	中原工学院	公办	—	理工类	河南	0.916
478	北京师范大学 – 香港浸会大学联合国际学院	合作办学	—	合作办学	广东	0.910
479	韶关学院	公办	—	综合类	广东	0.905
480	九江学院	公办	—	综合类	江西	0.886
481	广东海洋大学	公办	—	农林类	广东	0.885
482	中北大学	公办	—	理工类	山西	0.884
483	山西农业大学	公办	—	农林类	山西	0.872

续表

总排名	学校名称	所有制	办学层次	学校类型	省份	得分
484	哈尔滨体育学院	公办	—	体育类	黑龙江	0.871
485	东北石油大学	公办	—	理工类	黑龙江	0.859
486	上海电力大学	公办	—	理工类	上海	0.857
487	丽水学院	公办	—	综合类	浙江	0.852
488	滨州医学院	公办	—	医药类	山东	0.848
489	重庆第二师范学院	公办	—	师范类	重庆	0.844
490	遵义师范学院	公办	—	师范类	贵州	0.841
491	邵阳学院	公办	—	综合类	湖南	0.835
492	天津中医药大学	公办	“双一流”	医药类	天津	0.823
493	山西医科大学	公办	—	医药类	山西	0.821
494	合肥师范学院	公办	—	师范类	安徽	0.811
495	浙江音乐学院	公办	—	艺术类	浙江	0.810
496	红河学院	公办	—	综合类	云南	0.798
496	枣庄学院	公办	—	综合类	山东	0.798
498	湖北美术学院	公办	—	艺术类	湖北	0.784
498	洛阳理工学院	公办	—	理工类	河南	0.784
500	云南农业大学	公办	—	农林类	云南	0.783
501	合肥学院	公办	—	理工类	安徽	0.782
501	中国戏曲学院	公办	—	艺术类	北京	0.782
503	江西中医药大学	公办	—	医药类	江西	0.780
504	上海第二工业大学	公办	—	理工类	上海	0.777
505	贵州医科大学	公办	—	医药类	贵州	0.775
506	宁夏师范学院	公办	—	师范类	宁夏	0.772
507	安徽理工大学	公办	—	理工类	安徽	0.771
508	河南工程学院	公办	—	理工类	河南	0.769
509	湖北文理学院	公办	—	综合类	湖北	0.767

续表

总排名	学校名称	所有制	办学层次	学校类型	省份	得分
510	赤峰学院	公办	—	综合类	内蒙古	0.759
511	惠州学院	公办	—	综合类	广东	0.754
512	玉林师范学院	公办	—	师范类	广西	0.753
512	长春理工大学	公办	—	理工类	吉林	0.753
514	四川音乐学院	公办	—	艺术类	四川	0.741
515	龙岩学院	公办	—	综合类	福建	0.740
516	南昌工程学院	公办	—	理工类	江西	0.739
517	西南医科大学	公办	—	医药类	四川	0.731
518	湖南城市学院	公办	—	综合类	湖南	0.728
519	遵义医科大学	公办	—	医药类	贵州	0.726
520	广西医科大学	公办	—	医药类	广西	0.725
521	韩山师范学院	公办	—	师范类	广东	0.723
522	宁夏医科大学	公办	—	医药类	宁夏	0.722
523	南京特殊教育师范学院	公办	—	师范类	江苏	0.720
524	四川警察学院	公办	—	政法类	四川	0.715
525	大连大学	公办	—	综合类	辽宁	0.708
526	山西大同大学	公办	—	综合类	山西	0.705
527	上海纽约大学	合作办学	—	合作办学	上海	0.695
528	湖北第二师范学院	公办	—	师范类	湖北	0.694
529	四川轻化工大学	公办	—	理工类	四川	0.691
530	河北医科大学	公办	—	医药类	河北	0.689
531	新疆医科大学	公办	—	医药类	新疆	0.682
532	山东交通学院	公办	—	理工类	山东	0.670
533	潍坊学院	公办	—	综合类	山东	0.661
534	三亚学院	民办	—	综合类	海南	0.656
535	西安石油大学	公办	—	理工类	陕西	0.652

续表

总排名	学校名称	所有制	办学层次	学校类型	省份	得分
535	梧州学院	公办	—	综合类	广西	0.652
537	衢州学院	公办	—	理工类	浙江	0.651
538	福建江夏学院	公办	—	财经类	福建	0.649
539	桂林航天工业学院	公办	—	理工类	广西	0.645
540	宝鸡文理学院	公办	—	综合类	陕西	0.642
541	齐齐哈尔大学	公办	—	综合类	黑龙江	0.641
542	北部湾大学	公办	—	综合类	广西	0.635
543	巢湖学院	公办	—	综合类	安徽	0.633
544	江苏警官学院	公办	—	政法类	江苏	0.626
545	温州理工学院	公办	—	理工类	浙江	0.625
546	内蒙古科技大学	公办	—	综合类	内蒙古	0.621
547	河南财政金融学院	公办	—	财经类	河南	0.619
548	百色学院	公办	—	综合类	广西	0.617
549	南阳师范学院	公办	—	师范类	河南	0.612
550	肇庆学院	公办	—	综合类	广东	0.610
551	内蒙古医科大学	公办	—	医药类	内蒙古	0.608
551	宜春学院	公办	—	综合类	江西	0.608
553	广东医科大学	公办	—	医药类	广东	0.606
554	星海音乐学院	公办	—	艺术类	广东	0.599
555	昆明学院	公办	—	综合类	云南	0.588
556	武汉音乐学院	公办	—	艺术类	湖北	0.585
556	河南科技学院	公办	—	理工类	河南	0.585
556	吉林体育学院	公办	—	体育类	吉林	0.585
559	吉林艺术学院	公办	—	艺术类	吉林	0.584
560	商丘师范学院	公办	—	师范类	河南	0.580
561	无锡太湖学院	民办	—	综合类	江苏	0.579

续表

总排名	学校名称	所有制	办学层次	学校类型	省份	得分
562	海南医学院	公办	—	医药类	海南	0.578
563	广东第二师范学院	公办	—	师范类	广东	0.577
564	曲靖师范学院	公办	—	师范类	云南	0.576
565	通化师范学院	公办	—	师范类	吉林	0.574
566	石家庄学院	公办	—	师范类	河北	0.571
567	沈阳音乐学院	公办	—	艺术类	辽宁	0.570
568	鲁迅美术学院	公办	—	艺术类	辽宁	0.569
569	山东女子学院	公办	—	综合类	山东	0.566
570	西安医学院	公办	—	医药类	陕西	0.564
571	乐山师范学院	公办	—	师范类	四川	0.563
571	兰州城市学院	公办	—	综合类	甘肃	0.563
573	内蒙古艺术学院	公办	—	艺术类	内蒙古	0.561
574	广东药科大学	公办	—	医药类	广东	0.560
574	嘉应学院	公办	—	综合类	广东	0.560
576	平顶山学院	公办	—	综合类	河南	0.559
577	河北工程大学	公办	—	理工类	河北	0.558
578	新乡学院	公办	—	综合类	河南	0.556
579	阳光学院	民办	—	理工类	福建	0.555
580	北京师范大学珠海分校	独立学院	—	师范类	广东	0.554
581	山东体育学院	公办	—	体育类	山东	0.551
582	沈阳建筑大学	公办	—	理工类	辽宁	0.547
583	江苏第二师范学院	公办	—	师范类	江苏	0.546
584	喀什大学	公办	—	综合类	新疆	0.544
584	河西学院	公办	—	综合类	甘肃	0.544
586	黄山学院	公办	—	综合类	安徽	0.542
586	深圳技术大学	公办	—	理工类	广东	0.542

续表

总排名	学校名称	所有制	办学层次	学校类型	省份	得分
588	内江师范学院	公办	—	师范类	四川	0.541
589	山东中医药大学	公办	—	医药类	山东	0.538
590	滁州学院	公办	—	综合类	安徽	0.532
591	山东政法学院	公办	—	政法类	山东	0.529
591	湖北医药学院	公办	—	医药类	湖北	0.529
593	南阳理工学院	公办	—	理工类	河南	0.527
594	天水师范学院	公办	—	师范类	甘肃	0.525
595	泰山学院	公办	—	综合类	山东	0.523
596	湖北中医药大学	公办	—	医药类	湖北	0.522
596	仲恺农业工程学院	公办	—	农林类	广东	0.522
596	中国青年政治学院	公办	—	政法类	北京	0.522
599	宁波工程学院	公办	—	理工类	浙江	0.521
600	池州学院	公办	—	综合类	安徽	0.520
601	凯里学院	公办	—	综合类	贵州	0.514
602	湘南学院	公办	—	综合类	湖南	0.512
602	辽宁科技大学	公办	—	理工类	辽宁	0.512
604	福州外语外贸学院	民办	—	财经类	福建	0.511
605	河北金融学院	公办	—	财经类	河北	0.510
606	福建中医药大学	公办	—	医药类	福建	0.507
607	湖南人文科技学院	公办	—	综合类	湖南	0.500
607	成都医学院	公办	—	医药类	四川	0.500
609	长沙师范学院	公办	—	师范类	湖南	0.498
610	东北电力大学	公办	—	理工类	吉林	0.497
611	长春大学	公办	—	综合类	吉林	0.484
611	武昌理工学院	民办	—	理工类	湖北	0.484
613	湖南女子学院	公办	—	语言类	湖南	0.483

续表

总排名	学校名称	所有制	办学层次	学校类型	省份	得分
614	大连医科大学	公办	—	医药类	辽宁	0.481
615	吉林外国语大学	民办	—	语言类	吉林	0.480
616	南昌师范学院	公办	—	师范类	江西	0.474
617	北京城市学院	民办	—	综合类	北京	0.470
617	防灾科技学院	公办	—	理工类	河北	0.470
619	沈阳航空航天大学	公办	—	理工类	辽宁	0.469
620	呼和浩特民族学院	公办	—	语言类	内蒙古	0.468
621	湖北工程学院	公办	—	理工类	湖北	0.467
621	广西民族师范学院	公办	—	师范类	广西	0.467
623	湖南工学院	公办	—	理工类	湖南	0.466
624	杭州医学院	公办	—	医药类	浙江	0.465
625	贵州商学院	公办	—	财经类	贵州	0.463
626	牡丹江师范学院	公办	—	师范类	黑龙江	0.462
626	福建商学院	公办	—	财经类	福建	0.462
626	武汉商学院	公办	—	财经类	湖北	0.462
629	新疆艺术学院	公办	—	艺术类	新疆	0.454
630	温州肯恩大学	合作办学	—	合作办学	浙江	0.453
631	天津美术学院	公办	—	艺术类	天津	0.451
632	贵阳学院	公办	—	综合类	贵州	0.449
632	黑河学院	公办	—	综合类	黑龙江	0.449
634	上海杉达学院	民办	—	财经类	上海	0.448
635	中国民用航空飞行学院	公办	—	理工类	四川	0.444
636	淮南师范学院	公办	—	师范类	安徽	0.442
637	武汉工商学院	民办	—	财经类	湖北	0.440
638	泉州师范学院	公办	—	师范类	福建	0.439
638	黔南民族师范学院	公办	—	师范类	贵州	0.439

续表

总排名	学校名称	所有制	办学层次	学校类型	省份	得分
640	上海电机学院	公办	—	理工类	上海	0.438
641	宁德师范学院	公办	—	师范类	福建	0.437
641	河南牧业经济学院	公办	—	农林类	河南	0.437
643	黑龙江中医药大学	公办	—	医药类	黑龙江	0.435
643	荆楚理工学院	公办	—	理工类	湖北	0.435
645	陕西理工大学	公办	—	理工类	陕西	0.423
646	牡丹江医学院	公办	—	医药类	黑龙江	0.421
647	天津音乐学院	公办	—	艺术类	天津	0.420
648	大连海洋大学	公办	—	农林类	辽宁	0.419
649	湖北科技学院	公办	—	理工类	湖北	0.410
650	广东石油化工学院	公办	—	理工类	广东	0.409
651	吉林建筑大学	公办	—	理工类	吉林	0.393
652	铜陵学院	公办	—	财经类	安徽	0.392
653	南京工业职业技术大学	公办	—	理工类	江苏	0.391
654	滨州学院	公办	—	综合类	山东	0.388
655	宿迁学院	公办	—	综合类	江苏	0.387
655	沈阳大学	公办	—	综合类	辽宁	0.387
657	北京石油化工学院	公办	—	理工类	北京	0.383
658	广西中医药大学	公办	—	医药类	广西	0.382
659	华北科技学院	公办	—	理工类	河北	0.379
660	贵州理工学院	公办	—	理工类	贵州	0.376
661	四川旅游学院	公办	—	综合类	四川	0.374
662	西昌学院	公办	—	综合类	四川	0.373
663	河北科技师范学院	公办	—	师范类	河北	0.372
664	绵阳师范学院	公办	—	师范类	四川	0.369
665	武夷学院	公办	—	综合类	福建	0.368

续表

总排名	学校名称	所有制	办学层次	学校类型	省份	得分
665	陕西中医药大学	公办	—	医药类	陕西	0.368
667	中华女子学院	公办	—	综合类	北京	0.367
668	重庆科技学院	公办	—	理工类	重庆	0.363
669	运城学院	公办	—	综合类	山西	0.359
670	湖北汽车工业学院	公办	—	理工类	湖北	0.356
671	榆林学院	公办	—	综合类	陕西	0.355
672	济宁学院	公办	—	综合类	山东	0.354
673	浙江警察学院	公办	—	政法类	浙江	0.350
674	郑州师范学院	公办	—	师范类	河南	0.349
675	辽宁石油化工大学	公办	—	理工类	辽宁	0.346
676	河北北方学院	公办	—	综合类	河北	0.345
676	安徽科技学院	公办	—	理工类	安徽	0.345
678	南京森林警察学院	公办	—	政法类	江苏	0.344
679	皖南医学院	公办	—	医药类	安徽	0.343
680	宜宾学院	公办	—	综合类	四川	0.342
681	北华大学	公办	—	综合类	吉林	0.337
682	上海健康医学院	公办	—	医药类	上海	0.336
683	广州南方学院	民办	—	综合类	广东	0.335
684	福建技术师范学院	公办	—	师范类	福建	0.333
684	北京农学院	公办	—	农林类	北京	0.333
686	广东外语外贸大学南国商学院	独立学院	—	财经类	广东	0.332
687	白城师范学院	公办	—	师范类	吉林	0.331
688	景德镇学院	公办	—	综合类	江西	0.329
688	郑州科技学院	民办	—	理工类	河南	0.329
690	宿州学院	公办	—	综合类	安徽	0.326
691	贵州警察学院	公办	—	政法类	贵州	0.325

续表

总排名	学校名称	所有制	办学层次	学校类型	省份	得分
692	广州华商学院	民办	—	财经类	广东	0.322
693	南昌理工学院	民办	—	理工类	江西	0.320
694	吉林工程技术师范学院	公办	—	师范类	吉林	0.319
695	新余学院	公办	—	综合类	江西	0.317
696	湖州学院	公办	—	综合类	浙江	0.313
697	黑龙江科技大学	公办	—	理工类	黑龙江	0.312
698	川北医学院	公办	—	医药类	四川	0.309
699	楚雄师范学院	公办	—	师范类	云南	0.307
700	陇东学院	公办	—	综合类	甘肃	0.306
701	兰州文理学院	公办	—	综合类	甘肃	0.305
701	呼伦贝尔学院	公办	—	综合类	内蒙古	0.305
703	佳木斯大学	公办	—	综合类	黑龙江	0.303
703	保山学院	公办	—	综合类	云南	0.303
705	浙江工商大学杭州商学院	独立学院	—	财经类	浙江	0.302
706	西安文理学院	公办	—	综合类	陕西	0.301
707	广州城市理工学院	民办	—	理工类	广东	0.300
707	哈尔滨学院	公办	—	综合类	黑龙江	0.300
709	浙江水利水电学院	公办	—	理工类	浙江	0.295
710	滇西科技师范学院	公办	—	师范类	云南	0.294
711	三江学院	民办	—	综合类	江苏	0.292
711	新疆政法学院	公办	—	政法类	新疆	0.292
713	渭南师范学院	公办	—	师范类	陕西	0.291
714	安徽艺术学院	公办	—	艺术类	安徽	0.290
715	大连工业大学	公办	—	理工类	辽宁	0.287
716	无锡学院	公办	—	综合类	江苏	0.286
717	兴义民族师范学院	公办	—	师范类	贵州	0.285

续表

总排名	学校名称	所有制	办学层次	学校类型	省份	得分
718	黄淮学院	公办	—	综合类	河南	0.279
719	北京理工大学珠海学院	独立学院	—	理工类	广东	0.277
719	六盘水师范学院	公办	—	师范类	贵州	0.277
721	中国刑事警察学院	公办	—	政法类	辽宁	0.274
722	山西传媒学院	公办	—	艺术类	山西	0.272
723	贵州中医药大学	公办	—	医药类	贵州	0.270
724	蚌埠学院	公办	—	理工类	安徽	0.268
725	河北传媒学院	民办	—	艺术类	河北	0.267
725	西安音乐学院	公办	—	艺术类	陕西	0.267
727	上海师范大学天华学院	独立学院	—	综合类	上海	0.264
728	辽宁中医药大学	公办	—	医药类	辽宁	0.263
728	贺州学院	公办	—	综合类	广西	0.263
730	四川文理学院	公办	—	综合类	四川	0.258
730	河北地质大学	公办	—	理工类	河北	0.258
730	长春工程学院	公办	—	理工类	吉林	0.258
733	昌吉学院	公办	—	师范类	新疆	0.256
734	豫章师范学院	公办	—	师范类	江西	0.255
734	海南热带海洋学院	公办	—	综合类	海南	0.255
734	河南工学院	公办	—	理工类	河南	0.255
737	泰州学院	公办	—	综合类	江苏	0.253
738	攀枝花学院	公办	—	综合类	四川	0.252
738	皖西学院	公办	—	综合类	安徽	0.252
740	河池学院	公办	—	综合类	广西	0.250
741	新疆理工学院	公办	—	理工类	新疆	0.249
741	广州工商学院	民办	—	财经类	广东	0.249
741	广东科技学院	民办	—	综合类	广东	0.249

续表

总排名	学校名称	所有制	办学层次	学校类型	省份	得分
744	普洱学院	公办	—	综合类	云南	0.248
744	唐山师范学院	公办	—	师范类	河北	0.248
746	邯郸学院	公办	—	综合类	河北	0.247
746	衡水学院	公办	—	综合类	河北	0.247
748	保定学院	公办	—	师范类	河北	0.246
749	北华航天工业学院	公办	—	理工类	河北	0.245
750	赣南医学院	公办	—	医药类	江西	0.244
751	沈阳药科大学	公办	—	医药类	辽宁	0.239
751	云南中医药大学	公办	—	医药类	云南	0.239
753	西安外事学院	民办	—	综合类	陕西	0.234
753	菏泽学院	公办	—	综合类	山东	0.234
753	温州商学院	民办	—	财经类	浙江	0.234
753	铁道警察学院	公办	—	政法类	河南	0.234
757	广州航海学院	公办	—	理工类	广东	0.233
758	深圳北理莫斯科大学	合作办学	—	合作办学	广东	0.229
759	浙江药科职业大学	公办	—	医药类	浙江	0.228
760	吕梁学院	公办	—	综合类	山西	0.227
760	哈尔滨金融学院	公办	—	财经类	黑龙江	0.227
762	西京学院	民办	—	综合类	陕西	0.226
762	沧州师范学院	公办	—	师范类	河北	0.226
762	上海外国语大学贤达经济人文学院	独立学院	—	财经类	上海	0.226
762	琼台师范学院	公办	—	师范类	海南	0.226
762	海口经济学院	民办	—	财经类	海南	0.226
767	济宁医学院	公办	—	医药类	山东	0.225
767	江西服装学院	民办	—	艺术类	江西	0.225
767	商洛学院	公办	—	综合类	陕西	0.225

续表

总排名	学校名称	所有制	办学层次	学校类型	省份	得分
770	安徽中医药大学	公办	—	医药类	安徽	0.224
770	五邑大学	公办	—	综合类	广东	0.224
770	福建师范大学协和学院	独立学院	—	综合类	福建	0.224
773	陕西学前师范学院	公办	—	师范类	陕西	0.220
774	浙江工业大学之江学院	独立学院	—	理工类	浙江	0.219
774	西安翻译学院	民办	—	语言类	陕西	0.219
776	集美大学诚毅学院	独立学院	—	综合类	福建	0.217
776	广州软件学院	民办	—	理工类	广东	0.217
776	西安培华学院	民办	—	综合类	陕西	0.217
779	齐鲁师范学院	公办	—	师范类	山东	0.216
780	山东警察学院	公办	—	政法类	山东	0.215
781	长治学院	公办	—	综合类	山西	0.213
782	安徽信息工程学院	民办	—	理工类	安徽	0.211
783	萍乡学院	公办	—	综合类	江西	0.210
784	河北体育学院	公办	—	体育类	河北	0.205
784	河套学院	公办	—	综合类	内蒙古	0.205
786	吉林动画学院	民办	—	艺术类	吉林	0.204
786	南京传媒学院	民办	—	艺术类	江苏	0.204
788	成都锦城学院	民办	—	综合类	四川	0.203
789	江西工程学院	民办	—	理工类	江西	0.201
789	重庆警察学院	公办	—	政法类	重庆	0.201
791	武昌首义学院	民办	—	理工类	湖北	0.200
791	右江民族医学院	公办	—	医药类	广西	0.200
793	忻州师范学院	公办	—	师范类	山西	0.198
794	黑龙江工业学院	公办	—	理工类	黑龙江	0.197
794	商丘学院	民办	—	综合类	河南	0.197

续表

总排名	学校名称	所有制	办学层次	学校类型	省份	得分
796	嘉兴南湖学院	公办	—	综合类	浙江	0.194
796	上海视觉艺术学院	民办	—	艺术类	上海	0.194
796	桂林医学院	公办	—	医药类	广西	0.194
799	安康学院	公办	—	综合类	陕西	0.193
800	厦门大学嘉庚学院	独立学院	—	综合类	福建	0.189
801	西湖大学	民办	—	理工类	浙江	0.188
802	湖南涉外经济学院	民办	—	财经类	湖南	0.187
803	滇西应用技术大学	公办	—	综合类	云南	0.182
804	贵阳人文科技学院	民办	—	综合类	贵州	0.179
805	晋中学院	公办	—	综合类	山西	0.177
806	东莞城市学院	民办	—	综合类	广东	0.173
807	湖北警官学院	公办	—	政法类	湖北	0.170
807	安顺学院	公办	—	综合类	贵州	0.170
807	吉林医药学院	公办	—	医药类	吉林	0.170
807	成都工业学院	公办	—	理工类	四川	0.170
811	沈阳理工大学	公办	—	理工类	辽宁	0.169
812	上海建桥学院	民办	—	理工类	上海	0.166
813	南京师范大学泰州学院	独立学院	—	师范类	江苏	0.164
814	吉林化工学院	公办	—	理工类	吉林	0.162
815	广州理工学院	民办	—	理工类	广东	0.161
816	西安思源学院	民办	—	理工类	陕西	0.160
817	重庆财经学院	民办	—	财经类	重庆	0.158
817	贵州工程应用技术学院	公办	—	理工类	贵州	0.158
819	黑龙江八一农垦大学	公办	—	农林类	黑龙江	0.157
819	昭通学院	公办	—	综合类	云南	0.157
819	河北中医学院	公办	—	医药类	河北	0.157

续表

总排名	学校名称	所有制	办学层次	学校类型	省份	得分
822	武昌工学院	民办	—	理工类	湖北	0.156
822	大连交通大学	公办	—	理工类	辽宁	0.156
824	新疆警察学院	公办	—	政法类	新疆	0.154
825	新乡医学院三全学院	独立学院	—	医药类	河南	0.153
826	浙江农林大学暨阳学院	独立学院	—	综合类	浙江	0.152
827	天津农学院	公办	—	农林类	天津	0.151
828	广州新华学院	民办	—	综合类	广东	0.150
828	湛江科技学院	民办	—	综合类	广东	0.150
830	云南警官学院	公办	—	政法类	云南	0.149
830	甘肃民族师范学院	公办	—	师范类	甘肃	0.149
832	湖北理工学院	公办	—	理工类	湖北	0.148
833	河北民族师范学院	公办	—	师范类	河北	0.147
833	太原学院	公办	—	综合类	山西	0.147
833	武汉学院	民办	—	财经类	湖北	0.147
833	南昌工学院	民办	—	理工类	江西	0.147
837	锦州医科大学	公办	—	医药类	辽宁	0.145
837	西藏农牧学院	公办	—	农林类	西藏	0.145
839	承德医学院	公办	—	医药类	河北	0.144
839	湖南警察学院	公办	—	政法类	湖南	0.144
841	蚌埠医学院	公办	—	医药类	安徽	0.143
842	齐齐哈尔医学院	公办	—	医药类	黑龙江	0.139
843	中央司法警官学院	公办	—	政法类	河北	0.138
844	河北美术学院	民办	—	艺术类	河北	0.137
844	鄂尔多斯应用技术学院	公办	—	理工类	内蒙古	0.137
846	长春财经学院	民办	—	财经类	吉林	0.135
847	亳州学院	公办	—	综合类	安徽	0.134

续表

总排名	学校名称	所有制	办学层次	学校类型	省份	得分
848	鞍山师范学院	公办	—	师范类	辽宁	0.130
849	天津仁爱学院	民办	—	综合类	天津	0.126
850	黄河科技学院	民办	—	理工类	河南	0.125
850	湖南应用技术学院	民办	—	理工类	湖南	0.125
852	福建警察学院	公办	—	政法类	福建	0.124
853	山东英才学院	民办	—	综合类	山东	0.123
854	信阳农林学院	公办	—	农林类	河南	0.122
855	北京电子科技学院	公办	—	理工类	北京	0.118
855	四川电影电视学院	民办	—	艺术类	四川	0.118
857	大庆师范学院	公办	—	师范类	黑龙江	0.115
858	河南警察学院	公办	—	政法类	河南	0.114
859	重庆外语外事学院	民办	—	语言类	重庆	0.113
859	四川民族学院	公办	—	民族类	四川	0.113
859	四川文化艺术学院	民办	—	艺术类	四川	0.113
862	珠海科技学院	民办	—	综合类	广东	0.112
863	山东农业工程学院	公办	—	农林类	山东	0.109
863	上海公安学院	公办	—	政法类	上海	0.109
863	武汉华夏理工学院	民办	—	理工类	湖北	0.109
863	德州学院	公办	—	综合类	山东	0.109
867	唐山学院	公办	—	理工类	河北	0.108
868	长春建筑学院	民办	—	理工类	吉林	0.104
868	湖南信息学院	民办	—	理工类	湖南	0.104
870	文山学院	公办	—	综合类	云南	0.101
870	长春光华学院	民办	—	综合类	吉林	0.101
870	山东协和学院	民办	—	医药类	山东	0.101
870	郑州工程技术学院	公办	—	理工类	河南	0.101

续表

总排名	学校名称	所有制	办学层次	学校类型	省份	得分
870	重庆人文科技学院	民办	—	综合类	重庆	0.101
875	西安欧亚学院	民办	—	财经类	陕西	0.100
875	山西工程科技职业大学	公办	—	理工类	山西	0.100
875	吉林工商学院	公办	—	财经类	吉林	0.100
875	安阳学院	民办	—	综合类	河南	0.100
879	玉溪师范学院	公办	—	师范类	云南	0.098
879	甘肃中医药大学	公办	—	医药类	甘肃	0.098
881	安阳工学院	公办	—	理工类	河南	0.097
881	集宁师范学院	公办	—	师范类	内蒙古	0.097
883	重庆城市科技学院	民办	—	综合类	重庆	0.096
884	四川传媒学院	民办	—	艺术类	四川	0.095
884	陕西国际商贸学院	民办	—	财经类	陕西	0.095
886	太原工业学院	公办	—	理工类	山西	0.094
887	广西外国语学院	民办	—	语言类	广西	0.092
888	厦门华厦学院	民办	—	综合类	福建	0.091
888	武汉传媒学院	民办	—	艺术类	湖北	0.091
888	广东培正学院	民办	—	财经类	广东	0.091
891	西安航空学院	公办	—	理工类	陕西	—
892	长春科技学院	民办	—	理工类	吉林	—
892	兰州工业学院	公办	—	理工类	甘肃	—
892	江西财经大学现代经济管理学院	独立学院	—	财经类	江西	—
895	北京警察学院	公办	—	政法类	北京	—
895	吉林警察学院	公办	—	政法类	吉林	—
895	信阳学院	民办	—	综合类	河南	—
898	沈阳化工大学	公办	—	理工类	辽宁	—
899	辽东学院	公办	—	综合类	辽宁	—

续表

总排名	学校名称	所有制	办学层次	学校类型	省份	得分
900	潍坊科技学院	民办	—	理工类	山东	—
900	河南城建学院	公办	—	理工类	河南	—
900	武汉东湖学院	民办	—	综合类	湖北	—
900	成都艺术职业大学	民办	—	艺术类	四川	—
900	重庆工程学院	民办	—	理工类	重庆	—
905	厦门医学院	公办	—	医药类	福建	—
905	武汉生物工程学院	民办	—	理工类	湖北	—
905	辽宁警察学院	公办	—	政法类	辽宁	—
908	中国计量大学现代科技学院	独立学院	—	理工类	浙江	—
908	首都师范大学科德学院	独立学院	—	语言类	北京	—
908	苏州城市学院	公办	—	综合类	江苏	—
908	山东华宇工学院	民办	—	理工类	山东	—
908	广东警官学院	公办	—	政法类	广东	—
913	沈阳工程学院	公办	—	理工类	辽宁	—
913	河北外国语学院	民办	—	语言类	河北	—
915	福州工商学院	民办	—	财经类	福建	—
915	长春大学旅游学院	独立学院	—	综合类	吉林	—
915	宁波大学科学技术学院	独立学院	—	综合类	浙江	—
915	浙江财经大学东方学院	独立学院	—	财经类	浙江	—
915	安徽新华学院	民办	—	理工类	安徽	—
915	广东白云学院	民办	—	理工类	广东	—
921	长治医学院	公办	—	医药类	山西	—
922	河北建筑工程学院	公办	—	理工类	河北	—
922	杭州师范大学钱江学院	独立学院	—	师范类	浙江	—
922	河南开封科技传媒学院	民办	—	财经类	河南	—
922	吉利学院	民办	—	理工类	四川	—

续表

总排名	学校名称	所有制	办学层次	学校类型	省份	得分
922	营口理工学院	公办	—	理工类	辽宁	—
927	茅台学院	民办	—	综合类	贵州	—
928	长春工业大学人文信息学院	独立学院	—	综合类	吉林	—
928	绥化学院	公办	—	综合类	黑龙江	—
928	黑龙江工程学院	公办	—	理工类	黑龙江	—
928	绍兴文理学院元培学院	独立学院	—	综合类	浙江	—
928	青岛黄海学院	民办	—	理工类	山东	—
928	山东石油化工学院	公办	—	理工类	山东	—
928	郑州西亚斯学院	民办	—	综合类	河南	—
928	武汉设计工程学院	民办	—	综合类	湖北	—
928	广西警察学院	公办	—	政法类	广西	—
928	广西职业师范学院	公办	—	师范类	广西	—
938	哈尔滨石油学院	民办	—	理工类	黑龙江	—
939	河北师范大学汇华学院	独立学院	—	师范类	河北	—
939	山西工商学院	民办	—	财经类	山西	—
939	长春人文学院	民办	—	综合类	吉林	—
939	江西科技学院	民办	—	理工类	江西	—
939	烟台南山学院	民办	—	理工类	山东	—
939	烟台理工学院	民办	—	理工类	山东	—
939	长江大学文理学院	独立学院	—	综合类	湖北	—
939	湖北商贸学院	民办	—	财经类	湖北	—
939	四川工商学院	民办	—	财经类	四川	—
939	西安交通大学城市学院	独立学院	—	综合类	陕西	—
939	厦门工学院	民办	—	理工类	福建	—
950	阿坝师范学院	公办	—	师范类	四川	—
951	大连东软信息学院	民办	—	理工类	辽宁	—

续表

总排名	学校名称	所有制	办学层次	学校类型	省份	得分
951	南京大学金陵学院	独立学院	—	综合类	江苏	—
951	上海财经大学浙江学院	独立学院	—	财经类	浙江	—
951	安徽外国语学院	民办	—	语言类	安徽	—
951	郑州工商学院	民办	—	理工类	河南	—
951	郑州商学院	民办	—	财经类	河南	—
951	汉江师范学院	公办	—	师范类	湖北	—
951	广东工商职业技术大学	民办	—	财经类	广东	—
951	南宁学院	民办	—	综合类	广西	—
951	柳州工学院	民办	—	理工类	广西	—
951	桂林学院	民办	—	综合类	广西	—
951	桂林信息科技学院	民办	—	理工类	广西	—
951	四川工业科技学院	民办	—	理工类	四川	—
951	云南大学滇池学院	民办	—	综合类	云南	—
951	西安交通工程学院	民办	—	理工类	陕西	—
951	西安建筑科技大学华清学院	独立学院	—	理工类	陕西	—
967	沈阳医学院	公办	—	医药类	辽宁	—
968	天津商业大学宝德学院	独立学院	—	财经类	天津	—
968	河北环境工程学院	公办	—	理工类	河北	—
968	山西警察学院	公办	—	政法类	山西	—
968	山西能源学院	公办	—	理工类	山西	—
968	大连财经学院	民办	—	财经类	辽宁	—
968	黑龙江东方学院	民办	—	综合类	黑龙江	—
968	东南大学成贤学院	独立学院	—	综合类	江苏	—
968	南京理工大学紫金学院	独立学院	—	理工类	江苏	—
968	南京理工大学泰州科技学院	独立学院	—	理工类	江苏	—
968	南京师范大学中北学院	独立学院	—	综合类	江苏	—

续表

总排名	学校名称	所有制	办学层次	学校类型	省份	得分
968	苏州大学应用技术学院	独立学院	—	综合类	江苏	—
968	郑州工业应用技术学院	民办	—	理工类	河南	—
968	郑州升达经贸管理学院	民办	—	财经类	河南	—
968	武汉城市学院	民办	—	理工类	湖北	—
968	广西民族大学相思湖学院	独立学院	—	综合类	广西	—
968	成都文理学院	民办	—	综合类	四川	—
984	山西工程技术学院	公办	—	理工类	山西	—
985	天津师范大学津沽学院	独立学院	—	综合类	天津	—
985	南通理工学院	民办	—	理工类	江苏	—
985	南京医科大学康达学院	独立学院	—	医药类	江苏	—
985	南通大学杏林学院	独立学院	—	综合类	江苏	—
985	南京审计大学金审学院	独立学院	—	综合类	江苏	—
985	浙江广厦建设职业技术大学	民办	—	理工类	浙江	—
985	浙江理工大学科技与艺术学院	独立学院	—	理工类	浙江	—
985	福建农林大学金山学院	独立学院	—	综合类	福建	—
985	江西应用科技学院	民办	—	理工类	江西	—
985	青岛滨海学院	民办	—	综合类	山东	—
985	齐鲁理工学院	民办	—	理工类	山东	—
985	汉口学院	民办	—	综合类	湖北	—
985	湖南医药学院	公办	—	医药类	湖南	—
985	吉首大学张家界学院	独立学院	—	综合类	湖南	—
985	广州应用科技学院	民办	—	综合类	广东	—
985	广西农业职业技术大学	公办	—	农林类	广西	—
985	广西城市职业大学	民办	—	综合类	广西	—
985	重庆机电职业技术大学	民办	—	理工类	重庆	—
985	西安明德理工学院	民办	—	理工类	陕西	—

续表

总排名	学校名称	所有制	办学层次	学校类型	省份	得分
985	宁夏大学新华学院	独立学院	—	综合类	宁夏	—
985	新疆工程学院	公办	—	理工类	新疆	—
1006	广西科技师范学院	公办	—	师范类	广西	—
1007	中国消防救援学院	公办	—	理工类	北京	—
1007	天津外国语大学滨海外事学院	独立学院	—	语言类	天津	—
1007	天津传媒学院	民办	—	语言类	天津	—
1007	南开大学滨海学院	独立学院	—	综合类	天津	—
1007	天津财经大学珠江学院	独立学院	—	综合类	天津	—
1007	河北水利电力学院	公办	—	理工类	河北	—
1007	华北理工大学轻工学院	独立学院	—	理工类	河北	—
1007	河北石油职业技术大学	公办	—	理工类	河北	—
1007	张家口学院	公办	—	综合类	河北	—
1007	山西师范大学现代文理学院	独立学院	—	师范类	山西	—
1007	山西科技学院	公办	—	理工类	山西	—
1007	辽宁对外经贸学院	民办	—	财经类	辽宁	—
1007	辽宁科技学院	公办	—	理工类	辽宁	—
1007	沈阳城市建设学院	民办	—	理工类	辽宁	—
1007	辽宁师范大学海华学院	独立学院	—	师范类	辽宁	—
1007	大连艺术学院	民办	—	艺术类	辽宁	—
1007	辽宁传媒学院	民办	—	语言类	辽宁	—
1007	吉林建筑科技学院	民办	—	理工类	吉林	—
1007	吉林师范大学博达学院	独立学院	—	师范类	吉林	—
1007	黑龙江外国语学院	民办	—	语言类	黑龙江	—
1007	上海立达学院	民办	—	综合类	上海	—
1007	南京航空航天大学金城学院	独立学院	—	理工类	江苏	—
1007	南京中医药大学翰林学院	独立学院	—	医药类	江苏	—

续表

总排名	学校名称	所有制	办学层次	学校类型	省份	得分
1007	南京财经大学红山学院	独立学院	—	综合类	江苏	—
1007	常州大学怀德学院	独立学院	—	综合类	江苏	—
1007	浙江师范大学行知学院	独立学院	—	综合类	浙江	—
1007	安徽三联学院	民办	—	理工类	安徽	—
1007	仰恩大学	民办	—	综合类	福建	—
1007	南昌交通学院	民办	—	理工类	江西	—
1007	赣南科技学院	公办	—	理工类	江西	—
1007	江西农业大学南昌商学院	独立学院	—	综合类	江西	—
1007	聊城大学东昌学院	独立学院	—	综合类	山东	—
1007	山东外事职业大学	民办	—	综合类	山东	—
1007	郑州财经学院	民办	—	财经类	河南	—
1007	商丘工学院	民办	—	理工类	河南	—
1007	郑州经贸学院	民办	—	财经类	河南	—
1007	武汉体育学院体育科技学院	独立学院	—	综合类	湖北	—
1007	电子科技大学中山学院	独立学院	—	综合类	广东	—
1007	广东理工学院	民办	—	理工类	广东	—
1007	北海艺术设计学院	民办	—	艺术类	广西	—
1007	海南科技职业大学	民办	—	理工类	海南	—
1007	重庆移通学院	民办	—	理工类	重庆	—
1007	电子科技大学成都学院	独立学院	—	理工类	四川	—
1007	贵阳信息科技学院	民办	—	综合类	贵州	—
1007	云南经济管理学院	民办	—	财经类	云南	—
1007	西北大学现代学院	独立学院	—	综合类	陕西	—
1007	西安财经大学行知学院	独立学院	—	财经类	陕西	—
1007	兰州资源环境职业技术大学	公办	—	财经类	甘肃	—
1055	天津天狮学院	民办	—	综合类	天津	—

续表

总排名	学校名称	所有制	办学层次	学校类型	省份	得分
1055	天津中德应用技术大学	公办	—	理工类	天津	—
1055	邢台学院	公办	—	综合类	河北	—
1055	河北工程技术学院	民办	—	理工类	河北	—
1055	河北工程大学科信学院	独立学院	—	理工类	河北	—
1055	石家庄铁道大学四方学院	独立学院	—	理工类	河北	—
1055	保定理工学院	民办	—	理工类	河北	—
1055	燕京理工学院	民办	—	理工类	河北	—
1055	山西中医药大学	公办	—	医药类	山西	—
1055	山西应用科技学院	民办	—	理工类	山西	—
1055	晋中信息学院	民办	—	理工类	山西	—
1055	大连理工大学城市学院	独立学院	—	理工类	辽宁	—
1055	辽宁财贸学院	民办	—	财经类	辽宁	—
1055	上海中侨职业技术大学	民办	—	财经类	上海	—
1055	中国矿业大学徐海学院	独立学院	—	理工类	江苏	—
1055	苏州科技大学天平学院	独立学院	—	综合类	江苏	—
1055	江苏大学京江学院	独立学院	—	综合类	江苏	—
1055	江苏师范大学科文学院	独立学院	—	综合类	江苏	—
1055	杭州电子科技大学信息工程学院	独立学院	—	理工类	浙江	—
1055	合肥经济学院	民办	—	财经类	安徽	—
1055	阜阳师范大学信息工程学院	独立学院	—	综合类	安徽	—
1055	皖江工学院	民办	—	理工类	安徽	—
1055	江西警察学院	公办	—	政法类	江西	—
1055	南昌职业大学	民办	—	综合类	江西	—
1055	南昌大学科学技术学院	独立学院	—	综合类	江西	—
1055	景德镇艺术职业大学	民办	—	艺术类	江西	—
1055	山东外国语职业技术大学	民办	—	语言类	山东	—

续表

总排名	学校名称	所有制	办学层次	学校类型	省份	得分
1055	泰山科技学院	民办	—	理工类	山东	—
1055	山东财经大学东方学院	独立学院	—	财经类	山东	—
1055	青岛电影学院	民办	—	艺术类	山东	—
1055	中原科技学院	民办	—	理工类	河南	—
1055	三峡大学科技学院	独立学院	—	理工类	湖北	—
1055	荆州学院	民办	—	理工类	湖北	—
1055	湖北汽车工业学院科技学院	独立学院	—	理工类	湖北	—
1055	文华学院	民办	—	理工类	湖北	—
1055	武汉工程科技学院	民办	—	理工类	湖北	—
1055	湖南农业大学东方科技学院	独立学院	—	综合类	湖南	—
1055	广东东软学院	民办	—	理工类	广东	—
1055	华南农业大学珠江学院	独立学院	—	综合类	广东	—
1055	广东以色列理工学院	合作办学	—	合作办学	广东	—
1055	重庆对外经贸学院	民办	—	财经类	重庆	—
1055	成都理工大学工程技术学院	独立学院	—	理工类	四川	—
1055	四川外国语大学成都学院	独立学院	—	语言类	四川	—
1055	西南财经大学天府学院	独立学院	—	财经类	四川	—
1055	四川大学锦江学院	独立学院	—	综合类	四川	—
1055	昆明城市学院	民办	—	综合类	云南	—
1055	陕西服装工程学院	民办	—	理工类	陕西	—
1055	西安科技大学高新学院	独立学院	—	理工类	陕西	—
1055	甘肃医学院	公办	—	医药类	甘肃	—
1055	兰州工商学院	民办	—	财经类	甘肃	—
1055	兰州博文科技学院	民办	—	理工类	甘肃	—
1055	宁夏理工学院	民办	—	理工类	宁夏	—
1055	银川科技学院	民办	—	理工类	宁夏	—

续表

总排名	学校名称	所有制	办学层次	学校类型	省份	得分
1108	黄河交通学院	民办	—	理工类	河南	—
1108	河北科技工程职业技术大学	公办	—	理工类	河北	—
1108	黑龙江工商学院	民办	—	财经类	黑龙江	—
1108	沈阳工学院	民办	—	理工类	辽宁	—
1108	扬州大学广陵学院	独立学院	—	综合类	江苏	—
1108	湖北经济学院法商学院	独立学院	—	财经类	湖北	—
1108	湖南交通工程学院	民办	—	理工类	湖南	—
1108	河北地质大学华信学院	独立学院	—	综合类	河北	—
1108	西南交通大学希望学院	独立学院	—	综合类	四川	—
1108	福州大学至诚学院	独立学院	—	综合类	福建	—
1118	黑龙江财经学院	民办	—	财经类	黑龙江	—
1118	湖北工业大学工程技术学院	独立学院	—	理工类	湖北	—
1118	重庆工商大学派斯学院	独立学院	—	财经类	重庆	—
1118	安徽师范大学皖江学院	独立学院	—	师范类	安徽	—
1118	昆明理工大学津桥学院	独立学院	—	综合类	云南	—
1118	兰州石化职业技术大学	公办	—	理工类	甘肃	—
1118	大连科技学院	民办	—	理工类	辽宁	—
1118	运城职业技术大学	民办	—	综合类	山西	—
1118	南昌航空大学科技学院	独立学院	—	理工类	江西	—
1118	中南林业科技大学涉外学院	独立学院	—	综合类	湖南	—
1118	内蒙古鸿德文理学院	民办	—	综合类	内蒙古	—
1118	丽江文化旅游学院	民办	—	综合类	云南	—
1118	华北理工大学冀唐学院	独立学院	—	医药类	河北	—
1118	吉林农业科技学院	公办	—	农林类	吉林	—
1118	广州华立学院	民办	—	理工类	广东	—
1118	南宁理工学院	民办	—	理工类	广西	—

续表

总排名	学校名称	所有制	办学层次	学校类型	省份	得分
1118	闽南理工学院	民办	—	理工类	福建	—
1118	南京邮电大学通达学院	独立学院	—	综合类	江苏	—
1118	新疆科技学院	公办	—	理工类	新疆	—
1118	南京工业大学浦江学院	独立学院	—	综合类	江苏	—
1118	河南科技职业大学	民办	—	理工类	河南	—
1118	武汉工程大学邮电与信息工程学院	独立学院	—	理工类	湖北	—
1118	赣南师范大学科技学院	独立学院	—	师范类	江西	—
1118	河北工业职业技术大学	公办	—	理工类	河北	—
1118	长春电子科技学院	民办	—	理工类	吉林	—
1118	广州科技职业技术大学	民办	—	理工类	广东	—
1118	云南工商学院	民办	—	财经类	云南	—
1118	南宁师范大学师园学院	独立学院	—	综合类	广西	—
1118	陕西科技大学镐京学院	独立学院	—	理工类	陕西	—
1118	山西晋中理工学院	民办	—	理工类	山西	—
1118	北京科技大学天津学院	独立学院	—	综合类	天津	—
1118	成都银杏酒店管理学院	民办	—	财经类	四川	—
1118	武汉晴川学院	民办	—	综合类	湖北	—
1118	绵阳城市学院	民办	—	理工类	四川	—
1118	哈尔滨华德学院	民办	—	理工类	黑龙江	—
1118	延安大学西安创新学院	独立学院	—	综合类	陕西	—
1118	同济大学浙江学院	独立学院	—	综合类	浙江	—
1118	泉州信息工程学院	民办	—	理工类	福建	—
1118	泉州职业技术大学	民办	—	理工类	福建	—
1118	北京工商大学嘉华学院	独立学院	—	财经类	北京	—
1118	沧州交通学院	民办	—	理工类	河北	—
1118	青岛恒星科技学院	民办	—	理工类	山东	—

续表

总排名	学校名称	所有制	办学层次	学校类型	省份	得分
1118	烟台科技学院	民办	—	综合类	山东	—
1118	昆明医科大学海源学院	独立学院	—	医药类	云南	—
1118	内蒙古大学创业学院	独立学院	—	综合类	内蒙古	—
1118	齐齐哈尔工程学院	民办	—	理工类	黑龙江	—
1118	南昌大学共青学院	独立学院	—	综合类	江西	—
1118	广西中医药大学赛恩斯新医药学院	独立学院	—	医药类	广西	—
1118	河北东方学院	民办	—	综合类	河北	—
1118	蚌埠工商学院	民办	—	财经类	安徽	—
1118	湖北工程学院新技术学院	独立学院	—	理工类	湖北	—
1118	闽南科技学院	民办	—	理工类	福建	—
1118	安徽文达信息工程学院	民办	—	理工类	安徽	—
1118	武汉文理学院	民办	—	财经类	湖北	—
1118	长沙医学院	民办	—	医药类	湖南	—
1118	西安工商学院	民办	—	财经类	陕西	—
1118	湖南软件职业技术大学	民办	—	理工类	湖南	—
1118	南昌医学院	公办	—	医药类	江西	—
1118	湖北大学知行学院	独立学院	—	理工类	湖北	—
1118	成都东软学院	民办	—	理工类	四川	—
1118	哈尔滨远东理工学院	民办	—	理工类	黑龙江	—
1118	南昌应用技术师范学院	民办	—	理工类	江西	—
1118	青岛城市学院	民办	—	理工类	山东	—
1118	辽宁理工职业大学	民办	—	理工类	辽宁	—
1118	哈尔滨广厦学院	民办	—	综合类	黑龙江	—
1118	北京中医药大学东方学院	独立学院	—	医药类	河北	—
1118	齐鲁医药学院	民办	—	医药类	山东	—
1118	银川能源学院	民办	—	理工类	宁夏	—

续表

总排名	学校名称	所有制	办学层次	学校类型	省份	得分
1118	新疆第二医学院	公办	—	医药类	新疆	—
1118	哈尔滨剑桥学院	民办	—	综合类	黑龙江	—
1118	江苏科技大学苏州理工学院	独立学院	—	综合类	江苏	—
1118	湖北文理学院理工学院	独立学院	—	理工类	湖北	—
1118	沈阳科技学院	民办	—	理工类	辽宁	—
1118	山东工程职业技术大学	民办	—	理工类	山东	—
1118	大连工业大学艺术与信息工程学院	独立学院	—	理工类	辽宁	—
1118	武汉纺织大学外经贸学院	独立学院	—	财经类	湖北	—
1118	新乡工程学院	民办	—	理工类	河南	—
1118	昆明文理学院	民办	—	综合类	云南	—
1118	山东财经大学燕山学院	独立学院	—	财经类	山东	—
1118	马鞍山学院	民办	—	理工类	安徽	—
1118	潍坊理工学院	民办	—	综合类	山东	—
1118	青岛工学院	民办	—	理工类	山东	—
1118	河北大学工商学院	民办	—	财经类	河北	—
1118	安徽大学江淮学院	独立学院	—	综合类	安徽	—
1118	福州理工学院	民办	—	理工类	福建	—
1118	湖南文理学院芙蓉学院	独立学院	—	综合类	湖南	—
1118	衡阳师范学院南岳学院	独立学院	—	师范类	湖南	—
1118	云南艺术学院文华学院	独立学院	—	艺术类	云南	—
1118	大连医科大学中山学院	独立学院	—	医药类	辽宁	—
1118	江西软件职业技术大学	民办	—	理工类	江西	—
1118	河北科技学院	民办	—	理工类	河北	—
1118	天津理工大学中环信息学院	独立学院	—	综合类	天津	—
1118	湘潭理工学院	民办	—	财经类	湖南	—
1118	兰州信息科技学院	民办	—	理工类	甘肃	—

续表

总排名	学校名称	所有制	办学层次	学校类型	省份	得分
1118	燕山大学里仁学院	独立学院	—	理工类	河北	—
1118	辽宁理工学院	民办	—	理工类	辽宁	—
1118	辽宁何氏医学院	民办	—	医药类	辽宁	—
1118	江西师范大学科学技术学院	独立学院	—	师范类	江西	—
1118	青岛农业大学海都学院	独立学院	—	综合类	山东	—
1118	湖北师范大学文理学院	独立学院	—	综合类	湖北	—
1118	贵阳康养职业大学	公办	—	医药类	贵州	—
1118	北京邮电大学世纪学院	独立学院	—	综合类	北京	—
1118	山西工学院	公办	—	理工类	山西	—
1118	北京第二外国语学院中瑞酒店管理学院	独立学院	—	语言类	北京	—
1118	山东现代学院	民办	—	综合类	山东	—
1118	新疆天山职业技术大学	民办	—	综合类	新疆	—
1118	贵州医科大学神奇民族医药学院	独立学院	—	医药类	贵州	—
1118	西安汽车职业大学	民办	—	理工类	陕西	—
1118	北京工业大学耿丹学院	独立学院	—	综合类	北京	—
1118	辽宁中医药大学杏林学院	独立学院	—	医药类	辽宁	—
1118	湖北恩施学院	民办	—	理工类	湖北	—
1118	新疆农业大学科学技术学院	独立学院	—	理工类	新疆	—
1118	安徽医科大学临床医学院	独立学院	—	医药类	安徽	—
1118	哈尔滨信息工程学院	民办	—	理工类	黑龙江	—
1118	赣东学院	公办	—	综合类	江西	—
1118	锦州医科大学医疗学院	独立学院	—	医药类	辽宁	—
1118	黑龙江工程学院昆仑旅游学院	独立学院	—	财经类	黑龙江	—
1118	浙江中医药大学滨江学院	独立学院	—	医药类	浙江	—
1118	山西医科大学晋祠学院	独立学院	—	医药类	山西	—

续表

总排名	学校名称	所有制	办学层次	学校类型	省份	得分
1118	沈阳城市学院	民办	—	综合类	辽宁	—
1118	温州医科大学仁济学院	独立学院	—	医药类	浙江	—
1118	贵州黔南科技学院	民办	—	综合类	贵州	—
1118	长沙理工大学城南学院	独立学院	—	理工类	湖南	—
1118	贵州黔南经济学院	民办	—	财经类	贵州	—
1118	青海大学昆仑学院	独立学院	—	综合类	青海	—
1118	天津医科大学临床医学院	独立学院	—	医药类	天津	—
1118	河北经贸大学经济管理学院	独立学院	—	财经类	河北	—
1118	合肥城市学院	民办	—	理工类	安徽	—
1118	湖南师范大学树达学院	独立学院	—	师范类	湖南	—
1118	首钢工学院	公办	—	理工类	北京	—
1118	湖南工业大学科技学院	独立学院	—	理工类	湖南	—
1118	西安理工大学高科学院	独立学院	—	理工类	陕西	—
1118	西藏藏医药大学	公办	—	医药类	西藏	—
1118	南华大学船山学院	独立学院	—	理工类	湖南	—
1118	湖南理工学院南湖学院	独立学院	—	理工类	湖南	—
1118	西安信息职业大学	民办	—	理工类	陕西	—
1118	河北农业大学现代科技学院	独立学院	—	综合类	河北	—
1118	上海兴伟学院	民办	—	理工类	上海	—
1118	淮北理工学院	民办	—	理工类	安徽	—
1118	湘潭大学兴湘学院	独立学院	—	综合类	湖南	—
1118	遵义医科大学医学与科技学院	独立学院	—	医药类	贵州	—
1118	长安大学兴华学院	独立学院	—	综合类	陕西	—
1118	河北医科大学临床学院	独立学院	—	医药类	河北	—
1118	湖北医药学院药护学院	独立学院	—	医药类	湖北	—
1118	湖南科技大学潇湘学院	独立学院	—	综合类	湖南	—

续表

总排名	学校名称	所有制	办学层次	学校类型	省份	得分
1118	湖南工程学院应用技术学院	独立学院	—	理工类	湖南	—
1118	湖南中医药大学湘杏学院	独立学院	—	医药类	湖南	—
1118	山西财经大学华商学院	独立学院	—	财经类	山西	—
1118	沈阳工业大学工程学院	独立学院	—	理工类	辽宁	—
1118	沈阳航空航天大学北方科技学院	独立学院	—	理工类	辽宁	—
1118	北京航空航天大学北海学院	民办	—	理工类	广西	—
1118	贵州中医药大学时珍学院	独立学院	—	医药类	贵州	—
1118	西安电子科技大学长安学院	独立学院	—	理工类	陕西	—

总榜中 1270 所本科高校人文社科发展综合得分均值为 3.361 分，共有 243 所高校的综合得分超过了平均分，约占总榜中高校总数的 19.13%，这个比例并不算高。另外，还有约 80.87% 的高校的综合得分处于平均值以下，这表明中国高校整体人文社科水平尚存在较大的发展潜力和发展空间，总体上呈现出由少数高校引领，多数高校追赶的发展格局。

从具体排名来看，中国高校人文社科发展评价排名前 10 强的高校分别为中国人民大学、北京大学、浙江大学、清华大学、武汉大学、北京师范大学、复旦大学、中山大学、上海交通大学、南京大学，中国人民大学以 95.109 的高分雄踞榜首，被评为中国人文社科发展最强高校，而北京大学和浙江大学分别以 81.484 分、72.827 分的成绩位居排第 2 位、第 3 位，同样在人文社科领域表现出不俗的实力。

需要指出的是，总榜中排名前 100 强的高校均为公办高校，因此，关于前 100 强高校详细的分析将在本书第 8 章“8.1.1 公办高校人文社科发展前 100 强高校分析”小节中进行，且排名前 270 位的高校同样为公办高校，约占公办高校总数的 21.26%，表现出了公办高校强大的人文社科实力。

值得一提的是，共有 89 所民办性质的高校进入高校排名前 70%，排名前三的民办高校分别是位于浙江的浙江越秀外国语学院和宁波财经学院，以及位于广东的广州商学院，它们分别以排名第 345 位、第 462 位及第 465 位的成绩跻身于总榜之中，在民办性质的高校中，独立学院前 3 强分别为位居广东的北京师范大学珠海分校、广东外语外贸大学南国商学院及位于浙江的浙江工商大学杭州商学院，它们分别以排名第 580 位、第 686 位及第 705 位的成绩位居总榜之中。综合来看，浙江和广东的民办高校人文社科发展较好，表现出不俗的发展实力，是值得肯定的。

此外，合作办学高校的人文社科发展也是值得肯定的，在 9 所合作办学高校中，共有 8 所进入总榜中所有高校前 70%，它们分别是宁波诺丁汉大学（第 271 位）、西交利物浦大学（第 295 位）、香港中文大学（深圳）（第 364 位）、昆山杜克大学（第 435 位）、北京师范大学-香港浸会大学联合国际学院（第 478 位）、上海纽约大学（第 527 位）、温州肯恩大学（第 630 位）、深圳北理莫斯科大学（第 758 位），其中位于浙江的宁波诺丁汉大学是合作办学高校中人文社科实力最强的高校，而位于广东的广东以色列理工学院则居 1055 位。

7.2 中国高校人文社科发展地区分类分析

全国各省份高校数量及人文社科发展综合得分汇总比较情况如表 7-2 所示。

表 7-2 全国各省份高校数量及人文社科发展综合得分汇总比较情况

排名	省份	数量 / 所	各省份内所有高校得分总和	各省份高校得分总和占全国得分总和的比重 /%	均值
1	北京	67	725.938	17.009	10.835
2	上海	40	385.898	9.042	9.647
3	江苏	78	374.207	8.768	4.798
4	重庆	26	112.888	2.645	4.342
5	广东	67	287.496	6.736	4.291
6	浙江	60	248.591	5.825	4.143
7	湖北	68	273.840	6.416	4.027
8	天津	30	115.167	2.698	3.839
9	四川	53	177.416	4.157	3.347
10	陕西	57	182.678	4.280	3.205
11	福建	39	120.453	2.822	3.089
12	湖南	52	156.686	3.671	3.013
13	山东	70	193.301	4.529	2.761
14	青海	4	9.498	0.223	2.375
15	海南	8	18.434	0.432	2.304
16	西藏	4	8.908	0.209	2.227
17	吉林	37	80.481	1.886	2.175
18	甘肃	22	47.781	1.120	2.172
19	安徽	46	85.017	1.992	1.848

续表

排名	省份	数量 / 所	各省份内所有高校得分总和	各省份高校得分总和占全国得分总和的比重 /%	均值
20	云南	32	57.497	1.347	1.797
21	辽宁	63	111.271	2.607	1.766
22	内蒙古	17	30.007	0.703	1.765
23	河南	57	100.534	2.356	1.764
24	黑龙江	39	64.012	1.500	1.641
25	宁夏	8	13.102	0.307	1.638
26	新疆	19	30.063	0.704	1.582
27	江西	45	70.244	1.646	1.561
28	广西	38	53.724	1.259	1.414
29	贵州	29	37.109	0.869	1.280
30	山西	34	42.528	0.996	1.251
31	河北	61	53.139	1.245	0.871
	全国	1270	4267.908	100	3.361

由表 7–2 可知，从全国各省份所有高校得分总和及其占全国得分总和的比重来看，北京、上海、江苏 3 个省份高校得分总和分别达到了 725.938 分、385.898 分及 374.207 分，占全国所有高校总得分的比重则分别是 17.009%、9.042% 及 8.768%，其中，北京以绝对优势位居不同省份高校得分占全国得分比重的第一，表明北京高校人文社科发展的整体实力比较强劲，其他进入排名前 10 位的省份分别是广东、湖北、浙江、山东、陕西、四川、湖南，综合来看，我国 31 个省份中共有 15 个省份高校得分总和超过了 100 分，而青海、西藏高校的得分总和分别为 9.498 分和 8.908 分，表明不同省份间高校人文社科发展实力尚不均衡。

从中国高校人文社科发展评价省份内及全国所有高校的均值来看（图 7–1），全国 31 个省份共 1270 所高校的人文社科得分均值为 3.361 分，共有 8 个省份内高校的均值在全国平均值 3.361 分以上，约占全国的 25.806%，其中，北京、上海两地均值仍然居 31 个省份排名前两位，其平均值分别达到了 10.835 分和 9.647 分，且只有北京一个地区的均值超过了 10 分，其余省份内高校平均得分均在 10 分以下，江苏、重庆、广东紧随其后，分别以 4.798 分、4.342 分和 4.291 分的成绩排名第 3 位、第 4 位和第 5 位，而浙江、湖北、天津、四川、陕西 5 个省份排名同样进入了前十。

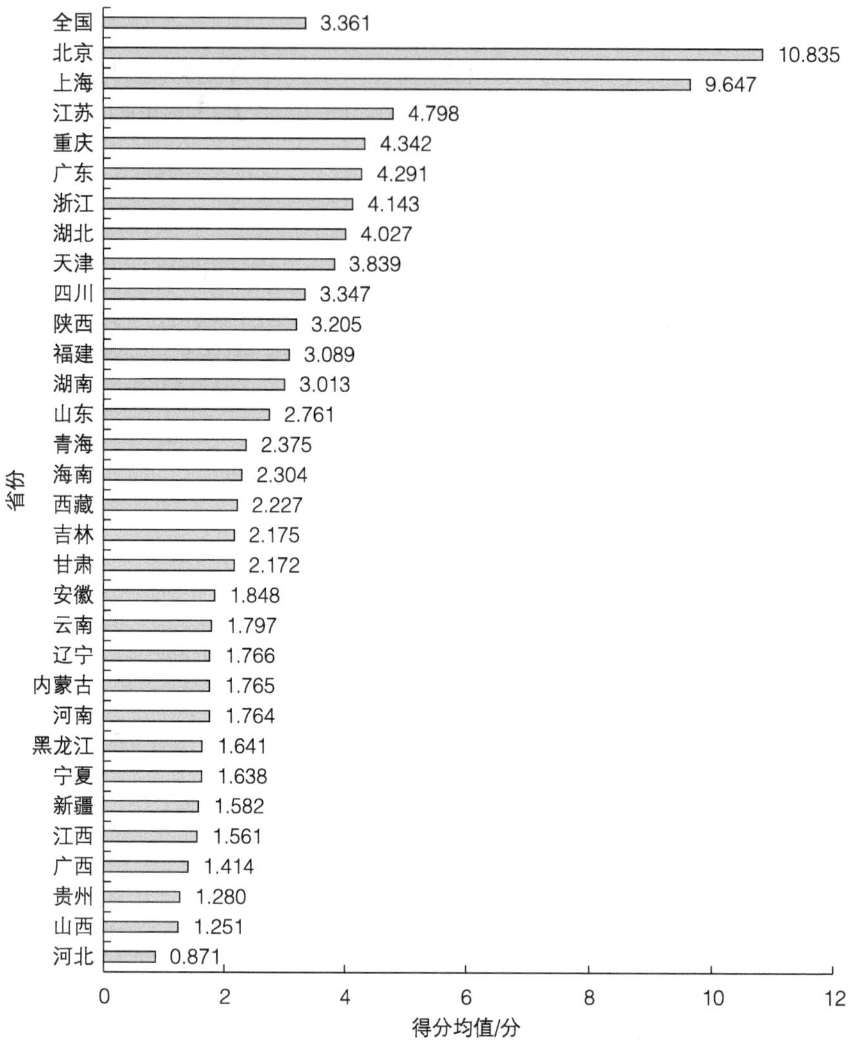

图 7–1 全国和不同地区高校得分均值

从全国及东部、中部、西部地区高校均值来看（图 7–2），东部、中部及西部地区高校人文社科均值分别为 4.395 分、2.160 分和 2.262 分，呈现出东部大于西部，西部大于中部的非均衡发展格局，且东部与中部、西部均值的比值分别为 2.035 和 1.930，说明东部均值在中部均值的 2 倍以上、在西部均值的 1.9 倍以上，接近于 2 倍。另外，同样仅有东部地区高校均值在全国所有高校均值（3.361 分）以上，中部和西部地区均低于平均值。

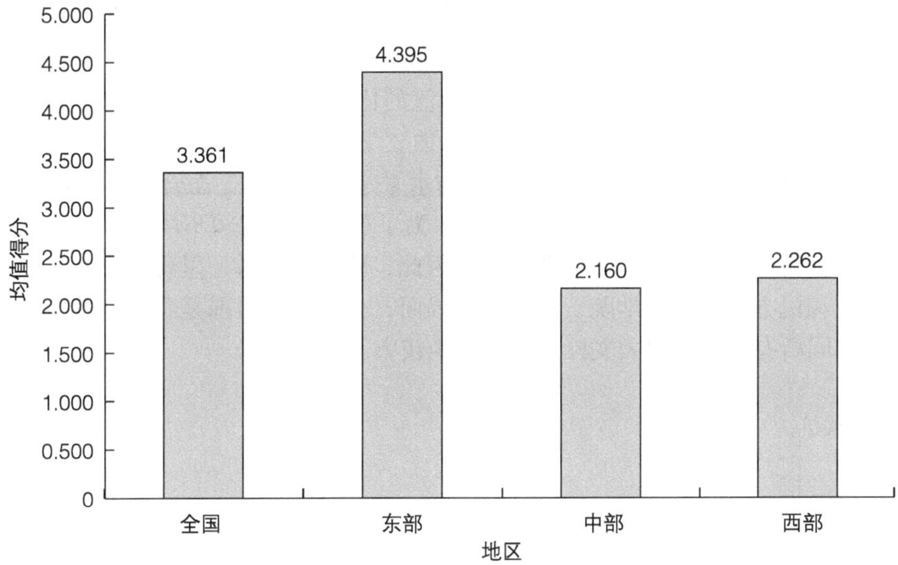

图 7-2　全国和东部、中部、西部高校得分均值

7.3　中国高校人文社科发展按高校所有制分类分析

全国不同所有制高校数量及人文社科发展综合得分汇总比较情况如表 7-3 所示。

表 7-3　所有制高校数量及人文社科发展综合得分汇总比较情况

排名	所有制类型	数量/所	不同所有制高校各自得分总和	不同所有制高校得分总和占全国总和比重/%	均值
1	公办	849	4219.295	98.861	4.970
2	合作办学	9	10.532	0.247	1.170
3	民办（含独立学院）	412	38.081	0.892	0.092
	全国	1270	4267.908	100	3.361

由表 7-3 可知，从不同所有制类型高校各自得分总和及全国占比来看，公办高校得分总和达到了 4219.295 分，占全国得分总和比重达到了 98.861%，而合作办学类高校和民办（含独立学院）类高校各自得分总和分别为 10.532 分和 38.081 分，占全国得分总和的比重分别为 0.247% 和 0.892%，综合来看，全国所有高校的总得分基本上都是公办高校所贡献的，公办高校的人文社科实力和水平处于绝对领先地位，而民办（含独立学院）类高校的人文社科发展仍然任重而道远，但同时也存在较大发展潜力。

从全国不同所有制类型高校得分均值来看，公办高校、合作办学类高校及民办（含独立学院）类高校的人文社科得分均值分别为 4.970 分、1.170 分和 0.092 分，且公办高校与合作办学类高校、民办（含独立学院）类高校均值的比值分别为 4.248、54.022，说明公办高校得分均值分别是合作办学类高校、民办（含独立学院）类高校的 4 倍、54 倍以上，另外同样仅有公办高校的得分均值超过了全国平均水平（3.361 分），而合作办学类高校和民办（含独立学院）类高校均值均在全国均值以下，为了更直观地比较不同所有制类型高校得分均值情况，将其得分均值情况绘制成图 7–3。因此，就全国来看，呈现出公办高校领先于合作办学类高校和民办（含独立学院）类高校的局面，公办高校目前是我国高校人文社科发展的主力军，不同所有制高校间人文社科发展差距较大。

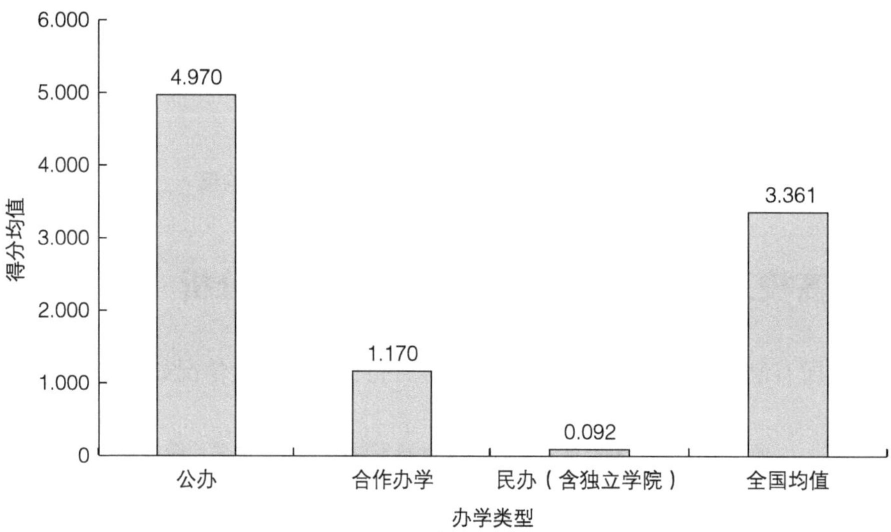

图 7–3　全国和不同所有制类型高校各自得分均值

7.4　中国高校人文社科发展按高校学科类型分类分析

本部分将全国 1270 所高校中除去 9 所合作办学类高校后剩下的 1261 所高校划分为 11 种类型，并进行宏观比较分析，如表 7–4 所示。

表 7–4　全国不同学科类型高校数量及综合得分汇总比较

排名	学校类型	数量/所	全国不同类型高校各自得分总和	不同类型高校各自得分总和占全国总和比重/%	均值
1	综合类	321	1830.08	42.986	5.701
2	民族类	14	76.185	1.789	5.442

续表

排名	学校类型	数量/所	全国不同类型高校各自得分总和	不同类型高校各自得分总和占全国总和比重/%	均值
3	师范类	136	681.732	16.013	5.013
4	财经类	115	395.474	9.289	3.439
5	语言类	30	97.028	2.279	3.234
6	农林类	42	134.644	3.163	3.206
7	体育类	14	29.483	0.693	2.106
8	理工类	391	799.315	18.775	2.004
9	政法类	38	74.418	1.748	1.958
10	艺术类	51	59.219	1.391	1.161
11	医药类	109	79.798	1.874	0.732
	全国	1261	4257.376	100	3.376

由表 7-4 可知，从不同学科类型高校各自得分总和及其占全国得分总和的比重来看，综合类、理工类、师范类 3 种类型高校得分总和分别达到了 1830.08 分、799.315 分和 681.732 分，占全国所有高校总得分的比重则分别是 42.986%、18.775% 及 16.013%，这也是 11 种类型高校中占比超过 10% 的 3 种类型，且综合类高校以绝对优势位居不同类型高校各自得分总和占全国总和比重排名的第 1 位，且这 3 种类型高校占全国得分总值的比重高达 77.774%，其他 8 种类型高校占全国得分总值的比重仅为 22.226%，说明从高校类型视角来看，全国高校人文社科得分综合主要是由综合类、理工类、师范类 3 种类型高校贡献的。

从全国各类型高校各自的得分均值来看，全国所有高校得分均值为 3.376 分，共有 4 种类型高校的均值在全国均值（3.376 分）以上，约占 11 种类型数量的 36.364%，其中，综合类、民族类、师范类分别以 5.701 分、5.442 分和 5.013 分的成绩位列 11 种类型中前三，且综合类高校依然排名第一，财经类、语言类、农林类 3 种类型高校均值分别为 3.439 分、3.234 分和 3.206 分，分别位居排名第 3 位、第 4 位和第 5 位，体育类和理工类得分均值在 2 分以上，分别为 2.106 分和 2.044 分，政法类和艺术类得分均值在 1 分以上，分别为 1.958 分和 1.161 分，而医药类高校的平均得分相对较低，仅为 0.732 分，为了更直观地比较不同学科类型高校得分均值情况，将得分均值绘制成图 7-4。综合来看，综合类高校表现出其强大的人文社科实力，师范类、民族类、财经类、语言类高校同样有不俗的表现。

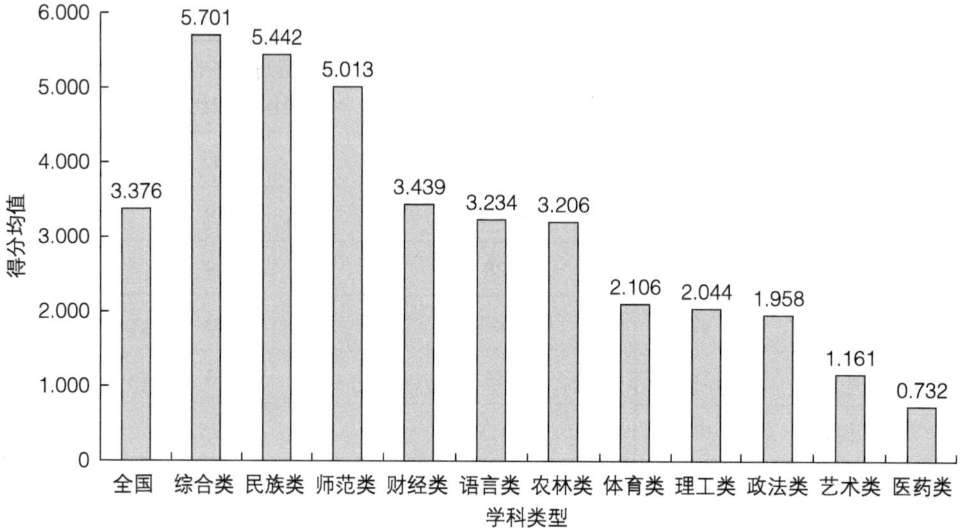

图 7-4　全国和不同学科类型高校各自得分均值

8 中国公办高校人文社科发展评价报告

8.1 公办高校人文社科发展评价报告

根据构建好的评价指标体系，对我国849所公办高校人文社科发展进行评价及排名，具体评价得分与排名如表8-1所示。

表8-1 公办高校人文社科发展水平综合评价得分与排名

总排名	学校名称	学校类型	办学层次	省份	得分	等级
1	中国人民大学	综合类	“双一流”	北京	95.109	A+
2	北京大学	综合类	“双一流”	北京	81.484	A+
3	浙江大学	综合类	“双一流”	浙江	72.827	A+
4	清华大学	综合类	“双一流”	北京	72.171	A+
5	武汉大学	综合类	“双一流”	湖北	70.672	A+
6	北京师范大学	师范类	“双一流”	北京	65.954	A+
7	复旦大学	综合类	“双一流”	上海	64.796	A+
8	中山大学	综合类	“双一流”	广东	63.877	A+
9	上海交通大学	综合类	“双一流”	上海	60.296	A+
10	南京大学	综合类	“双一流”	江苏	60.108	A+
11	四川大学	综合类	“双一流”	四川	58.519	A+
12	华东师范大学	师范类	“双一流”	上海	55.978	A+
13	厦门大学	综合类	“双一流”	福建	53.953	A+
14	山东大学	综合类	“双一流”	山东	51.322	A+
15	南开大学	综合类	“双一流”	天津	47.681	A+
16	华中科技大学	综合类	“双一流”	湖北	42.976	A+
17	华中师范大学	师范类	“双一流”	湖北	40.368	A+

续表

总排名	学校名称	学校类型	办学层次	省份	得分	等级
18	西安交通大学	综合类	“双一流”	陕西	40.117	A
19	吉林大学	综合类	“双一流”	吉林	34.117	A
20	南京师范大学	师范类	“双一流”	江苏	34.102	A
21	同济大学	综合类	“双一流”	上海	33.058	A
22	西南大学	综合类	“双一流”	重庆	32.352	A
23	上海大学	综合类	“双一流”	上海	32.039	A
24	暨南大学	综合类	“双一流”	广东	31.533	A
25	湖南大学	综合类	“双一流”	湖南	30.419	A
26	东南大学	综合类	“双一流”	江苏	30.305	A
27	陕西师范大学	师范类	“双一流”	陕西	29.888	A
28	中南财经政法大学	财经类	“双一流”	湖北	29.467	A
29	中南大学	综合类	“双一流”	湖南	29.067	A
30	中国科学院大学	理工类	“双一流”	北京	27.116	A
31	华南师范大学	师范类	“双一流”	广东	26.861	A
32	苏州大学	综合类	“双一流”	江苏	26.860	A
33	东北师范大学	师范类	“双一流”	吉林	26.418	A
34	湖南师范大学	师范类	“双一流”	湖南	26.005	A
35	西南财经大学	财经类	“双一流”	四川	25.623	A
36	对外经济贸易大学	财经类	“双一流”	北京	25.440	A
37	郑州大学	综合类	“双一流”	河南	25.362	A
38	华南理工大学	理工类	“双一流”	广东	25.191	A
39	深圳大学	综合类	普通高校	广东	24.983	A
40	天津大学	理工类	“双一流”	天津	24.301	A
41	重庆大学	综合类	“双一流”	重庆	24.268	A
42	中国政法大学	政法类	“双一流”	北京	23.607	A
43	中央财经大学	财经类	“双一流”	北京	23.004	A－

续表

总排名	学校名称	学校类型	办学层次	省份	得分	等级
44	电子科技大学	理工类	“双一流”	四川	22.521	A－
45	西北大学	综合类	“双一流”	陕西	22.251	A－
46	大连理工大学	理工类	“双一流”	辽宁	22.176	A－
47	云南大学	综合类	“双一流”	云南	21.915	A－
48	河南大学	综合类	“双一流”	河南	21.903	A－
49	上海财经大学	财经类	“双一流”	上海	21.519	A－
50	北京航空航天大学	理工类	“双一流”	北京	21.086	A－
51	北京理工大学	理工类	“双一流”	北京	20.230	A－
52	哈尔滨工业大学	理工类	“双一流”	黑龙江	19.778	A－
53	福建师范大学	师范类	普通高校	福建	19.669	A－
54	浙江工商大学	财经类	普通高校	浙江	19.547	A－
55	广州大学	综合类	普通高校	广东	19.396	A－
56	山东师范大学	师范类	普通高校	山东	19.215	A－
57	上海师范大学	师范类	普通高校	上海	19.160	A－
58	首都师范大学	师范类	“双一流”	北京	19.099	A－
59	广东外语外贸大学	语言类	普通高校	广东	18.915	A－
60	安徽大学	综合类	“双一流”	安徽	18.649	A－
61	兰州大学	综合类	“双一流”	甘肃	18.495	A－
62	西北工业大学	理工类	“双一流”	陕西	18.486	A－
63	中央民族大学	民族类	“双一流”	北京	18.155	A－
64	东北大学	理工类	“双一流”	辽宁	18.071	A－
65	东北财经大学	财经类	普通高校	辽宁	17.356	A－
66	浙江师范大学	师范类	普通高校	浙江	16.714	A－
67	中国社会科学院大学	综合类	普通高校	北京	16.472	A－
68	江西财经大学	财经类	普通高校	江西	16.244	A－
69	北京交通大学	理工类	“双一流”	北京	15.990	A－

续表

总排名	学校名称	学校类型	办学层次	省份	得分	等级
70	山西大学	综合类	"双一流"	山西	15.964	A－
71	浙江工业大学	理工类	普通高校	浙江	15.888	A－
72	南京农业大学	农林类	"双一流"	江苏	15.853	A－
73	中国传媒大学	语言类	"双一流"	北京	15.644	A－
74	山东财经大学	财经类	普通高校	山东	15.376	A－
75	河北大学	综合类	普通高校	河北	15.320	A－
76	杭州师范大学	师范类	普通高校	浙江	14.949	A－
77	中国科学技术大学	理工类	"双一流"	安徽	14.819	A－
78	江西师范大学	师范类	普通高校	江西	14.707	A－
79	西南交通大学	理工类	"双一流"	四川	14.690	A－
80	浙江财经大学	财经类	普通高校	浙江	14.552	A－
81	南京财经大学	财经类	普通高校	江苏	14.380	A－
82	湘潭大学	综合类	"双一流"	湖南	14.346	A－
83	曲阜师范大学	师范类	普通高校	山东	14.337	A－
84	中国农业大学	农林类	"双一流"	北京	13.921	A－
85	扬州大学	综合类	普通高校	江苏	13.816	B＋
86	广西师范大学	师范类	普通高校	广西	13.676	B＋
87	江南大学	综合类	"双一流"	江苏	13.502	B＋
88	天津师范大学	师范类	普通高校	天津	13.498	B＋
89	南昌大学	综合类	"双一流"	江西	13.390	B＋
90	上海外国语大学	语言类	"双一流"	上海	13.218	B＋
91	首都经济贸易大学	财经类	普通高校	北京	13.163	B＋
92	西安电子科技大学	理工类	"双一流"	陕西	13.053	B＋
93	西北师范大学	师范类	普通高校	甘肃	12.957	B＋
94	南京航空航天大学	理工类	"双一流"	江苏	12.911	B＋
95	青岛大学	综合类	普通高校	山东	12.801	B＋

续表

总排名	学校名称	学校类型	办学层次	省份	得分	等级
96	西南政法大学	政法类	普通高校	重庆	12.787	B+
97	中国海洋大学	综合类	"双一流"	山东	12.669	B+
98	江苏大学	综合类	普通高校	江苏	12.478	B+
99	北京科技大学	理工类	"双一流"	北京	12.258	B+
100	合肥工业大学	理工类	"双一流"	安徽	12.232	B+
101	海南大学	综合类	"双一流"	海南	12.211	B+
102	华东理工大学	理工类	"双一流"	上海	11.902	B+
103	西北农林科技大学	农林类	"双一流"	陕西	11.789	B+
104	安徽师范大学	师范类	普通高校	安徽	11.682	B+
105	北京外国语大学	语言类	"双一流"	北京	11.608	B+
106	华东政法大学	政法类	普通高校	上海	11.599	B+
107	四川师范大学	师范类	普通高校	四川	11.597	B+
108	宁波大学	综合类	"双一流"	浙江	11.581	B+
109	华中农业大学	农林类	"双一流"	湖北	11.469	B+
110	辽宁大学	综合类	"双一流"	辽宁	11.216	B+
111	广东工业大学	理工类	普通高校	广东	11.179	B+
112	南京理工大学	理工类	"双一流"	江苏	10.993	B+
113	山西财经大学	财经类	普通高校	山西	10.938	B+
114	福州大学	理工类	"双一流"	福建	10.725	B+
115	南京审计大学	财经类	普通高校	江苏	10.590	B+
116	华侨大学	综合类	普通高校	福建	10.536	B+
117	北京工业大学	理工类	"双一流"	北京	10.499	B+
118	湖北大学	综合类	普通高校	湖北	10.377	B+
119	江苏师范大学	师范类	普通高校	江苏	10.366	B+
120	河海大学	理工类	"双一流"	江苏	10.292	B+
121	内蒙古大学	综合类	"双一流"	内蒙古	10.175	B+

续表

总排名	学校名称	学校类型	办学层次	省份	得分	等级
122	广西大学	综合类	“双一流”	广西	10.087	B+
123	贵州大学	综合类	“双一流”	贵州	9.920	B+
124	南京信息工程大学	理工类	“双一流”	江苏	9.854	B+
125	杭州电子科技大学	理工类	普通高校	浙江	9.607	B+
126	中国地质大学（北京）	理工类	“双一流”	北京	9.391	B+
127	重庆工商大学	财经类	普通高校	重庆	9.273	B+
128	黑龙江大学	综合类	普通高校	黑龙江	9.157	B+
129	中国矿业大学	理工类	“双一流”	江苏	8.881	B+
130	武汉理工大学	理工类	“双一流”	湖北	8.870	B+
131	北京邮电大学	理工类	“双一流”	北京	8.856	B+
132	温州大学	综合类	普通高校	浙江	8.838	B+
133	河北师范大学	师范类	普通高校	河北	8.761	B+
134	大连海事大学	理工类	“双一流”	辽宁	8.748	B+
135	中南民族大学	民族类	普通高校	湖北	8.618	B+
136	河南师范大学	师范类	普通高校	河南	8.587	B+
137	新疆大学	综合类	“双一流”	新疆	8.521	B+
138	西南民族大学	民族类	普通高校	四川	8.425	B+
139	华南农业大学	农林类	“双一流”	广东	8.412	B+
140	北京工商大学	财经类	普通高校	北京	8.364	B+
141	天津财经大学	财经类	普通高校	天津	8.273	B+
142	湖南工商大学	财经类	普通高校	湖南	8.181	B+
143	上海对外经贸大学	财经类	普通高校	上海	8.073	B+
144	贵州师范大学	师范类	普通高校	贵州	7.768	B+
145	内蒙古师范大学	师范类	普通高校	内蒙古	7.721	B+
146	南通大学	综合类	普通高校	江苏	7.569	B+
147	中国地质大学（武汉）	理工类	“双一流”	湖北	7.487	B+

续表

总排名	学校名称	学校类型	办学层次	省份	得分	等级
147	南京林业大学	农林类	“双一流”	江苏	7.487	B+
149	云南师范大学	师范类	普通高校	云南	7.375	B+
150	南京邮电大学	理工类	“双一流”	江苏	7.361	B+
151	北京语言大学	语言类	普通高校	北京	7.356	B+
152	云南财经大学	财经类	普通高校	云南	7.155	B+
153	贵州财经大学	财经类	普通高校	贵州	6.669	B+
154	燕山大学	理工类	普通高校	河北	6.653	B+
155	广东财经大学	财经类	普通高校	广东	6.633	B+
156	宁夏大学	综合类	“双一流”	宁夏	6.545	B+
157	上海理工大学	理工类	普通高校	上海	6.500	B+
158	新疆师范大学	师范类	普通高校	新疆	6.345	B+
159	广西民族大学	民族类	普通高校	广西	6.215	B+
160	山东科技大学	理工类	普通高校	山东	6.108	B+
161	安徽财经大学	财经类	普通高校	安徽	6.088	B+
162	中国石油大学（北京）	理工类	“双一流”	北京	6.085	B+
163	长沙理工大学	理工类	普通高校	湖南	6.054	B+
164	东华大学	理工类	“双一流”	上海	6.038	B+
165	上海体育学院	体育类	“双一流”	上海	6.020	B+
166	北京体育大学	体育类	“双一流”	北京	5.990	B+
167	湖南科技大学	综合类	普通高校	湖南	5.817	B+
168	石河子大学	综合类	“双一流”	新疆	5.790	B+
169	哈尔滨师范大学	师范类	普通高校	黑龙江	5.718	B+
170	浙江理工大学	理工类	普通高校	浙江	5.697	B
171	重庆师范大学	师范类	普通高校	重庆	5.684	B
172	四川外国语大学	语言类	普通高校	重庆	5.649	B
173	西北民族大学	民族类	普通高校	甘肃	5.640	B

续表

总排名	学校名称	学校类型	办学层次	省份	得分	等级
174	湖南农业大学	农林类	普通高校	湖南	5.559	B
175	首都医科大学	医药类	普通高校	北京	5.443	B
176	云南民族大学	民族类	普通高校	云南	5.322	B
177	河南财经政法大学	财经类	普通高校	河南	5.302	B
178	西安外国语大学	语言类	普通高校	陕西	5.262	B
179	哈尔滨工程大学	理工类	“双一流”	黑龙江	5.236	B
180	重庆邮电大学	理工类	普通高校	重庆	5.182	B
181	中央美术学院	艺术类	“双一流”	北京	5.173	B
182	福建农林大学	农林类	普通高校	福建	5.167	B
183	上海海事大学	理工类	普通高校	上海	5.127	B
184	北京化工大学	理工类	“双一流”	北京	5.013	B
185	辽宁师范大学	师范类	普通高校	辽宁	5.011	B
186	四川农业大学	农林类	“双一流”	四川	4.960	B
187	西藏民族大学	民族类	普通高校	西藏	4.948	B
188	南方科技大学	理工类	“双一流”	广东	4.897	B
189	北方民族大学	民族类	普通高校	宁夏	4.894	B
190	西北政法大学	政法类	普通高校	陕西	4.860	B
191	西安理工大学	理工类	普通高校	陕西	4.819	B
192	华北电力大学	理工类	“双一流”	北京	4.719	B
193	济南大学	综合类	普通高校	山东	4.715	B
194	中国石油大学（华东）	理工类	“双一流”	山东	4.701	B
194	昆明理工大学	理工类	普通高校	云南	4.701	B
196	西安建筑科技大学	理工类	普通高校	陕西	4.694	B
197	山西师范大学	师范类	普通高校	山西	4.541	B
198	中国美术学院	艺术类	“双一流”	浙江	4.520	B
199	南方医科大学	医药类	普通高校	广东	4.490	B

续表

总排名	学校名称	学校类型	办学层次	省份	得分	等级
200	上海政法学院	政法类	普通高校	上海	4.444	B
201	北京林业大学	农林类	“双一流”	北京	4.383	B
202	南京艺术学院	艺术类	普通高校	江苏	4.379	B
203	山东理工大学	理工类	普通高校	山东	4.328	B
204	广西财经学院	财经类	普通高校	广西	4.301	B
205	海南师范大学	师范类	普通高校	海南	4.237	B
206	青海师范大学	师范类	普通高校	青海	4.178	B
207	武汉体育学院	体育类	普通高校	湖北	4.141	B
208	北京联合大学	综合类	普通高校	北京	4.059	B
209	南京医科大学	医药类	“双一流”	江苏	4.044	B
210	成都理工大学	理工类	“双一流”	四川	4.005	B
211	贵州民族大学	民族类	普通高校	贵州	3.968	B
212	汕头大学	综合类	普通高校	广东	3.928	B
212	上海工程技术大学	理工类	普通高校	上海	3.928	B
214	河北工业大学	理工类	“双一流”	河北	3.910	B
215	国际关系学院	政法类	普通高校	北京	3.909	B
216	浙江农林大学	农林类	普通高校	浙江	3.901	B
217	浙江传媒学院	语言类	普通高校	浙江	3.886	B
218	山东工商学院	财经类	普通高校	山东	3.863	B
219	三峡大学	综合类	普通高校	湖北	3.858	B
220	吉首大学	综合类	普通高校	湖南	3.857	B
221	南宁师范大学	师范类	普通高校	广西	3.823	B
222	延边大学	综合类	“双一流”	吉林	3.815	B
223	西藏大学	综合类	“双一流”	西藏	3.778	B
224	广州美术学院	艺术类	普通高校	广东	3.757	B
225	长安大学	理工类	“双一流”	陕西	3.720	B

续表

总排名	学校名称	学校类型	办学层次	省份	得分	等级
226	湖北经济学院	财经类	普通高校	湖北	3.702	B
227	广东金融学院	财经类	普通高校	广东	3.689	B
228	常州大学	理工类	普通高校	江苏	3.687	B
229	东北林业大学	农林类	“双一流”	黑龙江	3.672	B
230	东北农业大学	农林类	“双一流”	黑龙江	3.592	B
231	重庆交通大学	理工类	普通高校	重庆	3.585	B
232	天津理工大学	理工类	普通高校	天津	3.573	B
233	青岛科技大学	理工类	普通高校	山东	3.553	B
234	青海民族大学	民族类	普通高校	青海	3.551	B
235	山东农业大学	农林类	普通高校	山东	3.523	B
236	烟台大学	综合类	普通高校	山东	3.508	B
237	南京工业大学	理工类	普通高校	江苏	3.476	B
238	湖州师范学院	师范类	普通高校	浙江	3.472	B
239	武汉科技大学	理工类	普通高校	湖北	3.432	B
240	聊城大学	综合类	普通高校	山东	3.423	B
241	上海戏剧学院	艺术类	普通高校	上海	3.395	B
242	江苏科技大学	理工类	普通高校	江苏	3.377	B
243	闽南师范大学	师范类	普通高校	福建	3.372	B
244	苏州科技大学	理工类	普通高校	江苏	3.324	B
245	上海音乐学院	艺术类	“双一流”	上海	3.322	B
246	郑州航空工业管理学院	财经类	普通高校	河南	3.310	B
247	中央音乐学院	艺术类	“双一流”	北京	3.289	B
248	华东交通大学	理工类	普通高校	江西	3.247	B
249	湖北工业大学	理工类	普通高校	湖北	3.224	B
250	北京协和医学院	医药类	“双一流”	北京	3.219	B
251	绍兴文理学院	综合类	普通高校	浙江	3.201	B

续表

总排名	学校名称	学校类型	办学层次	省份	得分	等级
252	鲁东大学	综合类	普通高校	山东	3.168	B
253	安徽工业大学	理工类	普通高校	安徽	3.162	B
254	中国医科大学	医药类	普通高校	辽宁	3.158	B
255	上海立信会计金融学院	财经类	普通高校	上海	3.157	B–
256	温州医科大学	医药类	普通高校	浙江	3.124	B–
257	哈尔滨理工大学	理工类	普通高校	黑龙江	3.113	B–
258	重庆医科大学	医药类	普通高校	重庆	3.053	B–
259	哈尔滨商业大学	财经类	普通高校	黑龙江	3.048	B–
260	浙大城市学院	综合类	普通高校	浙江	3.035	B–
261	中国计量大学	理工类	普通高校	浙江	3.012	B–
262	信阳师范学院	师范类	普通高校	河南	2.995	B–
263	北京第二外国语学院	语言类	普通高校	北京	2.993	B–
264	北京电影学院	艺术类	普通高校	北京	2.992	B–
265	中国人民公安大学	政法类	“双一流”	北京	2.982	B–
266	齐鲁工业大学	理工类	普通高校	山东	2.978	B–
267	新疆财经大学	财经类	普通高校	新疆	2.973	B–
268	哈尔滨医科大学	医药类	普通高校	黑龙江	2.957	B–
269	中国矿业大学（北京）	理工类	“双一流”	北京	2.947	B–
270	广东技术师范大学	师范类	普通高校	广东	2.943	B–
271	河南农业大学	农林类	普通高校	河南	2.859	B–
272	湖南第一师范学院	师范类	普通高校	湖南	2.830	B–
273	嘉兴学院	综合类	普通高校	浙江	2.820	B–
274	华北水利水电大学	理工类	普通高校	河南	2.794	B–
275	淮阴师范学院	师范类	普通高校	江苏	2.792	B–
276	沈阳师范大学	师范类	普通高校	辽宁	2.781	B–
277	太原理工大学	理工类	“双一流”	山西	2.765	B–

续表

总排名	学校名称	学校类型	办学层次	省份	得分	等级
278	北京物资学院	财经类	普通高校	北京	2.755	B－
279	南京晓庄学院	师范类	普通高校	江苏	2.721	B－
280	长江大学	综合类	普通高校	湖北	2.720	B－
281	河北经贸大学	财经类	普通高校	河北	2.684	B－
282	西安邮电大学	理工类	普通高校	陕西	2.662	B－
283	赣南师范大学	师范类	普通高校	江西	2.658	B－
284	武汉工程大学	理工类	普通高校	湖北	2.650	B－
285	桂林理工大学	理工类	普通高校	广西	2.640	B－
286	内蒙古财经大学	财经类	普通高校	内蒙古	2.629	B－
287	湖北师范大学	师范类	普通高校	湖北	2.617	B－
288	江西农业大学	农林类	普通高校	江西	2.607	B－
289	大连外国语大学	语言类	普通高校	辽宁	2.606	B－
289	成都体育学院	体育类	普通高校	四川	2.606	B－
291	长沙学院	综合类	普通高校	湖南	2.548	B－
292	天津商业大学	财经类	普通高校	天津	2.546	B－
293	吉林财经大学	财经类	普通高校	吉林	2.532	B－
294	沈阳农业大学	农林类	普通高校	辽宁	2.525	B－
295	湖南财政经济学院	财经类	普通高校	湖南	2.524	B－
295	西安财经大学	财经类	普通高校	陕西	2.524	B－
297	西南石油大学	理工类	“双一流”	四川	2.490	B－
298	桂林电子科技大学	理工类	普通高校	广西	2.485	B－
299	中南林业科技大学	农林类	普通高校	湖南	2.474	B－
300	湖南工业大学	理工类	普通高校	湖南	2.459	B－
301	河北农业大学	农林类	普通高校	河北	2.455	B－
302	郑州轻工业大学	理工类	普通高校	河南	2.420	B－
303	集美大学	综合类	普通高校	福建	2.412	B－

续表

总排名	学校名称	学校类型	办学层次	省份	得分	等级
304	四川美术学院	艺术类	普通高校	重庆	2.403	B–
305	景德镇陶瓷大学	理工类	普通高校	江西	2.394	B–
306	盐城师范学院	师范类	普通高校	江苏	2.366	B–
307	内蒙古民族大学	民族类	普通高校	内蒙古	2.349	B–
308	西南科技大学	理工类	普通高校	四川	2.345	B–
309	河南工业大学	理工类	普通高校	河南	2.335	B–
310	兰州财经大学	财经类	普通高校	甘肃	2.332	B–
311	天津工业大学	理工类	“双一流”	天津	2.328	B–
312	台州学院	综合类	普通高校	浙江	2.309	B–
313	北京建筑大学	理工类	普通高校	北京	2.295	B–
314	外交学院	语言类	“双一流”	北京	2.267	B–
315	山东建筑大学	理工类	普通高校	山东	2.266	B–
316	西华师范大学	师范类	普通高校	四川	2.220	B–
317	成都大学	综合类	普通高校	四川	2.216	B–
318	西华大学	综合类	普通高校	四川	2.182	B–
319	西安美术学院	艺术类	普通高校	陕西	2.177	B–
320	洛阳师范学院	师范类	普通高校	河南	2.164	B–
321	广州医科大学	医药类	“双一流”	广东	2.142	B–
322	长江师范学院	师范类	普通高校	重庆	2.126	B–
323	青岛农业大学	农林类	普通高校	山东	2.113	B–
324	天津科技大学	理工类	普通高校	天津	2.107	B–
324	渤海大学	综合类	普通高校	辽宁	2.107	B–
326	重庆理工大学	理工类	普通高校	重庆	2.078	B–
327	河南理工大学	理工类	普通高校	河南	2.068	B–
328	大连民族大学	民族类	普通高校	辽宁	2.067	B–
329	中国音乐学院	艺术类	“双一流”	北京	2.058	B–

续表

总排名	学校名称	学校类型	办学层次	省份	得分	等级
330	浙江外国语学院	语言类	普通高校	浙江	2.049	B－
331	浙江海洋大学	农林类	普通高校	浙江	2.008	B－
331	安徽医科大学	医药类	普通高校	安徽	2.008	B－
333	江西理工大学	理工类	普通高校	江西	2.005	B－
334	青岛理工大学	理工类	普通高校	山东	2.001	B－
335	徐州工程学院	理工类	普通高校	江苏	1.989	B－
336	福建医科大学	医药类	普通高校	福建	1.938	B－
337	武汉纺织大学	理工类	普通高校	湖北	1.934	B－
338	湖北民族大学	民族类	普通高校	湖北	1.920	B－
339	安徽工程大学	理工类	普通高校	安徽	1.914	B－
340	东华理工大学	理工类	普通高校	江西	1.902	C＋
341	天津体育学院	体育类	普通高校	天津	1.889	C＋
342	中央戏剧学院	艺术类	“双一流”	北京	1.888	C＋
343	北方工业大学	理工类	普通高校	北京	1.869	C＋
344	陕西科技大学	理工类	普通高校	陕西	1.866	C＋
345	河南科技大学	综合类	普通高校	河南	1.844	C＋
346	岭南师范学院	师范类	普通高校	广东	1.843	C＋
347	浙江中医药大学	医药类	普通高校	浙江	1.835	C＋
348	常熟理工学院	理工类	普通高校	江苏	1.832	C＋
349	浙江万里学院	理工类	普通高校	浙江	1.827	C＋
350	首都体育学院	体育类	普通高校	北京	1.824	C＋
351	西安工程大学	理工类	普通高校	陕西	1.820	C＋
352	周口师范学院	师范类	普通高校	河南	1.804	C＋
353	浙江科技学院	理工类	普通高校	浙江	1.800	C＋
354	内蒙古工业大学	理工类	普通高校	内蒙古	1.794	C＋
355	东莞理工学院	理工类	普通高校	广东	1.763	C＋

续表

总排名	学校名称	学校类型	办学层次	省份	得分	等级
356	青海大学	综合类	“双一流”	青海	1.732	C+
357	长春工业大学	理工类	普通高校	吉林	1.708	C+
357	北京中医药大学	医药类	“双一流”	北京	1.708	C+
359	大理大学	综合类	普通高校	云南	1.698	C+
360	中国药科大学	医药类	“双一流”	江苏	1.685	C+
361	长春师范大学	师范类	普通高校	吉林	1.663	C+
362	延安大学	综合类	普通高校	陕西	1.648	C+
363	辽宁工业大学	理工类	普通高校	辽宁	1.647	C+
364	临沂大学	综合类	普通高校	山东	1.643	C+
364	北京舞蹈学院	艺术类	普通高校	北京	1.643	C+
366	天津医科大学	医药类	“双一流”	天津	1.642	C+
367	兰州理工大学	理工类	普通高校	甘肃	1.625	C+
368	上海应用技术大学	理工类	普通高校	上海	1.613	C+
369	佛山科学技术学院	理工类	普通高校	广东	1.580	C+
370	南京中医药大学	医药类	“双一流”	江苏	1.554	C+
371	桂林旅游学院	财经类	普通高校	广西	1.547	C+
372	成都信息工程大学	理工类	普通高校	四川	1.539	C+
373	北京信息科技大学	理工类	普通高校	北京	1.533	C+
374	福建工程学院	理工类	普通高校	福建	1.525	C+
375	云南艺术学院	艺术类	普通高校	云南	1.524	C+
376	南华大学	综合类	普通高校	湖南	1.508	C+
377	内蒙古农业大学	农林类	普通高校	内蒙古	1.504	C+
378	广州体育学院	体育类	普通高校	广东	1.503	C+
379	兰州交通大学	理工类	普通高校	甘肃	1.499	C+
380	昆明医科大学	医药类	普通高校	云南	1.495	C+
381	上海科技大学	理工类	“双一流”	上海	1.488	C+

续表

总排名	学校名称	学校类型	办学层次	省份	得分	等级
382	北京服装学院	艺术类	普通高校	北京	1.485	C+
383	安徽农业大学	农林类	普通高校	安徽	1.477	C+
384	黄冈师范学院	师范类	普通高校	湖北	1.471	C+
385	西安科技大学	理工类	普通高校	陕西	1.457	C+
386	山东青年政治学院	综合类	普通高校	山东	1.441	C+
387	江西科技师范大学	师范类	普通高校	江西	1.437	C+
388	上海中医药大学	医药类	“双一流”	上海	1.435	C+
389	甘肃农业大学	农林类	普通高校	甘肃	1.412	C+
390	新疆农业大学	农林类	普通高校	新疆	1.400	C+
391	浙大宁波理工学院	理工类	普通高校	浙江	1.392	C+
392	成都中医药大学	医药类	“双一流”	四川	1.382	C+
393	沈阳工业大学	理工类	普通高校	辽宁	1.374	C+
394	太原科技大学	理工类	普通高校	山西	1.353	C+
395	江汉大学	综合类	普通高校	湖北	1.351	C+
396	武汉轻工大学	理工类	普通高校	湖北	1.350	C+
397	闽江学院	理工类	普通高校	福建	1.345	C+
398	天津外国语大学	语言类	普通高校	天津	1.339	C+
399	成都师范学院	师范类	普通高校	四川	1.336	C+
400	重庆文理学院	综合类	普通高校	重庆	1.333	C+
401	江苏理工学院	理工类	普通高校	江苏	1.330	C+
402	徐州医科大学	医药类	普通高校	江苏	1.309	C+
403	新乡医学院	医药类	普通高校	河南	1.283	C+
404	广州中医药大学	医药类	“双一流”	广东	1.279	C+
405	石家庄铁道大学	理工类	普通高校	河北	1.277	C+
406	塔里木大学	综合类	普通高校	新疆	1.268	C+
407	中国民航大学	理工类	普通高校	天津	1.266	C+

续表

总排名	学校名称	学校类型	办学层次	省份	得分	等级
408	厦门理工学院	理工类	普通高校	福建	1.243	C+
409	吉林师范大学	师范类	普通高校	吉林	1.242	C+
410	广西科技大学	理工类	普通高校	广西	1.236	C+
411	沈阳体育学院	体育类	普通高校	辽宁	1.235	C+
412	湖南工程学院	理工类	普通高校	湖南	1.233	C+
413	淮北师范大学	师范类	普通高校	安徽	1.229	C+
413	湖南理工学院	理工类	普通高校	湖南	1.229	C+
415	三明学院	综合类	普通高校	福建	1.225	C+
416	哈尔滨音乐学院	艺术类	普通高校	黑龙江	1.224	C+
417	山东第一医科大学	医药类	普通高校	山东	1.207	C+
418	太原师范学院	师范类	普通高校	山西	1.205	C+
419	安庆师范大学	师范类	普通高校	安徽	1.202	C+
420	山东艺术学院	艺术类	普通高校	山东	1.199	C+
421	湖南文理学院	综合类	普通高校	湖南	1.196	C+
422	许昌学院	理工类	普通高校	河南	1.194	C+
422	贵州师范学院	师范类	普通高校	贵州	1.194	C+
424	天津城建大学	理工类	普通高校	天津	1.171	C+
425	上海商学院	财经类	普通高校	上海	1.148	C
426	湖南中医药大学	医药类	普通高校	湖南	1.136	C
427	河北科技大学	理工类	普通高校	河北	1.135	C
428	西安工业大学	理工类	普通高校	陕西	1.128	C
429	西南林业大学	农林类	普通高校	云南	1.123	C
429	辽宁工程技术大学	理工类	普通高校	辽宁	1.123	C
431	盐城工学院	理工类	普通高校	江苏	1.109	C
432	天津职业技术师范大学	师范类	普通高校	天津	1.105	C
433	南京体育学院	体育类	普通高校	江苏	1.101	C

续表

总排名	学校名称	学校类型	办学层次	省份	得分	等级
434	井冈山大学	综合类	普通高校	江西	1.091	C
435	广西艺术学院	艺术类	普通高校	广西	1.081	C
436	南昌航空大学	理工类	普通高校	江西	1.077	C
437	金陵科技学院	理工类	普通高校	江苏	1.065	C
438	怀化学院	综合类	普通高校	湖南	1.061	C
439	上海海洋大学	农林类	“双一流”	上海	1.052	C
440	河南中医药大学	医药类	普通高校	河南	1.050	C
441	安阳师范学院	师范类	普通高校	河南	1.043	C
442	中国劳动关系学院	政法类	普通高校	北京	1.042	C
443	山东工艺美术学院	艺术类	普通高校	山东	1.031	C
443	阜阳师范大学	师范类	普通高校	安徽	1.031	C
445	北京印刷学院	理工类	普通高校	北京	1.027	C
446	铜仁学院	综合类	普通高校	贵州	1.009	C
447	中国人民警察大学	政法类	普通高校	河北	1.004	C
448	甘肃政法大学	政法类	普通高校	甘肃	1.001	C
449	江苏海洋大学	理工类	普通高校	江苏	0.985	C
450	重庆三峡学院	综合类	普通高校	重庆	0.983	C
451	南京工程学院	理工类	普通高校	江苏	0.968	C
452	安徽建筑大学	理工类	普通高校	安徽	0.966	C
453	潍坊医学院	医药类	普通高校	山东	0.963	C
454	莆田学院	综合类	普通高校	福建	0.962	C
454	西安体育学院	体育类	普通高校	陕西	0.962	C
456	上海海关学院	政法类	普通高校	上海	0.960	C
457	咸阳师范学院	师范类	普通高校	陕西	0.957	C
458	上饶师范学院	师范类	普通高校	江西	0.955	C
459	湖南科技学院	理工类	普通高校	湖南	0.950	C

续表

总排名	学校名称	学校类型	办学层次	省份	得分	等级
460	山东管理学院	财经类	普通高校	山东	0.949	C
461	常州工学院	理工类	普通高校	江苏	0.948	C
461	长春中医药大学	医药类	普通高校	吉林	0.948	C
463	伊犁师范大学	师范类	普通高校	新疆	0.937	C
464	华北理工大学	理工类	普通高校	河北	0.936	C
465	吉林农业大学	农林类	普通高校	吉林	0.925	C
466	廊坊师范学院	师范类	普通高校	河北	0.919	C
466	淮阴工学院	理工类	普通高校	江苏	0.919	C
468	衡阳师范学院	师范类	普通高校	湖南	0.917	C
469	中原工学院	理工类	普通高校	河南	0.916	C
470	韶关学院	综合类	普通高校	广东	0.905	C
471	九江学院	综合类	普通高校	江西	0.886	C
472	广东海洋大学	农林类	普通高校	广东	0.885	C
473	中北大学	理工类	普通高校	山西	0.884	C
474	山西农业大学	农林类	普通高校	山西	0.872	C
475	哈尔滨体育学院	体育类	普通高校	黑龙江	0.871	C
476	东北石油大学	理工类	普通高校	黑龙江	0.859	C
477	上海电力大学	理工类	普通高校	上海	0.857	C
478	丽水学院	综合类	普通高校	浙江	0.852	C
479	滨州医学院	医药类	普通高校	山东	0.848	C
480	重庆第二师范学院	师范类	普通高校	重庆	0.844	C
481	遵义师范学院	师范类	普通高校	贵州	0.841	C
482	邵阳学院	综合类	普通高校	湖南	0.835	C
483	天津中医药大学	医药类	“双一流”	天津	0.823	C
484	山西医科大学	医药类	普通高校	山西	0.821	C
485	合肥师范学院	师范类	普通高校	安徽	0.811	C

续表

总排名	学校名称	学校类型	办学层次	省份	得分	等级
486	浙江音乐学院	艺术类	普通高校	浙江	0.810	C
487	红河学院	综合类	普通高校	云南	0.798	C
487	枣庄学院	综合类	普通高校	山东	0.798	C
489	湖北美术学院	艺术类	普通高校	湖北	0.784	C
489	洛阳理工学院	理工类	普通高校	河南	0.784	C
491	云南农业大学	农林类	普通高校	云南	0.783	C
492	合肥学院	理工类	普通高校	安徽	0.782	C
492	中国戏曲学院	艺术类	普通高校	北京	0.782	C
494	江西中医药大学	医药类	普通高校	江西	0.780	C
495	上海第二工业大学	理工类	普通高校	上海	0.777	C
496	贵州医科大学	医药类	普通高校	贵州	0.775	C
497	宁夏师范学院	师范类	普通高校	宁夏	0.772	C
498	安徽理工大学	理工类	普通高校	安徽	0.771	C
499	河南工程学院	理工类	普通高校	河南	0.769	C
500	湖北文理学院	综合类	普通高校	湖北	0.767	C
501	赤峰学院	综合类	普通高校	内蒙古	0.759	C
502	惠州学院	综合类	普通高校	广东	0.754	C
503	玉林师范学院	师范类	普通高校	广西	0.753	C
503	长春理工大学	理工类	普通高校	吉林	0.753	C
505	四川音乐学院	艺术类	普通高校	四川	0.741	C
506	龙岩学院	综合类	普通高校	福建	0.740	C
507	南昌工程学院	理工类	普通高校	江西	0.739	C
508	西南医科大学	医药类	普通高校	四川	0.731	C
509	湖南城学院	综合类	普通高校	湖南	0.728	C
510	遵义医科大学	医药类	普通高校	贵州	0.726	C－
511	广西医科大学	医药类	普通高校	广西	0.725	C－

续表

总排名	学校名称	学校类型	办学层次	省份	得分	等级
512	韩山师范学院	师范类	普通高校	广东	0.723	C-
513	宁夏医科大学	医药类	普通高校	宁夏	0.722	C-
514	南京特殊教育师范学院	师范类	普通高校	江苏	0.720	C-
515	四川警察学院	政法类	普通高校	四川	0.715	C-
516	大连大学	综合类	普通高校	辽宁	0.708	C-
517	山西大同大学	综合类	普通高校	山西	0.705	C-
518	湖北第二师范学院	师范类	普通高校	湖北	0.694	C-
519	四川轻化工大学	理工类	普通高校	四川	0.691	C-
520	河北医科大学	医药类	普通高校	河北	0.689	C-
521	新疆医科大学	医药类	普通高校	新疆	0.682	C-
522	山东交通学院	理工类	普通高校	山东	0.670	C-
523	潍坊学院	综合类	普通高校	山东	0.661	C-
524	西安石油大学	理工类	普通高校	陕西	0.652	C-
524	梧州学院	综合类	普通高校	广西	0.652	C-
526	衢州学院	理工类	普通高校	浙江	0.651	C-
527	福建江夏学院	财经类	普通高校	福建	0.649	C-
528	桂林航天工业学院	理工类	普通高校	广西	0.645	C-
529	宝鸡文理学院	综合类	普通高校	陕西	0.642	C-
530	齐齐哈尔大学	综合类	普通高校	黑龙江	0.641	C-
531	北部湾大学	综合类	普通高校	广西	0.635	C-
532	巢湖学院	综合类	普通高校	安徽	0.633	C-
533	江苏警官学院	政法类	普通高校	江苏	0.626	C-
534	温州理工学院	理工类	普通高校	浙江	0.625	C-
535	内蒙古科技大学	综合类	普通高校	内蒙古	0.621	C-
536	河南财政金融学院	财经类	普通高校	河南	0.619	C-
537	百色学院	综合类	普通高校	广西	0.617	C-

续表

总排名	学校名称	学校类型	办学层次	省份	得分	等级
538	南阳师范学院	师范类	普通高校	河南	0.612	C–
539	肇庆学院	综合类	普通高校	广东	0.610	C–
540	内蒙古医科大学	医药类	普通高校	内蒙古	0.608	C–
540	宜春学院	综合类	普通高校	江西	0.608	C–
542	广东医科大学	医药类	普通高校	广东	0.606	C–
543	星海音乐学院	艺术类	普通高校	广东	0.599	C–
544	昆明学院	综合类	普通高校	云南	0.588	C–
545	武汉音乐学院	艺术类	普通高校	湖北	0.585	C–
545	河南科技学院	理工类	普通高校	河南	0.585	C–
545	吉林体育学院	体育类	普通高校	吉林	0.585	C–
548	吉林艺术学院	艺术类	普通高校	吉林	0.584	C–
549	商丘师范学院	师范类	普通高校	河南	0.580	C–
550	海南医学院	医药类	普通高校	海南	0.578	C–
551	广东第二师范学院	师范类	普通高校	广东	0.577	C–
552	曲靖师范学院	师范类	普通高校	云南	0.576	C–
553	通化师范学院	师范类	普通高校	吉林	0.574	C–
554	石家庄学院	师范类	普通高校	河北	0.571	C–
555	沈阳音乐学院	艺术类	普通高校	辽宁	0.570	C–
556	鲁迅美术学院	艺术类	普通高校	辽宁	0.569	C–
557	山东女子学院	综合类	普通高校	山东	0.566	C–
558	西安医学院	医药类	普通高校	陕西	0.564	C–
559	乐山师范学院	师范类	普通高校	四川	0.563	C–
559	兰州城学院	综合类	普通高校	甘肃	0.563	C–
561	内蒙古艺术学院	艺术类	普通高校	内蒙古	0.561	C–
562	广东药科大学	医药类	普通高校	广东	0.560	C–
562	嘉应学院	综合类	普通高校	广东	0.560	C–

续表

总排名	学校名称	学校类型	办学层次	省份	得分	等级
564	平顶山学院	综合类	普通高校	河南	0.559	C－
565	河北工程大学	理工类	普通高校	河北	0.558	C－
566	新乡学院	综合类	普通高校	河南	0.556	C－
567	山东体育学院	体育类	普通高校	山东	0.551	C－
568	沈阳建筑大学	理工类	普通高校	辽宁	0.547	C－
569	江苏第二师范学院	师范类	普通高校	江苏	0.546	C－
570	喀什大学	综合类	普通高校	新疆	0.544	C－
570	河西学院	综合类	普通高校	甘肃	0.544	C－
572	黄山学院	综合类	普通高校	安徽	0.542	C－
572	深圳技术大学	理工类	普通高校	广东	0.542	C－
574	内江师范学院	师范类	普通高校	四川	0.541	C－
575	山东中医药大学	医药类	普通高校	山东	0.538	C－
576	滁州学院	综合类	普通高校	安徽	0.532	C－
577	山东政法学院	政法类	普通高校	山东	0.529	C－
577	湖北医药学院	医药类	普通高校	湖北	0.529	C－
579	南阳理工学院	理工类	普通高校	河南	0.527	C－
580	天水师范学院	师范类	普通高校	甘肃	0.525	C－
581	泰山学院	综合类	普通高校	山东	0.523	C－
582	湖北中医药大学	医药类	普通高校	湖北	0.522	C－
582	仲恺农业工程学院	农林类	普通高校	广东	0.522	C－
582	中国青年政治学院	政法类	普通高校	北京	0.522	C－
585	宁波工程学院	理工类	普通高校	浙江	0.521	C－
586	池州学院	综合类	普通高校	安徽	0.520	C－
587	凯里学院	综合类	普通高校	贵州	0.514	C－
588	湘南学院	综合类	普通高校	湖南	0.512	C－
588	辽宁科技大学	理工类	普通高校	辽宁	0.512	C－

续表

总排名	学校名称	学校类型	办学层次	省份	得分	等级
590	河北金融学院	财经类	普通高校	河北	0.510	C-
591	福建中医药大学	医药类	普通高校	福建	0.507	C-
592	湖南人文科技学院	综合类	普通高校	湖南	0.500	C-
592	成都医学院	医药类	普通高校	四川	0.500	C-
594	长沙师范学院	师范类	普通高校	湖南	0.498	C-
595	东北电力大学	理工类	普通高校	吉林	0.497	D+
596	长春大学	综合类	普通高校	吉林	0.484	D+
597	湖南女子学院	语言类	普通高校	湖南	0.483	D+
598	大连医科大学	医药类	普通高校	辽宁	0.481	D+
599	南昌师范学院	师范类	普通高校	江西	0.474	D+
600	防灾科技学院	理工类	普通高校	河北	0.470	D+
601	沈阳航空航天大学	理工类	普通高校	辽宁	0.469	D+
602	呼和浩特民族学院	语言类	普通高校	内蒙古	0.468	D+
603	湖北工程学院	理工类	普通高校	湖北	0.467	D+
603	广西民族师范学院	师范类	普通高校	广西	0.467	D+
605	湖南工学院	理工类	普通高校	湖南	0.466	D+
606	杭州医学院	医药类	普通高校	浙江	0.465	D+
607	贵州商学院	财经类	普通高校	贵州	0.463	D+
608	牡丹江师范学院	师范类	普通高校	黑龙江	0.462	D+
608	福建商学院	财经类	普通高校	福建	0.462	D+
608	武汉商学院	财经类	普通高校	湖北	0.462	D+
611	新疆艺术学院	艺术类	普通高校	新疆	0.454	D+
612	天津美术学院	艺术类	普通高校	天津	0.451	D+
613	贵阳学院	综合类	普通高校	贵州	0.449	D+
613	黑河学院	综合类	普通高校	黑龙江	0.449	D+
615	中国民用航空飞行学院	理工类	普通高校	四川	0.444	D+

续表

总排名	学校名称	学校类型	办学层次	省份	得分	等级
616	淮南师范学院	师范类	普通高校	安徽	0.442	D+
617	泉州师范学院	师范类	普通高校	福建	0.439	D+
617	黔南民族师范学院	师范类	普通高校	贵州	0.439	D+
619	上海电机学院	理工类	普通高校	上海	0.438	D+
620	宁德师范学院	师范类	普通高校	福建	0.437	D+
620	河南牧业经济学院	农林类	普通高校	河南	0.437	D+
622	黑龙江中医药大学	医药类	普通高校	黑龙江	0.435	D+
622	荆楚理工学院	理工类	普通高校	湖北	0.435	D+
624	陕西理工大学	理工类	普通高校	陕西	0.423	D+
625	牡丹江医学院	医药类	普通高校	黑龙江	0.421	D+
626	天津音乐学院	艺术类	普通高校	天津	0.420	D+
627	大连海洋大学	农林类	普通高校	辽宁	0.419	D+
628	湖北科技学院	理工类	普通高校	湖北	0.410	D+
629	广东石油化工学院	理工类	普通高校	广东	0.409	D+
630	吉林建筑大学	理工类	普通高校	吉林	0.393	D+
631	铜陵学院	财经类	普通高校	安徽	0.392	D+
632	南京工业职业技术大学	理工类	普通高校	江苏	0.391	D+
633	滨州学院	综合类	普通高校	山东	0.388	D+
634	宿迁学院	综合类	普通高校	江苏	0.387	D+
634	沈阳大学	综合类	普通高校	辽宁	0.387	D+
636	北京石油化工学院	理工类	普通高校	北京	0.383	D+
637	广西中医药大学	医药类	普通高校	广西	0.382	D+
638	华北科技学院	理工类	普通高校	河北	0.379	D+
639	贵州理工学院	理工类	普通高校	贵州	0.376	D+
640	四川旅游学院	综合类	普通高校	四川	0.374	D+
641	西昌学院	综合类	普通高校	四川	0.373	D+

续表

总排名	学校名称	学校类型	办学层次	省份	得分	等级
642	河北科技师范学院	师范类	普通高校	河北	0.372	D+
643	绵阳师范学院	师范类	普通高校	四川	0.369	D+
644	武夷学院	综合类	普通高校	福建	0.368	D+
644	陕西中医药大学	医药类	普通高校	陕西	0.368	D+
646	中华女子学院	综合类	普通高校	北京	0.367	D+
647	重庆科技学院	理工类	普通高校	重庆	0.363	D+
648	运城学院	综合类	普通高校	山西	0.359	D+
649	湖北汽车工业学院	理工类	普通高校	湖北	0.356	D+
650	榆林学院	综合类	普通高校	陕西	0.355	D+
651	济宁学院	综合类	普通高校	山东	0.354	D+
652	浙江警察学院	政法类	普通高校	浙江	0.350	D+
653	郑州师范学院	师范类	普通高校	河南	0.349	D+
654	辽宁石油化工大学	理工类	普通高校	辽宁	0.346	D+
655	河北北方学院	综合类	普通高校	河北	0.345	D+
655	安徽科技学院	理工类	普通高校	安徽	0.345	D+
657	南京森林警察学院	政法类	普通高校	江苏	0.344	D+
658	皖南医学院	医药类	普通高校	安徽	0.343	D+
659	宜宾学院	综合类	普通高校	四川	0.342	D+
660	北华大学	综合类	普通高校	吉林	0.337	D+
661	上海健康医学院	医药类	普通高校	上海	0.336	D+
662	福建技术师范学院	师范类	普通高校	福建	0.333	D+
662	北京农学院	农林类	普通高校	北京	0.333	D+
664	白城师范学院	师范类	普通高校	吉林	0.331	D+
665	景德镇学院	综合类	普通高校	江西	0.329	D+
666	宿州学院	综合类	普通高校	安徽	0.326	D+
667	贵州警察学院	政法类	普通高校	贵州	0.325	D+

续表

总排名	学校名称	学校类型	办学层次	省份	得分	等级
668	吉林工程技术师范学院	师范类	普通高校	吉林	0.319	D+
669	新余学院	综合类	普通高校	江西	0.317	D+
670	湖州学院	综合类	普通高校	浙江	0.313	D+
671	黑龙江科技大学	理工类	普通高校	黑龙江	0.312	D+
672	川北医学院	医药类	普通高校	四川	0.309	D+
673	楚雄师范学院	师范类	普通高校	云南	0.307	D+
674	陇东学院	综合类	普通高校	甘肃	0.306	D+
675	兰州文理学院	综合类	普通高校	甘肃	0.305	D+
675	呼伦贝尔学院	综合类	普通高校	内蒙古	0.305	D+
677	佳木斯大学	综合类	普通高校	黑龙江	0.303	D+
677	保山学院	综合类	普通高校	云南	0.303	D+
679	西安文理学院	综合类	普通高校	陕西	0.301	D+
680	哈尔滨学院	综合类	普通高校	黑龙江	0.300	D
681	浙江水利水电学院	理工类	普通高校	浙江	0.295	D
682	滇西科技师范学院	师范类	普通高校	云南	0.294	D
683	新疆政法学院	政法类	普通高校	新疆	0.292	D
684	渭南师范学院	师范类	普通高校	陕西	0.291	D
685	安徽艺术学院	艺术类	普通高校	安徽	0.290	D
686	大连工业大学	理工类	普通高校	辽宁	0.287	D
687	无锡学院	综合类	普通高校	江苏	0.286	D
688	兴义民族师范学院	师范类	普通高校	贵州	0.285	D
689	黄淮学院	综合类	普通高校	河南	0.279	D
690	六盘水师范学院	师范类	普通高校	贵州	0.277	D
691	中国刑事警察学院	政法类	普通高校	辽宁	0.274	D
692	山西传媒学院	艺术类	普通高校	山西	0.272	D
693	贵州中医药大学	医药类	普通高校	贵州	0.270	D

续表

总排名	学校名称	学校类型	办学层次	省份	得分	等级
694	蚌埠学院	理工类	普通高校	安徽	0.268	D
695	西安音乐学院	艺术类	普通高校	陕西	0.267	D
696	辽宁中医药大学	医药类	普通高校	辽宁	0.263	D
696	贺州学院	综合类	普通高校	广西	0.263	D
698	四川文理学院	综合类	普通高校	四川	0.258	D
698	河北地质大学	理工类	普通高校	河北	0.258	D
798	长春工程学院	理工类	普通高校	吉林	0.258	D
701	昌吉学院	师范类	普通高校	新疆	0.256	D
702	豫章师范学院	师范类	普通高校	江西	0.255	D
702	海南热带海洋学院	综合类	普通高校	海南	0.255	D
702	河南工学院	理工类	普通高校	河南	0.255	D
705	泰州学院	综合类	普通高校	江苏	0.253	D
706	攀枝花学院	综合类	普通高校	四川	0.252	D
706	皖西学院	综合类	普通高校	安徽	0.252	D
708	河池学院	综合类	普通高校	广西	0.250	D
709	新疆理工学院	理工类	普通高校	新疆	0.249	D
710	普洱学院	综合类	普通高校	云南	0.248	D
710	唐山师范学院	师范类	普通高校	河北	0.248	D
712	邯郸学院	综合类	普通高校	河北	0.247	D
712	衡水学院	综合类	普通高校	河北	0.247	D
714	保定学院	师范类	普通高校	河北	0.246	D
715	北华航天工业学院	理工类	普通高校	河北	0.245	D
716	赣南医学院	医药类	普通高校	江西	0.244	D
717	沈阳药科大学	医药类	普通高校	辽宁	0.239	D
717	云南中医药大学	医药类	普通高校	云南	0.239	D
719	菏泽学院	综合类	普通高校	山东	0.234	D

续表

总排名	学校名称	学校类型	办学层次	省份	得分	等级
719	铁道警察学院	政法类	普通高校	河南	0.234	D
721	广州航海学院	理工类	普通高校	广东	0.233	D
722	浙江药科职业大学	医药类	普通高校	浙江	0.228	D
723	吕梁学院	综合类	普通高校	山西	0.227	D
723	哈尔滨金融学院	财经类	普通高校	黑龙江	0.227	D
725	沧州师范学院	师范类	普通高校	河北	0.226	D
725	琼台师范学院	师范类	普通高校	海南	0.226	D
727	济宁医学院	医药类	普通高校	山东	0.225	D
727	商洛学院	综合类	普通高校	陕西	0.225	D
729	安徽中医药大学	医药类	普通高校	安徽	0.224	D
729	五邑大学	综合类	普通高校	广东	0.224	D
731	陕西学前师范学院	师范类	普通高校	陕西	0.220	D
732	齐鲁师范学院	师范类	普通高校	山东	0.216	D
733	山东警察学院	政法类	普通高校	山东	0.215	D
734	长治学院	综合类	普通高校	山西	0.213	D
735	萍乡学院	综合类	普通高校	江西	0.210	D
736	河北体育学院	体育类	普通高校	河北	0.205	D
736	河套学院	综合类	普通高校	内蒙古	0.205	D
738	重庆警察学院	政法类	普通高校	重庆	0.201	D
739	右江民族医学院	医药类	普通高校	广西	0.200	D
740	忻州师范学院	师范类	普通高校	山西	0.198	D
741	黑龙江工业学院	理工类	普通高校	黑龙江	0.197	D
742	嘉兴南湖学院	综合类	普通高校	浙江	0.194	D
742	桂林医学院	医药类	普通高校	广西	0.194	D
744	安康学院	综合类	普通高校	陕西	0.193	D
745	滇西应用技术大学	综合类	普通高校	云南	0.182	D

续表

总排名	学校名称	学校类型	办学层次	省份	得分	等级
746	晋中学院	综合类	普通高校	山西	0.177	D
747	湖北警官学院	政法类	普通高校	湖北	0.170	D
747	安顺学院	综合类	普通高校	贵州	0.170	D
747	吉林医药学院	医药类	普通高校	吉林	0.170	D
747	成都工业学院	理工类	普通高校	四川	0.170	D
751	沈阳理工大学	理工类	普通高校	辽宁	0.169	D
752	吉林化工学院	理工类	普通高校	吉林	0.162	D
753	贵州工程应用技术学院	理工类	普通高校	贵州	0.158	D
754	黑龙江八一农垦大学	农林类	普通高校	黑龙江	0.157	D
754	昭通学院	综合类	普通高校	云南	0.157	D
754	河北中医学院	医药类	普通高校	河北	0.157	D
757	大连交通大学	理工类	普通高校	辽宁	0.156	D
758	新疆警察学院	政法类	普通高校	新疆	0.154	D
759	天津农学院	农林类	普通高校	天津	0.151	D
760	云南警官学院	政法类	普通高校	云南	0.149	D
760	甘肃民族师范学院	师范类	普通高校	甘肃	0.149	D
762	湖北理工学院	理工类	普通高校	湖北	0.148	D
763	河北民族师范学院	师范类	普通高校	河北	0.147	D
763	太原学院	综合类	普通高校	山西	0.147	D
765	锦州医科大学	医药类	普通高校	辽宁	0.145	D-
765	西藏农牧学院	农林类	普通高校	西藏	0.145	D-
767	承德医学院	医药类	普通高校	河北	0.144	D-
767	湖南警察学院	政法类	普通高校	湖南	0.144	D-
769	蚌埠医学院	医药类	普通高校	安徽	0.143	D-
770	齐齐哈尔医学院	医药类	普通高校	黑龙江	0.139	D-
771	中央司法警官学院	政法类	普通高校	河北	0.138	D-

续表

总排名	学校名称	学校类型	办学层次	省份	得分	等级
772	鄂尔多斯应用技术学院	理工类	普通高校	内蒙古	0.137	D–
773	亳州学院	综合类	普通高校	安徽	0.134	D–
774	鞍山师范学院	师范类	普通高校	辽宁	0.130	D–
775	福建警察学院	政法类	普通高校	福建	0.124	D–
776	信阳农林学院	农林类	普通高校	河南	0.122	D–
777	北京电子科技学院	理工类	普通高校	北京	0.118	D–
778	大庆师范学院	师范类	普通高校	黑龙江	0.115	D–
779	河南警察学院	政法类	普通高校	河南	0.114	D–
780	四川民族学院	民族类	普通高校	四川	0.113	D–
781	山东农业工程学院	农林类	普通高校	山东	0.109	D–
781	上海公安学院	政法类	普通高校	上海	0.109	D–
781	德州学院	综合类	普通高校	山东	0.109	D–
784	唐山学院	理工类	普通高校	河北	0.108	D–
785	文山学院	综合类	普通高校	云南	0.101	D–
785	郑州工程技术学院	理工类	普通高校	河南	0.101	D–
787	山西工程科技职业大学	理工类	普通高校	山西	0.100	D–
787	吉林工商学院	财经类	普通高校	吉林	0.100	D–
789	玉溪师范学院	师范类	普通高校	云南	0.098	D–
790	甘肃中医药大学	医药类	普通高校	甘肃	0.098	D–
791	安阳工学院	理工类	普通高校	河南	0.097	D–
791	集宁师范学院	师范类	普通高校	内蒙古	0.097	D–
793	太原工业学院	理工类	普通高校	山西	0.094	D–
794	西安航空学院	理工类	普通高校	陕西	0.090	D–
795	兰州工业学院	理工类	普通高校	甘肃	0.088	D–
796	北京警察学院	政法类	普通高校	北京	0.087	D–
796	吉林警察学院	政法类	普通高校	吉林	0.087	D–

续表

总排名	学校名称	学校类型	办学层次	省份	得分	等级
798	沈阳化工大学	理工类	普通高校	辽宁	0.086	D–
799	辽东学院	综合类	普通高校	辽宁	0.085	D–
800	河南城建学院	理工类	普通高校	河南	0.083	D–
801	厦门医学院	医药类	普通高校	福建	0.080	D–
801	辽宁警察学院	政法类	普通高校	辽宁	0.080	D–
803	苏州城学院	综合类	普通高校	江苏	0.079	D–
804	广东警官学院	政法类	普通高校	广东	0.079	D–
805	沈阳工程学院	理工类	普通高校	辽宁	0.076	D–
806	长治医学院	医药类	普通高校	山西	0.073	D–
807	河北建筑工程学院	理工类	普通高校	河北	0.070	D–
807	营口理工学院	理工类	普通高校	辽宁	0.070	D–
809	绥化学院	综合类	普通高校	黑龙江	0.066	D–
809	黑龙江工程学院	理工类	普通高校	黑龙江	0.066	D–
809	山东石油化工学院	理工类	普通高校	山东	0.066	D–
809	广西警察学院	政法类	普通高校	广西	0.066	D–
809	广西职业师范学院	师范类	普通高校	广西	0.066	D–
814	阿坝师范学院	师范类	普通高校	四川	0.060	D–
815	汉江师范学院	师范类	普通高校	湖北	0.058	D–
816	沈阳医学院	医药类	普通高校	辽宁	0.056	D–
817	河北环境工程学院	理工类	普通高校	河北	0.054	D–
817	山西警察学院	政法类	普通高校	山西	0.054	D–
817	山西能源学院	理工类	普通高校	山西	0.054	D–
820	山西工程技术学院	理工类	普通高校	山西	0.052	D–
821	湖南医药学院	医药类	普通高校	湖南	0.050	D–
821	广西农业职业技术大学	农林类	普通高校	广西	0.050	D–
821	新疆工程学院	理工类	普通高校	新疆	0.050	D–

续表

总排名	学校名称	学校类型	办学层次	省份	得分	等级
824	广西科技师范学院	师范类	普通高校	广西	0.047	D–
825	中国消防救援学院	理工类	普通高校	北京	0.045	D–
825	河北水利电力学院	理工类	普通高校	河北	0.045	D–
825	河北石油职业技术大学	理工类	普通高校	河北	0.045	D–
825	张家口学院	综合类	普通高校	河北	0.045	D–
825	山西科技学院	理工类	普通高校	山西	0.045	D–
825	辽宁科技学院	理工类	普通高校	辽宁	0.045	D–
825	赣南科技学院	理工类	普通高校	江西	0.045	D–
825	兰州资源环境职业技术大学	财经类	普通高校	甘肃	0.045	D–
833	天津中德应用技术大学	理工类	普通高校	天津	0.041	D–
833	邢台学院	综合类	普通高校	河北	0.041	D–
833	山西中医药大学	医药类	普通高校	山西	0.041	D–
833	江西警察学院	政法类	普通高校	江西	0.041	D–
833	甘肃医学院	医药类	普通高校	甘肃	0.041	D–
838	河北科技工程职业技术大学	理工类	普通高校	河北	0.038	D–
839	兰州石化职业技术大学	理工类	普通高校	甘肃	0.037	D–
839	吉林农业科技学院	农林类	普通高校	吉林	0.037	D–
839	新疆科技学院	理工类	普通高校	新疆	0.037	D–
839	河北工业职业技术大学	理工类	普通高校	河北	0.037	D–
839	南昌医学院	医药类	普通高校	江西	0.037	D–
839	新疆第二医学院	医药类	普通高校	新疆	0.037	D–
839	贵阳康养职业大学	医药类	普通高校	贵州	0.037	D–
839	山西工学院	理工类	普通高校	山西	0.037	D–
839	赣东学院	综合类	普通高校	江西	0.037	D–
839	首钢工学院	理工类	普通高校	北京	0.037	D–
839	西藏藏医药大学	医药类	普通高校	西藏	0.037	D–

8.1.1 公办高校人文社科发展前 100 强高校分析

由表 8-1 可知，公办前 100 强高校的得分平均值为 27.358 分，共有 29 所高校的得分高于平均分，大部分高校的得分均处于平均值以下，排名靠前的高校和排名靠后的高校之间存在着较大的差距；从具体排名来看，中国人民大学、北京大学、浙江大学以优异成绩位居公办高校人文社科发展前 3 名，清华大学、武汉大学、北京师范大学、复旦大学、中山大学、上海交通大学、南京大学紧随其后位居公办高校人文社科发展前 10 名，且在前 10 名中北京高校就占据了 4 个名额，上海则占据了 2 个名额，前 10 名高校均位于发达地区或城市，且前 10 名高校均属于国家“双一流”建设高校。

从高校办学层次来看，公办高校人文社科评价前 100 强中共有 73 所国家“双一流”建设高校上榜，表明“双一流”高校整体表现出较强的人文社科实力，且前 38 名高校均属于“双一流”高校。当然，除了“双一流”高校外也有表现突出的普通高校，在前 100 强中共有 27 所普通高校上榜，它们分别是深圳大学、福建师范大学、浙江工商大学、广州大学、山东师范大学、上海师范大学、广东外语外贸大学、东北财经大学、浙江师范大学、中国社会科学院大学、江西财经大学、浙江工业大学、山东财经大学、河北大学、杭州师范大学、江西师范大学、浙江财经大学、南京财经大学、曲阜师范大学、扬州大学、广西师范大学、天津师范大学、首都经济贸易大学、西北师范大学、青岛大学、西南政法大学、江苏大学。

值得一提的是，深圳大学作为综合实力较强的普通高校，其人文社科实力位居公办高校第 39 名、普通高校第 1 名，也是唯一一所进入前 50 强的普通高校，福建师范大学和浙江工商大学分别以第 53 名和第 54 名的优异成绩跻身前 100 强，紧随深圳大学之后是普通高校的第 2 名和第 3 名，而曲阜师范大学作为地方普通师范院校，以优异成绩位居公办高校第 83 名，其表现着实亮眼，这些普通高校表现出较强的人文社科实力，甚至赶超一些“双一流”高校，表现出较强的发展势头，是值得肯定的。

从学校类型来看（图 8-1），在公办高校人文社科评价前 100 强中，综合类高校共有 43 所，几乎占据了一半名额，且前 10 强高校中有 9 所均属于综合类高校，这是由于我国综合类高校数量相对较多，同时也说明综合类高校拥有较强的人文社科实力；师范类高校共有 19 所进入前 100 强，且北京师范大学以第 6 名的成绩进入前 10 强，这也是前 10 强中除综合类高校之外唯一的其他类型的高校；理工类高校共有 18 所进入前 100 强，且中国科学院大学以第 30 名的成绩进入 50 强，这也是理工类大学中在人文社科中表现最好的大学，此外，华南理工大学、天津大学、电子科技大学、大连理工大学同样进入了 50 强；财经类高校共有 12 所进入前 100 强，且中南财经政法大学在财经类大学中表现最为优异，以第 28 名的成绩进入前 50 强，此外，西南财经大学、对外经济贸易大学、中央财经大学、上海财经大学同样进入了前 50 强；语言类高校中，广东外语外贸大学、中国传媒大学和上海外国语大学 3 所高校分别以第 60 名、73 名和 90 名的成绩位居前 100 强；农林类和政法类高校分别有 2 所进入前 100 强，南京农业大学和中国农业大学分别位居第 72 名和第 84 名，中国政法大学和西南政法大学分别位居第 42 名和第 96 名，而民族类大学只有中央民族大学以第 63 名的成绩位居前 100 强；而艺术类、医药类、体育类 3 种类型的高校并未进入前 100 强。

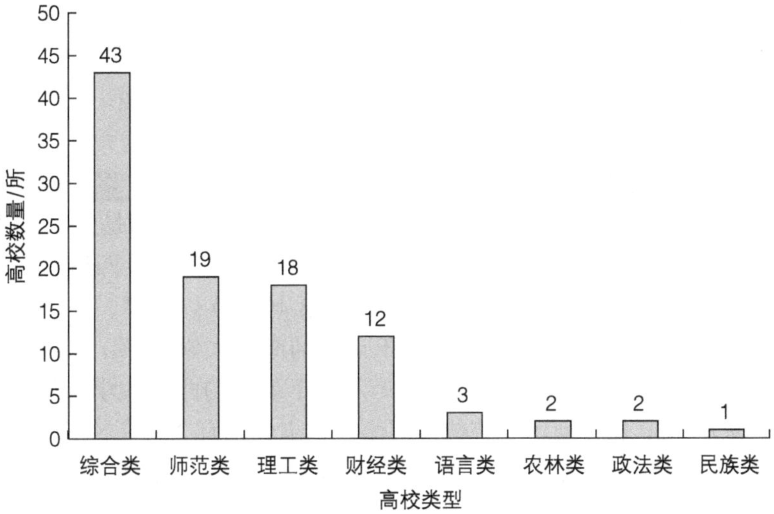

图 8-1　公办高校中各类型高校进入前 100 强的数量

从地区分布来看（图 8-2），在公办高校人文社科评价前 100 强中，北京、江苏、上海、广东、浙江是进入前 100 强高校最多的 5 个省份。北京有 18 所高校入选，数量遥遥领先于其他省份，且在前 10 强中位于北京的高校占据了 4 个，中国人民大学和北京大学分别位列排行榜第 1 名和第 2 名，清华大学和北京师范大学位列第 4 名和第 6 名；江苏则有 10 所高校入选前 100 强，表现同样比较优异，但是只有南京大学一所高校以第 10 名的成绩位居前 10 强，南京师范大学、东南大学和苏州大学位居前 50 强；上海、广东、浙江分别有 8 所、

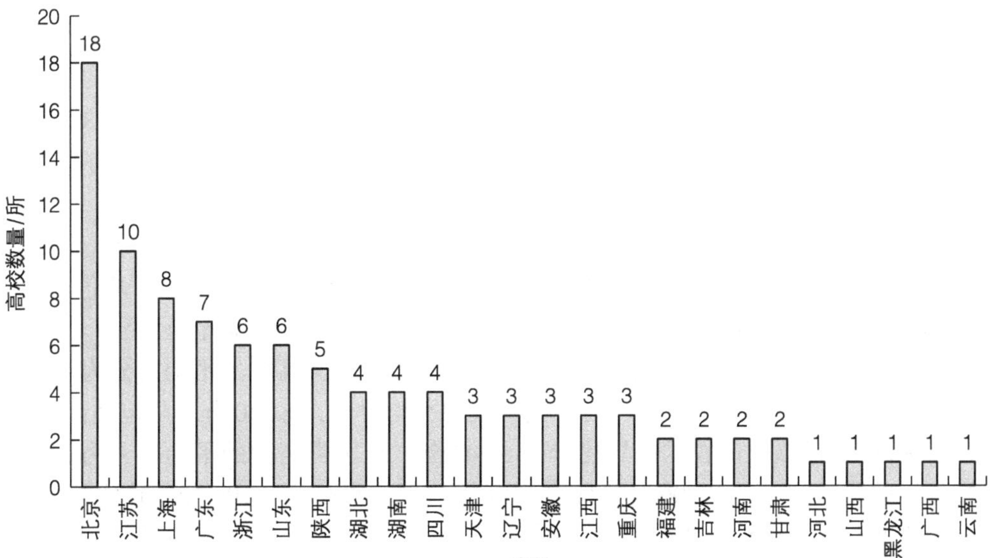

图 8-2　公办高校中各省份进入前 100 强的高校数量

7 所、6 所高校入选前 100 强，在这 3 个省市中，位于浙江的浙江大学以第 3 名的成绩位居前 10 强，表现十分突出，位于上海的复旦大学和上海交通大学分别以第 7 名和第 9 名的成绩位居前 10 强，位于广东的中山大学则以第 8 名的成绩位居前 10 强。

在其他省份中，陕西省有 5 所高校位居前 100 强，且西安交通大学、陕西师范大学和西北大学分别以第 18 名、27 名、45 名的成绩占据前 50 强中的 3 个名额；湖南和四川分别有 4 所高校在前 100 强中，且分别有 3 所高校挤进前 50 强，分别是位于湖南的湖南大学（第 25 名）、中南大学（第 29 名）、湖南师范大学（第 34 名），以及四川的四川大学（第 11 名）、西南财经大学（第 35 名）、电子科技大学（第 44 名）；天津、辽宁、安徽、江西、重庆分别有 3 所高校入选前 100 强，其中位于天津的南开大学（第 15 名）、天津大学（第 40 名），位于辽宁的大连理工大学（第 46 名）及位于重庆的西南大学（第 22 名）、重庆大学（第 41 名）挤进前 50 强；福建、吉林、河南、甘肃分别有 2 所高校进入前 100 强，其中位于福建的厦门大学（第 13 名），位于吉林的吉林大学（第 19 名）、东北师范大学（第 33 名），以及位于河南的郑州大学（第 37 名）、河南大学（第 48 名）进入前 50 强；河北、山西、黑龙江、广西、云南分别有 1 所高校进入前 100 强，它们是河北大学（第 75 名）、山西大学（第 70 名）、哈尔滨工业大学（第 52 名）、广西师范大学（第 86 名）及云南大学（第 47 名）；同时，海南、内蒙古、贵州、青海、宁夏、新疆、西藏 7 个省份并未有高校进入前 100 强。

从东部、中部、西部来看，在公办高校人文社科评价前 100 强中，位于东部地区的高校有 64 所，占据了 100 强高校一半以上的名额，而位于中部、西部地区的高校分别有 20 所和 16 所，中国公办高校人文社科能力呈现出东部地区明显领先于中西部地区的非均衡发展格局，促进教育资源的区域协调发展仍然任重道远。

8.1.2 公办高校人文社科发展总体评价结果分析

从总体的评价结果来看，849 所公办高校得分的平均值为 4.970 分，共有 185 所高校的分值高于平均分，说明公办高校人文社科发展还存在较大提升空间，且处于平均值以下的高校与处于平均值以上的高校还存在较大差距。

从"双一流"与普通高校的比较来看，"双一流"高校的得分均值为 18.818 分，有 54 所"双一流"高校的得分在平均值以上，占据 1/3 以上名额，而普通高校得分的平均值仅为 2.130 分。总体而言，普通高校的人文社科发展与"双一流"高校存在较大差距。

从不同学科类型的公办高校比较来看（图 8-3），综合类高校的平均得分为 9.330 分，财经类高校的平均得分为 7.309 分，语言类高校的平均得分为 6.250 分，师范类高校的平均得分为 5.488 分，民族类高校的平均得分为 5.442 分，理工类高校的平均得分为 3.351 分，农林类高校的平均得分为 3.206 分，体育类高校的平均得分为 2.106 分，政法类高校的平均得分为 1.958 分，艺术类高校的平均得分为 1.637 分，医药类高校的平均得分为 0.937 分。其中，综合类、财经类、语言类、师范类、民族类 4 种类型高校的得分均值均超过了 849 所公办高校的得分均值（4.970 分），而其他类型高校得分的均值处于 849 所公办高校得分均值以下，综合类、财经类、语言类与民族类高校整体表现出更强的人文社科发展实力。

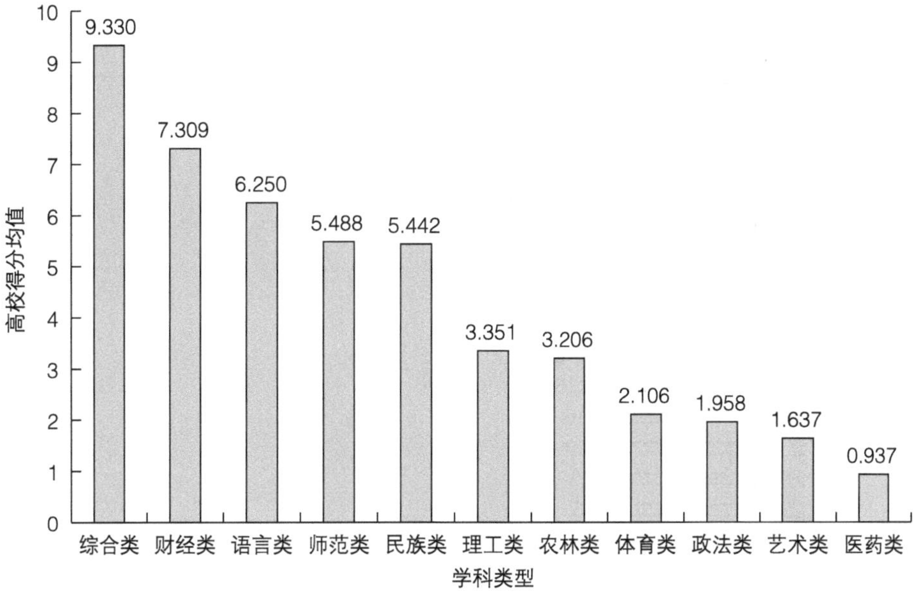

图 8–3 不同学科类型公办高校的得分均值

从不同省份公办高校得分均值来看（图 8–4），上海和北京分别以 12.380 分和 11.889 分位居前 2 名，也是省份内仅有的公办高校得分均值超过 10 分的两个地区，湖北、江苏、广东分别以 7.529 分、7.366 分和 7.357 分位居第 3 ～ 5 名，其余进入前 10 名的省份分别为重庆、浙江、天津、陕西、福建。此外，第 11 名四川和第 12 名湖南的均值同样在 5 分以上，在 31 个省份中，得分均值处于前 12 名的省份超过了全国 849 所公办高校的得分均值（4.970 分），约占 31 个省份总数的 38.71%，这些地区公办高校人文社科呈现出较好的发展趋势。

从东部、中部、西部公办高校人文社科得分均值来看，东部地区公办高校人文社科发展得分均值为 6.218 分，中部地区公办高校人文社科发展得分均值为 3.444 分，西部地区公办高校人文社科发展得分均值为 3.175 分，且只有东部地区公办高校均值在 849 所公办高校均值（4.970 分）以上，呈现出东部大于中部、中部大于西部的发展格局。

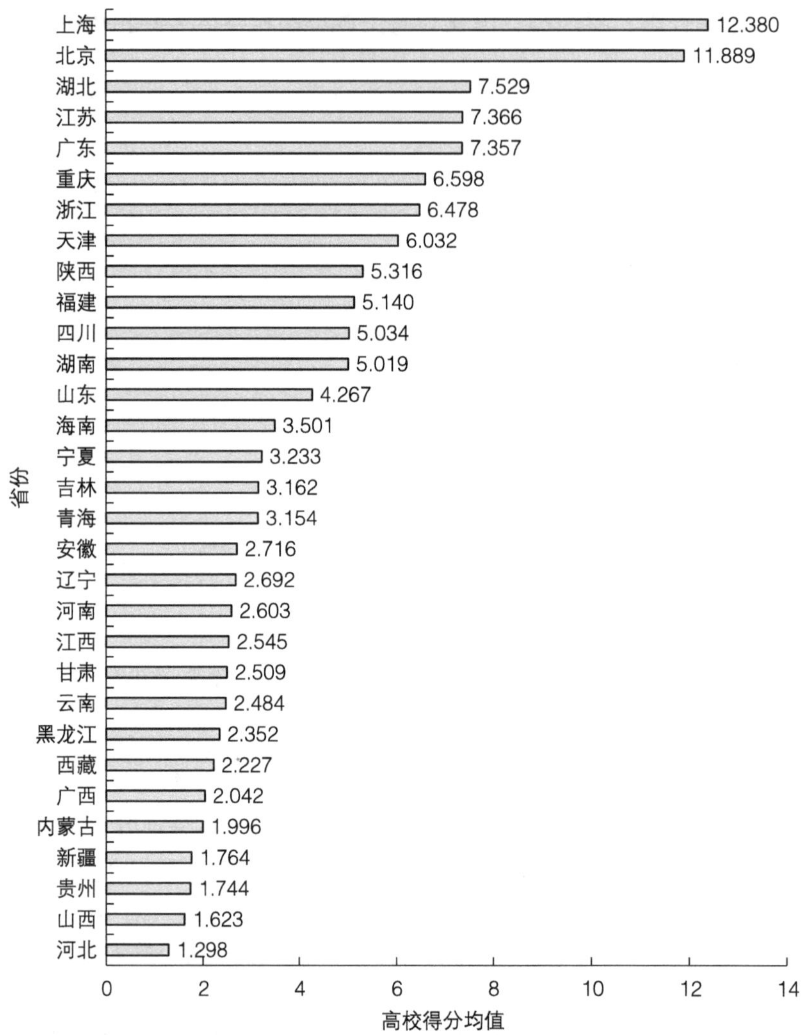

图 8-4　不同省份公办高校的得分均值

8.2　不同地区公办高校人文社科发展评价报告

本部分将分别对中国 31 个省（自治区、直辖市）中公办高校的人文社科发展水平进行综合分析，以深入了解不同地区高校人文社科的发展情况。

8.2.1　北京公办高校评价报告

北京公办高校人文社科发展水平综合评价得分与排名如表 8-2 所示。

表 8-2　北京公办高校人文社科发展水平综合评价得分与排名

排名	学校名称	学校类型	办学层次	得分	级别
1	中国人民大学	综合类	“双一流”	95.109	A+
2	北京大学	综合类	“双一流”	81.484	A+
3	清华大学	综合类	“双一流”	72.171	A+
4	北京师范大学	师范类	“双一流”	65.954	A+
5	中国科学院大学	理工类	“双一流”	27.116	A
6	对外经济贸易大学	财经类	“双一流”	25.440	A
7	中国政法大学	政法类	“双一流”	23.607	A
8	中央财经大学	财经类	“双一流”	23.004	A-
9	北京航空航天大学	理工类	“双一流”	21.086	A-
10	北京理工大学	理工类	“双一流”	20.230	A-
11	首都师范大学	师范类	“双一流”	19.099	A-
12	中央民族大学	民族类	“双一流”	18.155	A-
13	中国社会科学院大学	综合类	普通高校	16.472	A-
14	北京交通大学	理工类	“双一流”	15.990	A-
15	中国传媒大学	语言类	“双一流”	15.644	A-
16	中国农业大学	农林类	“双一流”	13.921	A-
17	首都经济贸易大学	财经类	普通高校	13.163	B+
18	北京科技大学	理工类	“双一流”	12.258	B+
19	北京外国语大学	语言类	“双一流”	11.608	B+
20	北京工业大学	理工类	“双一流”	10.499	B+
21	中国地质大学（北京）	理工类	“双一流”	9.391	B+
22	北京邮电大学	理工类	“双一流”	8.856	B+
23	北京工商大学	财经类	普通高校	8.364	B+
24	北京语言大学	语言类	普通高校	7.356	B+
25	中国石油大学（北京）	理工类	“双一流”	6.085	B+
26	北京体育大学	体育类	“双一流”	5.990	B+

续表

排名	学校名称	学校类型	办学层次	得分	级别
27	首都医科大学	医药类	普通高校	5.443	B
28	中央美术学院	艺术类	“双一流”	5.173	B
29	北京化工大学	理工类	“双一流”	5.013	B
30	华北电力大学	理工类	“双一流”	4.719	B
31	北京林业大学	农林类	“双一流”	4.383	B
32	北京联合大学	综合类	普通高校	4.059	B
33	国际关系学院	政法类	普通高校	3.909	B
34	中央音乐学院	艺术类	“双一流”	3.289	B
35	北京协和医学院	医药类	“双一流”	3.219	B
36	北京第二外国语学院	语言类	普通高校	2.993	B−
37	北京电影学院	艺术类	普通高校	2.992	B−
38	中国人民公安大学	政法类	“双一流”	2.982	B−
39	中国矿业大学（北京）	理工类	“双一流”	2.947	B−
40	北京物资学院	财经类	普通高校	2.755	B−
41	北京建筑大学	理工类	普通高校	2.295	B−
42	外交学院	语言类	“双一流”	2.267	B−
43	中国音乐学院	艺术类	“双一流”	2.058	B−
44	中央戏剧学院	艺术类	“双一流”	1.888	C+
45	北方工业大学	理工类	普通高校	1.869	C+
46	首都体育学院	体育类	普通高校	1.824	C+
47	北京中医药大学	医药类	“双一流”	1.708	C+
48	北京舞蹈学院	艺术类	普通高校	1.643	C+
49	北京信息科技大学	理工类	普通高校	1.533	C+
50	北京服装学院	艺术类	普通高校	1.485	C+
51	中国劳动关系学院	政法类	普通高校	1.042	C
52	北京印刷学院	理工类	普通高校	1.027	C

续表

排名	学校名称	学校类型	办学层次	得分	级别
53	中国戏曲学院	艺术类	普通高校	0.782	C
54	中国青年政治学院	政法类	普通高校	0.522	C-
55	北京石油化工学院	理工类	普通高校	0.383	D+
56	中华女子学院	综合类	普通高校	0.367	D+
57	北京农学院	农林类	普通高校	0.333	D+
58	北京电子科技学院	理工类	普通高校	0.118	D-
59	北京警察学院	政法类	普通高校	0.087	D-
60	中国消防救援学院	理工类	普通高校	0.045	D-
61	首钢工学院	理工类	普通高校	0.037	D-

由表 8-2 可知，北京 61 所公办本科院校人文社科发展水平综合评价平均得分为 11.889 分，共有 18 所高校的得分在平均值以上，接近北京公办本科高校数量的 1/3。中国人民大学以 95.109 分的优异成绩位居北京高校第 1 名，北京大学、清华大学分别以 81.484 分及 72.171 分的成绩位居第 2 名和第 3 名，且这 3 所高校均属于综合类高校，表明北京综合类高校强劲的人文社科实力，其余进入前 10 名的高校分别是北京师范大学、中国科学院大学、对外经济贸易大学、中国政法大学、中央财经大学、北京航空航天大学及北京理工大学，且前 12 名高校均属于“双一流”建设高校，表明“双一流”高校在人文社科发展中表现出绝对的领先优势。

另外，在普通高校中，中国社会科学院大学、首都经济贸易大学、北京工商大学分别以 16.472 分、13.163 分、8.364 分的成绩位列第 13 名、第 17 名、第 23 名，其人文社科发展水平超越了一部分“双一流”建设高校，是普通高校中人文社科发展表现最好的 3 所高校，这是值得肯定的。

8.2.2　天津公办高校评价报告

天津公办高校人文社科发展水平综合评价得分与排名如表 8-3 所示。

表 8-3　天津公办高校人文社科发展水平综合评价得分与排名

排名	学校名称	学校类型	办学层次	得分	级别
1	南开大学	综合类	“双一流”	47.681	A+
2	天津大学	理工类	“双一流”	24.301	A

续表

排名	学校名称	学校类型	办学层次	得分	级别
3	天津师范大学	师范类	普通高校	13.498	B+
4	天津财经大学	财经类	普通高校	8.273	B+
5	天津理工大学	理工类	普通高校	3.573	B
6	天津商业大学	财经类	普通高校	2.546	B-
7	天津工业大学	理工类	“双一流”	2.328	B-
8	天津科技大学	理工类	普通高校	2.107	B-
9	天津体育学院	体育类	普通高校	1.889	C+
10	天津医科大学	医药类	“双一流”	1.642	C+
11	天津外国语大学	语言类	普通高校	1.339	C+
12	中国民航大学	理工类	普通高校	1.266	C+
13	天津城建大学	理工类	普通高校	1.171	C+
14	天津职业技术师范大学	师范类	普通高校	1.105	C
15	天津中医药大学	医药类	“双一流”	0.823	C
16	天津美术学院	艺术类	普通高校	0.451	D+
17	天津音乐学院	艺术类	普通高校	0.420	D+
18	天津农学院	农林类	普通高校	0.151	D
19	天津中德应用技术大学	理工类	普通高校	0.041	D-

由表 8-3 可知，天津 19 所公办本科院校人文社科发展水平综合评价平均得分为 6.032 分，仅有 4 所高校的得分在平均值以上，大部分高校均处于平均值以下，呈现出少数高校人文社科领先发展的局面。南开大学以 47.681 分的优异成绩遥遥领先于天津其他高校，位居第 1 名，而天津大学、天津师范大学则分别以 24.301 分及 13.498 分的成绩位居第 2 名和第 3 名，其他进入前 10 名的高校分别是天津财经大学、天津理工大学、天津商业大学、天津工业大学、天津科技大学、天津体育学院、天津医科大学。

在前 10 名高校中，“双一流”建设高校占据了 4 个名额，前 2 名高校南开大学和天津大学均属于“双一流”建设高校，而天津工业大学和天津医科大学 2 所“双一流”建设高校分别位居第 7 名和第 10 名，理工类高校同样占据了前 10 名中的 4 个名额，是前 10 名中高校数量最多的一种类型。

另外，在普通高校中，天津师范大学、天津财经大学、天津理工大学分别以 13.498 分、8.273 分、3.573 分的成绩位列第 3 名、第 4 名、第 5 名，其人文社科发展水平超越了一批"双一流"建设高校，是普通类高校中人文社科发展表现较好的 3 所高校，具有较好的发展潜力。

8.2.3 河北公办高校评价报告

河北公办高校人文社科发展水平综合评价得分与排名如表 8-4 所示。

表 8-4 河北公办高校人文社科发展水平综合评价得分与排名

排名	学校名称	学校类型	办学层次	得分	级别
1	河北大学	综合类	普通高校	15.320	A-
2	河北师范大学	师范类	普通高校	8.761	B+
3	燕山大学	理工类	普通高校	6.653	B+
4	河北工业大学	理工类	"双一流"	3.910	B
5	河北经贸大学	财经类	普通高校	2.684	B-
6	河北农业大学	农林类	普通高校	2.455	B-
7	石家庄铁道大学	理工类	普通高校	1.277	C+
8	河北科技大学	理工类	普通高校	1.135	C
9	中国人民警察大学	政法类	普通高校	1.004	C
10	华北理工大学	理工类	普通高校	0.936	C
11	廊坊师范学院	师范类	普通高校	0.919	C
12	河北医科大学	医药类	普通高校	0.689	C-
13	石家庄学院	师范类	普通高校	0.571	C-
14	河北工程大学	理工类	普通高校	0.558	C-
15	河北金融学院	财经类	普通高校	0.510	C-
16	防灾科技学院	理工类	普通高校	0.470	D+
17	华北科技学院	理工类	普通高校	0.379	D+
18	河北科技师范学院	师范类	普通高校	0.372	D+
19	河北北方学院	综合类	普通高校	0.345	D+

续表

排名	学校名称	学校类型	办学层次	得分	级别
20	河北地质大学	理工类	普通高校	0.258	D
21	唐山师范学院	师范类	普通高校	0.248	D
22	邯郸学院	综合类	普通高校	0.247	D
22	衡水学院	综合类	普通高校	0.247	D
24	保定学院	师范类	普通高校	0.246	D
25	北华航天工业学院	理工类	普通高校	0.245	D
26	沧州师范学院	师范类	普通高校	0.226	D
27	河北体育学院	体育类	普通高校	0.205	D
28	河北中医学院	医药类	普通高校	0.157	D
29	河北民族师范学院	师范类	普通高校	0.147	D
30	承德医学院	医药类	普通高校	0.144	D-
31	中央司法警官学院	政法类	普通高校	0.138	D-
32	唐山学院	理工类	普通高校	0.108	D-
33	河北建筑工程学院	理工类	普通高校	0.070	D-
34	河北环境工程学院	理工类	普通高校	0.054	D-
35	河北水利电力学院	理工类	普通高校	0.045	D-
35	河北石油职业技术大学	理工类	普通高校	0.045	D-
35	张家口学院	综合类	普通高校	0.045	D-
38	邢台学院	综合类	普通高校	0.041	D-
39	河北科技工程职业技术大学	理工类	普通高校	0.038	D-
40	河北工业职业技术大学	理工类	普通高校	0.037	D-

由表 8-4 可知，河北 40 所公办本科院校人文社科发展水平综合评价平均得分仅为 1.298 分，且共有 6 所高校得分在平均值以上，其人文社科发展整体水平尚存在较大提升空间。河北大学、河北师范大学、燕山大学 3 所普通高校分别以 15.320 分、8.761 分、6.653 分的成绩位居前 3 名，其人文社科发展超过了河北唯一的“双一流”建设高校河北工业大学，河北工业大学则以 3.910 的成绩位居第 4 名，其他进入前 10 名的高校分别为河北经贸大学、河北农业大学、石家庄铁道大学、河北科技大学、中国人民警察大学、华北理工大学，且前 10 名

高校中理工类高校就占据了 5 所，综合来看，河北省普通高校和理工类高校在人文社科的发展方面是值得肯定的。

8.2.4 辽宁公办高校评价报告

辽宁公办高校人文社科发展水平综合评价得分与排名如表 8-5 所示。

表 8-5 辽宁公办高校人文社科发展水平综合评价得分与排名

排名	学校名称	学校类型	办学层次	得分	级别
1	大连理工大学	理工类	“双一流”	22.176	A-
2	东北大学	理工类	“双一流”	18.071	A-
3	东北财经大学	财经类	普通高校	17.356	A-
4	辽宁大学	综合类	“双一流”	11.216	B+
5	大连海事大学	理工类	“双一流”	8.748	B+
6	辽宁师范大学	师范类	普通高校	5.011	B
7	中国医科大学	医药类	普通高校	3.158	B
8	沈阳师范大学	师范类	普通高校	2.781	B-
9	大连外国语大学	语言类	普通高校	2.606	B-
10	沈阳农业大学	农林类	普通高校	2.525	B-
11	渤海大学	综合类	普通高校	2.107	B-
12	大连民族大学	民族类	普通高校	2.067	B-
13	辽宁工业大学	理工类	普通高校	1.647	C+
14	沈阳工业大学	理工类	普通高校	1.374	C+
15	沈阳体育学院	体育类	普通高校	1.235	C+
16	辽宁工程技术大学	理工类	普通高校	1.123	C
17	大连大学	综合类	普通高校	0.708	C-
18	沈阳音乐学院	艺术类	普通高校	0.570	C-
19	鲁迅美术学院	艺术类	普通高校	0.569	C-
20	沈阳建筑大学	理工类	普通高校	0.547	C-
21	辽宁科技大学	理工类	普通高校	0.512	C-

续表

排名	学校名称	学校类型	办学层次	得分	级别
22	大连医科大学	医药类	普通高校	0.481	D+
23	沈阳航空航天大学	理工类	普通高校	0.469	D+
24	大连海洋大学	农林类	普通高校	0.419	D+
25	沈阳大学	综合类	普通高校	0.387	D+
26	辽宁石油化工大学	理工类	普通高校	0.346	D+
27	大连工业大学	理工类	普通高校	0.287	D
28	中国刑事警察学院	政法类	普通高校	0.274	D
29	辽宁中医药大学	医药类	普通高校	0.263	D
30	沈阳药科大学	医药类	普通高校	0.239	D
31	沈阳理工大学	理工类	普通高校	0.169	D
32	大连交通大学	理工类	普通高校	0.156	D
33	锦州医科大学	医药类	普通高校	0.145	D-
34	鞍山师范学院	师范类	普通高校	0.130	D-
35	沈阳化工大学	理工类	普通高校	0.086	D-
36	辽东学院	综合类	普通高校	0.085	D-
37	辽宁警察学院	政法类	普通高校	0.080	D-
38	沈阳工程学院	理工类	普通高校	0.076	D-
39	营口理工学院	理工类	普通高校	0.070	D-
40	沈阳医学院	医药类	普通高校	0.056	D-
41	辽宁科技学院	理工类	普通高校	0.045	D-

由表 8-5 可知，辽宁 41 所公办本科院校人文社科发展水平综合评价平均得分为 2.692 分，共有 8 所高校的得分在平均值以上，占辽宁公办高校数量不足 1/5，大部分高校均处于平均值以下。大连理工大学以 22.176 的成绩位居辽宁公办本科高校第 1 名，而东北大学、东北财经大学则分别以 18.071 分及 17.356 分的成绩位居第 2 名和第 3 名，其他进入前 10 名的高校分别为辽宁大学、大连海事大学、辽宁师范大学、中国医科大学、沈阳师范大学、大连外国语大学及沈阳农业大学。

在前 10 名高校中，“双一流”建设高校占据了 4 个名额，且辽宁的 4 所“双一流”建设高校均位于前 5 名，前 2 名高校大连理工大学和东北大学均属于“双一流”建设高校，其他 2 所“双一流”建设高校辽宁大学和大连海事大学分别位居第 4 名和第 5 名，且理工类高校占据了前 10 名中 3 个名额。另外，在普通高校中，东北财经大学位居第 3 名，是普通高校中人文社科发展表现最好的大学。

8.2.5 上海公办高校评价报告

上海公办高校人文社科发展水平综合评价得分与排名如表 8-6 所示。

表 8-6 上海公办高校人文社科发展水平综合评价得分与排名

排名	学校名称	学校类型	办学层次	得分	级别
1	复旦大学	综合类	“双一流”	64.796	A+
2	上海交通大学	综合类	“双一流”	60.296	A+
3	华东师范大学	师范类	“双一流”	55.978	A+
4	同济大学	综合类	“双一流”	33.058	A
5	上海大学	综合类	“双一流”	32.039	A
6	上海财经大学	财经类	“双一流”	21.519	A-
7	上海师范大学	师范类	普通高校	19.160	A-
8	上海外国语大学	语言类	“双一流”	13.218	B+
9	华东理工大学	理工类	“双一流”	11.902	B+
10	华东政法大学	政法类	普通高校	11.599	B+
11	上海对外经贸大学	财经类	普通高校	8.073	B+
12	上海理工大学	理工类	普通高校	6.500	B+
13	东华大学	理工类	“双一流”	6.038	B+
14	上海体育学院	体育类	“双一流”	6.020	B+
15	上海海事大学	理工类	普通高校	5.127	B
16	上海政法学院	政法类	普通高校	4.444	B
17	上海工程技术大学	理工类	普通高校	3.928	B
18	上海戏剧学院	艺术类	普通高校	3.395	B
19	上海音乐学院	艺术类	“双一流”	3.322	B

续表

排名	学校名称	学校类型	办学层次	得分	级别
20	上海立信会计金融学院	财经类	普通高校	3.157	B-
21	上海应用技术大学	理工类	普通高校	1.613	C+
22	上海科技大学	理工类	“双一流”	1.488	C+
23	上海中医药大学	医药类	“双一流”	1.435	C+
24	上海商学院	财经类	普通高校	1.148	C
25	上海海洋大学	农林类	“双一流”	1.052	C
26	上海海关学院	政法类	普通高校	0.960	C
27	上海电力大学	理工类	普通高校	0.857	C
28	上海第二工业大学	理工类	普通高校	0.777	C
29	上海电机学院	理工类	普通高校	0.438	D+
30	上海健康医学院	医药类	普通高校	0.336	D+
31	上海公安学院	政法类	普通高校	0.109	D-

由表 8-6 可知，上海 31 所公办本科院校人文社科发展水平综合评价平均得分为 12.380 分，共有 8 所高校的得分在平均值以上，其余高校均位于平均值以下。复旦大学以 64.796 分的成绩位居上海公办本科高校第 1 名，而上海交通大学、华东师范大学则分别以 60.296 分及 55.978 分的成绩位居第 2 名和第 3 名，其他进入前 10 名的高校分别为同济大学、上海大学、上海财经大学、上海师范大学、上海外国语大学、华东理工大学及华东政法大学。

在前 10 名高校中，“双一流”建设高校占据了 8 个名额，且前 6 名均为“双一流”建设高校，表现出“双一流”建设高校的绝对优势，而综合类高校占据 4 个名额，且全部位于前 5 名，表明了上海综合类高校较强的人文社科实力。

此外，在普通高校中，上海师范大学和华东政法大学分别取得了 19.160 分和 11.599 分的成绩，其人文社科实力超越了东华大学、上海体育学院、上海音乐学院、上海科技大学、上海中医药大学及上海海洋大学 6 所“双一流”建设高校，分别位居第 7 名和第 10 名，是普通高校中表现较好的两所高校。

8.2.6 江苏公办高校评价报告

江苏公办高校人文社科发展水平综合评价得分与排名如表 8-7 所示。

表 8-7 江苏公办高校人文社科发展水平综合评价得分与排名

排名	学校名称	学校类型	办学层次	得分	级别
1	南京大学	综合类	“双一流”	60.108	A+
2	南京师范大学	师范类	“双一流”	34.102	A
3	东南大学	综合类	“双一流”	30.305	A
4	苏州大学	综合类	“双一流”	26.860	A
5	南京农业大学	农林类	“双一流”	15.853	A-
6	南京财经大学	财经类	普通高校	14.380	A-
7	扬州大学	综合类	普通高校	13.816	B+
8	江南大学	综合类	“双一流”	13.502	B+
9	南京航空航天大学	理工类	“双一流”	12.911	B+
10	江苏大学	综合类	普通高校	12.478	B+
11	南京理工大学	理工类	“双一流”	10.993	B+
12	南京审计大学	财经类	普通高校	10.590	B+
13	江苏师范大学	师范类	普通高校	10.366	B+
14	河海大学	理工类	“双一流”	10.292	B+
15	南京信息工程大学	理工类	“双一流”	9.854	B+
16	中国矿业大学	理工类	“双一流”	8.881	B+
17	南通大学	综合类	普通高校	7.569	B+
18	南京林业大学	农林类	“双一流”	7.487	B+
19	南京邮电大学	理工类	“双一流”	7.361	B+
20	南京艺术学院	艺术类	普通高校	4.379	B
21	南京医科大学	医药类	“双一流”	4.044	B
22	常州大学	理工类	普通高校	3.687	B
23	南京工业大学	理工类	普通高校	3.476	B
24	江苏科技大学	理工类	普通高校	3.377	B
25	苏州科技大学	理工类	普通高校	3.324	B
26	淮阴师范学院	师范类	普通高校	2.792	B-

续表

排名	学校名称	学校类型	办学层次	得分	级别
27	南京晓庄学院	师范类	普通高校	2.721	B-
28	盐城师范学院	师范类	普通高校	2.366	B-
29	徐州工程学院	理工类	普通高校	1.989	B-
30	常熟理工学院	理工类	普通高校	1.832	C+
31	中国药科大学	医药类	“双一流”	1.685	C+
32	南京中医药大学	医药类	“双一流”	1.554	C+
33	江苏理工学院	理工类	普通高校	1.330	C+
34	徐州医科大学	医药类	普通高校	1.309	C+
35	盐城工学院	理工类	普通高校	1.109	C
36	南京体育学院	体育类	普通高校	1.101	C
37	金陵科技学院	理工类	普通高校	1.065	C
38	江苏海洋大学	理工类	普通高校	0.985	C
39	南京工程学院	理工类	普通高校	0.968	C
40	常州工学院	理工类	普通高校	0.948	C
41	淮阴工学院	理工类	普通高校	0.919	C
42	南京特殊教育师范学院	师范类	普通高校	0.720	C-
43	江苏警官学院	政法类	普通高校	0.626	C-
44	江苏第二师范学院	师范类	普通高校	0.546	C-
45	南京工业职业技术大学	理工类	普通高校	0.391	D+
46	宿迁学院	综合类	普通高校	0.387	D+
47	南京森林警察学院	政法类	普通高校	0.344	D+
48	无锡学院	综合类	普通高校	0.286	D
49	泰州学院	综合类	普通高校	0.253	D
50	苏州城学院	综合类	普通高校	0.079	D-

由表 8-7 可知，江苏 50 所公办本科院校人文社科发展水平综合评价平均得分为 7.366 分，共有 18 所高校的得分在平均值以上，占比超过了江苏公办本科高校数量的 1/3。南京

大学以 60.108 分的成绩遥遥领先于其他高校，位居第 1 名，而南京师范大学和东南大学则分别以 34.102 分及 30.305 分的成绩位居第 2 名和第 3 名，其他进入前 10 名的高校分别为苏州大学、南京农业大学、南京财经大学、扬州大学、江南大学、南京航空航天大学及江苏大学。

在前 10 名高校中，“双一流”建设高校占据了 7 个名额，且前 5 名均为“双一流”建设高校，表现出“双一流”建设高校强劲的人文社科实力，且综合类高校占据了前 10 名中 6 个名额，领先于其他类型的高校，表现出综合类高校较强的人文社科发展水平。

此外，在普通高校中，南京财经大学、扬州大学和江苏大学分别取得了 14.380 分、13.816 分和 12.478 分的成绩，其人文社科发展实力超越了江苏 9 所“双一流”建设高校，分别位居江苏第 6 名、第 7 名和第 10 名，是江苏普通高校中人文社科发展最好的 3 所高校。

8.2.7 浙江公办高校评价报告

浙江公办高校人文社科发展水平综合评价得分与排名如表 8-8 所示。

表 8-8 浙江公办高校人文社科发展水平综合评价得分与排名

排名	学校名称	学校类型	办学层次	得分	级别
1	浙江大学	综合类	“双一流”	72.827	A+
2	浙江工商大学	财经类	普通高校	19.547	A-
3	浙江师范大学	师范类	普通高校	16.714	A-
4	浙江工业大学	理工类	普通高校	15.888	A-
5	杭州师范大学	师范类	普通高校	14.949	A-
6	浙江财经大学	财经类	普通高校	14.552	A-
7	宁波大学	综合类	“双一流”	11.581	B+
8	杭州电子科技大学	理工类	普通高校	9.607	B+
9	温州大学	综合类	普通高校	8.838	B+
10	浙江理工大学	理工类	普通高校	5.697	B
11	中国美术学院	艺术类	“双一流”	4.520	B
12	浙江农林大学	农林类	普通高校	3.901	B
13	浙江传媒学院	语言类	普通高校	3.886	B
14	湖州师范学院	师范类	普通高校	3.472	B

续表

排名	学校名称	学校类型	办学层次	得分	级别
15	绍兴文理学院	综合类	普通高校	3.201	B
16	温州医科大学	医药类	普通高校	3.124	B−
17	浙大城市学院	综合类	普通高校	3.035	B−
18	中国计量大学	理工类	普通高校	3.012	B−
19	嘉兴学院	综合类	普通高校	2.820	B−
20	台州学院	综合类	普通高校	2.309	B−
21	浙江外国语学院	语言类	普通高校	2.049	B−
22	浙江海洋大学	农林类	普通高校	2.008	B−
23	浙江中医药大学	医药类	普通高校	1.835	C+
24	浙江万里学院	理工类	普通高校	1.827	C+
25	浙江科技学院	理工类	普通高校	1.800	C+
26	浙大宁波理工学院	理工类	普通高校	1.392	C+
27	丽水学院	综合类	普通高校	0.852	C
28	浙江音乐学院	艺术类	普通高校	0.810	C
29	衢州学院	理工类	普通高校	0.651	C−
30	温州理工学院	理工类	普通高校	0.625	C−
31	宁波工程学院	理工类	普通高校	0.521	C−
32	杭州医学院	医药类	普通高校	0.465	D+
33	浙江警察学院	政法类	普通高校	0.350	D+
34	湖州学院	综合类	普通高校	0.313	D+
35	浙江水利水电学院	理工类	普通高校	0.295	D
36	浙江药科职业大学	医药类	普通高校	0.228	D
37	嘉兴南湖学院	综合类	普通高校	0.194	D

由表 8−8 可知，浙江 37 所公办本科院校人文社科发展水平综合评价平均得分为 6.478 分，共有 9 所高校的得分在平均值以上，约占浙江公办本科高校数量的 1/4。浙江大学以 72.827 分的成绩遥遥领先于其他高校，位居浙江公办本科高校第 1 名，而浙江工商大学和浙

江师范大学则分别以 19.547 分及 16.714 分的成绩位居第 2 名和第 3 名，其他进入前 10 名的高校分别为浙江工业大学、杭州师范大学、浙江财经大学、宁波大学、杭州电子科技大学、温州大学及浙江理工大学。

在前 10 名高校中，浙江 3 所“双一流”建设高校中的 2 所进入前 10 名，分别是第 1 名浙江大学和第 7 名宁波大学，另外一所“双一流”建设高校中国美术学院则位居第 11 名，其他 8 所均为普通高校，其中浙江工商大学是浙江普通高校中人文社科发展表现最好的学校，位居浙江第 2 名、普通高校第 1 名，浙江师范大学和浙江工业大学是浙江普通高校中的第 2 名和第 3 名，其人文化社科发展是值得肯定的。

8.2.8　福建公办高校评价报告

福建公办高校人文社科发展水平综合评价得分与排名如表 8-9 所示。

表 8-9　福建公办高校人文社科发展水平综合评价得分与排名

排名	学校名称	学校类型	办学层次	得分	级别
1	厦门大学	综合类	“双一流”	53.953	A+
2	福建师范大学	师范类	普通高校	19.669	A-
3	福州大学	理工类	“双一流”	10.725	B+
4	华侨大学	综合类	普通高校	10.536	B+
5	福建农林大学	农林类	普通高校	5.167	B
6	闽南师范大学	师范类	普通高校	3.372	B
7	集美大学	综合类	普通高校	2.412	B-
8	福建医科大学	医药类	普通高校	1.938	B-
9	福建工程学院	理工类	普通高校	1.525	C+
10	闽江学院	理工类	普通高校	1.345	C+
11	厦门理工学院	理工类	普通高校	1.243	C+
12	三明学院	综合类	普通高校	1.225	C+
13	莆田学院	综合类	普通高校	0.962	C
14	龙岩学院	综合类	普通高校	0.740	C
15	福建江夏学院	财经类	普通高校	0.649	C-
16	福建中医药大学	医药类	普通高校	0.507	C-

续表

排名	学校名称	学校类型	办学层次	得分	级别
17	福建商学院	财经类	普通高校	0.462	D+
18	泉州师范学院	师范类	普通高校	0.439	D+
19	宁德师范学院	师范类	普通高校	0.437	D+
20	武夷学院	综合类	普通高校	0.368	D+
21	福建技术师范学院	师范类	普通高校	0.333	D+
22	福建警察学院	政法类	普通高校	0.124	D-
23	厦门医学院	医药类	普通高校	0.080	D-

由表 8-9 可知，福建 23 所公办本科院校人文社科发展水平综合评价平均得分为 5.140 分，共有 5 所高校的得分在平均值以上，占福建公办本科高校数量的比重不足 1/4，其余高校得分均位于平均值以下。厦门大学以 53.953 分的成绩遥遥领先于其他高校，位居福建公办本科高校第 1 名，而福建师范大学和福州大学则分别以 19.669 分及 10.725 分的成绩位居第 2 名和第 3 名，其他进入前 10 名的高校分别华侨大学、福建农林大学、闽南师范大学、集美大学、福建医科大学、福建工程学院及闽江学院。

在前 10 名高校中，福建 2 所“双一流”建设高校均进入前 10 名，分别是厦门大学（第 1 名）和福州大学（第 3 名），福建师范大学是普通高校中表现最好的高校，位居福建公办本科高校第 2 名，紧随其后表现较好的普通高校是华侨大学和福建农林大学，且综合类和理工类高校均占据前 10 名中 3 个名额，是前 10 名中高校占据数量最多的 2 种类型。

8.2.9 山东公办高校评价报告

山东公办高校人文社科发展水平综合评价得分与排名如表 8-10 所示。

表 8-10 山东公办高校人文社科发展水平综合评价得分与排名

排名	学校名称	学校类型	办学层次	得分	级别
1	山东大学	综合类	“双一流”	51.322	A+
2	山东师范大学	师范类	普通高校	19.215	A-
3	山东财经大学	财经类	普通高校	15.376	A-
4	曲阜师范大学	师范类	普通高校	14.337	A-
5	青岛大学	综合类	普通高校	12.801	B+

续表

排名	学校名称	学校类型	办学层次	得分	级别
6	中国海洋大学	综合类	“双一流”	12.669	B+
7	山东科技大学	理工类	普通高校	6.108	B+
8	济南大学	综合类	普通高校	4.715	B
9	中国石油大学（华东）	理工类	“双一流”	4.701	B
10	山东理工大学	理工类	普通高校	4.328	B
11	山东工商学院	财经类	普通高校	3.863	B
12	青岛科技大学	理工类	普通高校	3.553	B
13	山东农业大学	农林类	普通高校	3.523	B
14	烟台大学	综合类	普通高校	3.508	B
15	聊城大学	综合类	普通高校	3.423	B
16	鲁东大学	综合类	普通高校	3.168	B
17	齐鲁工业大学	理工类	普通高校	2.978	B-
18	山东建筑大学	理工类	普通高校	2.266	B-
19	青岛农业大学	农林类	普通高校	2.113	B-
20	青岛理工大学	理工类	普通高校	2.001	B-
21	临沂大学	综合类	普通高校	1.643	C+
22	山东青年政治学院	综合类	普通高校	1.441	C+
23	山东第一医科大学	医药类	普通高校	1.207	C+
24	山东艺术学院	艺术类	普通高校	1.199	C+
25	山东工艺美术学院	艺术类	普通高校	1.031	C
26	潍坊医学院	医药类	普通高校	0.963	C
27	山东管理学院	财经类	普通高校	0.949	C
28	滨州医学院	医药类	普通高校	0.848	C
29	枣庄学院	综合类	普通高校	0.798	C
30	山东交通学院	理工类	普通高校	0.670	C-
31	潍坊学院	综合类	普通高校	0.661	C-

续表

排名	学校名称	学校类型	办学层次	得分	级别
32	山东女子学院	综合类	普通高校	0.566	C−
33	山东体育学院	体育类	普通高校	0.551	C−
34	山东中医药大学	医药类	普通高校	0.538	C−
35	山东政法学院	政法类	普通高校	0.529	C−
36	泰山学院	综合类	普通高校	0.523	C−
37	滨州学院	综合类	普通高校	0.388	D+
38	济宁学院	综合类	普通高校	0.354	D+
39	菏泽学院	综合类	普通高校	0.234	D
40	济宁医学院	医药类	普通高校	0.225	D
41	齐鲁师范学院	师范类	普通高校	0.216	D
42	山东警察学院	政法类	普通高校	0.215	D
43	山东农业工程学院	农林类	普通高校	0.109	D−
43	德州学院	综合类	普通高校	0.109	D−
45	山东石油化工学院	理工类	普通高校	0.066	D−

由表 8–10 可知，山东 45 所公办本科院校人文社科发展水平综合评价平均得分为 4.267 分，共有 10 所高校的得分在平均值以上，占山东公办本科高校数量的比重不足 1/3，其余高校得分均位于平均值以下。山东大学以 51.322 分的成绩遥遥领先于其他高校，位居山东公办本科高校第 1 名，而山东师范大学和山东财经大学则分别以 19.215 分及 15.376 分的成绩位居第 2 名和第 3 名，其他进入前 10 名的高校分别为曲阜师范大学、青岛大学、中国海洋大学、山东科技大学、济南大学、中国石油大学（华东）及山东理工大学。

在前 10 名高校中，山东 3 所“双一流”建设高校均进入前 10 名，分别是山东大学（第 1 名）、中国海洋大学（第 6 名）和中国石油大学（华东）（第 9 名），且前 10 名中共有 4 所综合类高校，是高校中占据名额最多的一种类型。

此外，在普通高校中，山东师范大学、山东财经大学、曲阜师范大学和青岛大学表现比较优异，其人文社科发展水平超过了中国海洋大学和中国石油大学（华东）2 所“双一流”建设高校，分别位居第 2 ～ 5 名，表现出较好的人文社科发展能力。

8.2.10 广东公办高校评价报告

广东公办高校人文社科发展水平综合评价得分与排名如表 8-11 所示。

表 8-11 广东公办高校人文社科发展水平综合评价得分与排名

排名	学校名称	学校类型	办学层次	得分	级别
1	中山大学	综合类	“双一流”	63.877	A+
2	暨南大学	综合类	“双一流”	31.533	A
3	华南师范大学	师范类	“双一流”	26.861	A
4	华南理工大学	理工类	“双一流”	25.191	A
5	深圳大学	综合类	普通高校	24.983	A
6	广州大学	综合类	普通高校	19.396	A-
7	广东外语外贸大学	语言类	普通高校	18.915	A-
8	广东工业大学	理工类	普通高校	11.179	B+
9	华南农业大学	农林类	“双一流”	8.412	B+
10	广东财经大学	财经类	普通高校	6.633	B+
11	南方科技大学	理工类	“双一流”	4.897	B
12	南方医科大学	医药类	普通高校	4.490	B
13	汕头大学	综合类	普通高校	3.928	B
14	广州美术学院	艺术类	普通高校	3.757	B
15	广东金融学院	财经类	普通高校	3.689	B
16	广东技术师范大学	师范类	普通高校	2.943	B-
17	广州医科大学	医药类	“双一流”	2.142	B-
18	岭南师范学院	师范类	普通高校	1.843	C+
19	东莞理工学院	理工类	普通高校	1.763	C+
20	佛山科学技术学院	理工类	普通高校	1.580	C+
21	广州体育学院	体育类	普通高校	1.503	C+
22	广州中医药大学	医药类	“双一流”	1.279	C+
23	韶关学院	综合类	普通高校	0.905	C

续表

排名	学校名称	学校类型	办学层次	得分	级别
24	广东海洋大学	农林类	普通高校	0.885	C
25	惠州学院	综合类	普通高校	0.754	C
26	韩山师范学院	师范类	普通高校	0.723	C-
27	肇庆学院	综合类	普通高校	0.610	C-
28	广东医科大学	医药类	普通高校	0.606	C-
29	星海音乐学院	艺术类	普通高校	0.599	C-
30	广东第二师范学院	师范类	普通高校	0.577	C-
31	广东药科大学	医药类	普通高校	0.560	C-
31	嘉应学院	综合类	普通高校	0.560	C-
33	深圳技术大学	理工类	普通高校	0.542	C-
34	仲恺农业工程学院	农林类	普通高校	0.522	C-
35	广东石油化工学院	理工类	普通高校	0.409	D+
36	广州航海学院	理工类	普通高校	0.233	D
37	五邑大学	综合类	普通高校	0.224	D
38	广东警官学院	政法类	普通高校	0.079	D-

由表 8-11 可知，广东 38 所公办本科院校人文社科发展水平综合评价平均得分为 7.357 分，共有 9 所高校的得分在平均值以上，占广东公办本科高校数量的比重不足 1/4，其余高校得分均位于平均值以下。中山大学以 63.877 分的成绩遥遥领先于其他高校，位居广东公办本科高校第 1 名，而暨南大学和华南师范大学则分别以 31.533 分及 26.861 分的成绩位居第 2 名和第 3 名，其他进入前 10 名的高校分别为华南理工大学、深圳大学、广州大学、广东外语外贸大学、广东工业大学、华南农业大学及广东财经大学。

在前 10 名高校中，共有 5 所“双一流”建设高校，且前 4 名均为“双一流”建设高校，同时共有 4 所综合类高校进入前 10 名，是高校中占据名额最多的一种类型，而普通高校深圳大学、广州大学、广东外语外贸大学及广东工业大学表现出较强的人文社科发展实力，超越了华南农业大学、南方科技大学、广州医科大学和广州中医药大学 4 所“双一流”建设高校，分别位居第 5～8 名。

8.2.11　海南公办高校评价报告

海南公办高校人文社科发展水平综合评价得分与排名如表 8–12 所示。

表 8–12　海南公办高校人文社科发展水平综合评价得分与排名

排名	学校名称	学校类型	办学层次	得分	级别
1	海南大学	综合类	“双一流”	12.211	B+
2	海南师范大学	师范类	普通高校	4.237	B
3	海南医学院	医药类	普通高校	0.578	C–
4	海南热带海洋学院	综合类	普通高校	0.255	D
5	琼台师范学院	师范类	普通高校	0.226	D

由表 8–12 可知，海南 5 所公办本科院校人文社科发展水平综合评价平均得分为 3.501 分，海南唯一的“双一流”建设高校海南大学以 12.211 分的成绩位居第 1 名，普通高校海南师范大学、海南医学院、海南热带海洋学院和琼台师范学院分别位居第 2 ～ 5 名。

8.2.12　山西公办高校评价报告

山西公办高校人文社科发展水平综合评价得分与排名如表 8–13 所示。

表 8–13　山西公办高校人文社科发展水平综合评价得分与排名

排名	学校名称	学校类型	办学层次	得分	级别
1	山西大学	综合类	“双一流”	15.964	A–
2	山西财经大学	财经类	普通高校	10.938	B+
3	山西师范大学	师范类	普通高校	4.541	B
4	太原理工大学	理工类	“双一流”	2.765	B–
5	太原科技大学	理工类	普通高校	1.353	C+
6	太原师范学院	师范类	普通高校	1.205	C+
7	中北大学	理工类	普通高校	0.884	C
8	山西农业大学	农林类	普通高校	0.872	C
9	山西医科大学	医药类	普通高校	0.821	C
10	山西大同大学	综合类	普通高校	0.705	C–

续表

排名	学校名称	学校类型	办学层次	得分	级别
11	运城学院	综合类	普通高校	0.359	D+
12	山西传媒学院	艺术类	普通高校	0.272	D
13	吕梁学院	综合类	普通高校	0.227	D
14	长治学院	综合类	普通高校	0.213	D
15	忻州师范学院	师范类	普通高校	0.198	D
16	晋中学院	综合类	普通高校	0.177	D
17	太原学院	综合类	普通高校	0.147	D
18	山西工程科技职业大学	理工类	普通高校	0.100	D-
19	太原工业学院	理工类	普通高校	0.094	D-
20	长治医学院	医药类	普通高校	0.073	D-
21	山西警察学院	政法类	普通高校	0.054	D-
21	山西能源学院	理工类	普通高校	0.054	D-
23	山西工程技术学院	理工类	普通高校	0.052	D-
24	山西科技学院	理工类	普通高校	0.045	D-
25	山西中医药大学	医药类	普通高校	0.041	D-
26	山西工学院	理工类	普通高校	0.037	D-

由表 8-13 可知，山西 26 所公办本科院校人文社科发展水平综合评价平均得分为 1.623 分，仅有 4 所高校的得分在平均值以上，其余高校得分均位于平均值以下。山西大学以 15.964 分的成绩位居山西公办本科高校第 1 名，而山西财经大学和山西师范大学则分别以 10.938 分及 4.541 分的成绩位居第 2 名和第 3 名，其他进入前 10 名的高校分别为太原理工大学、太原科技大学、太原师范学院、中北大学、山西农业大学、山西医科大学及山西大同大学。

在前 10 名高校中，山西 2 所"双一流"建设高校均进入前 10 名，分别是山西大学（第 1 名）和太原理工大学（第 4 名），且共有 3 所理工类高校进入前 10 名，是高校中占据名额最多的一种类型，而普通高校山西财经大学和山西师范大学表现出较强的人文社科发展实力，超越了"双一流"建设高校太原理工大学，分别位居第 2 名和第 3 名，也是山西人文社科发展最好的 2 所普通类高校。

8.2.13 吉林公办高校评价报告

吉林公办高校人文社科发展水平综合评价得分与排名如表 8-14 所示。

表 8-14 吉林公办高校人文社科发展水平综合评价得分与排名

排名	学校名称	学校类型	办学层次	得分	级别
1	吉林大学	综合类	“双一流”	34.117	A
2	东北师范大学	师范类	“双一流”	26.418	A
3	延边大学	综合类	“双一流”	3.815	B
4	吉林财经大学	财经类	普通高校	2.532	B-
5	长春工业大学	理工类	普通高校	1.708	C+
6	长春师范大学	师范类	普通高校	1.663	C+
7	吉林师范大学	师范类	普通高校	1.242	C+
8	长春中医药大学	医药类	普通高校	0.948	C
9	吉林农业大学	农林类	普通高校	0.925	C
10	长春理工大学	理工类	普通高校	0.753	C
11	吉林体育学院	体育类	普通高校	0.585	C-
12	吉林艺术学院	艺术类	普通高校	0.584	C-
13	通化师范学院	师范类	普通高校	0.574	C-
14	东北电力大学	理工类	普通高校	0.497	D+
15	长春大学	综合类	普通高校	0.484	D+
16	吉林建筑大学	理工类	普通高校	0.393	D+
17	北华大学	综合类	普通高校	0.337	D+
18	白城师范学院	师范类	普通高校	0.331	D+
19	吉林工程技术师范学院	师范类	普通高校	0.319	D+
20	长春工程学院	理工类	普通高校	0.258	D
21	吉林医药学院	医药类	普通高校	0.170	D
22	吉林化工学院	理工类	普通高校	0.162	D
23	吉林工商学院	财经类	普通高校	0.100	D-
24	吉林警察学院	政法类	普通高校	0.087	D-
25	吉林农业科技学院	农林类	普通高校	0.037	D-

由表 8－14 可知，吉林 25 所公办本科院校人文社科发展水平综合评价平均得分为 3.162 分，仅有 3 所高校的得分在平均值以上，其余高校得分均位于平均值以下。吉林大学、东北师范大学及延边大学分别以 34.117 分、26.418 分和 3.815 分的成绩位居前 3 名，且这 3 所高校均为"双一流"建设高校，而普通高校中的前 3 名是吉林财经大学、长春工业大学和长春师范大学，分别位居第 4 ～ 6 名，其他进入前 10 名的高校分别为吉林师范大学、长春中医药大学、吉林农业大学、长春理工大学。

8.2.14 黑龙江公办高校评价报告

黑龙江公办高校人文社科发展水平综合评价得分与排名如表 8－15 所示。

表 8－15 黑龙江公办高校人文社科发展水平综合评价得分与排名

排名	学校名称	学校类型	办学层次	得分	级别
1	哈尔滨工业大学	理工类	"双一流"	19.778	A－
2	黑龙江大学	综合类	普通高校	9.157	B＋
3	哈尔滨师范大学	师范类	普通高校	5.718	B＋
4	哈尔滨工程大学	理工类	"双一流"	5.236	B
5	东北林业大学	农林类	"双一流"	3.672	B
6	东北农业大学	农林类	"双一流"	3.592	B
7	哈尔滨理工大学	理工类	普通高校	3.113	B－
8	哈尔滨商业大学	财经类	普通高校	3.048	B－
9	哈尔滨医科大学	医药类	普通高校	2.957	B－
10	哈尔滨音乐学院	艺术类	普通高校	1.224	C＋
11	哈尔滨体育学院	体育类	普通高校	0.871	C
12	东北石油大学	理工类	普通高校	0.859	C
13	齐齐哈尔大学	综合类	普通高校	0.641	C－
14	牡丹江师范学院	师范类	普通高校	0.462	D＋
15	黑河学院	综合类	普通高校	0.449	D＋
16	黑龙江中医药大学	医药类	普通高校	0.435	D＋
17	牡丹江医学院	医药类	普通高校	0.421	D＋
18	黑龙江科技大学	理工类	普通高校	0.312	D＋

续表

排名	学校名称	学校类型	办学层次	得分	级别
19	佳木斯大学	综合类	普通高校	0.303	D+
20	哈尔滨学院	综合类	普通高校	0.300	D
21	哈尔滨金融学院	财经类	普通高校	0.227	D
22	黑龙江工业学院	理工类	普通高校	0.197	D
23	黑龙江八一农垦大学	农林类	普通高校	0.157	D
24	齐齐哈尔医学院	医药类	普通高校	0.139	D-
25	大庆师范学院	师范类	普通高校	0.115	D-
26	绥化学院	综合类	普通高校	0.066	D-
26	黑龙江工程学院	理工类	普通高校	0.066	D-

由表8-15可知，黑龙江27所公办本科院校人文社科发展水平综合评价平均得分为2.352分，共有9所高校的得分在平均值以上，占黑龙江公办本科院校总数的1/3，其余高校得分均位于平均值以下。哈尔滨工业大学以19.778分的成绩位居黑龙江公办本科院校第1名，而黑龙江大学、哈尔滨师范大学则分别以9.157分、5.718分的成绩位居第2名和第3名，其余3所“双一流”建设高校哈尔滨工程大学、东北林业大学和东北农业大学分别位居第4～6名，前10名中剩余的4个名额则被哈尔滨理工大学、哈尔滨商业大学、哈尔滨医科大学及哈尔滨音乐学院占据，且前10名中理工类高校占据了3个，是占据名额最多的一种高校类型。

8.2.15　安徽公办高校评价报告

安徽公办高校人文社科发展水平综合评价得分与排名如表8-16所示。

表8-16　安徽公办高校人文社科发展水平综合评价得分与排名

排名	学校名称	学校类型	办学层次	得分	级别
1	安徽大学	综合类	“双一流”	18.649	A-
2	中国科学技术大学	理工类	“双一流”	14.819	A-
3	合肥工业大学	理工类	“双一流”	12.232	B+
4	安徽师范大学	师范类	普通高校	11.682	B+
5	安徽财经大学	财经类	普通高校	6.088	B+

续表

排名	学校名称	学校类型	办学层次	得分	级别
6	安徽工业大学	理工类	普通高校	3.162	B
7	安徽医科大学	医药类	普通高校	2.008	B−
8	安徽工程大学	理工类	普通高校	1.914	B−
9	安徽农业大学	农林类	普通高校	1.477	C+
10	淮北师范大学	师范类	普通高校	1.229	C+
11	安庆师范大学	师范类	普通高校	1.202	C+
12	阜阳师范大学	师范类	普通高校	1.031	C
13	安徽建筑大学	理工类	普通高校	0.966	C
14	合肥师范学院	师范类	普通高校	0.811	C
15	合肥学院	理工类	普通高校	0.782	C
16	安徽理工大学	理工类	普通高校	0.771	C
17	巢湖学院	综合类	普通高校	0.633	C−
18	黄山学院	综合类	普通高校	0.542	C−
19	滁州学院	综合类	普通高校	0.532	C−
20	池州学院	综合类	普通高校	0.520	C−
21	淮南师范学院	师范类	普通高校	0.442	D+
22	铜陵学院	财经类	普通高校	0.392	D+
23	安徽科技学院	理工类	普通高校	0.345	D+
24	皖南医学院	医药类	普通高校	0.343	D+
25	宿州学院	综合类	普通高校	0.326	D+
26	安徽艺术学院	艺术类	普通高校	0.290	D
27	蚌埠学院	理工类	普通高校	0.268	D
28	皖西学院	综合类	普通高校	0.252	D
29	安徽中医药大学	医药类	普通高校	0.224	D
30	蚌埠医学院	医药类	普通高校	0.143	D−
31	亳州学院	综合类	普通高校	0.134	D−

由表 8－16 可知，安徽 31 所公办本科院校人文社科发展水平综合评价平均得分为 2.716 分，仅有 6 所高校的得分在平均值以上，占安徽公办本科院校总数的比重不足 1/5，其余高校得分均位于平均值以下。安徽 3 所“双一流”建设高校安徽大学、中国科学技术大学和合肥工业大学分别以 18.649 分、14.819 分、12.232 分的成绩位居前 3 名，表现出较好的人文社科发展实力，而普通高校中的前 3 名分别为安徽师范大学、安徽财经大学和安徽工业大学，它们分别位居第 4 ～ 6 名。此外，安徽医科大学、安徽工程大学、安徽农业大学和淮北师范大学同样进入了前 10 名，且前 10 名中共有 4 所理工类高校，是占据名额最多的一种高校类型。

8.2.16　江西公办高校评价报告

江西公办高校人文社科发展水平综合评价得分与排名如表 8－17 所示。

表 8－17　江西公办高校人文社科发展水平综合评价得分与排名

排名	学校名称	学校类型	办学层次	得分	级别
1	江西财经大学	财经类	普通高校	16.244	A－
2	江西师范大学	师范类	普通高校	14.707	A－
3	南昌大学	综合类	“双一流”	13.390	B＋
4	华东交通大学	理工类	普通高校	3.247	B
5	赣南师范大学	师范类	普通高校	2.658	B－
6	江西农业大学	农林类	普通高校	2.607	B－
7	景德镇陶瓷大学	理工类	普通高校	2.394	B－
8	江西理工大学	理工类	普通高校	2.005	B－
9	东华理工大学	理工类	普通高校	1.902	C＋
10	江西科技师范大学	师范类	普通高校	1.437	C＋
11	井冈山大学	综合类	普通高校	1.091	C
12	南昌航空大学	理工类	普通高校	1.077	C
13	上饶师范学院	师范类	普通高校	0.955	C
14	九江学院	综合类	普通高校	0.886	C
15	江西中医药大学	医药类	普通高校	0.780	C
16	南昌工程学院	理工类	普通高校	0.739	C

续表

排名	学校名称	学校类型	办学层次	得分	级别
17	宜春学院	综合类	普通高校	0.608	C-
18	南昌师范学院	师范类	普通高校	0.474	D+
19	景德镇学院	综合类	普通高校	0.329	D+
20	新余学院	综合类	普通高校	0.317	D+
21	豫章师范学院	师范类	普通高校	0.255	D
22	赣南医学院	医药类	普通高校	0.244	D
23	萍乡学院	综合类	普通高校	0.210	D
24	赣南科技学院	理工类	普通高校	0.045	D-
25	江西警察学院	政法类	普通高校	0.041	D-
26	南昌医学院	医药类	普通高校	0.037	D-
26	赣东学院	综合类	普通高校	0.037	D-

由表 8-17 可知，江西 27 所公办本科院校人文社科发展水平综合评价平均得分为 2.545 分，仅有 6 所高校的得分在平均值以上，占山西公办本科院校总数的比重不足 1/4，其余高校得分均位于平均值以下。山西普通高校的人文社科发展较为优异，普通高校江西财经大学和江西师范大学的人文社科发展水平超越了“双一流”建设高校南昌大学，分别以 16.244 分和 14.707 分的成绩位居第 1 名和第 2 名，而江西唯一的“双一流”建设高校南昌大学则以 13.390 分的成绩位居第 3 名，其余进入前 10 名的高校分别为华东交通大学、赣南师范大学、江西农业大学、景德镇陶瓷大学、江西理工大学、东华理工大学及江西科技师范大学，且得分均在 10 分以下，前 10 名中共有 4 所理工类高校，是占据名额最多的一种高校类型。

8.2.17 河南公办高校评价报告

河南公办高校人文社科发展水平综合评价得分与排名如表 8-18 所示。

表 8-18 河南公办高校人文社科发展水平综合评价得分与排名

排名	学校名称	学校类型	办学层次	得分	级别
1	郑州大学	综合类	“双一流”	25.362	A
2	河南大学	综合类	“双一流”	21.903	A-

续表

排名	学校名称	学校类型	办学层次	得分	级别
3	河南师范大学	师范类	普通高校	8.587	B+
4	河南财经政法大学	财经类	普通高校	5.302	B
5	郑州航空工业管理学院	财经类	普通高校	3.310	B
6	信阳师范学院	师范类	普通高校	2.995	B-
7	河南农业大学	农林类	普通高校	2.859	B-
8	华北水利水电大学	理工类	普通高校	2.794	B-
9	郑州轻工业大学	理工类	普通高校	2.420	B-
10	河南工业大学	理工类	普通高校	2.335	B-
11	洛阳师范学院	师范类	普通高校	2.164	B-
12	河南理工大学	理工类	普通高校	2.068	B-
13	河南科技大学	综合类	普通高校	1.844	C+
14	周口师范学院	师范类	普通高校	1.804	C+
15	新乡医学院	医药类	普通高校	1.283	C+
16	许昌学院	理工类	普通高校	1.194	C+
17	河南中医药大学	医药类	普通高校	1.050	C
18	安阳师范学院	师范类	普通高校	1.043	C
19	中原工学院	理工类	普通高校	0.916	C
20	洛阳理工学院	理工类	普通高校	0.784	C
21	河南工程学院	理工类	普通高校	0.769	C
22	河南财政金融学院	财经类	普通高校	0.619	C-
23	南阳师范学院	师范类	普通高校	0.612	C-
24	河南科技学院	理工类	普通高校	0.585	C-
25	商丘师范学院	师范类	普通高校	0.580	C-
26	平顶山学院	综合类	普通高校	0.559	C-
27	新乡学院	综合类	普通高校	0.556	C-
28	南阳理工学院	理工类	普通高校	0.527	C-

续表

排名	学校名称	学校类型	办学层次	得分	级别
29	河南牧业经济学院	农林类	普通高校	0.437	D+
30	郑州师范学院	师范类	普通高校	0.349	D+
31	黄淮学院	综合类	普通高校	0.279	D
32	河南工学院	理工类	普通高校	0.255	D
33	铁道警察学院	政法类	普通高校	0.234	D
34	信阳农林学院	农林类	普通高校	0.122	D-
35	河南警察学院	政法类	普通高校	0.114	D-
36	郑州工程技术学院	理工类	普通高校	0.101	D-
37	安阳工学院	理工类	普通高校	0.097	D-
38	河南城建学院	理工类	普通高校	0.083	D-

由表 8-18 可知，河南 38 所公办本科院校人文社科发展水平综合评价平均得分为 2.603 分，仅有 8 所高校的得分在平均值以上，占河南公办本科院校总数的比重不足 1/3，其余高校得分均位于平均值以下。河南两所“双一流”建设高校郑州大学和河南大学分别以 25.362 分和 21.903 分的成绩遥遥领先于其他高校，位居第 1 名和第 2 名。普通高校中的前 3 名分别为河南师范大学、河南财经政法大学、郑州航空工业管理学院，它们分别位居第 3 ～ 5 名，其余进入前 10 名的高校分别为信阳师范学院、河南农业大学、华北水利水电大学、郑州轻工业大学及河南工业大学，且理工类高校是前 10 名中占据名额最多的一种高校类型，综合类高校是人文社科发展水平最高的一种高校类型。

8.2.18　湖北公办高校评价报告

湖北公办高校人文社科发展水平综合评价得分与排名如表 8-19 所示。

表 8-19　湖北公办高校人文社科发展水平综合评价得分与排名

排名	学校名称	学校类型	办学层次	得分	级别
1	武汉大学	综合类	“双一流”	70.672	A+
2	华中科技大学	综合类	“双一流”	42.976	A+
3	华中师范大学	师范类	“双一流”	40.368	A+
4	中南财经政法大学	财经类	“双一流”	29.467	A

续表

排名	学校名称	学校类型	办学层次	得分	级别
5	华中农业大学	农林类	“双一流”	11.469	B+
6	湖北大学	综合类	普通高校	10.377	B+
7	武汉理工大学	理工类	“双一流”	8.870	B+
8	中南民族大学	民族类	普通高校	8.618	B+
9	中国地质大学（武汉）	理工类	“双一流”	7.487	B+
10	武汉体育学院	体育类	普通高校	4.141	B
11	三峡大学	综合类	普通高校	3.858	B
12	湖北经济学院	财经类	普通高校	3.702	B
13	武汉科技大学	理工类	普通高校	3.432	B
14	湖北工业大学	理工类	普通高校	3.224	B
15	长江大学	综合类	普通高校	2.720	B-
16	武汉工程大学	理工类	普通高校	2.650	B-
17	湖北师范大学	师范类	普通高校	2.617	B-
18	武汉纺织大学	理工类	普通高校	1.934	B-
19	湖北民族大学	民族类	普通高校	1.920	B-
20	黄冈师范学院	师范类	普通高校	1.471	C+
21	江汉大学	综合类	普通高校	1.351	C+
22	武汉轻工大学	理工类	普通高校	1.350	C+
23	湖北美术学院	艺术类	普通高校	0.784	C
24	湖北文理学院	综合类	普通高校	0.767	C
25	湖北第二师范学院	师范类	普通高校	0.694	C-
26	武汉音乐学院	艺术类	普通高校	0.585	C-
27	湖北医药学院	医药类	普通高校	0.529	C-
28	湖北中医药大学	医药类	普通高校	0.522	C-
29	湖北工程学院	理工类	普通高校	0.467	D+
30	武汉商学院	财经类	普通高校	0.462	D+
31	荆楚理工学院	理工类	普通高校	0.435	D+
32	湖北科技学院	理工类	普通高校	0.410	D+

续表

排名	学校名称	学校类型	办学层次	得分	级别
33	湖北汽车工业学院	理工类	普通高校	0.356	D+
34	湖北警官学院	政法类	普通高校	0.170	D
35	湖北理工学院	理工类	普通高校	0.148	D
36	汉江师范学院	师范类	普通高校	0.058	D-

由表 8-19 可知，湖北 36 所公办本科院校人文社科发展水平综合评价平均得分为 7.529 分，共有 8 所高校的得分在平均值以上，占湖北公办本科高校总数的 1/4，其余高校的得分均位于平均值以下。武汉大学以 70.672 分的成绩遥遥领先于其他高校，位居湖北公办本科高校第 1 名，华中科技大学和华中师范大学分别以 42.976 分及 40.368 分的成绩位居第 2 名和第 3 名，其他进入前 10 名的高校分别为中南财经政法大学、华中农业大学、湖北大学、武汉理工大学、中南民族大学、中国地质大学（武汉）及武汉体育学院。

在前 10 名高校中，湖北省 7 所“双一流”建设高校均进入前 10 名，且前 5 名高校全部属于“双一流”建设高校，其他 2 所“双一流”建设高校武汉理工大学和中国地质大学（武汉）分别位居第 7 名和第 9 名，“双一流”建设高校表现出强劲的人文社科发展实力，且在前 10 名共有 3 所综合类高校，是占据名额最多的一种高校类型，同时前 2 名高校均是综合类高校，综合类高校的人文社科实力也是值得肯定的。

另外，在普通高校中湖北大学、中南民族大学和武汉体育学院表现不俗，是前 10 名中仅有的 3 所普通类高校，分别位居第 6 名、第 8 名和第 10 名，也是湖北普通高校中人文社科发展实力最强的 3 所高校。

8.2.19 湖南公办高校评价报告

湖南公办高校人文社科发展水平综合评价得分与排名如表 8-20 所示。

表 8-20 湖南公办高校人文社科发展水平综合评价得分与排名

排名	学校名称	学校类型	办学层次	得分	级别
1	湖南大学	综合类	“双一流”	30.419	A
2	中南大学	综合类	“双一流”	29.067	A
3	湖南师范大学	师范类	“双一流”	26.005	A
4	湘潭大学	综合类	“双一流”	14.346	A-
5	湖南工商大学	财经类	普通高校	8.181	B+

续表

排名	学校名称	学校类型	办学层次	得分	级别
6	长沙理工大学	理工类	普通高校	6.054	B+
7	湖南科技大学	综合类	普通高校	5.817	B+
8	湖南农业大学	农林类	普通高校	5.559	B
9	吉首大学	综合类	普通高校	3.857	B
10	湖南第一师范学院	师范类	普通高校	2.830	B-
11	长沙学院	综合类	普通高校	2.548	B-
12	湖南财政经济学院	财经类	普通高校	2.524	B-
13	中南林业科技大学	农林类	普通高校	2.474	B-
14	湖南工业大学	理工类	普通高校	2.459	B-
15	南华大学	综合类	普通高校	1.508	C+
16	湖南工程学院	理工类	普通高校	1.233	C+
17	湖南理工学院	理工类	普通高校	1.229	C+
18	湖南文理学院	综合类	普通高校	1.196	C+
19	湖南中医药大学	医药类	普通高校	1.136	C
20	怀化学院	综合类	普通高校	1.061	C
21	湖南科技学院	理工类	普通高校	0.950	C
22	衡阳师范学院	师范类	普通高校	0.917	C
23	邵阳学院	综合类	普通高校	0.835	C
24	湖南城学院	综合类	普通高校	0.728	C
25	湘南学院	综合类	普通高校	0.512	C-
26	湖南人文科技学院	综合类	普通高校	0.500	C-
27	长沙师范学院	师范类	普通高校	0.498	C-
28	湖南女子学院	语言类	普通高校	0.483	D+
29	湖南工学院	理工类	普通高校	0.466	D+
30	湖南警察学院	政法类	普通高校	0.144	D-
31	湖南医药学院	医药类	普通高校	0.050	D-

由表 8-20 可知，湖南 31 所公办本科高校人文社科发展水平综合评价平均得分为 5.019 分，仅有 8 所高校的得分在平均值以上，占湖南公办本科院校总数的比重约为 1/4，其余高校得分均位于平均值以下。湖南 4 所“双一流”建设高校湖南大学、中南大学、湖南师范大学及湘潭大学分别取得了 30.419 分、29.067 分、26.005 分及 14.346 分的成绩，位居第 1 ～ 4 名。而普通高校中人文社科发展较好的 3 所高校为湖南工商大学、长沙理工大学和湖南科技大学，分别以 8.181 分、6.054 分、5.817 分的成绩位居第 5 ～ 7 名。另外，进入前 10 名的 3 所高校分别为湖南农业大学、吉首大学及湖南第一师范学院。且在前 10 名中共有 5 所综合类高校，是占据名额最多的一种高校类型，同时，前 2 名高校均为综合类高校，表明综合类高校引领湖南高校人文社科发展。

8.2.20 内蒙古公办高校评价报告

内蒙古公办高校人文社科发展水平综合评价得分与排名如表 8-21 所示。

表 8-21 内蒙古公办高校人文社科发展水平综合评价得分与排名

排名	学校名称	学校类型	办学层次	得分	级别
1	内蒙古大学	综合类	“双一流”	10.175	B+
2	内蒙古师范大学	师范类	普通高校	7.721	B+
3	内蒙古财经大学	财经类	普通高校	2.629	B-
4	内蒙古民族大学	民族类	普通高校	2.349	B-
5	内蒙古工业大学	理工类	普通高校	1.794	C+
6	内蒙古农业大学	农林类	普通高校	1.504	C+
7	赤峰学院	综合类	普通高校	0.759	C
8	内蒙古科技大学	综合类	普通高校	0.621	C-
9	内蒙古医科大学	医药类	普通高校	0.608	C-
10	内蒙古艺术学院	艺术类	普通高校	0.561	C-
11	呼和浩特民族学院	语言类	普通高校	0.468	D+
12	呼伦贝尔学院	综合类	普通高校	0.305	D+
13	河套学院	综合类	普通高校	0.205	D
14	鄂尔多斯应用技术学院	理工类	普通高校	0.137	D-
15	集宁师范学院	师范类	普通高校	0.097	D-

由表 8-21 可知，内蒙古 15 所公办本科高校人文社科发展水平综合评价平均得分为 1.996 分，仅有 4 所高校的得分在平均值以上，约占内蒙古公办本科院校总数比重的 1/4，其余高校得分均位于平均值以下。内蒙古唯一的“双一流”建设高校内蒙古大学以 10.175 分的成绩位居第 1 名，而普通高校中人文社科发展较好的 3 所高校分别为内蒙古师范大学、内蒙古财经大学和内蒙古民族大学，分别以 7.721 分、2.629 分、2.349 分的成绩位居第 2～4 名，这是值得肯定的。

8.2.21 广西公办高校评价报告

广西公办高校人文社科发展水平综合评价得分与排名如表 8-22 所示。

表 8-22 广西公办高校人文社科发展水平综合评价得分与排名

排名	学校名称	学校类型	办学层次	得分	级别
1	广西师范大学	师范类	普通高校	13.676	B+
2	广西大学	综合类	“双一流”	10.087	B+
3	广西民族大学	民族类	普通高校	6.215	B+
4	广西财经学院	财经类	普通高校	4.301	B
5	南宁师范大学	师范类	普通高校	3.823	B
6	桂林理工大学	理工类	普通高校	2.640	B-
7	桂林电子科技大学	理工类	普通高校	2.485	B-
8	桂林旅游学院	财经类	普通高校	1.547	C+
9	广西科技大学	理工类	普通高校	1.236	C+
10	广西艺术学院	艺术类	普通高校	1.081	C
11	玉林师范学院	师范类	普通高校	0.753	C
12	广西医科大学	医药类	普通高校	0.725	C-
13	梧州学院	综合类	普通高校	0.652	C-
14	桂林航天工业学院	理工类	普通高校	0.645	C-
15	北部湾大学	综合类	普通高校	0.635	C-
16	百色学院	综合类	普通高校	0.617	C-
17	广西民族师范学院	师范类	普通高校	0.467	D+
18	广西中医药大学	医药类	普通高校	0.382	D+

续表

排名	学校名称	学校类型	办学层次	得分	级别
19	贺州学院	综合类	普通高校	0.263	D
20	河池学院	综合类	普通高校	0.250	D
21	右江民族医学院	医药类	普通高校	0.200	D
22	桂林医学院	医药类	普通高校	0.194	D
23	广西警察学院	政法类	普通高校	0.066	D-
23	广西职业师范学院	师范类	普通高校	0.066	D-
25	广西农业职业技术大学	农林类	普通高校	0.050	D-
26	广西科技师范学院	师范类	普通高校	0.047	D-

由表 8-22 可知，广西 26 所公办本科高校人文社科发展水平综合评价平均得分为 2.042 分，共有 7 所高校的得分在平均值以上，占广西公办本科院校总数的比重不足 1/3，其余高校得分均位于平均值以下。值得一提的是，普通高校广西师范大学以 13.676 的成绩超越了广西唯一的“双一流”建设高校广西大学，位居第 1 名，而广西大学则以 10.087 分的成绩位居第 2 名，前 2 名高校也是仅有的人文社科发展得分在 10 分以上的 2 所高校，而其他进入前 10 名的高校分别为广西民族大学、广西财经学院、南宁师范大学、桂林理工大学、桂林电子科技大学、桂林旅游学院、广西科技大学及广西艺术学院。前 10 名中共有 3 所理工类高校，是占据名额最多的一种高校类型，分别是桂林理工大学（第 6 名）、桂林电子科技大学（第 7 名）和广西科技大学（第 9 名）。

8.2.22 重庆公办高校评价报告

重庆公办高校人文社科发展水平综合评价得分与排名如表 8-23 所示。

表 8-23 重庆公办高校人文社科发展水平综合评价得分与排名

排名	学校名称	学校类型	办学层次	得分	级别
1	西南大学	综合类	“双一流”	32.352	A
2	重庆大学	综合类	“双一流”	24.268	A
3	西南政法大学	政法类	普通高校	12.787	B+
4	重庆工商大学	财经类	普通高校	9.273	B+
5	重庆师范大学	师范类	普通高校	5.684	B

续表

排名	学校名称	学校类型	办学层次	得分	级别
6	四川外国语大学	语言类	普通高校	5.649	B
7	重庆邮电大学	理工类	普通高校	5.182	B
8	重庆交通大学	理工类	普通高校	3.585	B
9	重庆医科大学	医药类	普通高校	3.053	B－
10	四川美术学院	艺术类	普通高校	2.403	B－
11	长江师范学院	师范类	普通高校	2.126	B－
12	重庆理工大学	理工类	普通高校	2.078	B－
13	重庆文理学院	综合类	普通高校	1.333	C+
14	重庆三峡学院	综合类	普通高校	0.983	C
15	重庆第二师范学院	师范类	普通高校	0.844	C
16	重庆科技学院	理工类	普通高校	0.363	D+
17	重庆警察学院	政法类	普通高校	0.201	D

由表 8－23 可知，重庆 17 所公办本科高校人文社科发展水平综合评价平均得分为 6.598 分，共有 4 所高校的得分在平均值以上，占重庆公办本科院校总数的比重不足 1/3，其余高校得分均位于平均值以下。重庆 2 所“双一流”建设高校西南大学和重庆大学分别以 32.352 分和 24.268 分的成绩遥遥领先于其他高校，位居重庆公办本科高校人文社科发展前 2 名；而普通类高校中人文社科发展较好的 3 所高校分别为西南政法大学、重庆工商大学及重庆师范大学，分别以 12.787 分、9.273 分、5.684 分的成绩位居第 3 ～ 5 名，其余进入前 10 名的 5 所高校分别为四川外国语大学、重庆邮电大学、重庆交通大学、重庆医科大学及四川美术学院，分别占据第 6 ～ 10 名的名额。且前 10 名分别有 2 所综合类高校和 2 所理工类高校，是占据名额最多的两种高校类型，同时前 2 名高校均为综合类高校，从高校类型来看综合类高校引领重庆高校人文社科发展。

8.2.23 四川公办高校评价报告

四川公办高校人文社科发展水平综合评价得分与排名如表 8－24 所示。

表 8-24　四川公办高校人文社科发展水平综合评价得分与排名

排名	学校名称	学校类型	办学层次	得分	级别
1	四川大学	综合类	“双一流”	58.519	A+
2	西南财经大学	财经类	“双一流”	25.623	A
3	电子科技大学	理工类	“双一流”	22.521	A-
4	西南交通大学	理工类	“双一流”	14.690	A-
5	四川师范大学	师范类	普通高校	11.597	B+
6	西南民族大学	民族类	普通高校	8.425	B+
7	四川农业大学	农林类	“双一流”	4.960	B
8	成都理工大学	理工类	“双一流”	4.005	B
9	成都体育学院	体育类	普通高校	2.606	B-
10	西南石油大学	理工类	“双一流”	2.490	B-
11	西南科技大学	理工类	普通高校	2.345	B-
12	西华师范大学	师范类	普通高校	2.220	B-
13	成都大学	综合类	普通高校	2.216	B-
14	西华大学	综合类	普通高校	2.182	B-
15	成都信息工程大学	理工类	普通高校	1.539	C+
16	成都中医药大学	医药类	“双一流”	1.382	C+
17	成都师范学院	师范类	普通高校	1.336	C+
18	四川音乐学院	艺术类	普通高校	0.741	C
19	西南医科大学	医药类	普通高校	0.731	C
20	四川警察学院	政法类	普通高校	0.715	C-
21	四川轻化工大学	理工类	普通高校	0.691	C-
22	乐山师范学院	师范类	普通高校	0.563	C-
23	内江师范学院	师范类	普通高校	0.541	C-
24	成都医学院	医药类	普通高校	0.500	C-
25	中国民用航空飞行学院	理工类	普通高校	0.444	D+
26	四川旅游学院	综合类	普通高校	0.374	D+

续表

排名	学校名称	学校类型	办学层次	得分	级别
27	西昌学院	综合类	普通高校	0.373	D+
28	绵阳师范学院	师范类	普通高校	0.369	D+
29	宜宾学院	综合类	普通高校	0.342	D+
30	川北医学院	医药类	普通高校	0.309	D+
31	四川文理学院	综合类	普通高校	0.258	D
32	攀枝花学院	综合类	普通高校	0.252	D
33	成都工业学院	理工类	普通高校	0.170	D
34	四川民族学院	民族类	普通高校	0.113	D-
35	阿坝师范学院	师范类	普通高校	0.060	D-

由表 8-24 可知，四川 35 所公办本科院校人文社科发展水平综合评价平均得分为 5.034 分，仅有 6 所高校的得分在平均值以上，占四川公办本科院校总数的比重不足 1/5，其余高校得分均位于平均值以下。四川大学以 58.519 分的成绩遥遥领先于其他高校，位居四川公办本科高校人文社科发展第 1 名，同为“双一流”建设高校的西南财经大学、电子科技大学、西南交通大学分别以 25.623 分、22.521 分、14.690 分的成绩位居第 2 ～ 4 名，紧随其后的是 2 所普通类高校四川师范大学和西南民族大学，分别以 11.597 分和 8.425 分的成绩位居第 5 名和第 6 名，其余进入前 10 名的 4 所高校分别为四川农业大学、成都理工大学、成都体育学院及西南石油大学，占据了第 7 ～ 10 名的名额。

在前 10 名高校中，四川 8 所“双一流”建设高校共有 7 所进入了前 10 名，另 1 所“双一流”建设高校成都中医药大学位居第 16 名。在普通高校中人文社科发展较好的 3 所高校分别是四川师范大学（第 5 名）、西南民族大学（第 6 名）和成都体育学院（第 9 名），这也是前 10 名中仅有的 3 所普通类高校。从高校类型看，前 10 名高校中共有 4 所属于理工类高校，是占据名额最多的一种高校类型，表明理工类高校在四川高校人文社科发展同样表现出不错的成绩。

8.2.24　贵州公办高校评价报告

贵州公办高校人文社科发展水平综合评价得分与排名如表 8-25 所示。

表 8-25 贵州公办高校人文社科发展水平综合评价得分与排名

排名	学校名称	学校类型	办学层次	得分	级别
1	贵州大学	综合类	“双一流”	9.920	B+
2	贵州师范大学	师范类	普通高校	7.768	B+
3	贵州财经大学	财经类	普通高校	6.669	B+
4	贵州民族大学	民族类	普通高校	3.968	B
5	贵州师范学院	师范类	普通高校	1.194	C+
6	铜仁学院	综合类	普通高校	1.009	C
7	遵义师范学院	师范类	普通高校	0.841	C
8	贵州医科大学	医药类	普通高校	0.775	C
9	遵义医科大学	医药类	普通高校	0.726	C-
10	凯里学院	综合类	普通高校	0.514	C-
11	贵州商学院	财经类	普通高校	0.463	D+
12	贵阳学院	综合类	普通高校	0.449	D+
13	黔南民族师范学院	师范类	普通高校	0.439	D+
14	贵州理工学院	理工类	普通高校	0.376	D+
15	贵州警察学院	政法类	普通高校	0.325	D+
16	兴义民族师范学院	师范类	普通高校	0.285	D
17	六盘水师范学院	师范类	普通高校	0.277	D
18	贵州中医药大学	医药类	普通高校	0.270	D
19	安顺学院	综合类	普通高校	0.170	D
20	贵州工程应用技术学院	理工类	普通高校	0.158	D
21	贵阳康养职业大学	医药类	普通高校	0.037	D-

由表 8-25 可知，贵州 21 所公办本科高校人文社科发展水平综合评价平均得分为 1.744 分，共有 4 所高校的得分在平均值以上，占贵州公办本科院校总数的比重不足 1/5，其余高校得分均位于平均值以下。贵州唯一 1 所“双一流”建设高校贵州大学以 9.920 分的成绩位居第 1 名，第 2～5 名的名额分别被贵州师范大学、贵州财经大学、贵州民族大学及贵州师范学院占据，分别取得了 7.768 分、6.669 分、3.968 分及 1.194 分的成绩，其余进入前 10 名的高校分别为铜仁学院、遵义师范学院、贵州医科大学、遵义医科大学及凯里学院，分别占

据了第 6 ～ 10 名的名额。从高校类型来看，前 10 名高校中分别有 3 所师范类高校和 3 所综合类高校，是占据名额最多的两种高校类型。

8.2.25 云南公办高校评价报告

云南公办高校人文社科发展水平综合评价得分与排名如表 8－26 所示。

表 8－26 云南公办高校人文社科发展水平综合评价得分与排名

排名	学校名称	学校类型	办学层次	得分	级别
1	云南大学	综合类	“双一流”	21.915	A－
2	云南师范大学	师范类	普通高校	7.375	B＋
3	云南财经大学	财经类	普通高校	7.155	B＋
4	云南民族大学	民族类	普通高校	5.322	B
5	昆明理工大学	理工类	普通高校	4.701	B
6	大理大学	综合类	普通高校	1.698	C＋
7	云南艺术学院	艺术类	普通高校	1.524	C＋
8	昆明医科大学	医药类	普通高校	1.495	C＋
9	西南林业大学	农林类	普通高校	1.123	C
10	红河学院	综合类	普通高校	0.798	C
11	云南农业大学	农林类	普通高校	0.783	C
12	昆明学院	综合类	普通高校	0.588	C－
13	曲靖师范学院	师范类	普通高校	0.576	C－
14	楚雄师范学院	师范类	普通高校	0.307	D＋
15	保山学院	综合类	普通高校	0.303	D＋
16	滇西科技师范学院	师范类	普通高校	0.294	D
17	普洱学院	综合类	普通高校	0.248	D
18	云南中医药大学	医药类	普通高校	0.239	D
19	滇西应用技术大学	综合类	普通高校	0.182	D
20	昭通学院	综合类	普通高校	0.157	D
21	云南警官学院	政法类	普通高校	0.149	D

续表

排名	学校名称	学校类型	办学层次	得分	级别
22	文山学院	综合类	普通高校	0.101	D-
23	玉溪师范学院	师范类	普通高校	0.098	D-

由表 8-26 可知，云南 23 所公办本科高校人文社科发展水平综合评价平均得分为 2.484 分，共有 5 所高校的得分在平均值以上，占云南公办本科高校总数的比重不足 1/4，其余高校得分均位于平均值以下。云南唯一 1 所“双一流”建设高校云南大学以 21.915 分的成绩遥遥领先于其他高校，位居云南公办本科高校人文社科发展第 1 名，第 2 ~ 5 名的名额分别被云南师范大学、云南财经大学、云南民族大学及昆明理工大学占据，分别取得了 7.375 分、7.155 分、5.322 分及 4.701 分的成绩，其余进入前 10 名的高校分别为大理大学、云南艺术学院、昆明医科大学、西南林业大学及红河学院，分别占据了第 6 ~ 10 名的名额。从高校类型来看，前 10 名高校中共有 3 所综合类高校，是占据名额最多的一种高校类型。

8.2.26 陕西公办高校评价报告

陕西公办高校人文社科发展水平综合评价得分与排名如表 8-27 所示。

表 8-27 陕西公办高校人文社科发展水平综合评价得分与排名

排名	学校名称	学校类型	办学层次	得分	级别
1	西安交通大学	综合类	“双一流”	40.117	A
2	陕西师范大学	师范类	“双一流”	29.888	A
3	西北大学	综合类	“双一流”	22.251	A-
4	西北工业大学	理工类	“双一流”	18.486	A-
5	西安电子科技大学	理工类	“双一流”	13.053	B+
6	西北农林科技大学	农林类	“双一流”	11.789	B+
7	西安外国语大学	语言类	普通高校	5.262	B
8	西北政法大学	政法类	普通高校	4.860	B
9	西安理工大学	理工类	普通高校	4.819	B
10	西安建筑科技大学	理工类	普通高校	4.694	B
11	长安大学	理工类	“双一流”	3.720	B

续表

排名	学校名称	学校类型	办学层次	得分	级别
12	西安邮电大学	理工类	普通高校	2.662	B-
13	西安财经大学	财经类	普通高校	2.524	B-
14	西安美术学院	艺术类	普通高校	2.177	B-
15	陕西科技大学	理工类	普通高校	1.866	C+
16	西安工程大学	理工类	普通高校	1.820	C+
17	延安大学	综合类	普通高校	1.648	C+
18	西安科技大学	理工类	普通高校	1.457	C+
19	西安工业大学	理工类	普通高校	1.128	C
20	西安体育学院	体育类	普通高校	0.962	C
21	咸阳师范学院	师范类	普通高校	0.957	C
22	西安石油大学	理工类	普通高校	0.652	C-
23	宝鸡文理学院	综合类	普通高校	0.642	C-
24	西安医学院	医药类	普通高校	0.564	C-
25	陕西理工大学	理工类	普通高校	0.423	D+
26	陕西中医药大学	医药类	普通高校	0.368	D+
27	榆林学院	综合类	普通高校	0.355	D+
28	西安文理学院	综合类	普通高校	0.301	D+
29	渭南师范学院	师范类	普通高校	0.291	D
30	西安音乐学院	艺术类	普通高校	0.267	D
31	商洛学院	综合类	普通高校	0.225	D
32	陕西学前师范学院	师范类	普通高校	0.220	D
33	安康学院	综合类	普通高校	0.193	D
34	西安航空学院	理工类	普通高校	0.090	D-

由表 8-27 可知，陕西 34 所公办本科高校人文社科发展水平综合评价平均得分为 5.316 分，共有 6 所高校的得分在平均值以上，占陕西公办本科高校总数的比重不足 1/5，其余高校得分均位于平均值以下。西安交通大学以 40.117 分的成绩遥遥领先于其他高校，位居陕西

公办本科高校人文社科发展第 1 名，紧随其后的是另外 5 所“双一流”建设高校陕西师范大学、西北大学、西北工业大学、西安电子科技大学及西北农林科技大学，分别以 29.888 分、22.251 分、18.486 分、13.053 分及 11.789 分的成绩占据了第 2 ～ 6 名，其余进入前 10 名的是 4 所普通高校，分别是西安外国语大学、西北政法大学、西安理工大学及西安建筑科技大学，占据了第 7 ～ 10 名的名额。

在前 10 名高校中，陕西省 7 所“双一流”建设高校共有 6 所进入前 10 名，且前 6 名均属于“双一流”建设高校，另外 1 所“双一流”建设高校长安大学位居第 11 名，而西安外国语大学、西北政法大学、西安理工大学及西安建筑科技大学是前 10 名中仅有的 4 所普通高校。从高校类型看，前 10 名中共有 4 所理工类高校，是占据名额最多的一种高校类型，表明陕西理工类高校人文社科发展也是值得肯定的。

8.2.27 甘肃公办高校评价报告

甘肃公办高校人文社科发展水平综合评价得分与排名如表 8-28 所示。

表 8-28 甘肃公办高校人文社科发展水平综合评价得分与排名

排名	学校名称	学校类型	办学层次	得分	级别
1	兰州大学	综合类	“双一流”	18.495	A-
2	西北师范大学	师范类	普通高校	12.957	B+
3	西北民族大学	民族类	普通高校	5.640	B
4	兰州财经大学	财经类	普通高校	2.332	B-
5	兰州理工大学	理工类	普通高校	1.625	C+
6	兰州交通大学	理工类	普通高校	1.499	C+
7	甘肃农业大学	农林类	普通高校	1.412	C+
8	甘肃政法大学	政法类	普通高校	1.001	C
9	兰州城学院	综合类	普通高校	0.563	C-
10	河西学院	综合类	普通高校	0.544	C-
11	天水师范学院	师范类	普通高校	0.525	C-
12	陇东学院	综合类	普通高校	0.306	D+
13	兰州文理学院	综合类	普通高校	0.305	D+
14	甘肃民族师范学院	师范类	普通高校	0.149	D
15	甘肃中医药大学	医药类	普通高校	0.098	D-

续表

排名	学校名称	学校类型	办学层次	得分	级别
16	兰州工业学院	理工类	普通高校	0.088	D-
17	兰州资源环境职业技术大学	财经类	普通高校	0.045	D-
18	甘肃医学院	医药类	普通高校	0.041	D-
19	兰州石化职业技术大学	理工类	普通高校	0.037	D-

由表 8-28 可知，甘肃 19 所公办本科高校人文社科发展水平综合评价平均得分为 2.509 分，仅有 3 所高校的得分在平均值以上，占甘肃公办本科高校总数的比重不足 1/5，其余高校得分均位于平均值以下。甘肃唯一 1 所“双一流”建设高校兰州大学以 18.495 分的成绩位居甘肃公办本科高校人文社科发展第 1 名，第 2 ～ 5 名的名额分别被西北师范大学、西北民族大学、兰州财经大学及兰州理工大学占据，分别取得了 12.957 分、5.640 分、2.332 分及 1.625 分的成绩，其余进入前 10 名的高校分别为兰州交通大学、甘肃农业大学、甘肃政法大学、兰州城学院及河西学院，分别占据了第 6 ～ 10 名的名额。从高校类型来看，前 10 名高校中共有 3 所综合类高校，是占据名额最多的一种高校类型。

8.2.28 青海公办高校评价报告

青海公办高校人文社科发展水平综合评价得分与排名如表 8-29 所示。

表 8-29 青海公办高校人文社科发展水平综合评价得分与排名

排名	学校名称	学校类型	办学层次	得分	级别
1	青海师范大学	师范类	普通高校	4.178	B
2	青海民族大学	民族类	普通高校	3.551	B
3	青海大学	综合类	“双一流”	1.732	C+

由表 8-29 可知，青海 3 所公办本科高校人文社科发展平均得分为 3.154 分，有 2 所高校的得分在平均分以上。值得一提的是，2 所普通高校青海师范大学和青海民族大学分别以 4.178 分和 3.551 分的成绩超越了青海唯一的 1 所“双一流”建设高校青海大学，位居第 1 名和第 2 名，而青海大学则以 1.732 分的成绩位居第 3 名，青海普通高校的人文社科表现出较好的发展潜力。

8.2.29 宁夏公办高校评价报告

宁夏公办高校人文社科发展水平综合评价得分与排名如表 8－30 所示。

表 8－30 宁夏公办高校人文社科发展水平综合评价得分与排名

排名	学校名称	学校类型	办学层次	得分	级别
1	宁夏大学	综合类	“双一流”	6.545	B＋
2	北方民族大学	民族类	普通高校	4.894	B
3	宁夏师范学院	师范类	普通高校	0.772	C
4	宁夏医科大学	医药类	普通高校	0.722	C－

由表 8－30 可知，宁夏 4 所公办本科高校人文社科发展水平综合评价平均得分为 3.233 分，有 2 所高校的得分在平均分以上，宁夏唯一的 1 所“双一流”建设高校宁夏大学以 6.545 分的成绩引领宁夏高校人文社科发展，位居宁夏公办本科高校人文社科发展第 1 名。另外，3 所普通高校北方民族大学、宁夏师范学院及宁夏医科大学分别以 4.894 分、0.772 分、0.722 分的成绩位居第 2 ～ 4 名。

8.2.30 新疆公办高校评价报告

新疆公办高校人文社科发展水平综合评价得分与排名如表 8－31 所示。

表 8－31 新疆公办高校人文社科发展水平综合评价得分与排名

排名	学校名称	学校类型	办学层次	得分	级别
1	新疆大学	综合类	“双一流”	8.521	B＋
2	新疆师范大学	师范类	普通高校	6.345	B＋
3	石河子大学	综合类	“双一流”	5.790	B＋
4	新疆财经大学	财经类	普通高校	2.973	B－
5	新疆农业大学	农林类	普通高校	1.400	C＋
6	塔里木大学	综合类	普通高校	1.268	C＋
7	伊犁师范大学	师范类	普通高校	0.937	C
8	新疆医科大学	医药类	普通高校	0.682	C－
9	喀什大学	综合类	普通高校	0.544	C－

续表

排名	学校名称	学校类型	办学层次	得分	级别
10	新疆艺术学院	艺术类	普通高校	0.454	D+
11	新疆政法学院	政法类	普通高校	0.292	D
12	昌吉学院	师范类	普通高校	0.256	D
13	新疆理工学院	理工类	普通高校	0.249	D
14	新疆警察学院	政法类	普通高校	0.154	D
15	新疆工程学院	理工类	普通高校	0.050	D-
16	新疆科技学院	理工类	普通高校	0.037	D-
16	新疆第二医学院	医药类	普通高校	0.037	D-

由表 8-31 可知，新疆 17 所公办本科高校人文社科发展水平综合评价平均得分为 1.764 分，仅有 4 所高校的得分在平均分以上，占新疆公办本科高校总数的比重不足 1/4，其余高校得分均位于平均值以下。“双一流”建设高校新疆大学以 8.521 分的成绩位居新疆公办本科高校人文社科发展第 1 名，而普通高校新疆师范大学表现不俗，以 6.345 分的成绩超越“双一流”建设高校石河子大学，位居第 2 名，而石河子大学则以 5.790 分的成绩位居第 3 名，紧随其后的新疆财经大学和新疆农业大学分别位居第 4 名和第 5 名，其余进入前 10 名的高校分别是塔里木大学、伊犁师范大学、新疆医科大学、喀什大学及新疆艺术学院。在前 10 名高校中共有 4 所属于综合类高校，是占据名额最多的一种高校类型。

8.2.31 西藏公办高校评价报告

西藏公办高校人文社科发展水平综合评价得分与排名如表 8-32 所示。

表 8-32 西藏公办高校人文社科发展水平综合评价得分与排名

排名	学校名称	学校类型	办学层次	得分	级别
1	西藏民族大学	民族类	普通高校	4.948	B
2	西藏大学	综合类	“双一流”	3.778	B
3	西藏农牧学院	农林类	普通高校	0.145	D-
4	西藏藏医药大学	医药类	普通高校	0.037	D-

由表 8-32 可知，西藏 4 所公办本科高校人文社科发展水平综合评价平均得分为 2.227 分，有 2 所高校的得分在平均分以上。值得一提的是，普通类高校西藏民族大学以 4.948 分的成

绩超越西藏唯一的 1 所“双一流”建设高校西藏大学，位居西藏公办本科高校人文社科发展第 1 名，而西藏大学则 3.778 分的成绩位居第 2 名。另外，2 所普通高校西藏农牧学院和西藏藏医药大学分别位居第 3 名和第 4 名。

8.3 不同学科类型公办高校人文社科发展评价报告

本部分将会把 849 所公办高校划分为 11 种不同的学科类型，分别是师范类高校（124 所）、财经类高校（53 所）、政法类高校（38 所）、艺术类高校（35 所）、语言类高校（15 所）、民族类高校（14 所）、体育类高校（14 所）、综合类高校（195 所）、理工类高校（235 所）、医药类高校（84 所）、农林类高校（42 所），在此基础上分别针对不同学科类型的高校进行评价分析。

8.3.1 公办师范类高校评价报告

公办师范类高校人文社科发展水平综合评价得分与排名如表 8-33 所示。

表 8-33 公办师范类高校人文社科发展水平综合评价得分与排名

师范类排名	公办总排名	学校名称	办学层次	省份	得分	级别
1	6	北京师范大学	“双一流”	北京	65.954	A+
2	12	华东师范大学	“双一流”	上海	55.978	A+
3	17	华中师范大学	“双一流”	湖北	40.368	A+
4	20	南京师范大学	“双一流”	江苏	34.102	A
5	27	陕西师范大学	“双一流”	陕西	29.888	A
6	31	华南师范大学	“双一流”	广东	26.861	A
7	33	东北师范大学	“双一流”	吉林	26.418	A
8	34	湖南师范大学	“双一流”	湖南	26.005	A
9	53	福建师范大学	普通高校	福建	19.669	A-
10	56	山东师范大学	普通高校	山东	19.215	A-
11	57	上海师范大学	普通高校	上海	19.160	A-
12	58	首都师范大学	“双一流”	北京	19.099	A-
13	66	浙江师范大学	普通高校	浙江	16.714	A-

续表

师范类排名	公办总排名	学校名称	办学层次	省份	得分	级别
14	76	杭州师范大学	普通高校	浙江	14.949	A－
15	78	江西师范大学	普通高校	江西	14.707	A－
16	83	曲阜师范大学	普通高校	山东	14.337	A－
17	86	广西师范大学	普通高校	广西	13.676	B＋
18	88	天津师范大学	普通高校	天津	13.498	B＋
19	93	西北师范大学	普通高校	甘肃	12.957	B＋
20	104	安徽师范大学	普通高校	安徽	11.682	B＋
21	107	四川师范大学	普通高校	四川	11.597	B＋
22	119	江苏师范大学	普通高校	江苏	10.366	B＋
23	133	河北师范大学	普通高校	河北	8.761	B＋
24	136	河南师范大学	普通高校	河南	8.587	B＋
25	144	贵州师范大学	普通高校	贵州	7.768	B＋
26	145	内蒙古师范大学	普通高校	内蒙古	7.721	B＋
27	149	云南师范大学	普通高校	云南	7.375	B＋
28	158	新疆师范大学	普通高校	新疆	6.345	B＋
29	169	哈尔滨师范大学	普通高校	黑龙江	5.718	B＋
30	171	重庆师范大学	普通高校	重庆	5.684	B
31	185	辽宁师范大学	普通高校	辽宁	5.011	B
32	197	山西师范大学	普通高校	山西	4.541	B
33	205	海南师范大学	普通高校	海南	4.237	B
34	206	青海师范大学	普通高校	青海	4.178	B
35	221	南宁师范大学	普通高校	广西	3.823	B
36	238	湖州师范学院	普通高校	浙江	3.472	B
37	243	闽南师范大学	普通高校	福建	3.372	B
38	262	信阳师范学院	普通高校	河南	2.995	B－
39	270	广东技术师范大学	普通高校	广东	2.943	B－

续表

师范类排名	公办总排名	学校名称	办学层次	省份	得分	级别
40	272	湖南第一师范学院	普通高校	湖南	2.830	B－
41	275	淮阴师范学院	普通高校	江苏	2.792	B－
42	276	沈阳师范大学	普通高校	辽宁	2.781	B－
43	279	南京晓庄学院	普通高校	江苏	2.721	B－
44	283	赣南师范大学	普通高校	江西	2.658	B－
45	287	湖北师范大学	普通高校	湖北	2.617	B－
46	306	盐城师范学院	普通高校	江苏	2.366	B－
47	316	西华师范大学	普通高校	四川	2.220	B－
48	320	洛阳师范学院	普通高校	河南	2.164	B－
49	322	长江师范学院	普通高校	重庆	2.126	B－
50	346	岭南师范学院	普通高校	广东	1.843	C＋
51	352	周口师范学院	普通高校	河南	1.804	C＋
52	361	长春师范大学	普通高校	吉林	1.663	C＋
53	384	黄冈师范学院	普通高校	湖北	1.471	C＋
54	387	江西科技师范大学	普通高校	江西	1.437	C＋
55	399	成都师范学院	普通高校	四川	1.336	C＋
56	409	吉林师范大学	普通高校	吉林	1.242	C＋
57	413	淮北师范大学	普通高校	安徽	1.229	C＋
58	418	太原师范学院	普通高校	山西	1.205	C＋
59	419	安庆师范大学	普通高校	安徽	1.202	C＋
60	422	贵州师范学院	普通高校	贵州	1.194	C＋
61	432	天津职业技术师范大学	普通高校	天津	1.105	C
62	441	安阳师范学院	普通高校	河南	1.043	C
63	443	阜阳师范大学	普通高校	安徽	1.031	C
64	457	咸阳师范学院	普通高校	陕西	0.957	C
65	458	上饶师范学院	普通高校	江西	0.955	C

续表

师范类排名	公办总排名	学校名称	办学层次	省份	得分	级别
66	463	伊犁师范大学	普通高校	新疆	0.937	C
67	466	廊坊师范学院	普通高校	河北	0.919	C
68	468	衡阳师范学院	普通高校	湖南	0.917	C
69	480	重庆第二师范学院	普通高校	重庆	0.844	C
70	481	遵义师范学院	普通高校	贵州	0.841	C
71	485	合肥师范学院	普通高校	安徽	0.811	C
72	497	宁夏师范学院	普通高校	宁夏	0.772	C
73	503	玉林师范学院	普通高校	广西	0.753	C
74	512	韩山师范学院	普通高校	广东	0.723	C－
75	514	南京特殊教育师范学院	普通高校	江苏	0.720	C－
76	518	湖北第二师范学院	普通高校	湖北	0.694	C－
77	538	南阳师范学院	普通高校	河南	0.612	C－
78	549	商丘师范学院	普通高校	河南	0.580	C－
79	551	广东第二师范学院	普通高校	广东	0.577	C－
80	552	曲靖师范学院	普通高校	云南	0.576	C－
81	553	通化师范学院	普通高校	吉林	0.574	C－
82	554	石家庄学院	普通高校	河北	0.571	C－
83	559	乐山师范学院	普通高校	四川	0.563	C－
84	569	江苏第二师范学院	普通高校	江苏	0.546	C－
85	574	内江师范学院	普通高校	四川	0.541	C－
86	580	天水师范学院	普通高校	甘肃	0.525	C－
87	594	长沙师范学院	普通高校	湖南	0.498	C－
88	599	南昌师范学院	普通高校	江西	0.474	D＋
89	603	广西民族师范学院	普通高校	广西	0.467	D＋
90	608	牡丹江师范学院	普通高校	黑龙江	0.462	D＋
91	616	淮南师范学院	普通高校	安徽	0.442	D＋

续表

师范类排名	公办总排名	学校名称	办学层次	省份	得分	级别
92	617	泉州师范学院	普通高校	福建	0.439	D+
93	617	黔南民族师范学院	普通高校	贵州	0.439	D+
94	620	宁德师范学院	普通高校	福建	0.437	D+
95	642	河北科技师范学院	普通高校	河北	0.372	D+
96	643	绵阳师范学院	普通高校	四川	0.369	D+
97	653	郑州师范学院	普通高校	河南	0.349	D+
98	662	福建技术师范学院	普通高校	福建	0.333	D+
99	664	白城师范学院	普通高校	吉林	0.331	D+
100	668	吉林工程技术师范学院	普通高校	吉林	0.319	D+
101	673	楚雄师范学院	普通高校	云南	0.307	D+
102	682	滇西科技师范学院	普通高校	云南	0.294	D
103	684	渭南师范学院	普通高校	陕西	0.291	D
104	688	兴义民族师范学院	普通高校	贵州	0.285	D
105	690	六盘水师范学院	普通高校	贵州	0.277	D
106	701	昌吉学院	普通高校	新疆	0.256	D
107	702	豫章师范学院	普通高校	江西	0.255	D
108	710	唐山师范学院	普通高校	河北	0.248	D
109	714	保定学院	普通高校	河北	0.246	D
110	725	沧州师范学院	普通高校	河北	0.226	D
110	725	琼台师范学院	普通高校	海南	0.226	D
112	731	陕西学前师范学院	普通高校	陕西	0.220	D
113	732	齐鲁师范学院	普通高校	山东	0.216	D
114	740	忻州师范学院	普通高校	山西	0.198	D
115	760	甘肃民族师范学院	普通高校	甘肃	0.149	D
115	763	河北民族师范学院	普通高校	河北	0.147	D
117	774	鞍山师范学院	普通高校	辽宁	0.130	D-

续表

师范类排名	公办总排名	学校名称	办学层次	省份	得分	级别
118	778	大庆师范学院	普通高校	黑龙江	0.115	D-
119	789	玉溪师范学院	普通高校	云南	0.098	D-
120	791	集宁师范学院	普通高校	内蒙古	0.097	D-
121	809	广西职业师范学院	普通高校	广西	0.066	D-
122	814	阿坝师范学院	普通高校	四川	0.060	D-
123	815	汉江师范学院	普通高校	湖北	0.058	D-
124	824	广西科技师范学院	普通高校	广西	0.047	D-

由表 8-33 可知，124 所公办师范类院校得分的平均值为 5.488 分，共有 30 所师范高校的得分位于平均值以上，大部分公办师范类高校的得分均低于平均值。其中，北京师范大学、华东师范大学、华中师范大学位居师范类高校人文社科前 3 名，位于北京的北京师范大学位于师范类大学榜首，表现出较强的人文社科实力，而南京师范大学、陕西师范大学、华南师范大学、东北师范大学、湖南师范大学、福建师范大学、山东师范大学进入师范类高校人文社科前 10 强。

值得一提的是，福建师范大学和山东师范大学是前 10 强中仅有的两所普通高校，其他 8 所高校均为“双一流”建设高校，而华中师范大学、陕西师范大学和湖南师范大学是前 10 强仅有的 3 所位于中部地区的师范类高校，而其他 7 所高校均位于东部地区。

8.3.2 公办财经类高校评价报告

公办财经类高校人文社科发展水平综合评价得分与排名如表 8-34 所示。

表 8-34 公办财经类高校人文社科发展水平综合评价得分与排名

财经类排名	公办总排名	学校名称	办学层次	省份	得分	级别
1	28	中南财经政法大学	“双一流”	湖北	29.467	A
2	35	西南财经大学	“双一流”	四川	25.623	A
3	36	对外经济贸易大学	“双一流”	北京	25.440	A
4	43	中央财经大学	“双一流”	北京	23.004	A-
5	49	上海财经大学	“双一流”	上海	21.519	A-
6	54	浙江工商大学	普通高校	浙江	19.547	A-

续表

财经类排名	公办总排名	学校名称	办学层次	省份	得分	级别
7	65	东北财经大学	普通高校	辽宁	17.356	A－
8	68	江西财经大学	普通高校	江西	16.244	A－
9	74	山东财经大学	普通高校	山东	15.376	A－
10	80	浙江财经大学	普通高校	浙江	14.552	A－
11	81	南京财经大学	普通高校	江苏	14.380	A－
12	91	首都经济贸易大学	普通高校	北京	13.163	B＋
13	113	山西财经大学	普通高校	山西	10.938	B＋
14	115	南京审计大学	普通高校	江苏	10.590	B＋
15	127	重庆工商大学	普通高校	重庆	9.273	B＋
16	140	北京工商大学	普通高校	北京	8.364	B＋
17	141	天津财经大学	普通高校	天津	8.273	B＋
18	142	湖南工商大学	普通高校	湖南	8.181	B＋
19	143	上海对外经贸大学	普通高校	上海	8.073	B＋
20	152	云南财经大学	普通高校	云南	7.155	B＋
21	153	贵州财经大学	普通高校	贵州	6.669	B＋
22	155	广东财经大学	普通高校	广东	6.633	B＋
23	161	安徽财经大学	普通高校	安徽	6.088	B＋
24	177	河南财经政法大学	普通高校	河南	5.302	B
25	204	广西财经学院	普通高校	广西	4.301	B
26	218	山东工商学院	普通高校	山东	3.863	B
27	226	湖北经济学院	普通高校	湖北	3.702	B
28	227	广东金融学院	普通高校	广东	3.689	B
29	246	郑州航空工业管理学院	普通高校	河南	3.310	B
30	255	上海立信会计金融学院	普通高校	上海	3.157	B－
31	259	哈尔滨商业大学	普通高校	黑龙江	3.048	B－
32	267	新疆财经大学	普通高校	新疆	2.973	B－

续表

财经类排名	公办总排名	学校名称	办学层次	省份	得分	级别
33	278	北京物资学院	普通高校	北京	2.755	B-
34	281	河北经贸大学	普通高校	河北	2.684	B-
35	286	内蒙古财经大学	普通高校	内蒙古	2.629	B-
36	292	天津商业大学	普通高校	天津	2.546	B-
37	293	吉林财经大学	普通高校	吉林	2.532	B-
38	295	湖南财政经济学院	普通高校	湖南	2.524	B-
38	295	西安财经大学	普通高校	陕西	2.524	B-
40	310	兰州财经大学	普通高校	甘肃	2.332	B-
41	371	桂林旅游学院	普通高校	广西	1.547	C+
42	425	上海商学院	普通高校	上海	1.148	C
43	460	山东管理学院	普通高校	山东	0.949	C
44	527	福建江夏学院	普通高校	福建	0.649	C-
45	536	河南财政金融学院	普通高校	河南	0.619	C-
46	590	河北金融学院	普通高校	河北	0.510	C-
47	607	贵州商学院	普通高校	贵州	0.463	D+
48	608	福建商学院	普通高校	福建	0.462	D+
48	608	武汉商学院	普通高校	湖北	0.462	D+
50	631	铜陵学院	普通高校	安徽	0.392	D+
51	723	哈尔滨金融学院	普通高校	黑龙江	0.227	D
52	787	吉林工商学院	普通高校	吉林	0.100	D-
53	825	兰州资源环境职业技术大学	普通高校	甘肃	0.045	D-

由表 8-34 可知，53 所公办财经类高校得分的平均值为 7.309 分，共有 19 所财经类高校的得分处于平均值以上，占据财经类高校数量的比例超过 1/3。中南财经政法大学、西南财经大学、对外经济贸易大学 3 所高校位于公办财经类高校前 3 名，位于湖北的中南财经政法大学以优异的成绩位居财经类高校榜首，中央财经大学、上海财经大学、浙江工商大学、东北财经大学、江西财经大学、山东财经大学、浙江财经大学进入财经类高校前 10 强。

在前 10 强财经类高校中，前 5 名均为 “双一流”建设高校，浙江工商大学作为普通高校以第 6 名的成绩位居前 10 强，也是普通高校中财经类第 1 名，表现出该校不俗的人文社科发展实力。东北财经大学、江西财经大学、山东财经大学、浙江财经大学同作为普通高校，其人文社科发展实力也是值得肯定的。

在前 10 强中，北京和浙江分别占据 2 个名额，是前 10 强占据名额最多的两个地区，它们是位于北京的对外经济贸易大学（第 3 名）、中央财经大学（第 4 名）及位于浙江的浙江工商大学（第 6 名）、浙江财经大学（第 10 名）。

8.3.3 公办政法类高校评价报告

公办政法类高校人文社科发展水平综合评价得分与排名如表 8-35 所示。

表 8-35 公办政法类高校人文社科发展水平综合评价得分与排名

政法类排名	公办总排名	学校名称	办学层次	省份	得分	级别
1	42	中国政法大学	“双一流”	北京	23.607	A
2	96	西南政法大学	普通高校	重庆	12.787	B+
3	106	华东政法大学	普通高校	上海	11.599	B+
4	190	西北政法大学	普通高校	陕西	4.860	B
5	200	上海政法学院	普通高校	上海	4.444	B
6	215	国际关系学院	普通高校	北京	3.909	B
7	265	中国人民公安大学	“双一流”	北京	2.982	B-
8	442	中国劳动关系学院	普通高校	北京	1.042	C
9	447	中国人民警察大学	普通高校	河北	1.004	C
10	448	甘肃政法大学	普通高校	甘肃	1.001	C
11	456	上海海关学院	普通高校	上海	0.960	C
12	515	四川警察学院	普通高校	四川	0.715	C-
13	533	江苏警官学院	普通高校	江苏	0.626	C-
14	577	山东政法学院	普通高校	山东	0.529	C-
15	582	中国青年政治学院	普通高校	北京	0.522	C-
16	652	浙江警察学院	普通高校	浙江	0.350	D+
17	657	南京森林警察学院	普通高校	江苏	0.344	D+

续表

政法类排名	公办总排名	学校名称	办学层次	省份	得分	级别
18	667	贵州警察学院	普通高校	贵州	0.325	D+
19	683	新疆政法学院	普通高校	新疆	0.292	D
20	691	中国刑事警察学院	普通高校	辽宁	0.274	D
21	719	铁道警察学院	普通高校	河南	0.234	D
22	733	山东警察学院	普通高校	山东	0.215	D
23	738	重庆警察学院	普通高校	重庆	0.201	D
24	747	湖北警官学院	普通高校	湖北	0.170	D
25	758	新疆警察学院	普通高校	新疆	0.154	D
26	760	云南警官学院	普通高校	云南	0.149	D
27	767	湖南警察学院	普通高校	湖南	0.144	D-
28	771	中央司法警官学院	普通高校	河北	0.138	D-
29	775	福建警察学院	普通高校	福建	0.124	D-
30	779	河南警察学院	普通高校	河南	0.114	D-
31	781	上海公安学院	普通高校	上海	0.109	D-
32	796	北京警察学院	普通高校	北京	0.087	D-
32	796	吉林警察学院	普通高校	吉林	0.087	D-
34	801	辽宁警察学院	普通高校	辽宁	0.080	D-
35	804	广东警官学院	普通高校	广东	0.079	D-
36	809	广西警察学院	普通高校	广西	0.066	D-
37	817	山西警察学院	普通高校	山西	0.054	D-
38	833	江西警察学院	普通高校	江西	0.041	D-

由表 8-35 可知，38 所公办政法类高校的得分平均值为 1.958 分，仅有 7 所高校的得分位于平均值以上，政法类高校中排名靠前的高校与排名靠后的高校表现出较大的差距。中国政法大学、西南政法大学、华东政法大学位居公办政法类高校前 3 名，且中国政法大学以 23.607 分的成绩位居榜首，遥遥领先于其他政法类高校，西北政法大学、上海政法学院、国际关系学院、中国人民公安大学、中国劳动关系学院、中国人民警察大学、甘肃政法大学位居政法类高校前 10 强；2 所“双一流”政法类大学均位于前 10 强，分别是中国政法大学（第

1 名）、中国人民公安大学（第 7 名），北京共有 4 所高校进入前 10 名，是进入前 10 强高校最多的地区。

8.3.4 公办艺术类高校评价报告

公办艺术类高校人文社科发展水平综合评价得分与排名如表 8–36 所示。

表 8–36 公办艺术类高校人文社科发展水平综合评价得分与排名

艺术类排名	公办总排名	学校名称	办学层次	省份	得分	级别
1	181	中央美术学院	“双一流”	北京	5.173	B
2	198	中国美术学院	“双一流”	浙江	4.520	B
3	202	南京艺术学院	普通高校	江苏	4.379	B
4	224	广州美术学院	普通高校	广东	3.757	B
5	241	上海戏剧学院	普通高校	上海	3.395	B
6	245	上海音乐学院	“双一流”	上海	3.322	B
7	247	中央音乐学院	“双一流”	北京	3.289	B
8	264	北京电影学院	普通高校	北京	2.992	B–
9	304	四川美术学院	普通高校	重庆	2.403	B–
10	319	西安美术学院	普通高校	陕西	2.177	B–
11	329	中国音乐学院	“双一流”	北京	2.058	B–
12	342	中央戏剧学院	“双一流”	北京	1.888	C+
13	364	北京舞蹈学院	普通高校	北京	1.643	C+
14	375	云南艺术学院	普通高校	云南	1.524	C+
15	382	北京服装学院	普通高校	北京	1.485	C+
16	416	哈尔滨音乐学院	普通高校	黑龙江	1.224	C+
17	420	山东艺术学院	普通高校	山东	1.199	C+
18	435	广西艺术学院	普通高校	广西	1.081	C
19	443	山东工艺美术学院	普通高校	山东	1.031	C
20	486	浙江音乐学院	普通高校	浙江	0.810	C
21	489	湖北美术学院	普通高校	湖北	0.784	C

续表

艺术类排名	公办总排名	学校名称	办学层次	省份	得分	级别
22	492	中国戏曲学院	普通高校	北京	0.782	C
23	505	四川音乐学院	普通高校	四川	0.741	C
24	543	星海音乐学院	普通高校	广东	0.599	C-
25	545	武汉音乐学院	普通高校	湖北	0.585	C-
26	548	吉林艺术学院	普通高校	吉林	0.584	C-
27	555	沈阳音乐学院	普通高校	辽宁	0.570	C-
28	556	鲁迅美术学院	普通高校	辽宁	0.569	C-
29	561	内蒙古艺术学院	普通高校	内蒙古	0.561	C-
30	611	新疆艺术学院	普通高校	新疆	0.454	D+
31	612	天津美术学院	普通高校	天津	0.451	D+
32	626	天津音乐学院	普通高校	天津	0.420	D+
33	685	安徽艺术学院	普通高校	安徽	0.290	D
34	692	山西传媒学院	普通高校	山西	0.272	D
35	695	西安音乐学院	普通高校	陕西	0.267	D

如表 8-36 所示，35 所公办艺术类高校的综合得分均不高，其得分的平均值为 1.637 分，共有 13 所高校的得分位于平均值以上，占据公办艺术类高校总数的 1/3。中央美术学院、中国美术学院、南京艺术学院位居公办艺术类高校前 3 名，中央美术学院位居艺术类高校榜首，广州美术学院、上海戏剧学院、上海音乐学院、中央音乐学院、北京电影学院、四川美术学院、西安美术学院进入公办艺术类高校前 10 强。

在前 10 强中，“双一流”高校占据了 4 个名额，而中国音乐学院、中央戏剧学院两所“双一流”高校并未进入前 10 强，分别以第 11 名、第 12 名的成绩出现榜单中。北京、上海分别有 3 所和 2 所高校进入前 10 强，是进入前 10 强高校最多的地区，它们分别是位于北京的中央美术学院（第 1 名）、中央音乐学院（第 7 名）、北京电影学院（第 8 名），以及位于上海的上海戏剧学院（第 5 名）、上海音乐学院（第 6 名）。南京艺术学院作为普通高校表现不俗，以第 3 名的成绩进入前 10 强，也是前 3 名中唯一的一所普通艺术类高校。

8.3.5 公办语言类高校评价报告

公办语言类高校人文社科发展水平综合评价得分与排名如表 8-37 所示。

表 8-37 公办语言类高校人文社科发展水平综合评价得分与排名

语言类排名	公办总排名	学校名称	办学层次	省份	得分	级别
1	59	广东外语外贸大学	普通高校	广东	18.915	A-
2	73	中国传媒大学	“双一流”	北京	15.644	A-
3	90	上海外国语大学	“双一流”	上海	13.218	B+
4	105	北京外国语大学	“双一流”	北京	11.608	B+
5	151	北京语言大学	普通高校	北京	7.356	B+
6	172	四川外国语大学	普通高校	重庆	5.649	B
7	178	西安外国语大学	普通高校	陕西	5.262	B
8	217	浙江传媒学院	普通高校	浙江	3.886	B
9	263	北京第二外国语学院	普通高校	北京	2.993	B-
10	289	大连外国语大学	普通高校	辽宁	2.606	B-
11	314	外交学院	“双一流”	北京	2.267	B-
12	330	浙江外国语学院	普通高校	浙江	2.049	B-
13	398	天津外国语大学	普通高校	天津	1.339	C+
14	597	湖南女子学院	普通高校	湖南	0.483	D+
15	602	呼和浩特民族学院	普通高校	内蒙古	0.468	D+

由表 8-37 可知，15 所公办语言类高校综合得分的平均值为 6.250 分，共有 5 所高校的得分超过了平均分，占据了公办语言类高校数量的 1/3。广东外语外贸大学、中国传媒大学、上海外国语大学 3 所高校位居前 3 名，尤其是广东外语外贸大学以优异的成绩超过 4 所“双一流”语言类高校位居榜首，体现了其在语言类高校中所拥有的较强的人文社科实力。另外，北京外国语大学、北京语言大学、四川外国语大学、西安外国语大学、浙江传媒学院、北京第二外国语学院、大连外国语大学跻身公办语言类大学前 10 强。

在前 10 强中，共有 3 所“双一流”高校分别位居第 2 名、第 3 名和第 4 名，而另外一所“双一流”高校外交学院则没有进入前 10 强，以第 11 名的成绩出现的榜单中。北京共有 4 所高校位居前 10 强，是进入前 10 强高校最多的地区，他们分别是中国传媒大学（第 2 名）、北京外国语大学（第 4 名）、北京语言大学（第 5 名）、北京第二外国语学院（第 9 名）。

8.3.6 公办民族类高校评价报告

公办民族类高校人文社科发展水平综合评价得分与排名如表 8-38 所示。

表 8-38 公办民族类高校人文社科发展水平综合评价得分与排名

民族类排名	公办总排名	学校名称	办学层次	省份	得分	级别
1	63	中央民族大学	"双一流"	北京	18.155	A-
2	135	中南民族大学	普通高校	湖北	8.618	B+
3	138	西南民族大学	普通高校	四川	8.425	B+
4	159	广西民族大学	普通高校	广西	6.215	B+
5	173	西北民族大学	普通高校	甘肃	5.640	B
6	176	云南民族大学	普通高校	云南	5.322	B
7	187	西藏民族大学	普通高校	西藏	4.948	B
8	189	北方民族大学	普通高校	宁夏	4.894	B
9	211	贵州民族大学	普通高校	贵州	3.968	B
10	234	青海民族大学	普通高校	青海	3.551	B
11	307	内蒙古民族大学	普通高校	内蒙古	2.349	B-
12	328	大连民族大学	普通高校	辽宁	2.067	B-
13	338	湖北民族大学	普通高校	湖北	1.920	B-
14	780	四川民族学院	普通高校	四川	0.113	D-

由表 8-38 可知，14 所公办民族类高校综合得分的平均值为 5.442 分，共有 5 所高校的得分超过了平均分，占据了公办民族类高校数量的 1/3。中央民族大学、中南民族大学、西南民族大学 3 所高校位居前 3 名，中央民族大学以 18.155 的分数遥遥领先于其他民族类高校，位居榜首，体现了其作为"双一流"高校较强的人文社科实力。广西民族大学、西北民族大学、云南民族大学、西藏民族大学、北方民族大学、贵州民族大学、青海民族大学跻身公办民族类高校前 10 强，大连民族大学、湖北民族大学、四川民族学院 3 所高校表现欠佳，位居榜单后 3 名。

8.3.7 公办体育类高校评价报告

公办体育类高校人文社科发展水平综合评价得分与排名如表 8-39 所示。

表 8-39　公办体育类高校人文社科发展水平综合评价得分与排名

体育类排名	公办总排名	学校名称	办学层次	省份	得分	级别
1	165	上海体育学院	“双一流”	上海	6.020	B+
2	166	北京体育大学	“双一流”	北京	5.990	B+
3	207	武汉体育学院	普通高校	湖北	4.141	B
4	289	成都体育学院	普通高校	四川	2.606	B-
5	341	天津体育学院	普通高校	天津	1.889	C+
6	350	首都体育学院	普通高校	北京	1.824	C+
7	378	广州体育学院	普通高校	广东	1.503	C+
8	411	沈阳体育学院	普通高校	辽宁	1.235	C+
9	433	南京体育学院	普通高校	江苏	1.101	C
10	454	西安体育学院	普通高校	陕西	0.962	C
11	475	哈尔滨体育学院	普通高校	黑龙江	0.871	C
12	545	吉林体育学院	普通高校	吉林	0.585	C-
13	567	山东体育学院	普通高校	山东	0.551	C-
14	736	河北体育学院	普通高校	河北	0.205	D

由表 8-39 可知，14 所公办体育类高校综合得分的平均值为 2.106 分，共有 4 所高校的得分超过了平均分，其他高校得分均位于平均分以下。综合来看，公办体育类高校综合得分总体不高且分差不大，总体比较稳定；上海体育学院和北京体育大学两所“双一流”高校位居公办体育类榜单前 2 名，体现了其作为“双一流”高校人文社科在体育类高校中的优势。

武汉体育学院是普通体育类高校中表现最好的高校，占据体育类榜单中的第 3 名，成都体育学院、天津体育学院、首都体育学院、广州体育学院、沈阳体育学院、南京体育学院、西安体育学院跻身前 10 强。吉林体育学院、山东体育学院、河北体育学院位居榜单后 3 名，其表现欠佳，尚存在较大提升空间。

8.3.8　公办综合类高校评价报告

公办综合类高校人文社科发展水平综合评价得分与排名如表 8-40 所示。

表 8-40　公办综合类高校人文社科发展水平综合评价得分与排名

综合类排名	公办总排名	学校名称	办学层次	省份	得分信息	级别信息
1	1	中国人民大学	“双一流”	北京	95.109	A+
2	2	北京大学	“双一流”	北京	81.484	A+
3	3	浙江大学	“双一流”	浙江	72.827	A+
4	4	清华大学	“双一流”	北京	72.171	A+
5	5	武汉大学	“双一流”	湖北	70.672	A+
6	7	复旦大学	“双一流”	上海	64.796	A+
7	8	中山大学	“双一流”	广东	63.877	A+
8	9	上海交通大学	“双一流”	上海	60.296	A+
9	10	南京大学	“双一流”	江苏	60.108	A+
10	11	四川大学	“双一流”	四川	58.519	A+
11	13	厦门大学	“双一流”	福建	53.953	A+
12	14	山东大学	“双一流”	山东	51.322	A+
13	15	南开大学	“双一流”	天津	47.681	A+
14	16	华中科技大学	“双一流”	湖北	42.976	A+
15	18	西安交通大学	“双一流”	陕西	40.117	A
16	19	吉林大学	“双一流”	吉林	34.117	A
17	21	同济大学	“双一流”	上海	33.058	A
18	22	西南大学	“双一流”	重庆	32.352	A
19	23	上海大学	“双一流”	上海	32.039	A
20	24	暨南大学	“双一流”	广东	31.533	A
21	25	湖南大学	“双一流”	湖南	30.419	A
22	26	东南大学	“双一流”	江苏	30.305	A
23	29	中南大学	“双一流”	湖南	29.067	A
24	32	苏州大学	“双一流”	江苏	26.860	A
25	37	郑州大学	“双一流”	河南	25.362	A
26	39	深圳大学	普通高校	广东	24.983	A

续表

综合类排名	公办总排名	学校名称	办学层次	省份	得分信息	级别信息
27	41	重庆大学	"双一流"	重庆	24.268	A
28	45	西北大学	"双一流"	陕西	22.251	A−
29	47	云南大学	"双一流"	云南	21.915	A−
30	48	河南大学	"双一流"	河南	21.903	A−
31	55	广州大学	普通高校	广东	19.396	A−
32	60	安徽大学	"双一流"	安徽	18.649	A−
33	61	兰州大学	"双一流"	甘肃	18.495	A−
34	67	中国社会科学院大学	普通高校	北京	16.472	A−
35	70	山西大学	"双一流"	山西	15.964	A−
36	75	河北大学	普通高校	河北	15.320	A−
37	82	湘潭大学	"双一流"	湖南	14.346	A−
38	85	扬州大学	普通高校	江苏	13.816	B+
39	87	江南大学	"双一流"	江苏	13.502	B+
40	89	南昌大学	"双一流"	江西	13.390	B+
41	95	青岛大学	普通高校	山东	12.801	B+
42	97	中国海洋大学	"双一流"	山东	12.669	B+
43	98	江苏大学	普通高校	江苏	12.478	B+
44	101	海南大学	"双一流"	海南	12.211	B+
45	108	宁波大学	"双一流"	浙江	11.581	B+
46	110	辽宁大学	"双一流"	辽宁	11.216	B+
47	116	华侨大学	普通高校	福建	10.536	B+
48	118	湖北大学	普通高校	湖北	10.377	B+
49	121	内蒙古大学	"双一流"	内蒙古	10.175	B+
50	122	广西大学	"双一流"	广西	10.087	B+
51	123	贵州大学	"双一流"	贵州	9.920	B+
52	128	黑龙江大学	普通高校	黑龙江	9.157	B+

续表

综合类排名	公办总排名	学校名称	办学层次	省份	得分信息	级别信息
53	132	温州大学	普通高校	浙江	8.838	B+
54	137	新疆大学	“双一流”	新疆	8.521	B+
55	146	南通大学	普通高校	江苏	7.569	B+
56	156	宁夏大学	“双一流”	宁夏	6.545	B+
57	167	湖南科技大学	普通高校	湖南	5.817	B+
58	168	石河子大学	“双一流”	新疆	5.790	B+
59	193	济南大学	普通高校	山东	4.715	B
60	208	北京联合大学	普通高校	北京	4.059	B
61	212	汕头大学	普通高校	广东	3.928	B
62	219	三峡大学	普通高校	湖北	3.858	B
63	220	吉首大学	普通高校	湖南	3.857	B
64	222	延边大学	“双一流”	吉林	3.815	B
65	223	西藏大学	“双一流”	西藏	3.778	B
66	236	烟台大学	普通高校	山东	3.508	B
67	240	聊城大学	普通高校	山东	3.423	B
68	251	绍兴文理学院	普通高校	浙江	3.201	B
69	252	鲁东大学	普通高校	山东	3.168	B
70	260	浙大城市学院	普通高校	浙江	3.035	B-
71	273	嘉兴学院	普通高校	浙江	2.820	B-
72	280	长江大学	普通高校	湖北	2.720	B-
73	291	长沙学院	普通高校	湖南	2.548	B-
74	303	集美大学	普通高校	福建	2.412	B-
75	312	台州学院	普通高校	浙江	2.309	B-
76	317	成都大学	普通高校	四川	2.216	B-
77	318	西华大学	普通高校	四川	2.182	B-
78	324	渤海大学	普通高校	辽宁	2.107	B-

续表

综合类排名	公办总排名	学校名称	办学层次	省份	得分信息	级别信息
79	345	河南科技大学	普通高校	河南	1.844	C+
80	356	青海大学	“双一流”	青海	1.732	C+
81	359	大理大学	普通高校	云南	1.698	C+
82	362	延安大学	普通高校	陕西	1.648	C+
83	364	临沂大学	普通高校	山东	1.643	C+
84	376	南华大学	普通高校	湖南	1.508	C+
85	386	山东青年政治学院	普通高校	山东	1.441	C+
86	395	江汉大学	普通高校	湖北	1.351	C+
87	400	重庆文理学院	普通高校	重庆	1.333	C+
88	406	塔里木大学	普通高校	新疆	1.268	C+
89	415	三明学院	普通高校	福建	1.225	C+
90	421	湖南文理学院	普通高校	湖南	1.196	C+
91	434	井冈山大学	普通高校	江西	1.091	C
92	438	怀化学院	普通高校	湖南	1.061	C
93	446	铜仁学院	普通高校	贵州	1.009	C
94	450	重庆三峡学院	普通高校	重庆	0.983	C
95	454	莆田学院	普通高校	福建	0.962	C
96	470	韶关学院	普通高校	广东	0.905	C
97	471	九江学院	普通高校	江西	0.886	C
98	478	丽水学院	普通高校	浙江	0.852	C
99	482	邵阳学院	普通高校	湖南	0.835	C
100	487	红河学院	普通高校	云南	0.798	C
100	487	枣庄学院	普通高校	山东	0.798	C
102	500	湖北文理学院	普通高校	湖北	0.767	C
103	501	赤峰学院	普通高校	内蒙古	0.759	C
104	502	惠州学院	普通高校	广东	0.754	C

续表

综合类排名	公办总排名	学校名称	办学层次	省份	得分信息	级别信息
105	506	龙岩学院	普通高校	福建	0.740	C
106	509	湖南城学院	普通高校	湖南	0.728	C
107	516	大连大学	普通高校	辽宁	0.708	C-
108	517	山西大同大学	普通高校	山西	0.705	C-
109	523	潍坊学院	普通高校	山东	0.661	C-
110	524	梧州学院	普通高校	广西	0.652	C-
111	529	宝鸡文理学院	普通高校	陕西	0.642	C-
112	530	齐齐哈尔大学	普通高校	黑龙江	0.641	C-
113	531	北部湾大学	普通高校	广西	0.635	C-
114	532	巢湖学院	普通高校	安徽	0.633	C-
115	535	内蒙古科技大学	普通高校	内蒙古	0.621	C-
116	537	百色学院	普通高校	广西	0.617	C-
117	539	肇庆学院	普通高校	广东	0.610	C-
118	540	宜春学院	普通高校	江西	0.608	C-
119	544	昆明学院	普通高校	云南	0.588	C-
120	557	山东女子学院	普通高校	山东	0.566	C-
121	559	兰州城学院	普通高校	甘肃	0.563	C-
122	562	嘉应学院	普通高校	广东	0.560	C-
123	564	平顶山学院	普通高校	河南	0.559	C-
124	566	新乡学院	普通高校	河南	0.556	C-
125	570	喀什大学	普通高校	新疆	0.544	C-
125	570	河西学院	普通高校	甘肃	0.544	C-
127	572	黄山学院	普通高校	安徽	0.542	C-
128	576	滁州学院	普通高校	安徽	0.532	C-
129	581	泰山学院	普通高校	山东	0.523	C-
130	586	池州学院	普通高校	安徽	0.520	C-

续表

综合类排名	公办总排名	学校名称	办学层次	省份	得分信息	级别信息
131	587	凯里学院	普通高校	贵州	0.514	C－
132	588	湘南学院	普通高校	湖南	0.512	C－
133	592	湖南人文科技学院	普通高校	湖南	0.500	C－
134	596	长春大学	普通高校	吉林	0.484	D+
135	613	贵阳学院	普通高校	贵州	0.449	D+
135	613	黑河学院	普通高校	黑龙江	0.449	D+
137	633	滨州学院	普通高校	山东	0.388	D+
138	634	宿迁学院	普通高校	江苏	0.387	D+
138	634	沈阳大学	普通高校	辽宁	0.387	D+
140	640	四川旅游学院	普通高校	四川	0.374	D+
141	641	西昌学院	普通高校	四川	0.373	D+
142	644	武夷学院	普通高校	福建	0.368	D+
143	646	中华女子学院	普通高校	北京	0.367	D+
144	648	运城学院	普通高校	山西	0.359	D+
145	650	榆林学院	普通高校	陕西	0.355	D+
146	651	济宁学院	普通高校	山东	0.354	D+
147	655	河北北方学院	普通高校	河北	0.345	D+
148	659	宜宾学院	普通高校	四川	0.342	D+
149	660	北华大学	普通高校	吉林	0.337	D+
150	665	景德镇学院	普通高校	江西	0.329	D+
151	666	宿州学院	普通高校	安徽	0.326	D+
152	669	新余学院	普通高校	江西	0.317	D+
153	670	湖州学院	普通高校	浙江	0.313	D+
154	674	陇东学院	普通高校	甘肃	0.306	D+
155	675	兰州文理学院	普通高校	甘肃	0.305	D+
155	675	呼伦贝尔学院	普通高校	内蒙古	0.305	D+

续表

综合类排名	公办总排名	学校名称	办学层次	省份	得分信息	级别信息
157	677	佳木斯大学	普通高校	黑龙江	0.303	D+
157	677	保山学院	普通高校	云南	0.303	D+
159	679	西安文理学院	普通高校	陕西	0.301	D+
160	680	哈尔滨学院	普通高校	黑龙江	0.300	D
161	687	无锡学院	普通高校	江苏	0.286	D
162	689	黄淮学院	普通高校	河南	0.279	D
163	696	贺州学院	普通高校	广西	0.263	D
164	698	四川文理学院	普通高校	四川	0.258	D
165	702	海南热带海洋学院	普通高校	海南	0.255	D
166	705	泰州学院	普通高校	江苏	0.253	D
167	706	攀枝花学院	普通高校	四川	0.252	D
167	706	皖西学院	普通高校	安徽	0.252	D
169	708	河池学院	普通高校	广西	0.250	D
170	710	普洱学院	普通高校	云南	0.248	D
171	712	邯郸学院	普通高校	河北	0.247	D
171	712	衡水学院	普通高校	河北	0.247	D
171	719	菏泽学院	普通高校	山东	0.234	D
174	723	吕梁学院	普通高校	山西	0.227	D
175	727	商洛学院	普通高校	陕西	0.225	D
176	729	五邑大学	普通高校	广东	0.224	D
177	734	长治学院	普通高校	山西	0.213	D
178	735	萍乡学院	普通高校	江西	0.210	D
179	736	河套学院	普通高校	内蒙古	0.205	D
180	742	嘉兴南湖学院	普通高校	浙江	0.194	D
181	744	安康学院	普通高校	陕西	0.193	D
182	745	滇西应用技术大学	普通高校	云南	0.182	D

续表

综合类排名	公办总排名	学校名称	办学层次	省份	得分信息	级别信息
183	746	晋中学院	普通高校	山西	0.177	D
184	747	安顺学院	普通高校	贵州	0.170	D
185	754	昭通学院	普通高校	云南	0.157	D
186	763	太原学院	普通高校	山西	0.147	D
187	773	亳州学院	普通高校	安徽	0.134	D−
188	781	德州学院	普通高校	山东	0.109	D−
189	785	文山学院	普通高校	云南	0.101	D−
190	799	辽东学院	普通高校	辽宁	0.085	D−
191	803	苏州城学院	普通高校	江苏	0.079	D−
192	809	绥化学院	普通高校	黑龙江	0.066	D−
193	825	张家口学院	普通高校	河北	0.045	D−
194	833	邢台学院	普通高校	河北	0.041	D−
195	839	赣东学院	普通高校	江西	0.037	D−

由表 8–40 可知，195 所公办综合类高校综合得分的平均值为 9.330 分，这也是按学科类型划分的 11 种高校类型中平均值最高的一种类型，体现了综合类高校强劲的人文社科实力。共有 51 所高校的得分处于平均值以上，占所有综合类高校总数量的比例不足 1/3，且综合类高校中排名靠前的高校和排名靠后的高校存在着较大的发展差距。

中国人民大学、北京大学、浙江大学位居综合类高校前 3 名，中国人民大学以 95.109 分的优异成绩位居综合类高校榜首，同时该校也是全国所有高校第 1 名。清华大学、武汉大学、复旦大学、中山大学、上海交通大学、南京大学、四川大学跻身综合类高校前 10 强。在综合类高校前 10 强中，所有高校均为“双一流”建设高校；在前 30 强中，前 25 名同样均为“双一流”建设高校，表明了“双一流”高校的强大实力。

在普通高校中，深圳大学表现最为亮眼，以 26 名的成绩居于榜单之中，同时该校既是普通综合类大学第 1 名也是所有普通高校第 1 名；普通综合类大学第 2 名是广州大学，以第 31 名的成绩位居综合类高校前 50 强，同时这 2 所普通类高校均位于广东省。

而在综合类高校前 10 强中，北京和上海共占据了 5 所高校，是综合类前 10 强中高校数量最多的两个地区，他们分别是位于北京的中国人民大学（第 1 名）、北京大学（第 2 名）、清华大学（第 4 名），以及位于上海的复旦大学（第 6 名）、上海交通大学（第 8 名）。

8.3.9　公办理工类高校评价报告

公办理工类高校人文社科发展水平综合评价得分与排名如表 8-41 所示。

表 8-41　公办理工类高校人文社科发展水平综合评价得分与排名

理工类排名	公办总排名	学校名称	办学层次	省份	得分	级别
1	30	中国科学院大学	“双一流”	北京	27.116	A
2	38	华南理工大学	“双一流”	广东	25.191	A
3	40	天津大学	“双一流”	天津	24.301	A
4	44	电子科技大学	“双一流”	四川	22.521	A-
5	46	大连理工大学	“双一流”	辽宁	22.176	A-
6	50	北京航空航天大学	“双一流”	北京	21.086	A-
7	51	北京理工大学	“双一流”	北京	20.230	A-
8	52	哈尔滨工业大学	“双一流”	黑龙江	19.778	A-
9	62	西北工业大学	“双一流”	陕西	18.486	A-
10	64	东北大学	“双一流”	辽宁	18.071	A-
11	69	北京交通大学	“双一流”	北京	15.990	A-
12	71	浙江工业大学	普通高校	浙江	15.888	A-
13	77	中国科学技术大学	“双一流”	安徽	14.819	A-
14	79	西南交通大学	“双一流”	四川	14.690	A-
15	92	西安电子科技大学	“双一流”	陕西	13.053	B+
16	94	南京航空航天大学	“双一流”	江苏	12.911	B+
17	99	北京科技大学	“双一流”	北京	12.258	B+
18	100	合肥工业大学	“双一流”	安徽	12.232	B+
19	102	华东理工大学	“双一流”	上海	11.902	B+
20	111	广东工业大学	普通高校	广东	11.179	B+
21	112	南京理工大学	“双一流”	江苏	10.993	B+
22	114	福州大学	“双一流”	福建	10.725	B+
23	117	北京工业大学	“双一流”	北京	10.499	B+

续表

理工类排名	公办总排名	学校名称	办学层次	省份	得分	级别
24	120	河海大学	“双一流”	江苏	10.292	B+
25	124	南京信息工程大学	“双一流”	江苏	9.854	B+
26	125	杭州电子科技大学	普通高校	浙江	9.607	B+
27	126	中国地质大学（北京）	“双一流”	北京	9.391	B+
28	129	中国矿业大学	“双一流”	江苏	8.881	B+
29	130	武汉理工大学	“双一流”	湖北	8.870	B+
30	131	北京邮电大学	“双一流”	北京	8.856	B+
31	134	大连海事大学	“双一流”	辽宁	8.748	B+
32	147	中国地质大学（武汉）	“双一流”	湖北	7.487	B+
33	150	南京邮电大学	“双一流”	江苏	7.361	B+
34	154	燕山大学	普通高校	河北	6.653	B+
35	157	上海理工大学	普通高校	上海	6.500	B+
36	160	山东科技大学	普通高校	山东	6.108	B+
37	162	中国石油大学（北京）	“双一流”	北京	6.085	B+
38	163	长沙理工大学	普通高校	湖南	6.054	B+
39	164	东华大学	“双一流”	上海	6.038	B+
40	170	浙江理工大学	普通高校	浙江	5.697	B
41	179	哈尔滨工程大学	“双一流”	黑龙江	5.236	B
42	180	重庆邮电大学	普通高校	重庆	5.182	B
43	183	上海海事大学	普通高校	上海	5.127	B
44	184	北京化工大学	“双一流”	北京	5.013	B
45	188	南方科技大学	“双一流”	广东	4.897	B
46	191	西安理工大学	普通高校	陕西	4.819	B
47	192	华北电力大学	“双一流”	北京	4.719	B
48	194	中国石油大学（华东）	“双一流”	山东	4.701	B
48	194	昆明理工大学	普通高校	云南	4.701	B

续表

理工类排名	公办总排名	学校名称	办学层次	省份	得分	级别
50	196	西安建筑科技大学	普通高校	陕西	4.694	B
51	203	山东理工大学	普通高校	山东	4.328	B
52	210	成都理工大学	“双一流”	四川	4.005	B
53	212	上海工程技术大学	普通高校	上海	3.928	B
54	214	河北工业大学	“双一流”	河北	3.910	B
55	225	长安大学	“双一流”	陕西	3.720	B
56	228	常州大学	普通高校	江苏	3.687	B
57	231	重庆交通大学	普通高校	重庆	3.585	B
58	232	天津理工大学	普通高校	天津	3.573	B
59	233	青岛科技大学	普通高校	山东	3.553	B
60	237	南京工业大学	普通高校	江苏	3.476	B
61	239	武汉科技大学	普通高校	湖北	3.432	B
62	242	江苏科技大学	普通高校	江苏	3.377	B
63	244	苏州科技大学	普通高校	江苏	3.324	B
64	248	华东交通大学	普通高校	江西	3.247	B
65	249	湖北工业大学	普通高校	湖北	3.224	B
66	253	安徽工业大学	普通高校	安徽	3.162	B
67	257	哈尔滨理工大学	普通高校	黑龙江	3.113	B–
68	261	中国计量大学	普通高校	浙江	3.012	B–
69	266	齐鲁工业大学	普通高校	山东	2.978	B–
70	269	中国矿业大学（北京）	“双一流”	北京	2.947	B–
71	274	华北水利水电大学	普通高校	河南	2.794	B–
72	277	太原理工大学	“双一流”	山西	2.765	B–
73	282	西安邮电大学	普通高校	陕西	2.662	B–
74	284	武汉工程大学	普通高校	湖北	2.650	B–
75	285	桂林理工大学	普通高校	广西	2.640	B–

续表

理工类排名	公办总排名	学校名称	办学层次	省份	得分	级别
76	297	西南石油大学	“双一流”	四川	2.490	B–
77	298	桂林电子科技大学	普通高校	广西	2.485	B–
78	300	湖南工业大学	普通高校	湖南	2.459	B–
79	302	郑州轻工业大学	普通高校	河南	2.420	B–
80	305	景德镇陶瓷大学	普通高校	江西	2.394	B–
81	308	西南科技大学	普通高校	四川	2.345	B–
82	309	河南工业大学	普通高校	河南	2.335	B–
83	311	天津工业大学	“双一流”	天津	2.328	B–
84	313	北京建筑大学	普通高校	北京	2.295	B–
85	315	山东建筑大学	普通高校	山东	2.266	B–
86	324	天津科技大学	普通高校	天津	2.107	B–
87	326	重庆理工大学	普通高校	重庆	2.078	B–
88	327	河南理工大学	普通高校	河南	2.068	B–
89	333	江西理工大学	普通高校	江西	2.005	B–
90	334	青岛理工大学	普通高校	山东	2.001	B–
91	335	徐州工程学院	普通高校	江苏	1.989	B–
92	337	武汉纺织大学	普通高校	湖北	1.934	B–
93	339	安徽工程大学	普通高校	安徽	1.914	B–
94	340	东华理工大学	普通高校	江西	1.902	C+
95	343	北方工业大学	普通高校	北京	1.869	C+
96	344	陕西科技大学	普通高校	陕西	1.866	C+
97	348	常熟理工学院	普通高校	江苏	1.832	C+
98	349	浙江万里学院	普通高校	浙江	1.827	C+
99	351	西安工程大学	普通高校	陕西	1.820	C+
100	353	浙江科技学院	普通高校	浙江	1.800	C+
101	354	内蒙古工业大学	普通高校	内蒙古	1.794	C+

续表

理工类排名	公办总排名	学校名称	办学层次	省份	得分	级别
102	355	东莞理工学院	普通高校	广东	1.763	C+
103	357	长春工业大学	普通高校	吉林	1.708	C+
104	363	辽宁工业大学	普通高校	辽宁	1.647	C+
105	367	兰州理工大学	普通高校	甘肃	1.625	C+
106	368	上海应用技术大学	普通高校	上海	1.613	C+
107	369	佛山科学技术学院	普通高校	广东	1.580	C+
108	372	成都信息工程大学	普通高校	四川	1.539	C+
109	373	北京信息科技大学	普通高校	北京	1.533	C+
110	374	福建工程学院	普通高校	福建	1.525	C+
111	379	兰州交通大学	普通高校	甘肃	1.499	C+
112	381	上海科技大学	"双一流"	上海	1.488	C+
113	385	西安科技大学	普通高校	陕西	1.457	C+
114	391	浙大宁波理工学院	普通高校	浙江	1.392	C+
115	393	沈阳工业大学	普通高校	辽宁	1.374	C+
116	394	太原科技大学	普通高校	山西	1.353	C+
117	396	武汉轻工大学	普通高校	湖北	1.350	C+
118	397	闽江学院	普通高校	福建	1.345	C+
119	401	江苏理工学院	普通高校	江苏	1.330	C+
120	405	石家庄铁道大学	普通高校	河北	1.277	C+
121	407	中国民航大学	普通高校	天津	1.266	C+
122	408	厦门理工学院	普通高校	福建	1.243	C+
123	410	广西科技大学	普通高校	广西	1.236	C+
124	412	湖南工程学院	普通高校	湖南	1.233	C+
125	413	湖南理工学院	普通高校	湖南	1.229	C+
126	422	许昌学院	普通高校	河南	1.194	C+
127	424	天津城建大学	普通高校	天津	1.171	C+

续表

理工类排名	公办总排名	学校名称	办学层次	省份	得分	级别
128	427	河北科技大学	普通高校	河北	1.135	C
129	428	西安工业大学	普通高校	陕西	1.128	C
130	429	辽宁工程技术大学	普通高校	辽宁	1.123	C
131	431	盐城工学院	普通高校	江苏	1.109	C
132	436	南昌航空大学	普通高校	江西	1.077	C
133	437	金陵科技学院	普通高校	江苏	1.065	C
134	445	北京印刷学院	普通高校	北京	1.027	C
135	449	江苏海洋大学	普通高校	江苏	0.985	C
136	451	南京工程学院	普通高校	江苏	0.968	C
137	452	安徽建筑大学	普通高校	安徽	0.966	C
138	459	湖南科技学院	普通高校	湖南	0.950	C
139	461	常州工学院	普通高校	江苏	0.948	C
140	464	华北理工大学	普通高校	河北	0.936	C
141	466	淮阴工学院	普通高校	江苏	0.919	C
142	469	中原工学院	普通高校	河南	0.916	C
143	473	中北大学	普通高校	山西	0.884	C
144	476	东北石油大学	普通高校	黑龙江	0.859	C
145	477	上海电力大学	普通高校	上海	0.857	C
146	489	洛阳理工学院	普通高校	河南	0.784	C
147	492	合肥学院	普通高校	安徽	0.782	C
148	495	上海第二工业大学	普通高校	上海	0.777	C
149	498	安徽理工大学	普通高校	安徽	0.771	C
150	499	河南工程学院	普通高校	河南	0.769	C
151	503	长春理工大学	普通高校	吉林	0.753	C
152	507	南昌工程学院	普通高校	江西	0.739	C
153	519	四川轻化工大学	普通高校	四川	0.691	C－

续表

理工类排名	公办总排名	学校名称	办学层次	省份	得分	级别
154	522	山东交通学院	普通高校	山东	0.670	C－
155	524	西安石油大学	普通高校	陕西	0.652	C－
156	526	衢州学院	普通高校	浙江	0.651	C－
157	528	桂林航天工业学院	普通高校	广西	0.645	C－
158	534	温州理工学院	普通高校	浙江	0.625	C－
159	545	河南科技学院	普通高校	河南	0.585	C－
160	565	河北工程大学	普通高校	河北	0.558	C－
161	568	沈阳建筑大学	普通高校	辽宁	0.547	C－
162	572	深圳技术大学	普通高校	广东	0.542	C－
163	579	南阳理工学院	普通高校	河南	0.527	C－
164	585	宁波工程学院	普通高校	浙江	0.521	C－
165	588	辽宁科技大学	普通高校	辽宁	0.512	C－
166	595	东北电力大学	普通高校	吉林	0.497	D＋
167	600	防灾科技学院	普通高校	河北	0.470	D＋
168	601	沈阳航空航天大学	普通高校	辽宁	0.469	D＋
169	603	湖北工程学院	普通高校	湖北	0.467	D＋
170	605	湖南工学院	普通高校	湖南	0.466	D＋
171	615	中国民用航空飞行学院	普通高校	四川	0.444	D＋
172	619	上海电机学院	普通高校	上海	0.438	D＋
173	622	荆楚理工学院	普通高校	湖北	0.435	D＋
174	624	陕西理工大学	普通高校	陕西	0.423	D＋
175	628	湖北科技学院	普通高校	湖北	0.410	D＋
176	629	广东石油化工学院	普通高校	广东	0.409	D＋
177	630	吉林建筑大学	普通高校	吉林	0.393	D＋
178	632	南京工业职业技术大学	普通高校	江苏	0.391	D＋
179	636	北京石油化工学院	普通高校	北京	0.383	D＋

续表

理工类排名	公办总排名	学校名称	办学层次	省份	得分	级别
180	638	华北科技学院	普通高校	河北	0.379	D+
181	639	贵州理工学院	普通高校	贵州	0.376	D+
182	647	重庆科技学院	普通高校	重庆	0.363	D+
183	649	湖北汽车工业学院	普通高校	湖北	0.356	D+
184	654	辽宁石油化工大学	普通高校	辽宁	0.346	D+
185	655	安徽科技学院	普通高校	安徽	0.345	D+
186	671	黑龙江科技大学	普通高校	黑龙江	0.312	D+
187	681	浙江水利水电学院	普通高校	浙江	0.295	D
188	686	大连工业大学	普通高校	辽宁	0.287	D
189	694	蚌埠学院	普通高校	安徽	0.268	D
190	698	河北地质大学	普通高校	河北	0.258	D
191	798	长春工程学院	普通高校	吉林	0.258	D
192	702	河南工学院	普通高校	河南	0.255	D
193	709	新疆理工学院	普通高校	新疆	0.249	D
194	715	北华航天工业学院	普通高校	河北	0.245	D
195	721	广州航海学院	普通高校	广东	0.233	D
196	741	黑龙江工业学院	普通高校	黑龙江	0.197	D
197	747	成都工业学院	普通高校	四川	0.170	D
198	751	沈阳理工大学	普通高校	辽宁	0.169	D
199	752	吉林化工学院	普通高校	吉林	0.162	D
200	753	贵州工程应用技术学院	普通高校	贵州	0.158	D
201	757	大连交通大学	普通高校	辽宁	0.156	D
202	762	湖北理工学院	普通高校	湖北	0.148	D
203	772	鄂尔多斯应用技术学院	普通高校	内蒙古	0.137	D-
204	777	北京电子科技学院	普通高校	北京	0.118	D-
205	784	唐山学院	普通高校	河北	0.108	D-

续表

理工类排名	公办总排名	学校名称	办学层次	省份	得分	级别
206	785	郑州工程技术学院	普通高校	河南	0.101	D−
207	787	山西工程科技职业大学	普通高校	山西	0.100	D−
208	791	安阳工学院	普通高校	河南	0.097	D−
209	793	太原工业学院	普通高校	山西	0.094	D−
210	794	西安航空学院	普通高校	陕西	0.090	D−
211	795	兰州工业学院	普通高校	甘肃	0.088	D−
212	798	沈阳化工大学	普通高校	辽宁	0.086	D−
213	800	河南城建学院	普通高校	河南	0.083	D−
214	805	沈阳工程学院	普通高校	辽宁	0.076	D−
215	807	河北建筑工程学院	普通高校	河北	0.070	D−
215	807	营口理工学院	普通高校	辽宁	0.070	D−
217	809	黑龙江工程学院	普通高校	黑龙江	0.066	D−
218	809	山东石油化工学院	普通高校	山东	0.066	D−
218	817	河北环境工程学院	普通高校	河北	0.054	D−
220	817	山西能源学院	普通高校	山西	0.054	D−
221	820	山西工程技术学院	普通高校	山西	0.052	D−
222	821	新疆工程学院	普通高校	新疆	0.050	D−
223	825	中国消防救援学院	普通高校	北京	0.045	D−
223	825	河北水利电力学院	普通高校	河北	0.045	D−
223	825	河北石油职业技术大学	普通高校	河北	0.045	D−
223	825	山西科技学院	普通高校	山西	0.045	D−
223	825	辽宁科技学院	普通高校	辽宁	0.045	D−
223	825	赣南科技学院	普通高校	江西	0.045	D−
229	833	天津中德应用技术大学	普通高校	天津	0.041	D−
230	838	河北科技工程职业技术大学	普通高校	河北	0.038	D−
231	839	兰州石化职业技术大学	普通高校	甘肃	0.037	D−

续表

理工类排名	公办总排名	学校名称	办学层次	省份	得分	级别
231	839	新疆科技学院	普通高校	新疆	0.037	D-
231	839	河北工业职业技术大学	普通高校	河北	0.037	D-
231	839	山西工学院	普通高校	山西	0.037	D-
231	839	首钢工学院	普通高校	北京	0.037	D-

由表 8-41 可知，理工类高校是数量最多的一种高校类型，235 所公办理工类高校综合得分的平均值为 3.351 分，共有 62 所高校的得分处于平均值以上，占所有综合类高校总数量的比重不足 1/3，其他高校得分均位于平均值以下。中国科学院大学、华南理工大学、天津大学位居理工类高校前 3 名，中国科学院大学以 27.116 分的成绩位居理工类高校榜首，电子科技大学、大连理工大学、北京航空航天大学、北京理工大学、哈尔滨工业大学、西北工业大学、东北大学跻身理工类高校前 10 强。

在理工类高校前 10 强中，所有高校均为“双一流”建设高校，表现亮眼的普通高校有浙江工业大学、广东工业大学和杭州电子科技大学，它们分别以第 12 名、第 20 名和第 26 名的成绩居于榜单之中，而浙江工业大学和杭州电子科技大学均位于浙江省，表明浙江省普通高校也具有较强的人文社科实力。

而在理工类高校前 10 强中，北京占据了 3 个名额，是理工类高校前 10 强中数量最多的地区，它们分别是中国科学院大学（第 1 名）、北京航空航天大学（第 6 名）、北京理工大学（第 7 名）。

8.3.10　公办医药类高校评价报告

公办医药类高校人文社科发展水平综合评价得分与排名如表 8-42 所示。

表 8-42　公办医药类高校人文社科发展水平综合评价得分与排名

医药类排名	公办总排名	学校名称	办学层次	省份	得分	级别
1	175	首都医科大学	普通高校	北京	5.443	B
2	199	南方医科大学	普通高校	广东	4.490	B
3	209	南京医科大学	“双一流”	江苏	4.044	B
4	250	北京协和医学院	“双一流”	北京	3.219	B
5	254	中国医科大学	普通高校	辽宁	3.158	B
6	256	温州医科大学	普通高校	浙江	3.124	B-

续表

医药类排名	公办总排名	学校名称	办学层次	省份	得分	级别
7	258	重庆医科大学	普通高校	重庆	3.053	B-
8	268	哈尔滨医科大学	普通高校	黑龙江	2.957	B-
9	321	广州医科大学	“双一流”	广东	2.142	B-
10	331	安徽医科大学	普通高校	安徽	2.008	B-
11	336	福建医科大学	普通高校	福建	1.938	B-
12	347	浙江中医药大学	普通高校	浙江	1.835	C+
13	357	北京中医药大学	“双一流”	北京	1.708	C+
14	360	中国药科大学	“双一流”	江苏	1.685	C+
15	366	天津医科大学	“双一流”	天津	1.642	C+
16	370	南京中医药大学	“双一流”	江苏	1.554	C+
17	380	昆明医科大学	普通高校	云南	1.495	C+
18	388	上海中医药大学	“双一流”	上海	1.435	C+
19	392	成都中医药大学	“双一流”	四川	1.382	C+
20	402	徐州医科大学	普通高校	江苏	1.309	C+
21	403	新乡医学院	普通高校	河南	1.283	C+
22	404	广州中医药大学	“双一流”	广东	1.279	C+
23	417	山东第一医科大学	普通高校	山东	1.207	C+
24	426	湖南中医药大学	普通高校	湖南	1.136	C
25	440	河南中医药大学	普通高校	河南	1.050	C
26	453	潍坊医学院	普通高校	山东	0.963	C
27	461	长春中医药大学	普通高校	吉林	0.948	C
28	479	滨州医学院	普通高校	山东	0.848	C
29	483	天津中医药大学	“双一流”	天津	0.823	C
30	484	山西医科大学	普通高校	山西	0.821	C
31	494	江西中医药大学	普通高校	江西	0.780	C
32	496	贵州医科大学	普通高校	贵州	0.775	C

续表

医药类排名	公办总排名	学校名称	办学层次	省份	得分	级别
33	508	西南医科大学	普通高校	四川	0.731	C
34	510	遵义医科大学	普通高校	贵州	0.726	C−
35	511	广西医科大学	普通高校	广西	0.725	C−
36	513	宁夏医科大学	普通高校	宁夏	0.722	C−
37	520	河北医科大学	普通高校	河北	0.689	C−
38	521	新疆医科大学	普通高校	新疆	0.682	C−
39	540	内蒙古医科大学	普通高校	内蒙古	0.608	C−
40	542	广东医科大学	普通高校	广东	0.606	C−
41	550	海南医学院	普通高校	海南	0.578	C−
42	558	西安医学院	普通高校	陕西	0.564	C−
43	562	广东药科大学	普通高校	广东	0.560	C−
44	575	山东中医药大学	普通高校	山东	0.538	C−
45	577	湖北医药学院	普通高校	湖北	0.529	C−
46	582	湖北中医药大学	普通高校	湖北	0.522	C−
47	591	福建中医药大学	普通高校	福建	0.507	C−
48	592	成都医学院	普通高校	四川	0.500	C−
49	598	大连医科大学	普通高校	辽宁	0.481	D+
50	606	杭州医学院	普通高校	浙江	0.465	D+
51	622	黑龙江中医药大学	普通高校	黑龙江	0.435	D+
52	625	牡丹江医学院	普通高校	黑龙江	0.421	D+
53	637	广西中医药大学	普通高校	广西	0.382	D+
54	644	陕西中医药大学	普通高校	陕西	0.368	D+
55	658	皖南医学院	普通高校	安徽	0.343	D+
56	661	上海健康医学院	普通高校	上海	0.336	D+
57	672	川北医学院	普通高校	四川	0.309	D+
58	693	贵州中医药大学	普通高校	贵州	0.270	D

续表

医药类排名	公办总排名	学校名称	办学层次	省份	得分	级别
59	696	辽宁中医药大学	普通高校	辽宁	0.263	D
60	716	赣南医学院	普通高校	江西	0.244	D
61	717	沈阳药科大学	普通高校	辽宁	0.239	D
61	717	云南中医药大学	普通高校	云南	0.239	D
63	722	浙江药科职业大学	普通高校	浙江	0.228	D
64	727	济宁医学院	普通高校	山东	0.225	D
65	729	安徽中医药大学	普通高校	安徽	0.224	D
66	739	右江民族医学院	普通高校	广西	0.200	D
67	742	桂林医学院	普通高校	广西	0.194	D
68	747	吉林医药学院	普通高校	吉林	0.170	D
69	754	河北中医学院	普通高校	河北	0.157	D
70	765	锦州医科大学	普通高校	辽宁	0.145	D-
71	767	承德医学院	普通高校	河北	0.144	D-
72	769	蚌埠医学院	普通高校	安徽	0.143	D-
73	770	齐齐哈尔医学院	普通高校	黑龙江	0.139	D-
74	790	甘肃中医药大学	普通高校	甘肃	0.098	D-
75	801	厦门医学院	普通高校	福建	0.080	D-
76	806	长治医学院	普通高校	山西	0.073	D-
77	816	沈阳医学院	普通高校	辽宁	0.056	D-
78	821	湖南医药学院	普通高校	湖南	0.050	D-
79	833	山西中医药大学	普通高校	山西	0.041	D-
79	833	甘肃医学院	普通高校	甘肃	0.041	D-
81	839	南昌医学院	普通高校	江西	0.037	D-
81	839	新疆第二医学院	普通高校	新疆	0.037	D-
81	839	贵阳康养职业大学	普通高校	贵州	0.037	D-
81	839	西藏藏医药大学	普通高校	西藏	0.037	D-

由表 8－42 可知，84 所公办医药类高校综合得分的平均值为 0.937 分，在 11 种学科类型高校中相对较低，共有 27 所高校的得分在平均分以上，约占公办医药类高校数量的 1/3，其他高校得分均位于平均分以下，且 84 所公办医药类高校综合得分总体比较接近。位于北京的首都医科大学和位于广东的南方医科大学超越 11 所“双一流”医药类高校，分别位居公办医药类高校人文社科实力第 1 名和第 2 名。在医药类高校前 10 强中，“双一流”高校仅有南京医科大学（第 3 名）、北京协和医学院（第 4 名）、广州医科大学（第 9 名），而进入前 10 强的普通高校还有中国医科大学（第 5 名）、温州医科大学（第 6 名）、重庆医科大学（第 7 名）、哈尔滨医科大学（第 8 名）、安徽医科大学（第 10 名）。

8.3.11 公办农林类高校评价报告

公办农林类高校人文社科发展水平综合评价得分与排名如表 8－43 所示。

表 8－43 公办农林类高校人文社科发展水平综合评价得分与排名

农林类排名	公办总排名	学校名称	办学层次	省份	得分	级别
1	72	南京农业大学	“双一流”	江苏	15.853	A－
2	84	中国农业大学	“双一流”	北京	13.921	A－
3	103	西北农林科技大学	“双一流”	陕西	11.789	B＋
4	109	华中农业大学	“双一流”	湖北	11.469	B＋
5	139	华南农业大学	“双一流”	广东	8.412	B＋
6	147	南京林业大学	“双一流”	江苏	7.487	B＋
7	174	湖南农业大学	普通高校	湖南	5.559	B
8	182	福建农林大学	普通高校	福建	5.167	B
9	186	四川农业大学	“双一流”	四川	4.960	B
10	201	北京林业大学	“双一流”	北京	4.383	B
11	216	浙江农林大学	普通高校	浙江	3.901	B
12	229	东北林业大学	“双一流”	黑龙江	3.672	B
13	230	东北农业大学	“双一流”	黑龙江	3.592	B
14	235	山东农业大学	普通高校	山东	3.523	B
15	271	河南农业大学	普通高校	河南	2.859	B－
16	288	江西农业大学	普通高校	江西	2.607	B－

续表

农林类排名	公办总排名	学校名称	办学层次	省份	得分	级别
17	294	沈阳农业大学	普通高校	辽宁	2.525	B-
18	299	中南林业科技大学	普通高校	湖南	2.474	B-
19	301	河北农业大学	普通高校	河北	2.455	B-
20	323	青岛农业大学	普通高校	山东	2.113	B-
21	331	浙江海洋大学	普通高校	浙江	2.008	B-
22	377	内蒙古农业大学	普通高校	内蒙古	1.504	C+
23	383	安徽农业大学	普通高校	安徽	1.477	C+
24	389	甘肃农业大学	普通高校	甘肃	1.412	C+
25	390	新疆农业大学	普通高校	新疆	1.400	C+
26	429	西南林业大学	普通高校	云南	1.123	C
27	439	上海海洋大学	"双一流"	上海	1.052	C
28	465	吉林农业大学	普通高校	吉林	0.925	C
29	472	广东海洋大学	普通高校	广东	0.885	C
30	474	山西农业大学	普通高校	山西	0.872	C
31	491	云南农业大学	普通高校	云南	0.783	C
32	582	仲恺农业工程学院	普通高校	广东	0.522	C-
33	620	河南牧业经济学院	普通高校	河南	0.437	D+
34	627	大连海洋大学	普通高校	辽宁	0.419	D+
35	662	北京农学院	普通高校	北京	0.333	D+
36	754	黑龙江八一农垦大学	普通高校	黑龙江	0.157	D
37	759	天津农学院	普通高校	天津	0.151	D
38	765	西藏农牧学院	普通高校	西藏	0.145	D-
39	776	信阳农林学院	普通高校	河南	0.122	D-
40	781	山东农业工程学院	普通高校	山东	0.109	D-
41	821	广西农业职业技术大学	普通高校	广西	0.050	D-
42	839	吉林农业科技学院	普通高校	吉林	0.037	D-

由表 8-43 可知，42 所公办农林类高校综合得分的平均值为 3.206 分，共有 14 所高校的得分处于平均值以上，超过公办农林类高校总数的 1/2。南京农业大学、中国农业大学、西北农林科技大学位居榜单前 3 名，且位于江苏的南京农业大学以 15.853 分的成绩位居公办农林类高校榜首，成为公办农林类高校中人文社科实力最强的高校。华中农业大学、华南农业大学、南京林业大学、湖南农业大学、福建农林大学、四川农业大学、北京林业大学跻身公办农林类高校前 10 强。在公办农林类高校前 10 强中，前 6 名均为“双一流”高校，共有 8 所“双一流”高校进入前 10 强；而普类高校湖南农业大学、福建农林大学则分别以第 7 名和第 8 名的成绩进入前 10 强，是公办农林类高校中人文社科实力最强的 2 所高校。

8.4 “双一流”与普通高校人文社科发展评价报告

8.4.1 “双一流”高校评价报告

“双一流”高校人文社科发展水平综合评价得分与排名如表 8-44 所示。

表 8-44 “双一流”高校人文社科发展水平综合评价得分与排名

“双一流”排名	公办总排名	学校名称	学校类型	省份	得分	级别
1	1	中国人民大学	综合类	北京	95.109	A+
2	2	北京大学	综合类	北京	81.484	A+
3	3	浙江大学	综合类	浙江	72.827	A+
4	4	清华大学	综合类	北京	72.171	A+
5	5	武汉大学	综合类	湖北	70.672	A+
6	6	北京师范大学	师范类	北京	65.954	A+
7	7	复旦大学	综合类	上海	64.796	A+
8	8	中山大学	综合类	广东	63.877	A+
9	9	上海交通大学	综合类	上海	60.296	A+
10	10	南京大学	综合类	江苏	60.108	A+
11	11	四川大学	综合类	四川	58.519	A+
12	12	华东师范大学	师范类	上海	55.978	A+
13	13	厦门大学	综合类	福建	53.953	A+
14	14	山东大学	综合类	山东	51.322	A+

续表

"双一流"排名	公办总排名	学校名称	学校类型	省份	得分	级别
15	15	南开大学	综合类	天津	47.681	A+
16	16	华中科技大学	综合类	湖北	42.976	A+
17	17	华中师范大学	师范类	湖北	40.368	A+
18	18	西安交通大学	综合类	陕西	40.117	A
19	19	吉林大学	综合类	吉林	34.117	A
20	20	南京师范大学	师范类	江苏	34.102	A
21	21	同济大学	综合类	上海	33.058	A
22	22	西南大学	综合类	重庆	32.352	A
23	23	上海大学	综合类	上海	32.039	A
24	24	暨南大学	综合类	广东	31.533	A
25	25	湖南大学	综合类	湖南	30.419	A
26	26	东南大学	综合类	江苏	30.305	A
27	27	陕西师范大学	师范类	陕西	29.888	A
28	28	中南财经政法大学	财经类	湖北	29.467	A
29	29	中南大学	综合类	湖南	29.067	A
30	30	中国科学院大学	理工类	北京	27.116	A
31	31	华南师范大学	师范类	广东	26.861	A
32	32	苏州大学	综合类	江苏	26.860	A
33	33	东北师范大学	师范类	吉林	26.418	A
34	34	湖南师范大学	师范类	湖南	26.005	A
35	35	西南财经大学	财经类	四川	25.623	A
36	36	对外经济贸易大学	财经类	北京	25.440	A
37	37	郑州大学	综合类	河南	25.362	A
38	38	华南理工大学	理工类	广东	25.191	A
39	40	天津大学	理工类	天津	24.301	A
40	41	重庆大学	综合类	重庆	24.268	A

续表

“双一流”排名	公办总排名	学校名称	学校类型	省份	得分	级别
41	42	中国政法大学	政法类	北京	23.607	A
42	43	中央财经大学	财经类	北京	23.004	A－
43	44	电子科技大学	理工类	四川	22.521	A－
44	45	西北大学	综合类	陕西	22.251	A－
45	46	大连理工大学	理工类	辽宁	22.176	A－
46	47	云南大学	综合类	云南	21.915	A－
47	48	河南大学	综合类	河南	21.903	A－
48	49	上海财经大学	财经类	上海	21.519	A－
49	50	北京航空航天大学	理工类	北京	21.086	A－
50	51	北京理工大学	理工类	北京	20.230	A－
51	52	哈尔滨工业大学	理工类	黑龙江	19.778	A－
52	58	首都师范大学	师范类	北京	19.099	A－
53	60	安徽大学	综合类	安徽	18.649	A－
54	61	兰州大学	综合类	甘肃	18.495	A－
55	62	西北工业大学	理工类	陕西	18.486	A－
56	63	中央民族大学	民族类	北京	18.155	A－
57	64	东北大学	理工类	辽宁	18.071	A－
58	69	北京交通大学	理工类	北京	15.990	A－
59	70	山西大学	综合类	山西	15.964	A－
60	72	南京农业大学	农林类	江苏	15.853	A－
61	73	中国传媒大学	语言类	北京	15.644	A－
62	77	中国科学技术大学	理工类	安徽	14.819	A－
63	79	西南交通大学	理工类	四川	14.690	A－
64	82	湘潭大学	综合类	湖南	14.346	A－
65	84	中国农业大学	农林类	北京	13.921	A－
66	87	江南大学	综合类	江苏	13.502	B＋

续表

“双一流”排名	公办总排名	学校名称	学校类型	省份	得分	级别
67	89	南昌大学	综合类	江西	13.390	B+
68	90	上海外国语大学	语言类	上海	13.218	B+
69	92	西安电子科技大学	理工类	陕西	13.053	B+
70	94	南京航空航天大学	理工类	江苏	12.911	B+
71	97	中国海洋大学	综合类	山东	12.669	B+
72	99	北京科技大学	理工类	北京	12.258	B+
73	100	合肥工业大学	理工类	安徽	12.232	B+
74	101	海南大学	综合类	海南	12.211	B+
75	102	华东理工大学	理工类	上海	11.902	B+
76	103	西北农林科技大学	农林类	陕西	11.789	B+
77	105	北京外国语大学	语言类	北京	11.608	B+
78	108	宁波大学	综合类	浙江	11.581	B+
79	109	华中农业大学	农林类	湖北	11.469	B+
80	110	辽宁大学	综合类	辽宁	11.216	B+
81	112	南京理工大学	理工类	江苏	10.993	B+
82	114	福州大学	理工类	福建	10.725	B+
83	117	北京工业大学	理工类	北京	10.499	B+
84	120	河海大学	理工类	江苏	10.292	B+
85	121	内蒙古大学	综合类	内蒙古	10.175	B+
86	122	广西大学	综合类	广西	10.087	B+
87	123	贵州大学	综合类	贵州	9.920	B+
88	124	南京信息工程大学	理工类	江苏	9.854	B+
89	126	中国地质大学（北京）	理工类	北京	9.391	B+
90	129	中国矿业大学	理工类	江苏	8.881	B+
91	130	武汉理工大学	理工类	湖北	8.870	B+
92	131	北京邮电大学	理工类	北京	8.856	B+

续表

“双一流”排名	公办总排名	学校名称	学校类型	省份	得分	级别
93	134	大连海事大学	理工类	辽宁	8.748	B+
94	137	新疆大学	综合类	新疆	8.521	B+
95	139	华南农业大学	农林类	广东	8.412	B+
96	147	中国地质大学（武汉）	理工类	湖北	7.487	B+
96	147	南京林业大学	农林类	江苏	7.487	B+
98	150	南京邮电大学	理工类	江苏	7.361	B+
99	156	宁夏大学	综合类	宁夏	6.545	B+
100	162	中国石油大学（北京）	理工类	北京	6.085	B+
101	164	东华大学	理工类	上海	6.038	B+
102	165	上海体育学院	体育类	上海	6.020	B+
103	166	北京体育大学	体育类	北京	5.990	B+
104	168	石河子大学	综合类	新疆	5.790	B+
105	179	哈尔滨工程大学	理工类	黑龙江	5.236	B
106	181	中央美术学院	艺术类	北京	5.173	B
107	184	北京化工大学	理工类	北京	5.013	B
108	186	四川农业大学	农林类	四川	4.960	B
109	188	南方科技大学	理工类	广东	4.897	B
110	192	华北电力大学	理工类	北京	4.719	B
111	194	中国石油大学（华东）	理工类	山东	4.701	B
112	198	中国美术学院	艺术类	浙江	4.520	B
113	201	北京林业大学	农林类	北京	4.383	B
114	209	南京医科大学	医药类	江苏	4.044	B
115	210	成都理工大学	理工类	四川	4.005	B
116	214	河北工业大学	理工类	河北	3.910	B
117	222	延边大学	综合类	吉林	3.815	B
118	223	西藏大学	综合类	西藏	3.778	B

续表

“双一流”排名	公办总排名	学校名称	学校类型	省份	得分	级别
119	225	长安大学	理工类	陕西	3.720	B
120	229	东北林业大学	农林类	黑龙江	3.672	B
121	230	东北农业大学	农林类	黑龙江	3.592	B
122	245	上海音乐学院	艺术类	上海	3.322	B
123	247	中央音乐学院	艺术类	北京	3.289	B
124	250	北京协和医学院	医药类	北京	3.219	B
125	265	中国人民公安大学	政法类	北京	2.982	B－
126	269	中国矿业大学（北京）	理工类	北京	2.947	B－
127	277	太原理工大学	理工类	山西	2.765	B－
128	297	西南石油大学	理工类	四川	2.490	B－
129	311	天津工业大学	理工类	天津	2.328	B－
130	314	外交学院	语言类	北京	2.267	B－
131	321	广州医科大学	医药类	广东	2.142	B－
132	329	中国音乐学院	艺术类	北京	2.058	B－
133	342	中央戏剧学院	艺术类	北京	1.888	C+
134	356	青海大学	综合类	青海	1.732	C+
135	357	北京中医药大学	医药类	北京	1.708	C+
136	360	中国药科大学	医药类	江苏	1.685	C+
137	366	天津医科大学	医药类	天津	1.642	C+
138	370	南京中医药大学	医药类	江苏	1.554	C+
139	381	上海科技大学	理工类	上海	1.488	C+
140	388	上海中医药大学	医药类	上海	1.435	C+
141	392	成都中医药大学	医药类	四川	1.382	C+
142	404	广州中医药大学	医药类	广东	1.279	C+
143	439	上海海洋大学	农林类	上海	1.052	C
144	483	天津中医药大学	医药类	天津	0.823	C

由表 8-44 可知，“双一流”高校是我国综合实力较强的高校，144 所“双一流”高校人文社科综合得分平均值为 18.818 分，共有 52 所高校的得分处于平均值以上，超过了“双一流”高校总数的 1/3，表明“双一流”高校总体上具备较强的人文社科实力。中国人民大学位居“双一流”人文社科实力第 1 名，北京大学和浙江大学分别位居第 2 名和第 3 名，清华大学、武汉大学、北京师范大学、复旦大学、中山大学、上海交通大学、南京大学跻身前 10 强。在前 10 强高校中，仅有 1 所师范类高校北京师范大学（第 6 名），其他 9 所高校均属于综合类高校，且在前 50 强中共有 29 所高校属于综合类大学，占据了 50 强高校总数的 58%，充分说明了综合类高校较强的人文社科实力。

8.4.2 普通高校评价报告

普通高校人文社科发展水平综合评价得分与排名如表 8-45 所示。

表 8-45 普通高校人文社科发展水平综合评价得分与排名

普通高校排名	公办总排名	学校名称	学校类型	省份	得分	级别
1	39	深圳大学	综合类	广东	24.983	A
2	53	福建师范大学	师范类	福建	19.669	A-
3	54	浙江工商大学	财经类	浙江	19.547	A-
4	55	广州大学	综合类	广东	19.396	A-
5	56	山东师范大学	师范类	山东	19.215	A-
6	57	上海师范大学	师范类	上海	19.160	A-
7	59	广东外语外贸大学	语言类	广东	18.915	A-
8	65	东北财经大学	财经类	辽宁	17.356	A-
9	66	浙江师范大学	师范类	浙江	16.714	A-
10	67	中国社会科学院大学	综合类	北京	16.472	A-
11	68	江西财经大学	财经类	江西	16.244	A-
12	71	浙江工业大学	理工类	浙江	15.888	A-
13	74	山东财经大学	财经类	山东	15.376	A-
14	75	河北大学	综合类	河北	15.320	A-
15	76	杭州师范大学	师范类	浙江	14.949	A-
16	78	江西师范大学	师范类	江西	14.707	A-

续表

普通高校排名	公办总排名	学校名称	学校类型	省份	得分	级别
17	80	浙江财经大学	财经类	浙江	14.552	A−
18	81	南京财经大学	财经类	江苏	14.380	A−
19	83	曲阜师范大学	师范类	山东	14.337	A−
20	85	扬州大学	综合类	江苏	13.816	B+
21	86	广西师范大学	师范类	广西	13.676	B+
22	88	天津师范大学	师范类	天津	13.498	B+
23	91	首都经济贸易大学	财经类	北京	13.163	B+
24	93	西北师范大学	师范类	甘肃	12.957	B+
25	95	青岛大学	综合类	山东	12.801	B+
26	96	西南政法大学	政法类	重庆	12.787	B+
27	98	江苏大学	综合类	江苏	12.478	B+
28	104	安徽师范大学	师范类	安徽	11.682	B+
29	106	华东政法大学	政法类	上海	11.599	B+
30	107	四川师范大学	师范类	四川	11.597	B+
31	111	广东工业大学	理工类	广东	11.179	B+
32	113	山西财经大学	财经类	山西	10.938	B+
33	115	南京审计大学	财经类	江苏	10.590	B+
34	116	华侨大学	综合类	福建	10.536	B+
35	118	湖北大学	综合类	湖北	10.377	B+
36	119	江苏师范大学	师范类	江苏	10.366	B+
37	125	杭州电子科技大学	理工类	浙江	9.607	B+
38	127	重庆工商大学	财经类	重庆	9.273	B+
39	128	黑龙江大学	综合类	黑龙江	9.157	B+
40	132	温州大学	综合类	浙江	8.838	B+
41	133	河北师范大学	师范类	河北	8.761	B+
42	135	中南民族大学	民族类	湖北	8.618	B+

续表

普通高校排名	公办总排名	学校名称	学校类型	省份	得分	级别
43	136	河南师范大学	师范类	河南	8.587	B+
44	138	西南民族大学	民族类	四川	8.425	B+
45	140	北京工商大学	财经类	北京	8.364	B+
46	141	天津财经大学	财经类	天津	8.273	B+
47	142	湖南工商大学	财经类	湖南	8.181	B+
48	143	上海对外经贸大学	财经类	上海	8.073	B+
49	144	贵州师范大学	师范类	贵州	7.768	B+
50	145	内蒙古师范大学	师范类	内蒙古	7.721	B+
51	146	南通大学	综合类	江苏	7.569	B+
52	149	云南师范大学	师范类	云南	7.375	B+
53	151	北京语言大学	语言类	北京	7.356	B+
54	152	云南财经大学	财经类	云南	7.155	B+
55	153	贵州财经大学	财经类	贵州	6.669	B+
56	154	燕山大学	理工类	河北	6.653	B+
57	155	广东财经大学	财经类	广东	6.633	B+
58	157	上海理工大学	理工类	上海	6.500	B+
59	158	新疆师范大学	师范类	新疆	6.345	B+
60	159	广西民族大学	民族类	广西	6.215	B+
61	160	山东科技大学	理工类	山东	6.108	B+
62	161	安徽财经大学	财经类	安徽	6.088	B+
63	163	长沙理工大学	理工类	湖南	6.054	B+
64	167	湖南科技大学	综合类	湖南	5.817	B+
65	169	哈尔滨师范大学	师范类	黑龙江	5.718	B+
66	170	浙江理工大学	理工类	浙江	5.697	B
67	171	重庆师范大学	师范类	重庆	5.684	B
68	172	四川外国语大学	语言类	重庆	5.649	B

续表

普通高校排名	公办总排名	学校名称	学校类型	省份	得分	级别
69	173	西北民族大学	民族类	甘肃	5.640	B
70	174	湖南农业大学	农林类	湖南	5.559	B
71	175	首都医科大学	医药类	北京	5.443	B
72	176	云南民族大学	民族类	云南	5.322	B
73	177	河南财经政法大学	财经类	河南	5.302	B
74	178	西安外国语大学	语言类	陕西	5.262	B
75	180	重庆邮电大学	理工类	重庆	5.182	B
76	182	福建农林大学	农林类	福建	5.167	B
77	183	上海海事大学	理工类	上海	5.127	B
78	185	辽宁师范大学	师范类	辽宁	5.011	B
79	187	西藏民族大学	民族类	西藏	4.948	B
80	189	北方民族大学	民族类	宁夏	4.894	B
81	190	西北政法大学	政法类	陕西	4.860	B
82	191	西安理工大学	理工类	陕西	4.819	B
83	193	济南大学	综合类	山东	4.715	B
84	194	昆明理工大学	理工类	云南	4.701	B
85	196	西安建筑科技大学	理工类	陕西	4.694	B
86	197	山西师范大学	师范类	山西	4.541	B
87	199	南方医科大学	医药类	广东	4.490	B
88	200	上海政法学院	政法类	上海	4.444	B
89	202	南京艺术学院	艺术类	江苏	4.379	B
90	203	山东理工大学	理工类	山东	4.328	B
91	204	广西财经学院	财经类	广西	4.301	B
92	205	海南师范大学	师范类	海南	4.237	B
93	207	武汉体育学院	体育类	湖北	4.141	B
94	208	北京联合大学	综合类	北京	4.059	B

续表

普通高校排名	公办总排名	学校名称	学校类型	省份	得分	级别
95	211	贵州民族大学	民族类	贵州	3.968	B
96	212	汕头大学	综合类	广东	3.928	B
96	212	上海工程技术大学	理工类	上海	3.928	B
98	215	国际关系学院	政法类	北京	3.909	B
99	216	浙江农林大学	农林类	浙江	3.901	B
100	217	浙江传媒学院	语言类	浙江	3.886	B
101	218	山东工商学院	财经类	山东	3.863	B
102	219	三峡大学	综合类	湖北	3.858	B
103	220	吉首大学	综合类	湖南	3.857	B
104	221	南宁师范大学	师范类	广西	3.823	B
105	224	广州美术学院	艺术类	广东	3.757	B
106	226	湖北经济学院	财经类	湖北	3.702	B
107	227	广东金融学院	财经类	广东	3.689	B
108	228	常州大学	理工类	江苏	3.687	B
109	231	重庆交通大学	理工类	重庆	3.585	B
110	232	天津理工大学	理工类	天津	3.573	B
111	233	青岛科技大学	理工类	山东	3.553	B
112	235	山东农业大学	农林类	山东	3.523	B
113	236	烟台大学	综合类	山东	3.508	B
114	237	南京工业大学	理工类	江苏	3.476	B
115	238	湖州师范学院	师范类	浙江	3.472	B
116	239	武汉科技大学	理工类	湖北	3.432	B
117	240	聊城大学	综合类	山东	3.423	B
118	241	上海戏剧学院	艺术类	上海	3.395	B
119	242	江苏科技大学	理工类	江苏	3.377	B
120	243	闽南师范大学	师范类	福建	3.372	B

续表

普通高校排名	公办总排名	学校名称	学校类型	省份	得分	级别
121	244	苏州科技大学	理工类	江苏	3.324	B
122	246	郑州航空工业管理学院	财经类	河南	3.310	B
123	248	华东交通大学	理工类	江西	3.247	B
124	249	湖北工业大学	理工类	湖北	3.224	B
125	251	绍兴文理学院	综合类	浙江	3.201	B
126	252	鲁东大学	综合类	山东	3.168	B
127	253	安徽工业大学	理工类	安徽	3.162	B
128	254	中国医科大学	医药类	辽宁	3.158	B
129	255	上海立信会计金融学院	财经类	上海	3.157	B
130	256	温州医科大学	医药类	浙江	3.124	B
131	257	哈尔滨理工大学	理工类	黑龙江	3.113	B–
132	258	重庆医科大学	医药类	重庆	3.053	B–
133	259	哈尔滨商业大学	财经类	黑龙江	3.048	B–
134	260	浙大城市学院	综合类	浙江	3.035	B–
135	261	中国计量大学	理工类	浙江	3.012	B–
136	262	信阳师范学院	师范类	河南	2.995	B–
137	263	北京第二外国语学院	语言类	北京	2.993	B–
138	264	北京电影学院	艺术类	北京	2.992	B–
139	266	齐鲁工业大学	理工类	山东	2.978	B–
140	267	新疆财经大学	财经类	新疆	2.973	B–
141	268	哈尔滨医科大学	医药类	黑龙江	2.957	B–
142	270	广东技术师范大学	师范类	广东	2.943	B–
143	271	河南农业大学	农林类	河南	2.859	B–
144	272	湖南第一师范学院	师范类	湖南	2.830	B–
145	273	嘉兴学院	综合类	浙江	2.820	B–
146	274	华北水利水电大学	理工类	河南	2.794	B–

续表

普通高校排名	公办总排名	学校名称	学校类型	省份	得分	级别
147	275	淮阴师范学院	师范类	江苏	2.792	B–
148	276	沈阳师范大学	师范类	辽宁	2.781	B–
149	278	北京物资学院	财经类	北京	2.755	B–
150	279	南京晓庄学院	师范类	江苏	2.721	B–
151	280	长江大学	综合类	湖北	2.720	B–
152	281	河北经贸大学	财经类	河北	2.684	B–
153	282	西安邮电大学	理工类	陕西	2.662	B–
154	283	赣南师范大学	师范类	江西	2.658	B–
155	284	武汉工程大学	理工类	湖北	2.650	B–
156	285	桂林理工大学	理工类	广西	2.640	B–
157	286	内蒙古财经大学	财经类	内蒙古	2.629	B–
158	287	湖北师范大学	师范类	湖北	2.617	B–
159	288	江西农业大学	农林类	江西	2.607	B–
160	289	大连外国语大学	语言类	辽宁	2.606	B–
160	289	成都体育学院	体育类	四川	2.606	B–
162	291	长沙学院	综合类	湖南	2.548	B–
163	292	天津商业大学	财经类	天津	2.546	B–
164	293	吉林财经大学	财经类	吉林	2.532	B–
165	294	沈阳农业大学	农林类	辽宁	2.525	B–
166	295	湖南财政经济学院	财经类	湖南	2.524	B–
166	295	西安财经大学	财经类	陕西	2.524	B–
168	298	桂林电子科技大学	理工类	广西	2.485	B–
169	299	中南林业科技大学	农林类	湖南	2.474	B–
170	300	湖南工业大学	理工类	湖南	2.459	B–
171	301	河北农业大学	农林类	河北	2.455	B–
172	302	郑州轻工业大学	理工类	河南	2.420	B–

续表

普通高校排名	公办总排名	学校名称	学校类型	省份	得分	级别
173	303	集美大学	综合类	福建	2.412	B-
174	304	四川美术学院	艺术类	重庆	2.403	B-
175	305	景德镇陶瓷大学	理工类	江西	2.394	B-
176	306	盐城师范学院	师范类	江苏	2.366	B-
177	307	内蒙古民族大学	民族类	内蒙古	2.349	B-
178	308	西南科技大学	理工类	四川	2.345	B-
179	309	河南工业大学	理工类	河南	2.335	B-
180	310	兰州财经大学	财经类	甘肃	2.332	B-
181	312	台州学院	综合类	浙江	2.309	B-
182	313	北京建筑大学	理工类	北京	2.295	B-
183	315	山东建筑大学	理工类	山东	2.266	B-
184	316	西华师范大学	师范类	四川	2.220	B-
185	317	成都大学	综合类	四川	2.216	B-
186	318	西华大学	综合类	四川	2.182	B-
187	319	西安美术学院	艺术类	陕西	2.177	B-
188	320	洛阳师范学院	师范类	河南	2.164	B-
189	322	长江师范学院	师范类	重庆	2.126	B-
190	323	青岛农业大学	农林类	山东	2.113	B-
191	324	天津科技大学	理工类	天津	2.107	B-
191	324	渤海大学	综合类	辽宁	2.107	B-
193	326	重庆理工大学	理工类	重庆	2.078	B-
194	327	河南理工大学	理工类	河南	2.068	B-
195	328	大连民族大学	民族类	辽宁	2.067	B-
196	330	浙江外国语学院	语言类	浙江	2.049	B-
197	331	浙江海洋大学	农林类	浙江	2.008	B-
197	331	安徽医科大学	医药类	安徽	2.008	B-

续表

普通高校排名	公办总排名	学校名称	学校类型	省份	得分	级别
199	333	江西理工大学	理工类	江西	2.005	B-
200	334	青岛理工大学	理工类	山东	2.001	B-
201	335	徐州工程学院	理工类	江苏	1.989	B-
202	336	福建医科大学	医药类	福建	1.938	B-
203	337	武汉纺织大学	理工类	湖北	1.934	B-
204	338	湖北民族大学	民族类	湖北	1.920	B-
205	339	安徽工程大学	理工类	安徽	1.914	B-
206	340	东华理工大学	理工类	江西	1.902	B-
207	341	天津体育学院	体育类	天津	1.889	B-
208	343	北方工业大学	理工类	北京	1.869	C+
209	344	陕西科技大学	理工类	陕西	1.866	C+
210	345	河南科技大学	综合类	河南	1.844	C+
211	346	岭南师范学院	师范类	广东	1.843	C+
212	347	浙江中医药大学	医药类	浙江	1.835	C+
213	348	常熟理工学院	理工类	江苏	1.832	C+
214	349	浙江万里学院	理工类	浙江	1.827	C+
215	350	首都体育学院	体育类	北京	1.824	C+
216	351	西安工程大学	理工类	陕西	1.820	C+
217	352	周口师范学院	师范类	河南	1.804	C+
218	353	浙江科技学院	理工类	浙江	1.800	C+
219	354	内蒙古工业大学	理工类	内蒙古	1.794	C+
220	355	东莞理工学院	理工类	广东	1.763	C+
221	357	长春工业大学	理工类	吉林	1.708	C+
222	359	大理大学	综合类	云南	1.698	C+
223	361	长春师范大学	师范类	吉林	1.663	C+
224	362	延安大学	综合类	陕西	1.648	C+

续表

普通高校排名	公办总排名	学校名称	学校类型	省份	得分	级别
225	363	辽宁工业大学	理工类	辽宁	1.647	C+
226	364	临沂大学	综合类	山东	1.643	C+
226	364	北京舞蹈学院	艺术类	北京	1.643	C+
228	367	兰州理工大学	理工类	甘肃	1.625	C+
229	368	上海应用技术大学	理工类	上海	1.613	C+
230	369	佛山科学技术学院	理工类	广东	1.580	C+
231	371	桂林旅游学院	财经类	广西	1.547	C+
232	372	成都信息工程大学	理工类	四川	1.539	C+
233	373	北京信息科技大学	理工类	北京	1.533	C+
234	374	福建工程学院	理工类	福建	1.525	C+
235	375	云南艺术学院	艺术类	云南	1.524	C+
236	376	南华大学	综合类	湖南	1.508	C+
237	377	内蒙古农业大学	农林类	内蒙古	1.504	C+
238	378	广州体育学院	体育类	广东	1.503	C+
239	379	兰州交通大学	理工类	甘肃	1.499	C+
240	380	昆明医科大学	医药类	云南	1.495	C+
241	382	北京服装学院	艺术类	北京	1.485	C+
242	383	安徽农业大学	农林类	安徽	1.477	C+
243	384	黄冈师范学院	师范类	湖北	1.471	C+
244	385	西安科技大学	理工类	陕西	1.457	C+
245	386	山东青年政治学院	综合类	山东	1.441	C+
246	387	江西科技师范大学	师范类	江西	1.437	C+
247	389	甘肃农业大学	农林类	甘肃	1.412	C+
248	390	新疆农业大学	农林类	新疆	1.400	C+
249	391	浙大宁波理工学院	理工类	浙江	1.392	C+
250	393	沈阳工业大学	理工类	辽宁	1.374	C+

续表

普通高校排名	公办总排名	学校名称	学校类型	省份	得分	级别
251	394	太原科技大学	理工类	山西	1.353	C+
252	395	江汉大学	综合类	湖北	1.351	C+
253	396	武汉轻工大学	理工类	湖北	1.350	C+
254	397	闽江学院	理工类	福建	1.345	C+
255	398	天津外国语大学	语言类	天津	1.339	C+
256	399	成都师范学院	师范类	四川	1.336	C+
257	400	重庆文理学院	综合类	重庆	1.333	C+
258	401	江苏理工学院	理工类	江苏	1.330	C+
259	402	徐州医科大学	医药类	江苏	1.309	C+
260	403	新乡医学院	医药类	河南	1.283	C+
261	405	石家庄铁道大学	理工类	河北	1.277	C+
262	406	塔里木大学	综合类	新疆	1.268	C+
263	407	中国民航大学	理工类	天津	1.266	C+
264	408	厦门理工学院	理工类	福建	1.243	C+
265	409	吉林师范大学	师范类	吉林	1.242	C+
266	410	广西科技大学	理工类	广西	1.236	C+
267	411	沈阳体育学院	体育类	辽宁	1.235	C+
268	412	湖南工程学院	理工类	湖南	1.233	C+
269	413	淮北师范大学	师范类	安徽	1.229	C+
269	413	湖南理工学院	理工类	湖南	1.229	C+
271	415	三明学院	综合类	福建	1.225	C+
272	416	哈尔滨音乐学院	艺术类	黑龙江	1.224	C+
273	417	山东第一医科大学	医药类	山东	1.207	C+
274	418	太原师范学院	师范类	山西	1.205	C+
275	419	安庆师范大学	师范类	安徽	1.202	C+
276	420	山东艺术学院	艺术类	山东	1.199	C+

续表

普通高校排名	公办总排名	学校名称	学校类型	省份	得分	级别
277	421	湖南文理学院	综合类	湖南	1.196	C+
278	422	许昌学院	理工类	河南	1.194	C+
278	422	贵州师范学院	师范类	贵州	1.194	C+
280	424	天津城建大学	理工类	天津	1.171	C+
281	425	上海商学院	财经类	上海	1.148	C+
282	426	湖南中医药大学	医药类	湖南	1.136	C+
283	427	河北科技大学	理工类	河北	1.135	C
284	428	西安工业大学	理工类	陕西	1.128	C
285	429	西南林业大学	农林类	云南	1.123	C
285	429	辽宁工程技术大学	理工类	辽宁	1.123	C
287	431	盐城工学院	理工类	江苏	1.109	C
288	432	天津职业技术师范大学	师范类	天津	1.105	C
289	433	南京体育学院	体育类	江苏	1.101	C
290	434	井冈山大学	综合类	江西	1.091	C
291	435	广西艺术学院	艺术类	广西	1.081	C
292	436	南昌航空大学	理工类	江西	1.077	C
293	437	金陵科技学院	理工类	江苏	1.065	C
294	438	怀化学院	综合类	湖南	1.061	C
295	440	河南中医药大学	医药类	河南	1.050	C
296	441	安阳师范学院	师范类	河南	1.043	C
297	442	中国劳动关系学院	政法类	北京	1.042	C
298	443	山东工艺美术学院	艺术类	山东	1.031	C
298	443	阜阳师范大学	师范类	安徽	1.031	C
300	445	北京印刷学院	理工类	北京	1.027	C
301	446	铜仁学院	综合类	贵州	1.009	C
302	447	中国人民警察大学	政法类	河北	1.004	C

续表

普通高校排名	公办总排名	学校名称	学校类型	省份	得分	级别
303	448	甘肃政法大学	政法类	甘肃	1.001	C
304	449	江苏海洋大学	理工类	江苏	0.985	C
305	450	重庆三峡学院	综合类	重庆	0.983	C
306	451	南京工程学院	理工类	江苏	0.968	C
307	452	安徽建筑大学	理工类	安徽	0.966	C
308	453	潍坊医学院	医药类	山东	0.963	C
309	454	莆田学院	综合类	福建	0.962	C
309	454	西安体育学院	体育类	陕西	0.962	C
311	456	上海海关学院	政法类	上海	0.960	C
312	457	咸阳师范学院	师范类	陕西	0.957	C
313	458	上饶师范学院	师范类	江西	0.955	C
314	459	湖南科技学院	理工类	湖南	0.950	C
315	460	山东管理学院	财经类	山东	0.949	C
316	461	常州工学院	理工类	江苏	0.948	C
316	461	长春中医药大学	医药类	吉林	0.948	C
318	463	伊犁师范大学	师范类	新疆	0.937	C
319	464	华北理工大学	理工类	河北	0.936	C
320	465	吉林农业大学	农林类	吉林	0.925	C
321	466	廊坊师范学院	师范类	河北	0.919	C
321	466	淮阴工学院	理工类	江苏	0.919	C
323	468	衡阳师范学院	师范类	湖南	0.917	C
324	469	中原工学院	理工类	河南	0.916	C
325	470	韶关学院	综合类	广东	0.905	C
326	471	九江学院	综合类	江西	0.886	C
327	472	广东海洋大学	农林类	广东	0.885	C
328	473	中北大学	理工类	山西	0.884	C

续表

普通高校排名	公办总排名	学校名称	学校类型	省份	得分	级别
329	474	山西农业大学	农林类	山西	0.872	C
330	475	哈尔滨体育学院	体育类	黑龙江	0.871	C
331	476	东北石油大学	理工类	黑龙江	0.859	C
332	477	上海电力大学	理工类	上海	0.857	C
333	478	丽水学院	综合类	浙江	0.852	C
334	479	滨州医学院	医药类	山东	0.848	C
335	480	重庆第二师范学院	师范类	重庆	0.844	C
336	481	遵义师范学院	师范类	贵州	0.841	C
337	482	邵阳学院	综合类	湖南	0.835	C
338	484	山西医科大学	医药类	山西	0.821	C
339	485	合肥师范学院	师范类	安徽	0.811	C
340	486	浙江音乐学院	艺术类	浙江	0.810	C
341	487	红河学院	综合类	云南	0.798	C
341	487	枣庄学院	综合类	山东	0.798	C
343	489	湖北美术学院	艺术类	湖北	0.784	C
343	489	洛阳理工学院	理工类	河南	0.784	C
345	491	云南农业大学	农林类	云南	0.783	C
346	492	合肥学院	理工类	安徽	0.782	C
346	492	中国戏曲学院	艺术类	北京	0.782	C
348	494	江西中医药大学	医药类	江西	0.780	C
349	495	上海第二工业大学	理工类	上海	0.777	C
350	496	贵州医科大学	医药类	贵州	0.775	C
351	497	宁夏师范学院	师范类	宁夏	0.772	C
352	498	安徽理工大学	理工类	安徽	0.771	C
353	499	河南工程学院	理工类	河南	0.769	C
354	500	湖北文理学院	综合类	湖北	0.767	C

续表

普通高校排名	公办总排名	学校名称	学校类型	省份	得分	级别
355	501	赤峰学院	综合类	内蒙古	0.759	C
356	502	惠州学院	综合类	广东	0.754	C
357	503	玉林师范学院	师范类	广西	0.753	C
357	503	长春理工大学	理工类	吉林	0.753	C
359	505	四川音乐学院	艺术类	四川	0.741	C
360	506	龙岩学院	综合类	福建	0.740	C
361	507	南昌工程学院	理工类	江西	0.739	C
362	508	西南医科大学	医药类	四川	0.731	C
363	509	湖南城学院	综合类	湖南	0.728	C
364	510	遵义医科大学	医药类	贵州	0.726	C
365	511	广西医科大学	医药类	广西	0.725	C
366	512	韩山师范学院	师范类	广东	0.723	C−
367	513	宁夏医科大学	医药类	宁夏	0.722	C−
368	514	南京特殊教育师范学院	师范类	江苏	0.720	C−
369	515	四川警察学院	政法类	四川	0.715	C−
370	516	大连大学	综合类	辽宁	0.708	C−
371	517	山西大同大学	综合类	山西	0.705	C−
372	518	湖北第二师范学院	师范类	湖北	0.694	C−
373	519	四川轻化工大学	理工类	四川	0.691	C−
374	520	河北医科大学	医药类	河北	0.689	C−
375	521	新疆医科大学	医药类	新疆	0.682	C−
376	522	山东交通学院	理工类	山东	0.670	C−
377	523	潍坊学院	综合类	山东	0.661	C−
378	524	西安石油大学	理工类	陕西	0.652	C−
378	524	梧州学院	综合类	广西	0.652	C−
380	526	衢州学院	理工类	浙江	0.651	C−

续表

普通高校排名	公办总排名	学校名称	学校类型	省份	得分	级别
381	527	福建江夏学院	财经类	福建	0.649	C－
382	528	桂林航天工业学院	理工类	广西	0.645	C－
383	529	宝鸡文理学院	综合类	陕西	0.642	C－
384	530	齐齐哈尔大学	综合类	黑龙江	0.641	C－
385	531	北部湾大学	综合类	广西	0.635	C－
386	532	巢湖学院	综合类	安徽	0.633	C－
387	533	江苏警官学院	政法类	江苏	0.626	C－
388	534	温州理工学院	理工类	浙江	0.625	C－
389	535	内蒙古科技大学	综合类	内蒙古	0.621	C－
390	536	河南财政金融学院	财经类	河南	0.619	C－
391	537	百色学院	综合类	广西	0.617	C－
392	538	南阳师范学院	师范类	河南	0.612	C－
393	539	肇庆学院	综合类	广东	0.610	C－
394	540	内蒙古医科大学	医药类	内蒙古	0.608	C－
394	540	宜春学院	综合类	江西	0.608	C－
396	542	广东医科大学	医药类	广东	0.606	C－
397	543	星海音乐学院	艺术类	广东	0.599	C－
398	544	昆明学院	综合类	云南	0.588	C－
399	545	武汉音乐学院	艺术类	湖北	0.585	C－
399	545	河南科技学院	理工类	河南	0.585	C－
399	545	吉林体育学院	体育类	吉林	0.585	C－
402	548	吉林艺术学院	艺术类	吉林	0.584	C－
403	549	商丘师范学院	师范类	河南	0.580	C－
404	550	海南医学院	医药类	海南	0.578	C－
405	551	广东第二师范学院	师范类	广东	0.577	C－
406	552	曲靖师范学院	师范类	云南	0.576	C－

续表

普通高校排名	公办总排名	学校名称	学校类型	省份	得分	级别
407	553	通化师范学院	师范类	吉林	0.574	C－
408	554	石家庄学院	师范类	河北	0.571	C－
409	555	沈阳音乐学院	艺术类	辽宁	0.570	C－
410	556	鲁迅美术学院	艺术类	辽宁	0.569	C－
411	557	山东女子学院	综合类	山东	0.566	C－
412	558	西安医学院	医药类	陕西	0.564	C－
413	559	乐山师范学院	师范类	四川	0.563	C－
413	559	兰州城学院	综合类	甘肃	0.563	C－
415	561	内蒙古艺术学院	艺术类	内蒙古	0.561	C－
416	562	广东药科大学	医药类	广东	0.560	C－
416	562	嘉应学院	综合类	广东	0.560	C－
418	564	平顶山学院	综合类	河南	0.559	C－
419	565	河北工程大学	理工类	河北	0.558	C－
420	566	新乡学院	综合类	河南	0.556	C－
421	567	山东体育学院	体育类	山东	0.551	C－
422	568	沈阳建筑大学	理工类	辽宁	0.547	C－
423	569	江苏第二师范学院	师范类	江苏	0.546	C－
424	570	喀什大学	综合类	新疆	0.544	C－
424	570	河西学院	综合类	甘肃	0.544	C－
426	572	黄山学院	综合类	安徽	0.542	C－
426	572	深圳技术大学	理工类	广东	0.542	C－
428	574	内江师范学院	师范类	四川	0.541	C－
429	575	山东中医药大学	医药类	山东	0.538	C－
430	576	滁州学院	综合类	安徽	0.532	C－
431	577	山东政法学院	政法类	山东	0.529	C－
431	577	湖北医药学院	医药类	湖北	0.529	C－

续表

普通高校排名	公办总排名	学校名称	学校类型	省份	得分	级别
433	579	南阳理工学院	理工类	河南	0.527	C－
434	580	天水师范学院	师范类	甘肃	0.525	C－
435	581	泰山学院	综合类	山东	0.523	C－
436	582	湖北中医药大学	医药类	湖北	0.522	C－
436	582	仲恺农业工程学院	农林类	广东	0.522	C－
436	582	中国青年政治学院	政法类	北京	0.522	C－
439	585	宁波工程学院	理工类	浙江	0.521	C－
440	586	池州学院	综合类	安徽	0.520	C－
441	587	凯里学院	综合类	贵州	0.514	C－
442	588	湘南学院	综合类	湖南	0.512	C－
442	588	辽宁科技大学	理工类	辽宁	0.512	C－
444	590	河北金融学院	财经类	河北	0.510	C－
445	591	福建中医药大学	医药类	福建	0.507	C－
446	592	湖南人文科技学院	综合类	湖南	0.500	C－
446	592	成都医学院	医药类	四川	0.500	C－
448	594	长沙师范学院	师范类	湖南	0.498	C－
449	595	东北电力大学	理工类	吉林	0.497	C－
450	596	长春大学	综合类	吉林	0.484	C－
451	597	湖南女子学院	语言类	湖南	0.483	D＋
452	598	大连医科大学	医药类	辽宁	0.481	D＋
453	599	南昌师范学院	师范类	江西	0.474	D＋
454	600	防灾科技学院	理工类	河北	0.470	D＋
455	601	沈阳航空航天大学	理工类	辽宁	0.469	D＋
456	602	呼和浩特民族学院	语言类	内蒙古	0.468	D＋
457	603	湖北工程学院	理工类	湖北	0.467	D＋
457	603	广西民族师范学院	师范类	广西	0.467	D＋

续表

普通高校排名	公办总排名	学校名称	学校类型	省份	得分	级别
459	605	湖南工学院	理工类	湖南	0.466	D+
460	606	杭州医学院	医药类	浙江	0.465	D+
461	607	贵州商学院	财经类	贵州	0.463	D+
462	608	牡丹江师范学院	师范类	黑龙江	0.462	D+
462	608	福建商学院	财经类	福建	0.462	D+
462	608	武汉商学院	财经类	湖北	0.462	D+
465	611	新疆艺术学院	艺术类	新疆	0.454	D+
466	612	天津美术学院	艺术类	天津	0.451	D+
467	613	贵阳学院	综合类	贵州	0.449	D+
467	613	黑河学院	综合类	黑龙江	0.449	D+
469	615	中国民用航空飞行学院	理工类	四川	0.444	D+
470	616	淮南师范学院	师范类	安徽	0.442	D+
471	617	泉州师范学院	师范类	福建	0.439	D+
471	617	黔南民族师范学院	师范类	贵州	0.439	D+
473	619	上海电机学院	理工类	上海	0.438	D+
474	620	宁德师范学院	师范类	福建	0.437	D+
474	620	河南牧业经济学院	农林类	河南	0.437	D+
476	622	黑龙江中医药大学	医药类	黑龙江	0.435	D+
476	622	荆楚理工学院	理工类	湖北	0.435	D+
478	624	陕西理工大学	理工类	陕西	0.423	D+
479	625	牡丹江医学院	医药类	黑龙江	0.421	D+
480	626	天津音乐学院	艺术类	天津	0.420	D+
481	627	大连海洋大学	农林类	辽宁	0.419	D+
482	628	湖北科技学院	理工类	湖北	0.410	D+
483	629	广东石油化工学院	理工类	广东	0.409	D+
484	630	吉林建筑大学	理工类	吉林	0.393	D+

续表

普通高校排名	公办总排名	学校名称	学校类型	省份	得分	级别
485	631	铜陵学院	财经类	安徽	0.392	D+
486	632	南京工业职业技术大学	理工类	江苏	0.391	D+
487	633	滨州学院	综合类	山东	0.388	D+
488	634	宿迁学院	综合类	江苏	0.387	D+
488	634	沈阳大学	综合类	辽宁	0.387	D+
490	636	北京石油化工学院	理工类	北京	0.383	D+
491	637	广西中医药大学	医药类	广西	0.382	D+
492	638	华北科技学院	理工类	河北	0.379	D+
493	639	贵州理工学院	理工类	贵州	0.376	D+
494	640	四川旅游学院	综合类	四川	0.374	D+
495	641	西昌学院	综合类	四川	0.373	D+
496	642	河北科技师范学院	师范类	河北	0.372	D+
497	643	绵阳师范学院	师范类	四川	0.369	D+
498	644	武夷学院	综合类	福建	0.368	D+
498	644	陕西中医药大学	医药类	陕西	0.368	D+
500	646	中华女子学院	综合类	北京	0.367	D+
501	647	重庆科技学院	理工类	重庆	0.363	D+
502	648	运城学院	综合类	山西	0.359	D+
503	649	湖北汽车工业学院	理工类	湖北	0.356	D+
504	650	榆林学院	综合类	陕西	0.355	D+
505	651	济宁学院	综合类	山东	0.354	D+
506	652	浙江警察学院	政法类	浙江	0.350	D+
507	653	郑州师范学院	师范类	河南	0.349	D+
508	654	辽宁石油化工大学	理工类	辽宁	0.346	D+
509	655	河北北方学院	综合类	河北	0.345	D+
509	655	安徽科技学院	理工类	安徽	0.345	D+

续表

普通高校排名	公办总排名	学校名称	学校类型	省份	得分	级别
511	657	南京森林警察学院	政法类	江苏	0.344	D+
512	658	皖南医学院	医药类	安徽	0.343	D+
513	659	宜宾学院	综合类	四川	0.342	D+
514	660	北华大学	综合类	吉林	0.337	D+
515	661	上海健康医学院	医药类	上海	0.336	D+
516	662	福建技术师范学院	师范类	福建	0.333	D+
516	662	北京农学院	农林类	北京	0.333	D+
518	664	白城师范学院	师范类	吉林	0.331	D+
519	665	景德镇学院	综合类	江西	0.329	D+
520	666	宿州学院	综合类	安徽	0.326	D+
521	667	贵州警察学院	政法类	贵州	0.325	D+
522	668	吉林工程技术师范学院	师范类	吉林	0.319	D+
523	669	新余学院	综合类	江西	0.317	D+
524	670	湖州学院	综合类	浙江	0.313	D+
525	671	黑龙江科技大学	理工类	黑龙江	0.312	D+
526	672	川北医学院	医药类	四川	0.309	D+
527	673	楚雄师范学院	师范类	云南	0.307	D+
528	674	陇东学院	综合类	甘肃	0.306	D+
529	675	兰州文理学院	综合类	甘肃	0.305	D+
529	675	呼伦贝尔学院	综合类	内蒙古	0.305	D+
531	677	佳木斯大学	综合类	黑龙江	0.303	D+
531	677	保山学院	综合类	云南	0.303	D+
533	679	西安文理学院	综合类	陕西	0.301	D+
534	680	哈尔滨学院	综合类	黑龙江	0.300	D+
535	681	浙江水利水电学院	理工类	浙江	0.295	D+
536	682	滇西科技师范学院	师范类	云南	0.294	D

续表

普通高校排名	公办总排名	学校名称	学校类型	省份	得分	级别
537	683	新疆政法学院	政法类	新疆	0.292	D
538	684	渭南师范学院	师范类	陕西	0.291	D
539	685	安徽艺术学院	艺术类	安徽	0.290	D
540	686	大连工业大学	理工类	辽宁	0.287	D
541	687	无锡学院	综合类	江苏	0.286	D
542	688	兴义民族师范学院	师范类	贵州	0.285	D
543	689	黄淮学院	综合类	河南	0.279	D
544	690	六盘水师范学院	师范类	贵州	0.277	D
545	691	中国刑事警察学院	政法类	辽宁	0.274	D
546	692	山西传媒学院	艺术类	山西	0.272	D
547	693	贵州中医药大学	医药类	贵州	0.270	D
548	694	蚌埠学院	理工类	安徽	0.268	D
549	695	西安音乐学院	艺术类	陕西	0.267	D
550	696	辽宁中医药大学	医药类	辽宁	0.263	D
550	696	贺州学院	综合类	广西	0.263	D
552	698	四川文理学院	综合类	四川	0.258	D
552	698	河北地质大学	理工类	河北	0.258	D
552	798	长春工程学院	理工类	吉林	0.258	D
555	701	昌吉学院	师范类	新疆	0.256	D
556	702	豫章师范学院	师范类	江西	0.255	D
556	702	海南热带海洋学院	综合类	海南	0.255	D
556	702	河南工学院	理工类	河南	0.255	D
559	705	泰州学院	综合类	江苏	0.253	D
560	706	攀枝花学院	综合类	四川	0.252	D
560	706	皖西学院	综合类	安徽	0.252	D
562	708	河池学院	综合类	广西	0.250	D

续表

普通高校排名	公办总排名	学校名称	学校类型	省份	得分	级别
563	709	新疆理工学院	理工类	新疆	0.249	D
564	710	普洱学院	综合类	云南	0.248	D
564	710	唐山师范学院	师范类	河北	0.248	D
566	712	邯郸学院	综合类	河北	0.247	D
566	712	衡水学院	综合类	河北	0.247	D
568	714	保定学院	师范类	河北	0.246	D
569	715	北华航天工业学院	理工类	河北	0.245	D
570	716	赣南医学院	医药类	江西	0.244	D
571	717	沈阳药科大学	医药类	辽宁	0.239	D
571	717	云南中医药大学	医药类	云南	0.239	D
573	719	菏泽学院	综合类	山东	0.234	D
573	719	铁道警察学院	政法类	河南	0.234	D
575	721	广州航海学院	理工类	广东	0.233	D
576	722	浙江药科职业大学	医药类	浙江	0.228	D
577	723	吕梁学院	综合类	山西	0.227	D
577	723	哈尔滨金融学院	财经类	黑龙江	0.227	D
579	725	沧州师范学院	师范类	河北	0.226	D
579	725	琼台师范学院	师范类	海南	0.226	D
581	727	济宁医学院	医药类	山东	0.225	D
581	727	商洛学院	综合类	陕西	0.225	D
583	729	安徽中医药大学	医药类	安徽	0.224	D
583	729	五邑大学	综合类	广东	0.224	D
585	731	陕西学前师范学院	师范类	陕西	0.220	D
586	732	齐鲁师范学院	师范类	山东	0.216	D
587	733	山东警察学院	政法类	山东	0.215	D
588	734	长治学院	综合类	山西	0.213	D

续表

普通高校排名	公办总排名	学校名称	学校类型	省份	得分	级别
589	735	萍乡学院	综合类	江西	0.210	D
590	736	河北体育学院	体育类	河北	0.205	D
590	736	河套学院	综合类	内蒙古	0.205	D
592	738	重庆警察学院	政法类	重庆	0.201	D
593	739	右江民族医学院	医药类	广西	0.200	D
594	740	忻州师范学院	师范类	山西	0.198	D
595	741	黑龙江工业学院	理工类	黑龙江	0.197	D
596	742	嘉兴南湖学院	综合类	浙江	0.194	D
596	742	桂林医学院	医药类	广西	0.194	D
598	744	安康学院	综合类	陕西	0.193	D
599	745	滇西应用技术大学	综合类	云南	0.182	D
600	746	晋中学院	综合类	山西	0.177	D
601	747	湖北警官学院	政法类	湖北	0.170	D
601	747	安顺学院	综合类	贵州	0.170	D
601	747	吉林医药学院	医药类	吉林	0.170	D
601	747	成都工业学院	理工类	四川	0.170	D
605	751	沈阳理工大学	理工类	辽宁	0.169	D
606	752	吉林化工学院	理工类	吉林	0.162	D
607	753	贵州工程应用技术学院	理工类	贵州	0.158	D
608	754	黑龙江八一农垦大学	农林类	黑龙江	0.157	D
608	754	昭通学院	综合类	云南	0.157	D
608	754	河北中医学院	医药类	河北	0.157	D
611	757	大连交通大学	理工类	辽宁	0.156	D
612	758	新疆警察学院	政法类	新疆	0.154	D
613	759	天津农学院	农林类	天津	0.151	D
614	760	云南警官学院	政法类	云南	0.149	D

续表

普通高校排名	公办总排名	学校名称	学校类型	省份	得分	级别
614	760	甘肃民族师范学院	师范类	甘肃	0.149	D
616	762	湖北理工学院	理工类	湖北	0.148	D
617	763	河北民族师范学院	师范类	河北	0.147	D
617	763	太原学院	综合类	山西	0.147	D
619	765	锦州医科大学	医药类	辽宁	0.145	D
619	765	西藏农牧学院	农林类	西藏	0.145	D
621	767	承德医学院	医药类	河北	0.144	D－
621	767	湖南警察学院	政法类	湖南	0.144	D－
623	769	蚌埠医学院	医药类	安徽	0.143	D－
624	770	齐齐哈尔医学院	医药类	黑龙江	0.139	D－
625	771	中央司法警官学院	政法类	河北	0.138	D－
626	772	鄂尔多斯应用技术学院	理工类	内蒙古	0.137	D－
627	773	亳州学院	综合类	安徽	0.134	D－
628	774	鞍山师范学院	师范类	辽宁	0.130	D－
629	775	福建警察学院	政法类	福建	0.124	D－
630	776	信阳农林学院	农林类	河南	0.122	D－
631	777	北京电子科技学院	理工类	北京	0.118	D－
632	778	大庆师范学院	师范类	黑龙江	0.115	D－
633	779	河南警察学院	政法类	河南	0.114	D－
634	780	四川民族学院	民族类	四川	0.113	D－
635	781	山东农业工程学院	农林类	山东	0.109	D－
635	781	上海公安学院	政法类	上海	0.109	D－
635	781	德州学院	综合类	山东	0.109	D－
638	784	唐山学院	理工类	河北	0.108	D－
639	785	文山学院	综合类	云南	0.101	D－
639	785	郑州工程技术学院	理工类	河南	0.101	D－

续表

普通高校排名	公办总排名	学校名称	学校类型	省份	得分	级别
641	787	山西工程科技职业大学	理工类	山西	0.100	D－
641	787	吉林工商学院	财经类	吉林	0.100	D－
643	789	玉溪师范学院	师范类	云南	0.098	D－
643	790	甘肃中医药大学	医药类	甘肃	0.098	D－
645	791	安阳工学院	理工类	河南	0.097	D－
645	791	集宁师范学院	师范类	内蒙古	0.097	D－
647	793	太原工业学院	理工类	山西	0.094	D－
648	794	西安航空学院	理工类	陕西	0.090	D－
649	795	兰州工业学院	理工类	甘肃	0.088	D－
650	796	北京警察学院	政法类	北京	0.087	D－
650	796	吉林警察学院	政法类	吉林	0.087	D－
652	798	沈阳化工大学	理工类	辽宁	0.086	D－
653	799	辽东学院	综合类	辽宁	0.085	D－
654	800	河南城建学院	理工类	河南	0.083	D－
655	801	厦门医学院	医药类	福建	0.080	D－
655	801	辽宁警察学院	政法类	辽宁	0.080	D－
657	803	苏州城学院	综合类	江苏	0.079	D－
657	804	广东警官学院	政法类	广东	0.079	D－
659	805	沈阳工程学院	理工类	辽宁	0.076	D－
660	806	长治医学院	医药类	山西	0.073	D－
661	807	河北建筑工程学院	理工类	河北	0.070	D－
661	807	营口理工学院	理工类	辽宁	0.070	D－
663	809	绥化学院	综合类	黑龙江	0.066	D－
663	809	黑龙江工程学院	理工类	黑龙江	0.066	D－
663	809	山东石油化工学院	理工类	山东	0.066	D－
663	809	广西警察学院	政法类	广西	0.066	D－

续表

普通高校排名	公办总排名	学校名称	学校类型	省份	得分	级别
663	809	广西职业师范学院	师范类	广西	0.066	D–
668	814	阿坝师范学院	师范类	四川	0.060	D–
669	815	汉江师范学院	师范类	湖北	0.058	D–
670	816	沈阳医学院	医药类	辽宁	0.056	D–
671	817	河北环境工程学院	理工类	河北	0.054	D–
671	817	山西警察学院	政法类	山西	0.054	D–
671	817	山西能源学院	理工类	山西	0.054	D–
674	820	山西工程技术学院	理工类	山西	0.052	D–
675	821	湖南医药学院	医药类	湖南	0.050	D–
675	821	广西农业职业技术大学	农林类	广西	0.050	D–
675	821	新疆工程学院	理工类	新疆	0.050	D–
678	824	广西科技师范学院	师范类	广西	0.047	D–
679	825	中国消防救援学院	理工类	北京	0.045	D–
679	825	河北水利电力学院	理工类	河北	0.045	D–
679	825	河北石油职业技术大学	理工类	河北	0.045	D–
679	825	张家口学院	综合类	河北	0.045	D–
679	825	山西科技学院	理工类	山西	0.045	D–
679	825	辽宁科技学院	理工类	辽宁	0.045	D–
679	825	赣南科技学院	理工类	江西	0.045	D–
679	825	兰州资源环境职业技术大学	财经类	甘肃	0.045	D–
687	833	天津中德应用技术大学	理工类	天津	0.041	D–
687	833	邢台学院	综合类	河北	0.041	D–
687	833	山西中医药大学	医药类	山西	0.041	D–
687	833	江西警察学院	政法类	江西	0.041	D–
687	833	甘肃医学院	医药类	甘肃	0.041	D–
692	838	河北科技工程职业技术大学	理工类	河北	0.038	D–

续表

普通高校排名	公办总排名	学校名称	学校类型	省份	得分	级别
693	839	兰州石化职业技术大学	理工类	甘肃	0.037	D-
693	839	吉林农业科技学院	农林类	吉林	0.037	D-
693	839	新疆科技学院	理工类	新疆	0.037	D-
693	839	河北工业职业技术大学	理工类	河北	0.037	D-
693	839	南昌医学院	医药类	江西	0.037	D-
693	839	新疆第二医学院	医药类	新疆	0.037	D-
693	839	贵阳康养职业大学	医药类	贵州	0.037	D-
693	839	山西工学院	理工类	山西	0.037	D-
693	839	赣东学院	综合类	江西	0.037	D-
693	839	首钢工学院	理工类	北京	0.037	D-
693	839	西藏藏医药大学	医药类	西藏	0.037	D-
693	839	首钢工学院	理工类	北京	0.037	D-
693	839	西藏藏医药大学	医药类	西藏	0.037	D-

由表 8-45 可知，普通高校作为我国高等教育的主力军，其人文社科发展同样受到广泛关注，705 所公办普通高校人文社科综合得分均值为 2.130 分，共有 190 所公办普通高校的得分处于平均值以上，不足普通高校总数的 1/3，其他高校均处于平均值以下，大部分普通高校的人文社科发展还存在较大发展潜力。

位于广东的深圳大学处于公办普通高校第 1 名，而位于福建的福建师范大学和位于浙江的浙江工商大学则处于第 2 名、第 3 名，它们是公办普通高校中人文社科发展表现最好的 3 所高校。广州大学、山东师范大学、上海师范大学、广东外语外贸大学、东北财经大学、浙江师范大学、中国社会科学院大学进入公办普通高校前 10 强。

在公办普通高校前 10 强中，广东有 3 所高校入选，是前 10 强中高校数量最多的地区，分别是深圳大学（第 1 名）、广州大学（第 4 名）、广东外语外贸大学（第 7 名），浙江则有浙江工商大学（第 3 名）和浙江师范大学（第 9 名）进入前 10 强，表明这两个地区普通高校人文社科发展较为优异。从不同学科类型高校来看，前 10 强中共有 4 所师范类高校、3 所综合类高校、2 所财经类高校、1 所语言类高校。

在公办普通高校前 100 名中，从不同学科类型来看（图 8-5），师范类高校共有 24 所进入前 100 名，是进入前 100 名中数量最多的一种高校类型；财经类、综合类、理工类高校紧随其后，分别有 20 所、16 所、15 所高校进入前 100 名；这也是仅有的进入前 100 名数量超过 10 所的 4 种高校类型，而民族类高校共有 8 所进入前 100 名，语言类和政法类高校分别占据 5 个名额，农林类和理工类各占据 3 个和 2 个名额，体育类和艺术类分别占据 1 个名额。

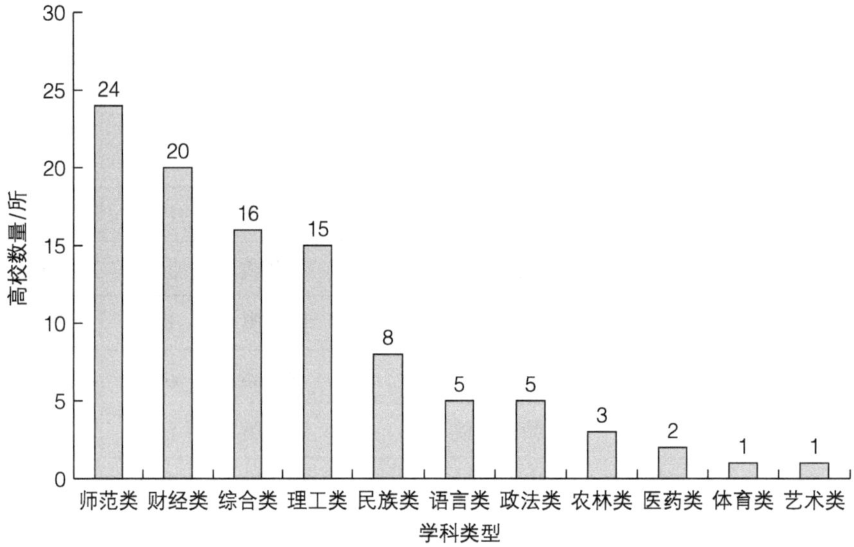

图 8-5　普通高校前 100 名中不同学科类型高校的数量

从不同地区来看（图 8-6），进入普通高校前 100 名数量最多的地区是浙江，浙江共有 10 所高校进入普通高校前 100 名，表明浙江省普通高校强劲的人文社科实力及发展

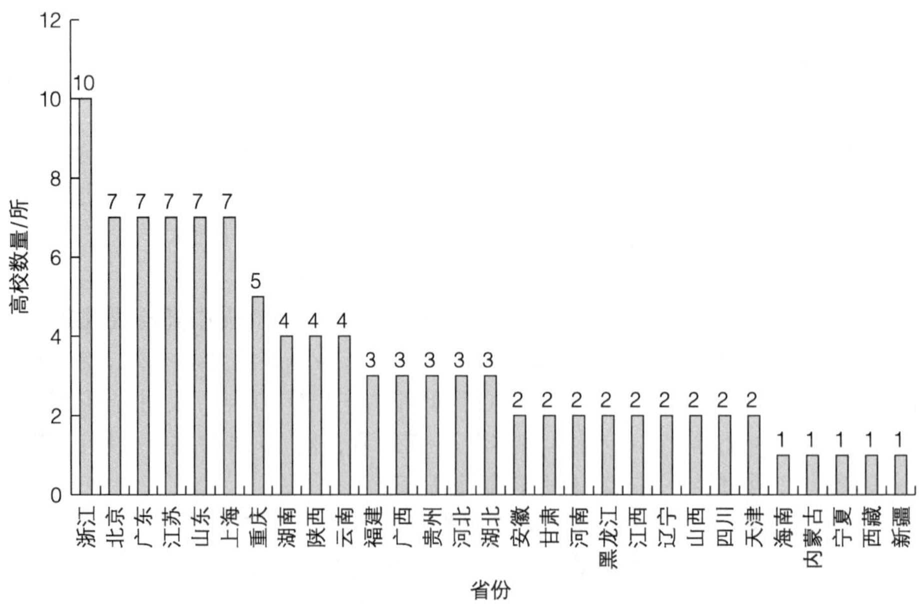

图 8-6　普通高校前 100 名中不同地区高校的数量

潜力。北京、广东、江苏、山东、上海各有 7 所高校进入普通高校前 100 名，并列各地区第 2 名，可以发现占据前 100 强名额较多的地区均为东部沿海地区。重庆有 5 所高校进入 100 强，海南、陕西、云南各占据 4 个名额，福建、广西、贵州、河北、湖北各占据 3 个名额，安徽、甘肃、河南、黑龙江、江西、辽宁、山西、四川、天津各占据 2 个名额，海南、内蒙古、宁夏、西藏、新疆各占据 1 个名额，而青海、吉林则没有高校进入普通高校前 100 名。

9 中国民办高校和独立学院人文社科发展评价报告

本章对412所民办高校和独立学院（251所民办高校和161所独立学院）、9所中外合作办学本科院校的评价结果进行公布和分析。

9.1 民办高校和独立学院主报告

本部分对我国412所民办高校和独立学院的评价排名进行公布，民办高校和独立学院的人文社科发展总排名如表9-1所示。

表9-1 民办高校和独立学院人文社科发展总排名

总排名	学校名称	所有制	学校类型	省份	等级
1	浙江越秀外国语学院	民办	语言类	浙江	A+
2	宁波财经学院	民办	财经类	浙江	A+
3	广州商学院	民办	财经类	广东	A+
4	浙江树人学院	民办	理工类	浙江	A+
5	三亚学院	民办	综合类	海南	A+
6	无锡太湖学院	民办	综合类	江苏	A+
7	阳光学院	民办	理工类	福建	A+
8	北京师范大学珠海分校	独立学院	师范类	广东	A+
9	福州外语外贸学院	民办	财经类	福建	A
10	武昌理工学院	民办	理工类	湖北	A
11	吉林外国语大学	民办	语言类	吉林	A
12	北京城市学院	民办	综合类	北京	A
13	上海杉达学院	民办	财经类	上海	A

续表

总排名	学校名称	所有制	学校类型	省份	等级
14	武汉工商学院	民办	财经类	湖北	A
15	广州南方学院	民办	综合类	广东	A
16	广东外语外贸大学南国商学院	独立学院	财经类	广东	A
17	郑州科技学院	民办	理工类	河南	A
18	广州华商学院	民办	财经类	广东	A
19	南昌理工学院	民办	理工类	江西	A
20	浙江工商大学杭州商学院	独立学院	财经类	浙江	A
21	广州城市理工学院	民办	理工类	广东	A-
22	三江学院	民办	综合类	江苏	A-
23	北京理工大学珠海学院	独立学院	理工类	广东	A-
24	河北传媒学院	民办	艺术类	河北	A-
25	上海师范大学天华学院	独立学院	综合类	上海	A-
26	广州工商学院	民办	财经类	广东	A-
27	广东科技学院	民办	综合类	广东	A-
28	西安外事学院	民办	综合类	陕西	A-
29	温州商学院	民办	财经类	浙江	A-
30	西京学院	民办	综合类	陕西	A-
31	上海外国语大学贤达经济人文学院	独立学院	财经类	上海	A-
32	海口经济学院	民办	财经类	海南	A-
33	江西服装学院	民办	艺术类	江西	A-
34	福建师范大学协和学院	独立学院	综合类	福建	A-
35	浙江工业大学之江学院	独立学院	理工类	浙江	A-
36	西安翻译学院	民办	语言类	陕西	A-
37	集美大学诚毅学院	独立学院	综合类	福建	A-
37	广州软件学院	民办	理工类	广东	A-
37	西安培华学院	民办	综合类	陕西	A-

续表

总排名	学校名称	所有制	学校类型	省份	等级
40	安徽信息工程学院	民办	理工类	安徽	A−
41	吉林动画学院	民办	艺术类	吉林	A−
42	南京传媒学院	民办	艺术类	江苏	B+
43	成都锦城学院	民办	综合类	四川	B+
44	江西工程学院	民办	理工类	江西	B+
45	武昌首义学院	民办	理工类	湖北	B+
46	商丘学院	民办	综合类	河南	B+
47	上海视觉艺术学院	民办	艺术类	上海	B+
48	厦门大学嘉庚学院	独立学院	综合类	福建	B+
49	西湖大学	民办	理工类	浙江	B+
50	湖南涉外经济学院	民办	财经类	湖南	B+
51	贵阳人文科技学院	民办	综合类	贵州	B+
52	东莞城市学院	民办	综合类	广东	B+
53	上海建桥学院	民办	理工类	上海	B+
54	南京师范大学泰州学院	独立学院	师范类	江苏	B+
55	广州理工学院	民办	理工类	广东	B+
56	西安思源学院	民办	理工类	陕西	B+
57	重庆财经学院	民办	财经类	重庆	B+
58	武昌工学院	民办	理工类	湖北	B+
59	新乡医学院三全学院	独立学院	医药类	河南	B+
60	浙江农林大学暨阳学院	独立学院	综合类	浙江	B+
61	广州新华学院	民办	综合类	广东	B+
62	湛江科技学院	民办	综合类	广东	B+
63	武汉学院	民办	财经类	湖北	B+
64	南昌工学院	民办	理工类	江西	B+
65	河北美术学院	民办	艺术类	河北	B+

续表

总排名	学校名称	所有制	学校类型	省份	等级
66	长春财经学院	民办	财经类	吉林	B+
67	天津仁爱学院	民办	综合类	天津	B+
68	黄河科技学院	民办	理工类	河南	B+
68	湖南应用技术学院	民办	理工类	湖南	B+
70	山东英才学院	民办	综合类	山东	B+
71	四川电影电视学院	民办	艺术类	四川	B+
72	重庆外语外事学院	民办	语言类	重庆	B+
72	四川文化艺术学院	民办	艺术类	四川	B+
74	珠海科技学院	民办	综合类	广东	B+
75	武汉华夏理工学院	民办	理工类	湖北	B+
76	长春建筑学院	民办	理工类	吉林	B+
76	湖南信息学院	民办	理工类	湖南	B+
78	长春光华学院	民办	综合类	吉林	B+
78	山东协和学院	民办	医药类	山东	B+
78	重庆人文科技学院	民办	综合类	重庆	B+
81	西安欧亚学院	民办	财经类	陕西	B+
82	安阳学院	民办	综合类	河南	B+
83	重庆城市科技学院	民办	综合类	重庆	B+
84	四川传媒学院	民办	艺术类	四川	B
84	陕西国际商贸学院	民办	财经类	陕西	B
86	广西外国语学院	民办	语言类	广西	B
87	厦门华厦学院	民办	综合类	福建	B
87	武汉传媒学院	民办	艺术类	湖北	B
87	广东培正学院	民办	财经类	广东	B
90	长春科技学院	民办	理工类	吉林	B
91	江西财经大学现代经济管理学院	独立学院	财经类	江西	B

续表

总排名	学校名称	所有制	学校类型	省份	等级
92	信阳学院	民办	综合类	河南	B
93	潍坊科技学院	民办	理工类	山东	B
93	武汉东湖学院	民办	综合类	湖北	B
93	成都艺术职业大学	民办	艺术类	四川	B
96	重庆工程学院	民办	理工类	重庆	B
97	武汉生物工程学院	民办	理工类	湖北	B
98	中国计量大学现代科技学院	独立学院	理工类	浙江	B
99	首都师范大学科德学院	独立学院	语言类	北京	B
99	山东华宇工学院	民办	理工类	山东	B
101	河北外国语学院	民办	语言类	河北	B
102	福州工商学院	民办	财经类	福建	B
103	长春大学旅游学院	独立学院	综合类	吉林	B
103	宁波大学科学技术学院	独立学院	综合类	浙江	B
103	浙江财经大学东方学院	独立学院	财经类	浙江	B
103	安徽新华学院	民办	理工类	安徽	B
103	广东白云学院	民办	理工类	广东	B
108	杭州师范大学钱江学院	独立学院	师范类	浙江	B
108	河南开封科技传媒学院	民办	财经类	河南	B
108	吉利学院	民办	理工类	四川	B
111	茅台学院	民办	综合类	贵州	B
112	长春工业大学人文信息学院	独立学院	综合类	吉林	B
112	绍兴文理学院元培学院	独立学院	综合类	浙江	B
112	青岛黄海学院	民办	理工类	山东	B
112	郑州西亚斯学院	民办	综合类	河南	B
112	武汉设计工程学院	民办	综合类	湖北	B
117	哈尔滨石油学院	民办	理工类	黑龙江	B

续表

总排名	学校名称	所有制	学校类型	省份	等级
118	河北师范大学汇华学院	独立学院	师范类	河北	B
118	山西工商学院	民办	财经类	山西	B
118	长春人文学院	民办	综合类	吉林	B
118	江西科技学院	民办	理工类	江西	B
118	烟台南山学院	民办	理工类	山东	B
118	烟台理工学院	民办	理工类	山东	B
118	长江大学文理学院	独立学院	综合类	湖北	B
125	湖北商贸学院	民办	财经类	湖北	B-
126	四川工商学院	民办	财经类	四川	B-
126	西安交通大学城市学院	独立学院	综合类	陕西	B-
128	厦门工学院	民办	理工类	福建	B-
129	大连东软信息学院	民办	理工类	辽宁	B-
129	南京大学金陵学院	独立学院	综合类	江苏	B-
129	上海财经大学浙江学院	独立学院	财经类	浙江	B-
129	安徽外国语学院	民办	语言类	安徽	B-
129	郑州工商学院	民办	理工类	河南	B-
129	郑州商学院	民办	财经类	河南	B-
129	广东工商职业技术大学	民办	财经类	广东	B-
129	南宁学院	民办	综合类	广西	B-
129	柳州工学院	民办	理工类	广西	B-
129	桂林学院	民办	综合类	广西	B-
129	桂林信息科技学院	民办	理工类	广西	B-
129	四川工业科技学院	民办	理工类	四川	B-
129	云南大学滇池学院	民办	综合类	云南	B-
129	西安交通工程学院	民办	理工类	陕西	B-
129	西安建筑科技大学华清学院	独立学院	理工类	陕西	B-

续表

总排名	学校名称	所有制	学校类型	省份	等级
144	天津商业大学宝德学院	独立学院	财经类	天津	B−
144	大连财经学院	民办	财经类	辽宁	B−
144	黑龙江东方学院	民办	综合类	黑龙江	B−
144	东南大学成贤学院	独立学院	综合类	江苏	B−
144	南京理工大学紫金学院	独立学院	理工类	江苏	B−
144	南京理工大学泰州科技学院	独立学院	理工类	江苏	B−
144	南京师范大学中北学院	独立学院	综合类	江苏	B−
144	苏州大学应用技术学院	独立学院	综合类	江苏	B−
144	郑州工业应用技术学院	民办	理工类	河南	B−
144	郑州升达经贸管理学院	民办	财经类	河南	B−
144	武汉城市学院	民办	理工类	湖北	B−
144	广西民族大学相思湖学院	独立学院	综合类	广西	B−
144	成都文理学院	民办	综合类	四川	B−
157	天津师范大学津沽学院	独立学院	综合类	天津	B−
157	南通理工学院	民办	理工类	江苏	B−
157	南京医科大学康达学院	独立学院	医药类	江苏	B−
157	南通大学杏林学院	独立学院	综合类	江苏	B−
157	南京审计大学金审学院	独立学院	综合类	江苏	B−
157	浙江广厦建设职业技术大学	民办	理工类	浙江	B−
157	浙江理工大学科技与艺术学院	独立学院	理工类	浙江	B−
157	福建农林大学金山学院	独立学院	综合类	福建	B−
157	江西应用科技学院	民办	理工类	江西	B−
166	青岛滨海学院	民办	综合类	山东	C+
167	齐鲁理工学院	民办	理工类	山东	C+
167	汉口学院	民办	综合类	湖北	C+
167	吉首大学张家界学院	独立学院	综合类	湖南	C+

续表

总排名	学校名称	所有制	学校类型	省份	等级
167	广州应用科技学院	民办	综合类	广东	C+
167	广西城市职业大学	民办	综合类	广西	C+
167	重庆机电职业技术大学	民办	理工类	重庆	C+
167	西安明德理工学院	民办	理工类	陕西	C+
167	宁夏大学新华学院	独立学院	综合类	宁夏	C+
175	天津外国语大学滨海外事学院	独立学院	语言类	天津	C+
175	天津传媒学院	民办	语言类	天津	C+
175	南开大学滨海学院	独立学院	综合类	天津	C+
175	天津财经大学珠江学院	独立学院	综合类	天津	C+
175	华北理工大学轻工学院	独立学院	理工类	河北	C+
175	山西师范大学现代文理学院	独立学院	师范类	山西	C+
175	辽宁对外经贸学院	民办	财经类	辽宁	C+
175	沈阳城市建设学院	民办	理工类	辽宁	C+
175	辽宁师范大学海华学院	独立学院	师范类	辽宁	C+
175	大连艺术学院	民办	艺术类	辽宁	C+
175	辽宁传媒学院	民办	语言类	辽宁	C+
175	吉林建筑科技学院	民办	理工类	吉林	C+
175	吉林师范大学博达学院	独立学院	师范类	吉林	C+
175	黑龙江外国语学院	民办	语言类	黑龙江	C+
175	上海立达学院	民办	综合类	上海	C+
175	南京航空航天大学金城学院	独立学院	理工类	江苏	C+
175	南京中医药大学翰林学院	独立学院	医药类	江苏	C+
175	南京财经大学红山学院	独立学院	综合类	江苏	C+
175	常州大学怀德学院	独立学院	综合类	江苏	C+
175	浙江师范大学行知学院	独立学院	综合类	浙江	C+
175	安徽三联学院	民办	理工类	安徽	C+

续表

总排名	学校名称	所有制	学校类型	省份	等级
175	仰恩大学	民办	综合类	福建	C+
175	南昌交通学院	民办	理工类	江西	C+
175	江西农业大学南昌商学院	独立学院	综合类	江西	C+
175	聊城大学东昌学院	独立学院	综合类	山东	C+
175	山东外事职业大学	民办	综合类	山东	C+
175	郑州财经学院	民办	财经类	河南	C+
175	商丘工学院	民办	理工类	河南	C+
175	郑州经贸学院	民办	财经类	河南	C+
175	武汉体育学院体育科技学院	独立学院	综合类	湖北	C+
175	电子科技大学中山学院	独立学院	综合类	广东	C+
175	广东理工学院	民办	理工类	广东	C+
175	北海艺术设计学院	民办	艺术类	广西	C+
208	海南科技职业大学	民办	理工类	海南	C
208	重庆移通学院	民办	理工类	重庆	C
210	电子科技大学成都学院	独立学院	理工类	四川	C
210	贵阳信息科技学院	民办	综合类	贵州	C
210	云南经济管理学院	民办	财经类	云南	C
210	西北大学现代学院	独立学院	综合类	陕西	C
210	西安财经大学行知学院	独立学院	财经类	陕西	C
215	天津天狮学院	民办	综合类	天津	C
215	河北工程技术学院	民办	理工类	河北	C
215	河北工程大学科信学院	独立学院	理工类	河北	C
215	石家庄铁道大学四方学院	独立学院	理工类	河北	C
215	保定理工学院	民办	理工类	河北	C
215	燕京理工学院	民办	理工类	河北	C
215	山西应用科技学院	民办	理工类	山西	C

续表

总排名	学校名称	所有制	学校类型	省份	等级
215	晋中信息学院	民办	理工类	山西	C
215	大连理工大学城市学院	独立学院	理工类	辽宁	C
215	辽宁财贸学院	民办	财经类	辽宁	C
215	上海中侨职业技术大学	民办	财经类	上海	C
215	中国矿业大学徐海学院	独立学院	理工类	江苏	C
215	苏州科技大学天平学院	独立学院	综合类	江苏	C
215	江苏大学京江学院	独立学院	综合类	江苏	C
215	江苏师范大学科文学院	独立学院	综合类	江苏	C
215	杭州电子科技大学信息工程学院	独立学院	理工类	浙江	C
215	合肥经济学院	民办	财经类	安徽	C
215	阜阳师范大学信息工程学院	独立学院	综合类	安徽	C
215	皖江工学院	民办	理工类	安徽	C
215	南昌职业大学	民办	综合类	江西	C
215	南昌大学科学技术学院	独立学院	综合类	江西	C
215	景德镇艺术职业大学	民办	艺术类	江西	C
215	山东外国语职业技术大学	民办	语言类	山东	C
215	泰山科技学院	民办	理工类	山东	C
215	山东财经大学东方学院	独立学院	财经类	山东	C
215	青岛电影学院	民办	艺术类	山东	C
215	中原科技学院	民办	理工类	河南	C
215	三峡大学科技学院	独立学院	理工类	湖北	C
215	荆州学院	民办	理工类	湖北	C
215	湖北汽车工业学院科技学院	独立学院	理工类	湖北	C
215	文华学院	民办	理工类	湖北	C
215	武汉工程科技学院	民办	理工类	湖北	C
215	湖南农业大学东方科技学院	独立学院	综合类	湖南	C

续表

总排名	学校名称	所有制	学校类型	省份	等级
215	广东东软学院	民办	理工类	广东	C
249	华南农业大学珠江学院	独立学院	综合类	广东	C-
249	重庆对外经贸学院	民办	财经类	重庆	C-
249	成都理工大学工程技术学院	独立学院	理工类	四川	C-
249	四川外国语大学成都学院	独立学院	语言类	四川	C-
249	西南财经大学天府学院	独立学院	财经类	四川	C-
249	四川大学锦江学院	独立学院	综合类	四川	C-
249	昆明城市学院	民办	综合类	云南	C-
249	陕西服装工程学院	民办	理工类	陕西	C-
249	西安科技大学高新学院	独立学院	理工类	陕西	C-
249	兰州工商学院	民办	财经类	甘肃	C-
249	兰州博文科技学院	民办	理工类	甘肃	C-
249	宁夏理工学院	民办	理工类	宁夏	C-
249	银川科技学院	民办	理工类	宁夏	C-
262	黄河交通学院	民办	理工类	河南	C-
263	黑龙江工商学院	民办	财经类	黑龙江	C-
264	沈阳工学院	民办	理工类	辽宁	C-
265	扬州大学广陵学院	独立学院	综合类	江苏	C-
266	湖北经济学院法商学院	独立学院	财经类	湖北	C-
267	湖南交通工程学院	民办	理工类	湖南	C-
268	河北地质大学华信学院	独立学院	综合类	河北	C-
269	西南交通大学希望学院	独立学院	综合类	四川	C-
270	福州大学至诚学院	独立学院	综合类	福建	C-
271	黑龙江财经学院	民办	财经类	黑龙江	C-
272	湖北工业大学工程技术学院	独立学院	理工类	湖北	C-
273	重庆工商大学派斯学院	独立学院	财经类	重庆	C-

续表

总排名	学校名称	所有制	学校类型	省份	等级
274	安徽师范大学皖江学院	独立学院	师范类	安徽	C－
275	昆明理工大学津桥学院	独立学院	综合类	云南	C－
276	大连科技学院	民办	理工类	辽宁	C－
277	运城职业技术大学	民办	综合类	山西	C－
278	南昌航空大学科技学院	独立学院	理工类	江西	C－
279	中南林业科技大学涉外学院	独立学院	综合类	湖南	C－
280	内蒙古鸿德文理学院	民办	综合类	内蒙古	C－
281	丽江文化旅游学院	民办	综合类	云南	C－
282	华北理工大学冀唐学院	独立学院	医药类	河北	C－
283	广州华立学院	民办	理工类	广东	C－
284	南宁理工学院	民办	理工类	广西	C－
285	闽南理工学院	民办	理工类	福建	C－
286	南京邮电大学通达学院	独立学院	综合类	江苏	C－
287	南京工业大学浦江学院	独立学院	综合类	江苏	C－
288	河南科技职业大学	民办	理工类	河南	C－
288	武汉工程大学邮电与信息工程学院	独立学院	理工类	湖北	C－
290	赣南师范大学科技学院	独立学院	师范类	江西	D＋
291	长春电子科技学院	民办	理工类	吉林	D＋
292	广州科技职业技术大学	民办	理工类	广东	D＋
293	云南工商学院	民办	财经类	云南	D＋
294	南宁师范大学师园学院	独立学院	综合类	广西	D＋
294	陕西科技大学镐京学院	独立学院	理工类	陕西	D＋
296	山西晋中理工学院	民办	理工类	山西	D＋
297	北京科技大学天津学院	独立学院	综合类	天津	D＋
297	成都银杏酒店管理学院	民办	财经类	四川	D＋
299	武汉晴川学院	民办	综合类	湖北	D＋

续表

总排名	学校名称	所有制	学校类型	省份	等级
300	绵阳城市学院	民办	理工类	四川	D+
301	哈尔滨华德学院	民办	理工类	黑龙江	D+
302	延安大学西安创新学院	独立学院	综合类	陕西	D+
303	同济大学浙江学院	独立学院	综合类	浙江	D+
303	泉州信息工程学院	民办	理工类	福建	D+
305	泉州职业技术大学	民办	理工类	福建	D+
306	北京工商大学嘉华学院	独立学院	财经类	北京	D+
307	沧州交通学院	民办	理工类	河北	D+
308	青岛恒星科技学院	民办	理工类	山东	D+
308	烟台科技学院	民办	综合类	山东	D+
310	昆明医科大学海源学院	独立学院	医药类	云南	D+
311	内蒙古大学创业学院	独立学院	综合类	内蒙古	D+
311	齐齐哈尔工程学院	民办	理工类	黑龙江	D+
313	南昌大学共青学院	独立学院	综合类	江西	D+
314	广西中医药大学赛恩斯新医药学院	独立学院	医药类	广西	D+
315	河北东方学院	民办	综合类	河北	D+
316	蚌埠工商学院	民办	财经类	安徽	D+
316	湖北工程学院新技术学院	独立学院	理工类	湖北	D+
318	闽南科技学院	民办	理工类	福建	D+
319	安徽文达信息工程学院	民办	理工类	安徽	D+
319	武汉文理学院	民办	财经类	湖北	D+
319	长沙医学院	民办	医药类	湖南	D+
319	西安工商学院	民办	财经类	陕西	D+
323	湖南软件职业技术大学	民办	理工类	湖南	D+
324	湖北大学知行学院	独立学院	理工类	湖北	D+
324	成都东软学院	民办	理工类	四川	D+

续表

总排名	学校名称	所有制	学校类型	省份	等级
326	哈尔滨远东理工学院	民办	理工类	黑龙江	D+
327	南昌应用技术师范学院	民办	理工类	江西	D+
327	青岛城市学院	民办	理工类	山东	D+
329	辽宁理工职业大学	民办	理工类	辽宁	D+
329	哈尔滨广厦学院	民办	综合类	黑龙江	D+
331	北京中医药大学东方学院	独立学院	医药类	河北	D
331	齐鲁医药学院	民办	医药类	山东	D
333	银川能源学院	民办	理工类	宁夏	D
334	哈尔滨剑桥学院	民办	综合类	黑龙江	D
334	江苏科技大学苏州理工学院	独立学院	综合类	江苏	D
334	湖北文理学院理工学院	独立学院	理工类	湖北	D
337	沈阳科技学院	民办	理工类	辽宁	D
337	山东工程职业技术大学	民办	理工类	山东	D
339	大连工业大学艺术与信息工程学院	独立学院	理工类	辽宁	D
340	武汉纺织大学外经贸学院	独立学院	财经类	湖北	D
341	新乡工程学院	民办	理工类	河南	D
342	昆明文理学院	民办	综合类	云南	D
343	山东财经大学燕山学院	独立学院	财经类	山东	D
344	马鞍山学院	民办	理工类	安徽	D
344	潍坊理工学院	民办	综合类	山东	D
344	青岛工学院	民办	理工类	山东	D
347	安徽大学江淮学院	独立学院	综合类	安徽	D
347	福州理工学院	民办	理工类	福建	D
347	湖南文理学院芙蓉学院	独立学院	综合类	湖南	D
347	衡阳师范学院南岳学院	独立学院	师范类	湖南	D
347	云南艺术学院文华学院	独立学院	艺术类	云南	D

续表

总排名	学校名称	所有制	学校类型	省份	等级
347	河北大学工商学院	民办	财经类	河北	D
353	大连医科大学中山学院	独立学院	医药类	辽宁	D
353	江西软件职业技术大学	民办	理工类	江西	D
355	河北科技学院	民办	理工类	河北	D
356	天津理工大学中环信息学院	独立学院	综合类	天津	D
356	湘潭理工学院	民办	财经类	湖南	D
356	兰州信息科技学院	民办	理工类	甘肃	D
359	燕山大学里仁学院	独立学院	理工类	河北	D
359	辽宁理工学院	民办	理工类	辽宁	D
359	辽宁何氏医学院	民办	医药类	辽宁	D
359	江西师范大学科学技术学院	独立学院	师范类	江西	D
363	青岛农业大学海都学院	独立学院	综合类	山东	D
363	湖北师范大学文理学院	独立学院	综合类	湖北	D
365	北京邮电大学世纪学院	独立学院	综合类	北京	D
366	北京第二外国语学院中瑞酒店管理学院	独立学院	语言类	北京	D
366	山东现代学院	民办	综合类	山东	D
366	新疆天山职业技术大学	民办	综合类	新疆	D
369	贵州医科大学神奇民族医药学院	独立学院	医药类	贵州	D
369	西安汽车职业大学	民办	理工类	陕西	D
371	北京工业大学耿丹学院	独立学院	综合类	北京	D
372	辽宁中医药大学杏林学院	独立学院	医药类	辽宁	D-
372	湖北恩施学院	民办	理工类	湖北	D-
372	新疆农业大学科学技术学院	独立学院	理工类	新疆	D-
375	安徽医科大学临床医学院	独立学院	医药类	安徽	D-
376	哈尔滨信息工程学院	民办	理工类	黑龙江	D-
377	锦州医科大学医疗学院	独立学院	医药类	辽宁	D-

续表

总排名	学校名称	所有制	学校类型	省份	等级
377	黑龙江工程学院昆仑旅游学院	独立学院	财经类	黑龙江	D-
377	浙江中医药大学滨江学院	独立学院	医药类	浙江	D-
380	山西医科大学晋祠学院	独立学院	医药类	山西	D-
380	沈阳城市学院	民办	综合类	辽宁	D-
380	温州医科大学仁济学院	独立学院	医药类	浙江	D-
380	贵州黔南科技学院	民办	综合类	贵州	D-
384	长沙理工大学城南学院	独立学院	理工类	湖南	D-
384	贵州黔南经济学院	民办	财经类	贵州	D-
386	青海大学昆仑学院	独立学院	综合类	青海	D-
387	天津医科大学临床医学院	独立学院	医药类	天津	D-
387	合肥城市学院	民办	理工类	安徽	D-
387	河北经贸大学经济管理学院	独立学院	财经类	河北	D-
390	湖南师范大学树达学院	独立学院	师范类	湖南	D-
391	湖南工业大学科技学院	独立学院	理工类	湖南	D-
392	西安理工大学高科学院	独立学院	理工类	陕西	D-
393	南华大学船山学院	独立学院	理工类	湖南	D-
393	湖南理工学院南湖学院	独立学院	理工类	湖南	D-
393	西安信息职业大学	民办	理工类	陕西	D-
396	河北农业大学现代科技学院	独立学院	综合类	河北	D-
396	上海兴伟学院	民办	理工类	上海	D-
396	淮北理工学院	民办	理工类	安徽	D-
396	湘潭大学兴湘学院	独立学院	综合类	湖南	D-
396	遵义医科大学医学与科技学院	独立学院	医药类	贵州	D-
396	长安大学兴华学院	独立学院	综合类	陕西	D-
402	湖北医药学院药护学院	独立学院	医药类	湖北	D-
402	湖南科技大学潇湘学院	独立学院	综合类	湖南	D-

续表

总排名	学校名称	所有制	学校类型	省份	等级
402	湖南工程学院应用技术学院	独立学院	理工类	湖南	D-
402	湖南中医药大学湘杏学院	独立学院	医药类	湖南	D-
402	河北医科大学临床学院	独立学院	医药类	河北	D-
407	山西财经大学华商学院	独立学院	财经类	山西	D-
407	沈阳工业大学工程学院	独立学院	理工类	辽宁	D-
407	沈阳航空航天大学北方科技学院	独立学院	理工类	辽宁	D-
407	北京航空航天大学北海学院	民办	理工类	广西	D-
407	贵州中医药大学时珍学院	独立学院	医药类	贵州	D-
407	西安电子科技大学长安学院	独立学院	理工类	陕西	D-

9.1.1 民办高校和独立学院人文社科发展前 100 强高校分析

民办高校与独立学院前 100 强高校的得分平均值为 0.244 分，其中有 27 所高校的得分高于平均分，绝大多数高校的得分低于平均分 0.244 分；从具体排名来看，浙江越秀外国语学院、宁波财经学院、广州商学院位居民办高校和独立学院人文社科发展前 3 名，浙江树人学院、三亚学院、无锡太湖学院、阳光学院、北京师范大学珠海分校、福州外语外贸学院、武昌理工学院紧随其后位居民办高校与独立学院人文社科发展前 10 名。在前 10 名高校中，绝大多数高校来自东部发达地区，其中，浙江、广东、福建分别占据了 3 个、2 个、2 个名额，且前 10 名中仅有 1 所高校属于独立学院，其他 9 所均为民办高校。

从所有制类型来看，在人文社科发展评价前 100 强中，有 84 所高校属于民办高校，仅有 16 所学校来自独立学院，分别占其总量的 33.5%、9.9% 左右，表明民办高校表现出较强的人文社科发展实力。

从学校类型来看（图 9-1），在民办高校和独立学院的人文社科评价前 100 强中，综合类高校共有 30 所，占综合类高校总数量的 23.8%，三亚学院和无锡太湖学院分别以第 5、第 6 名的成绩进入前 10 名；财经类高校共有 20 所进入前 100 强，占财经类高校总数量的 32.3%，财经类高校的人文社科发展实力整体较为强悍，宁波财经学院、广州商学院和福州外语外贸学院分别以第 2、第 3、第 9 名的成绩进入前 10 名；理工类高校共有 29 所进入前 100 强，占理工类高校总数量的 18.6%，我国理工类高校的数量较多，但是其人文社科的整体实力有所逊色，浙江树人学院、阳光学院、武昌理工学院分别以第 4、第 7、第 10 名的成绩进入前 10 名；艺术类高校共有 11 所进入前 100 强，占艺术类高校总数量的 68.8%，表明艺术类高校的成绩整体比较出色，但是未有艺术类高校进入前 10 名，艺术类高校中人文社科发展最好的高校为河北传媒学院，仅排到第 24 名，表明艺术类高校的成绩并不拔尖；语言类高校共有 6 所进入前 100 强，占语言类高校总数量的 40.0%，同时浙江越秀外国语学院位居榜首，表明我国语言类高校的人文社科发展整体发展实力较强；医药类高校共有 2 所进入前 100 强，占医药类高校总数量的 8.0%，仅有新乡医学院三全学院和山东协和学院 2 所高校进入了前 100 强，分别位居第 59、第 78 名，表明我国医药类高校的人文社科发展实力整体较弱；师范类高校共有 2 所进入前 100 强，占师范类高校总数量的 16.7%，北京师范大学珠海分校以第 8 名的成绩进入了前 10 名，南京师范大学泰州学院以第 54 名的成绩进入了前 100 强。

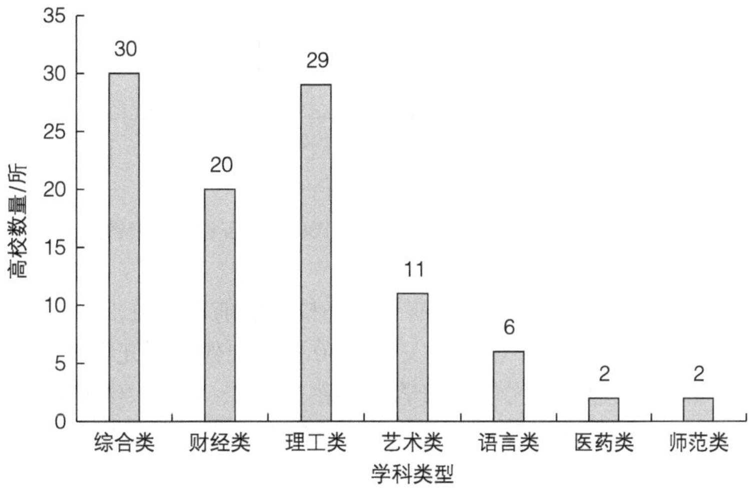

图 9-1 各类型民办高校和独立学院中进入前 100 强的数量

从地区分布来看（图 9-2），在民办高校和独立学院人文社科评价前 100 强中，广东有 16 所高校进入前 100 强，是进入前 100 强高校最多的省份，其数量遥遥领先于其他省份，并且广州商学院、北京师范大学珠海分校分别位列第 3 名和第 8 名；湖北和浙江均有 9 所高校入选前 100 强，表现都很优异，其中湖北的武昌理工学院位列第 10 名，浙江有 3 所高校进入前 10 名，浙江越秀外国语学院、宁波财经学院、浙江树人学院分别位居第 1 名、第 2 名和第 4 名，表现尤为突出。陕西有 7 所高校跻身前 100 强，未有高校进入前 10 名，陕西省表现最为突出的高校为西安海事学院，但仅排到了第 28 名。

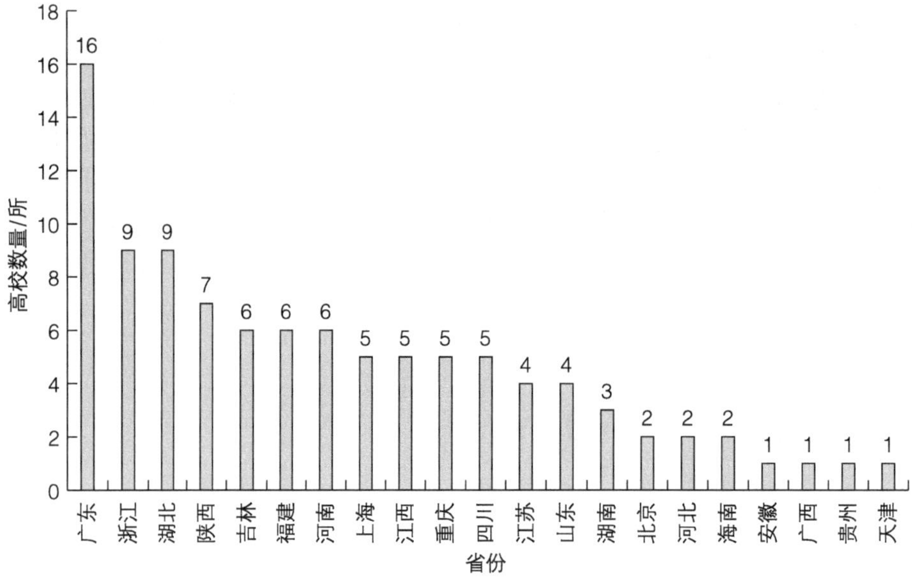

图 9-2　民办高校和独立学院前 100 强中各省份高校数量

在其他省份中，吉林、福建、河南均有 6 所高校位居前 100 强，吉林的吉林外国语大学（第 11 名）、吉林动画学院（第 41 名）进入了前 50 强。福建的阳光学院（第 7 名）、福州外语外贸学院（第 9 名）、福建师范大学协和学院（第 34 名）、集美大学诚毅学院（第 37 名）、厦门大学嘉庚学院（第 48 名）跻身民办和独立学院前 50 强；河南的郑州科技学院（第 17 名）、商丘学院（第 46 名）进入了前 50 强。上海、江西、重庆、四川均有 5 所高校位居前 100 强，其中位于上海的上海杉达学院（第 13 名）、上海师范大学天华学院（第 25 名）、上海外国语大学贤达经济人文学院（第 31 名）、上海视觉艺术学院（第 47 名）进入前 50 强；位于江西的南昌理工学院（第 19 名）、江西服装学院（第 33 名）、江西工程学院（第 44 名）进入前 50 强；重庆并未有高校进入前 50 名；四川仅有成都锦城学院（第 43 名）跻身前 50 强。江苏和山东均有 4 所高校进入前 100 强，其中江苏的无锡太湖学院（第 6 名）进入前 10 名，另外还有三江学院（第 22 名）、南京传媒学院（第 42 名）、南京师范大学泰州学院（第 54 名）进入前 100 强；山东省并未有高校进入前 50 强，山东的山东英才学院（第 70 名）、山东协和学院（第 78 名）、潍坊科技学院（第 93 名）、山东华宇工学院（第 98 名）进入前 100 强。湖南有 3 所高校进入前 100 强，分别是湖南涉外经济学院（第 50 名）、湖南应用技术学院（第 68 名）、湖南信息学院（第 76 名）。北京、河北、海南均有 2 所高校进入前 10 名，其中，北京的北京城市学院、首都师范大学科德学院分别位居第 12 名和第 99 名；河北的河北传媒学院和河北美术学院分别位居第 24 名和第 65 名；海南的三亚学院和海口经济学院分别位列第 5 名和第 32 名。安徽、广西、贵州和天津均有 1 所高校跻身前 100 强，分别为安徽信息工程学院（第 40 名）、广西外国语学院（第 86 名）、贵州人文科技学院（第 51 名）、天津仁爱学院（第 67 名）。甘肃、黑龙江、辽宁、内蒙古、宁夏、青海、山西、新疆和云南 9 个省份未有高校进入前 100 强，另外西藏没有民办高校和独立学院。

从东部、中部、西部地区来看，在民办高校和独立学院人文社科评价前 100 强中，位于东部地区的高校有 51 所，占据了 100 强高校中一半以上的名额，而位于中部、西部地区的高校分别有 30 所和 19 所，呈现出东部地区明显领先于中西部地区的非均衡发展格局。

9.1.2 民办高校和独立学院人文社科发展总体评价结果分析

从总体的评价结果来看，412 所民办和独立学院评价得分的平均值为 0.092 分，仅有 85 所高校的评价得分高于均值，剩下 327 所高校的人文社科发展评价得分均低于平均分，民办高校和独立学院的人文社科发展水平整体较差，与公办高校的人文社科发展存在较大悬殊，存在很大的提升空间。

从所有制类型来看，民办高校人文社科发展评价得分的平均值为 0.113 分，独立学院人文社科发展评价得分的平均值为 0.060 分。总体来看，民办高校的人文社科发展水平要普遍高于独立学院的人文社科发展水平。

从民办（含独立学院）不同类型高校的比较来看（图 9-3），语言类高校评价得分的平均值为 0.219 分，财经类高校评价得分的平均值为 0.131 分，艺术类高校的评价得分平均值为 0.121 分，师范类高校评价得分的平均值为 0.098 分，综合类高校评价得分的平均值为 0.085 分，理工类高校评价得分的平均值为 0.075 分，医药类高校评价得分的平均值为 0.045 分。其中，语言类、财经类、艺术类、师范类 4 种类型高校的得分均值超过了 412 所民办高校和独立学院的得分均值（0.092 分），综合类、理工类和医药类高校的得分均值均处于 412 所民办高校和独立学院得分均值之下。相较其他民办类型的高校而言，语言类、财经类、艺术类和师范类高校的人文社科发展实力相对较强，并且语言类高校较为突出。

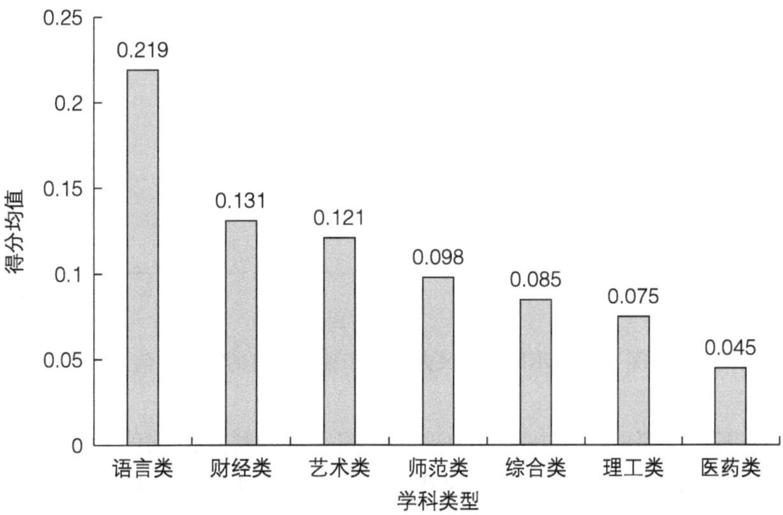

图 9-3 不同学科类型民办高校和独立学院的得分均值

如图 9-4 所示，从不同省份的民办高校和独立学院得分均值来看，海南、浙江、广东、上海和福建 5 个省份分别以 0.309 分、0.265 分、0.202 分、0.178 分、0.140 分位居前 5 名。其余进入前 10 名的省份还有吉林、北京、江苏、湖北、河南。在 30 个省份中，海南、浙江、广东、上海、福建、吉林、北京 7 个省份的得分均值要高于 412 所民办高校和独立学院的得分均值（0.092），约占 30 个省份总数的 23.3%。

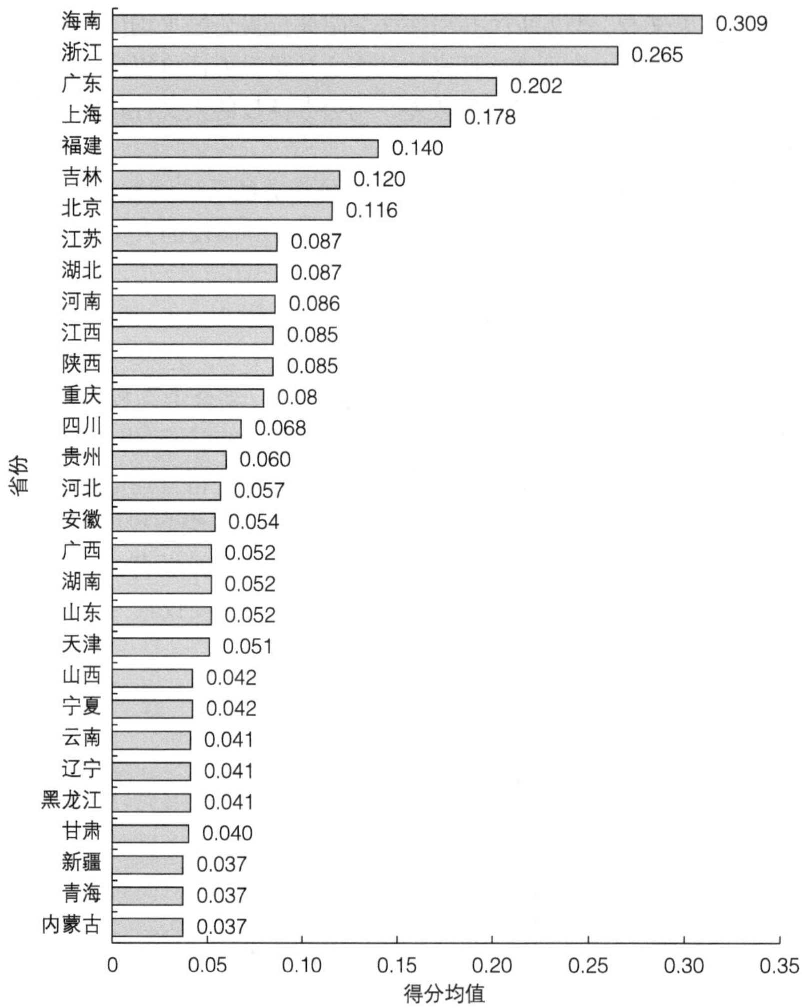

图 9-4　不同省份民办高校和独立学院的得分均值

从东部、中部、西部地区民办高校和独立学院人文社科得分均值来看，东部地区的民办高校和独立学院人文社科发展得分均值为 0.120 分，中部地区民办高校和独立学院人文社科发展得分均值为 0.074 分，西部地区民办高校和独立学院人文社科发展得分均值为 0.064 分，且仅东部地区民办高校和独立学院人文社科发展得分均值高于 412 所民办高校和独立学院的均值 0.092 分。

9.2　不同地区民办高校和独立学院人文社科发展评价报告

本部分将分别对中国30个省份中民办高校和独立学院的人文社科发展水平进行综合分析，以深入了解不同地区高校人文社科发展的情况。

9.2.1　北京民办高校和独立学院评价报告

北京民办高校和独立学院人文社科发展排名如表9–2所示。

表9–2　北京民办高校和独立学院人文社科发展排名

排名	学校名称	所有制	学校类型	等级
1	北京城市学院	民办	综合类	A
2	首都师范大学科德学院	独立学院	语言类	B
3	北京工商大学嘉华学院	独立学院	财经类	D+
4	北京邮电大学世纪学院	独立学院	综合类	D
5	北京第二外国语学院中瑞酒店管理学院	独立学院	语言类	D
6	北京工业大学耿丹学院	独立学院	综合类	D

由表9–2可知，北京共有1所民办高校和5所独立学院，其中综合类、语言类和财经类的高校分别有3所、2所、1所，评分等级为A、B、C、D类的高校分别有1所、1所、0所、4所。北京6所民办高校和独立学院人文社科发展平均得分为0.116分，但是仅有北京城市学院的得分高于所有民办高校和独立学院的平均值，北京城市学院（第12名）和首都师范大学科德学院（第99名）跻身民办高校和独立学院排行榜前100名。

9.2.2　天津民办高校和独立学院评价报告

天津民办高校和独立学院人文社科发展排名如表9–3所示。

表9–3　天津民办高校和独立学院人文社科发展排名

排名	学校名称	所有制	学校类型	等级
1	天津仁爱学院	民办	综合类	B+
2	天津商业大学宝德学院	独立学院	财经类	B−
3	天津师范大学津沽学院	独立学院	综合类	B−

续表

排名	学校名称	所有制	学校类型	等级
4	天津外国语大学滨海外事学院	独立学院	语言类	C+
4	天津传媒学院	民办	语言类	C+
4	南开大学滨海学院	独立学院	综合类	C+
4	天津财经大学珠江学院	独立学院	综合类	C+
8	天津天狮学院	民办	综合类	C
9	北京科技大学天津学院	独立学院	综合类	D+
10	天津理工大学中环信息学院	独立学院	综合类	D
11	天津医科大学临床医学院	独立学院	医药类	D-

由表 9-3 可知，天津共有 3 所民办高校和 8 所独立学院，其中综合类、语言类、医药类和财经类高校分别有 7 所、2 所、1 所、1 所，其中评分等级为 A、B、C、D 类的高校分别有 0 所、3 所、5 所、3 所。这 11 所民办高校和独立学院人文社科发展平均得分为 0.051 分，低于 412 所民办高校和独立学院的得分均值，并且仅有天津仁爱学院的得分高于所有民办高校和独立学院的平均值，位居天津民办高校和独立学院榜首的天津仁爱学院在所有的民办高校和独立学院中排第 67 名，也是天津唯一一所进入民办高校和独立学院排行榜前 100 名的高校。

9.2.3 河北民办高校和独立学院评价报告

河北民办高校和独立学院人文社科发展排名如表 9-4 所示。

表 9-4 河北民办高校和独立学院人文社科发展排名

排名	学校名称	所有制	学校类型	等级
1	河北传媒学院	民办	艺术类	A-
2	河北美术学院	民办	艺术类	B+
3	河北外国语学院	民办	语言类	B
4	河北师范大学汇华学院	独立学院	师范类	B
5	华北理工大学轻工学院	独立学院	理工类	C+
6	河北工程技术学院	民办	理工类	C

续表

排名	学校名称	所有制	学校类型	等级
6	河北工程大学科信学院	独立学院	理工类	C
6	石家庄铁道大学四方学院	独立学院	理工类	C
6	保定理工学院	民办	理工类	C
6	燕京理工学院	民办	理工类	C
11	河北地质大学华信学院	独立学院	综合类	C-
12	华北理工大学冀唐学院	独立学院	医药类	C-
13	沧州交通学院	民办	理工类	D+
14	河北东方学院	民办	综合类	D+
15	北京中医药大学东方学院	独立学院	医药类	D
16	河北大学工商学院	民办	财经类	D
17	河北科技学院	民办	理工类	D
18	燕山大学里仁学院	独立学院	理工类	D
19	河北经贸大学经济管理学院	独立学院	财经类	D-
20	河北农业大学现代科技学院	独立学院	综合类	D-
21	河北医科大学临床学院	独立学院	医药类	D-

由表 9-4 可知，河北共有 10 所民办高校和 11 所独立学院，其中理工类、综合类、医药类、艺术类、财经类、语言类和师范类高校分别有 9 所、3 所、3 所、2 所、2 所、1 所、1 所，评分等级为 A、B、C、D 类的高校分别有 1 所、3 所、8 所、9 所。这 21 所民办高校和独立学院人文社科发展平均得分为 0.057 分，低于所有民办高校和独立学院的得分均值，其中河北传媒学院、河北美术学院 2 所高校的得分高于所有民办高校和独立学院的平均值，均属于民办类艺术高校，这 2 所学校跻身民办高校和独立学院排行榜前 100 名，分别位居第 24 名和第 65 名。

9.2.4 辽宁民办高校和独立学院评价报告

辽宁民办高校和独立学院人文社科发展排名如表 9-5 所示。

表 9-5 辽宁民办高校和独立学院人文社科发展排名

排名	学校名称	所有制	学校类型	等级
1	大连东软信息学院	民办	理工类	B-
2	大连财经学院	民办	财经类	B-
3	辽宁对外经贸学院	民办	财经类	C+
3	沈阳城市建设学院	民办	理工类	C+
3	辽宁师范大学海华学院	独立学院	师范类	C+
3	大连艺术学院	民办	艺术类	C+
3	辽宁传媒学院	民办	语言类	C+
8	大连理工大学城市学院	独立学院	理工类	C
8	辽宁财贸学院	民办	财经类	C
10	沈阳工学院	民办	理工类	C-
11	大连科技学院	民办	理工类	C-
12	辽宁理工职业大学	民办	理工类	D+
13	沈阳科技学院	民办	理工类	D
14	大连工业大学艺术与信息工程学院	独立学院	理工类	D
15	大连医科大学中山学院	独立学院	医药类	D
16	辽宁理工学院	民办	理工类	D
16	辽宁何氏医学院	民办	医药类	D
18	辽宁中医药大学杏林学院	独立学院	医药类	D-
19	锦州医科大学医疗学院	独立学院	医药类	D-
20	沈阳城市学院	民办	综合类	D-
21	沈阳工业大学工程学院	独立学院	理工类	D-
21	沈阳航空航天大学北方科技学院	独立学院	理工类	D-

由表 9-5 可知，辽宁共有 14 所民办高校和 8 所独立学院，其中理工类、医药类、财经类、师范类、艺术类、语言类、综合类分别有 11 所、4 所、3 所、1 所、1 所、1 所、1 所，其中评分等级为 A、B、C、D 类的高校分别有 0 所、2 所、9 所、11 所。这 22 所民办高校和独立学院人文社科发展平均得分为 0.041 分，远低于所有民办高校和独立学院的得分均值为 0.092 分，并且辽宁所有高校的评价得分均低于平均，表明辽宁民办高校和独立学院的人

文社科发展水平较差。此外，辽宁未有民办高校和独立学院进入民办高校和独立学院排行榜前 100 名。

9.2.5 上海民办高校和独立学院评价报告

上海民办高校和独立学院人文社科发展排名如表 9–6 所示。

表 9–6 上海民办高校和独立学院人文社科发展排名

排名	学校名称	所有制	学校类型	等级
1	上海杉达学院	民办	财经类	A
2	上海师范大学天华学院	独立学院	综合类	A–
3	上海外国语大学贤达经济人文学院	独立学院	财经类	A–
4	上海视觉艺术学院	民办	艺术类	B+
5	上海建桥学院	民办	理工类	B+
6	上海立达学院	民办	综合类	C+
7	上海中侨职业技术大学	民办	财经类	C
8	上海兴伟学院	民办	理工类	D–

由表 9–6 可知，上海共有 6 所民办高校和 2 所独立学院，其中财经类、综合类、理工类和艺术类分别有 3 所、2 所、2 所、1 所，其中评分等级为 A、B、C、D 类的高校分别有 3 所、2 所、2 所、1 所。这 8 所民办高校和独立学院人文社科发展平均得分为 0.178 分，高于所有民办高校和独立学院的得分均值 0.092 分，并且上海杉达学院、上海师范大学天华学院、上海外国语大学贤达经济人文学院、上海视觉艺术学院和上海建桥学院 5 所高校的得分均高于所有民办高校和独立学院的平均分。上海民办高校与独立学院的人文社科发展实力总体较强，其中，上海杉达学院、上海师范大学天华学院和上海外国语大学贤达经济人文学院的评分等级分别为 A、A– 和 A–，并且在这 8 所民办高校和独立学院中，有上海杉达学院（第 13 名）、上海师范大学天华学院（第 25 名）、上海外国语大学贤达经济人文学院（第 31 名）和上海视觉艺术学院（第 47 名）跻身民办高校和独立学院前 50 名，上海建桥学院（第 53 名）跻身前 100 名。

9.2.6 江苏民办高校和独立学院评价报告

江苏民办高校和独立学院人文社科发展排名如表 9–7 所示。

表 9-7 江苏民办高校和独立学院人文社科发展排名

排名	学校名称	所有制	学校类型	等级
1	无锡太湖学院	民办	综合类	A+
2	三江学院	民办	综合类	A-
3	南京传媒学院	民办	艺术类	B+
4	南京师范大学泰州学院	独立学院	师范类	B+
5	南京大学金陵学院	独立学院	综合类	B-
6	东南大学成贤学院	独立学院	综合类	B-
6	南京理工大学紫金学院	独立学院	理工类	B-
6	南京理工大学泰州科技学院	独立学院	理工类	B-
6	南京师范大学中北学院	独立学院	综合类	B-
6	苏州大学应用技术学院	独立学院	综合类	B-
11	南通理工学院	民办	理工类	B-
11	南京医科大学康达学院	独立学院	医药类	B-
11	南通大学杏林学院	独立学院	综合类	B-
11	南京审计大学金审学院	独立学院	综合类	B-
15	南京航空航天大学金城学院	独立学院	理工类	C+
15	南京中医药大学翰林学院	独立学院	医药类	C+
15	南京财经大学红山学院	独立学院	综合类	C+
15	常州大学怀德学院	独立学院	综合类	C+
19	中国矿业大学徐海学院	独立学院	理工类	C
19	苏州科技大学天平学院	独立学院	综合类	C
19	江苏大学京江学院	独立学院	综合类	C
19	江苏师范大学科文学院	独立学院	综合类	C
23	扬州大学广陵学院	独立学院	综合类	C-
24	南京邮电大学通达学院	独立学院	综合类	C-
25	南京工业大学浦江学院	独立学院	综合类	C-
26	江苏科技大学苏州理工学院	独立学院	综合类	D

由表 9–7 可知，江苏共有 4 所民办高校和 22 所独立学院，其中综合类、理工类、医药类、师范类和艺术类分别有 17 所、5 所、2 所、1 所、1 所，评分等级为 A、B、C、D 类的高校分别有 2 所、12 所、11 所、1 所。这 26 所民办高校和独立学院人文社科发展平均得分为 0.087 分，略低于所有民办高校和独立学院的得分均值 0.092 分，其中无锡太湖学院（第 6 名）、三江学院（第 22 名）、南京传媒学院（第 42 名）、南京师范大学泰州学院（第 54 名）4 所高校的得分均高于平均分 0.092 分，也是江苏仅有的 4 所进入民办高校和独立学院排行榜前 100 名的高校。在江苏的 4 所民办高校中，无锡太湖学院、三江学院和南京传媒学院 3 所民办高校跻身全国民办和独立学院排行榜前 50 名，也是江苏民办高校和独立学院排行榜的前 3 名，表明江苏民办高校的人文社科发展较为出色，其中无锡太湖学院的人文社科发展实力较为突出，在全国民办高校和独立学院排行榜中排第 6 名，评价等级为 A+，三江学院的评价等级为 A–，这也是江苏仅有的 2 所排名等级为 A 的高校。

9.2.7　浙江民办高校和独立学院评价报告

浙江民办高校和独立学院人文社科发展排名如表 9–8 所示。

表 9–8　浙江民办高校和独立学院人文社科发展排名

排名	学校名称	所有制	学校类型	等级
1	浙江越秀外国语学院	民办	语言类	A+
2	宁波财经学院	民办	财经类	A+
3	浙江树人学院	民办	理工类	A+
4	浙江工商大学杭州商学院	独立学院	财经类	A
5	温州商学院	民办	财经类	A–
6	浙江工业大学之江学院	独立学院	理工类	A–
7	西湖大学	民办	理工类	B+
8	浙江农林大学暨阳学院	独立学院	综合类	B+
9	中国计量大学现代科技学院	独立学院	理工类	B
10	宁波大学科学技术学院	独立学院	综合类	B
10	浙江财经大学东方学院	独立学院	财经类	B
12	杭州师范大学钱江学院	独立学院	师范类	B
13	绍兴文理学院元培学院	独立学院	综合类	B
14	上海财经大学浙江学院	独立学院	财经类	B–

续表

排名	学校名称	所有制	学校类型	等级
15	浙江广厦建设职业技术大学	民办	理工类	B-
15	浙江理工大学科技与艺术学院	独立学院	理工类	B-
17	浙江师范大学行知学院	独立学院	综合类	C+
18	杭州电子科技大学信息工程学院	独立学院	理工类	C
19	同济大学浙江学院	独立学院	综合类	D+
20	浙江中医药大学滨江学院	独立学院	医药类	D-
21	温州医科大学仁济学院	独立学院	医药类	D-

由表 9-8 可知，浙江共有 6 所民办高校和 15 所独立学院，其中理工类、综合类、财经类、医药类、师范类和语言类高校分别有 7 所、5 所、5 所、2 所、1 所、1 所，评分等级为 A、B、C、D 的高校数量分别有 6 所、10 所、2 所、3 所。这 21 所民办高校和独立学院的人文社科发展平均得分为 0.265 分，远高于所有民办高校和独立学院的人文社科发展评价得分的均值 0.092 分，表明浙江的人文社科发展实力较为强势，其中浙江越秀外国语学院、宁波财经学院、浙江树人学院、浙江工商大学杭州商学院、温州商学院、浙江工业大学之江学院、西湖大学和浙江农林大学暨阳学院 8 所高校的人文社科发展评价得分均远高于所有民办高校和独立学院的平均分。

浙江越秀外国语学院、宁波财经学院和浙江树人学院是浙江省排名前三的高校，分别在所有民办和独立学院中位居第 1 名、第 2 名和第 4 名，评价等级均为 A+，且这 3 所学校均属于民办高校。除此之外，浙江工商大学杭州商学院、温州商学院、浙江工业大学之江学院的评价等级均为 A 类。

浙江共有 9 所高校进入民办高校和独立学院人文社科发展评价排行榜前 100 名，分别是浙江越秀外国语学院（第 1 名）、宁波财经学院（第 2 名）、浙江树人学院（第 4 名）、浙江工商大学杭州商学院（第 20 名）、温州商学院（第 29 名）、浙江工业大学之江学院（第 35 名）、西湖大学（第 49 名）、浙江农林大学暨阳学院（第 60 名）和中国计量大学现代科技学院（第 98 名）。

9.2.8 福建民办高校和独立学院评价报告

福建民办高校和独立学院人文社科发展排名如表 9-9 所示。

表 9-9 福建民办高校和独立学院人文社科发展排名

排名	学校名称	所有制	学校类型	等级
1	阳光学院	民办	理工类	A+
2	福州外语外贸学院	民办	财经类	A
3	福建师范大学协和学院	独立学院	综合类	A-
4	集美大学诚毅学院	独立学院	综合类	A-
5	厦门大学嘉庚学院	独立学院	综合类	B+
6	厦门华厦学院	民办	综合类	B
7	福州工商学院	民办	财经类	B
8	厦门工学院	民办	理工类	B-
9	福建农林大学金山学院	独立学院	综合类	B-
10	仰恩大学	民办	综合类	C+
11	福州大学至诚学院	独立学院	综合类	C-
12	闽南理工学院	民办	理工类	C-
13	泉州信息工程学院	民办	理工类	D+
14	泉州职业技术大学	民办	理工类	D+
15	闽南科技学院	民办	理工类	D+
16	福州理工学院	民办	理工类	D

由表 9-9 可知，福建共有 11 所民办高校和 5 所独立学院，其中综合类、理工类和财经类高校分别有 7 所、7 所、2 所，评分等级为 A、B、C、D 的高校分别有 4 所、5 所、3 所、4 所。这 16 所民办和独立学院的人文社科发展平均得分为 0.140 分，远高于所有民办高校和独立学院的人文社科发展评价得分均值为 0.092 分，表明福建人文社科发展实力整体较强，其中阳光学院、福州外语外贸学院、福建师范大学协和学院、集美大学诚毅学院、厦门大学嘉庚学院 5 所高校的评价得分高于所有民办高校和独立学院的平均分。

从民办高校和独立学院人文社科发展的综合排名来看，福建的阳光学院和福州外语外贸学院分别位居全国民办和独立学院排行榜第 7 名和第 9 名，福建师范大学协和学院（第 34 名）、集美大学诚毅学院（第 37 名）和厦门大学嘉庚学院（第 48 名）跻身前 50 名，此外，厦门华厦学院（第 87 名）也进入了全国排行榜前 100 强。

9.2.9 山东民办高校和独立学院评价报告

山东民办高校和独立学院人文社科发展排名如表 9–10 所示。

表 9–10 山东民办高校和独立学院人文社科发展排名

排名	学校名称	所有制	学校类型	等级
1	山东英才学院	民办	综合类	B+
2	山东协和学院	民办	医药类	B+
3	潍坊科技学院	民办	理工类	B
4	山东华宇工学院	民办	理工类	B
5	青岛黄海学院	民办	理工类	B
6	烟台南山学院	民办	理工类	B
6	烟台理工学院	民办	理工类	B
8	青岛滨海学院	民办	综合类	C+
8	齐鲁理工学院	民办	理工类	C+
10	聊城大学东昌学院	独立学院	综合类	C+
10	山东外事职业大学	民办	综合类	C+
12	山东外国语职业技术大学	民办	语言类	C
12	泰山科技学院	民办	理工类	C
12	山东财经大学东方学院	独立学院	财经类	C
12	青岛电影学院	民办	艺术类	C
16	青岛恒星科技学院	民办	理工类	D+
16	烟台科技学院	民办	综合类	D+
18	青岛城市学院	民办	理工类	D+
19	齐鲁医药学院	民办	医药类	D
20	山东工程职业技术大学	民办	理工类	D
21	山东财经大学燕山学院	独立学院	财经类	D
22	潍坊理工学院	民办	综合类	D
22	青岛工学院	民办	理工类	D

续表

排名	学校名称	所有制	学校类型	等级
24	青岛农业大学海都学院	独立学院	综合类	D
25	山东现代学院	民办	综合类	D

由表 9-10 可知，山东共有 21 所民办高校和 4 所独立学院，其中理工类、综合类、医药类、财经类、艺术类和语言类高校分别有 11 所、8 所、2 所、2 所、1 所、1 所。评分等级分别为 A、B、C、D 类的高校分别有 0 所、7 所、8 所、10 所。这 25 所民办高校和独立学院的人文社科发展平均得分为 0.052 分，低于所有民办高校和独立学院的人文社科发展评价得分均值为 0.092 分，仅有山东英才学院和山东协和学院 2 所高校的得分高于平均分。

山东人文社科发展前 5 名的高校分别为山东英才学院、山东协和学院、潍坊科技学院、山东华宇工学院和青岛黄海学院，这 5 所高校均属于民办高校，潍坊科技学院、山东华宇工学院和青岛黄海学院这 3 所高校属于理工类高校。

从民办高校和独立学院人文社科发展的综合排名来看，山东仅有山东英才学院（第 70 名）、山东协和学院（第 78 名）、潍坊科技学院（第 93 名）和山东华宇工学院（第 99 名）4 所高校跻身民办高校和独立学院排行榜前 100 强，并且排名都较为靠后。

9.2.10 广东民办高校和独立学院评价报告

广东民办高校和独立学院人文社科发展排名如表 9-11 所示。

表 9-11 广东民办高校和独立学院人文社科发展排名

排名	学校名称	所有制	学校类型	等级
1	广州商学院	民办	财经类	A+
2	北京师范大学珠海分校	独立学院	师范类	A+
3	广州南方学院	民办	综合类	A
4	广东外语外贸大学南国商学院	独立学院	财经类	A
5	广州华商学院	民办	财经类	A
6	广州城市理工学院	民办	理工类	A-
7	北京理工大学珠海学院	独立学院	理工类	A-
8	广州工商学院	民办	财经类	A-
9	广东科技学院	民办	综合类	A-
10	广州软件学院	民办	理工类	A-

续表

排名	学校名称	所有制	学校类型	等级
11	东莞城市学院	民办	综合类	B+
12	广州理工学院	民办	理工类	B+
13	广州新华学院	民办	综合类	B+
14	湛江科技学院	民办	综合类	B+
15	珠海科技学院	民办	综合类	B+
16	广东培正学院	民办	财经类	B
17	广东白云学院	民办	理工类	B
18	广东工商职业技术大学	民办	财经类	B-
19	广州应用科技学院	民办	综合类	C+
20	电子科技大学中山学院	独立学院	综合类	C+
20	广东理工学院	民办	理工类	C+
22	广东东软学院	民办	理工类	C
23	华南农业大学珠江学院	独立学院	综合类	C-
24	广州华立学院	民办	理工类	C-
25	广州科技职业技术大学	民办	理工类	D+

由表 9-11 可知，广东共有 20 所民办高校和 5 所独立学院，其中理工类、综合类、财经类和师范类高校分别有 9 所、9 所、6 所、1 所。评分等级分别为 A、B、C、D 类的高校分别有 10 所、8 所、6 所、1 所，广东是 A 类中高校最多的省份。这 25 所民办高校和独立学院的人文社科发展平均得分为 0.202 分，远高于所有民办高校和独立学院的人文社科发展评价得分均值为 0.092 分，其中有 15 所高校的得分均高于平均分。

从广东排名来看，广东人文社科发展前 5 名的高校分别为广州商学院、北京师范大学珠海分校、广州南方学院、广东外语外贸大学南国商学院、广州华商学院，其中广州商学院位居广东省人文社科发展评价排行榜榜首，其表现较为拔尖，位居全国民办高校和独立学院排行榜第 3 名。

从民办高校和独立学院人文社科发展的综合排名来看，广东有 10 所高校进入全国民办高校和独立学院人文社科发展评价排行榜前 50 强，分别是广州商学院（第 3 名）、北京师范大学珠海分校（第 8 名）、广州南方学院（第 15 名）、广东外语外贸大学南国商学院（第 16 名）、广州华商学院（第 18 名）、广州城市理工学院（第 21 名）、北京理工大学珠海学院（第 23 名）、广州工商学院（第 26 名）、广州科技学院（第 27 名）、广州软件学院（第 37 名）。此外，还有东莞城市学院（第 52 名）、广州理工学院（第 55 名）、广州新华学院（第 61 名）、湛江科技学院（第 62 名）、珠海科技学院（第 74 名）和广东培正学院（第 87 名）6 所高校进入全国民办高校和独立学院人文社科发展评价排行榜前 100 强。

9.2.11　海南民办高校和独立学院评价报告

海南民办高校和独立学院人文社科发展排名如表 9–12 所示。

表 9－12　海南民办高校和独立学院人文社科发展排名

排名	学校名称	所有制	学校类型	等级
1	三亚学院	民办	综合类	A+
2	海口经济学院	民办	财经类	A−
3	海南科技职业大学	民办	理工类	C

由表 9－12 可知，海南仅有 3 所民办高校，分别属于综合类、财经类和理工类高校。这 3 所民办高校的人文社科发展平均得分为 0.309 分，远高于所有民办高校和独立学院的人文社科发展评价得分均值为 0.092 分，其中三亚学院和海口经济学院的得分均高于平均。海南民办高校和独立学院人文社科发展评价排行榜榜首为三亚学院，评价等级为 A+，在全国民办高校和独立学院排行榜中排第 5 名，海南排行榜第 2 名是海口经济学院，评价等级为 A−，在全国民办高校和独立学院排行榜中排第 32 名。相对而言，海南科技职业大学的人文社科发展较为薄弱，评价等级为 C，在全国民办高校和独立学院排行榜中排第 175 名。

9.2.12　山西民办高校和独立学院评价报告

山西民办高校和独立学院人文社科发展排名如表 9–13 所示。

表 9－13　山西民办高校和独立学院人文社科发展排名

排名	学校名称	所有制	学校类型	等级
1	山西工商学院	民办	财经类	B
2	山西师范大学现代文理学院	独立学院	师范类	C+
3	山西应用科技学院	民办	理工类	C
3	晋中信息学院	民办	理工类	C
5	运城职业技术大学	民办	综合类	C−
6	山西晋中理工学院	民办	理工类	D+
7	山西医科大学晋祠学院	独立学院	医药类	D−

续表

排名	学校名称	所有制	学校类型	等级
8	山西财经大学华商学院	独立学院	财经类	D-

由表 9-13 可知，山西共有 5 所民办高校和 3 所独立学院，其中理工类、财经类、师范类、医药类和综合类高校分别有 3 所、2 所、1 所、1 所、1 所。评分等级分别有 A、B、C、D 类的高校分别有 0 所、1 所、4 所、3 所。这 8 所民办高校和独立学院的人文社科发展平均得分为 0.042 分，低于所有民办高校和独立学院的人文社科发展评价得分均值为 0.092 分，并且所有高校的得分均在平均分以下，表明山西人文社科发展水平整体较低，还有较大的提升空间。

山西人文社科发展前 5 名的高校分别为山西工商学院、山西师范大学现代文理学院、山西应用科技学院、晋中信息学院和运城职业技术大学，并未有高校进入全国民办高校和独立学院排行榜前 100 强，山西人文社科发展实力最强的山西工商学院仅在全国排第 118 名。

9.2.13　吉林民办高校和独立学院评价报告

吉林民办高校和独立学院人文社科发展排名如表 9-14 所示。

表 9-14　吉林民办高校和独立学院人文社科发展排名

排名	学校名称	所有制	学校类型	等级
1	吉林外国语大学	民办	语言类	A
2	吉林动画学院	民办	艺术类	A-
3	长春财经学院	民办	财经类	B+
4	长春建筑学院	民办	理工类	B+
5	长春光华学院	民办	综合类	B+
6	长春科技学院	民办	理工类	B
7	长春大学旅游学院	独立学院	综合类	B
8	长春工业大学人文信息学院	独立学院	综合类	B
9	长春人文学院	民办	综合类	B
10	吉林建筑科技学院	民办	理工类	C+
10	吉林师范大学博达学院	独立学院	师范类	C+
12	长春电子科技学院	民办	理工类	D+

由表 9-14 可知，吉林共有 9 所民办高校和 3 所独立学院，其中理工类、综合类、财经类、师范类、艺术类和语言类高校分别有 4 所、4 所、1 所、1 所、1 所、1 所。评分等级分别为 A、B、C、D 类的高校分别有 2 所、7 所、2 所、1 所。这 12 所民办高校和独立学院的人文社科发展平均得分为 0.120 分，高于所有民办高校和独立学院人文社科发展评价得分均值为 0.092 分，吉林外国语大学、吉林动画学院、长春财经学院、长春建筑学院和长春光华学院 5 所高校的评价得分要高于所有民办高校和独立学院的平均分。

从吉林排名来看，吉林人文社科发展排名前 5 名的高校分别为吉林外国语大学、吉林动画学院、长春财经学院、长春建筑学院和长春光华学院，这 5 所高校均属于民办高校，其中吉林外国语大学的人文社科发展实力较强，位居全国排行榜第 11 名，评价等级为 A；吉林动画学院评价等级为 A-，也是吉林省仅有的 2 所评价等级为 A 类的民办高校。

从民办高校和独立学院人文社科发展的综合排名来看，吉林有 2 所高校进入全国民办高校和独立学院人文社科发展评价排行榜前 50 名，分别是吉林外国语大学（第 11 名）、吉林动画学院（第 41 名）。此外，还有长春财经学院（第 66 名）、长春建筑学院（第 76 名）、长春光华学院（第 78 名）和长春科技学院（第 90 名）4 所民办高校跻身全国排行榜前 100 强。

9.2.14 黑龙江民办高校和独立学院评价报告

黑龙江民办高校和独立学院人文社科发展排名如表 9-15 所示。

表 9-15 黑龙江民办高校和独立学院人文社科发展排名

排名	学校名称	所有制	学校类型	等级
1	哈尔滨石油学院	民办	理工类	B
2	黑龙江东方学院	民办	综合类	B-
3	黑龙江外国语学院	民办	语言类	C+
4	黑龙江工商学院	民办	财经类	C-
5	黑龙江财经学院	民办	财经类	C-
6	哈尔滨华德学院	民办	理工类	D+
7	齐齐哈尔工程学院	民办	理工类	D+
8	哈尔滨远东理工学院	民办	理工类	D+
9	哈尔滨广厦学院	民办	综合类	D+
10	哈尔滨剑桥学院	民办	综合类	D
11	哈尔滨信息工程学院	民办	理工类	D-
12	黑龙江工程学院昆仑旅游学院	独立学院	财经类	D-

由表 9-15 可知，黑龙江共有 11 所民办高校和 1 所独立学院，其中理工类、财经类、综合类和语言类高校分别有 5 所、3 所、3 所、1 所。评分等级分别为 A、B、C、D 类的高校分别有 0 所、2 所、3 所、7 所。这 12 所民办高校和独立学院的人文社科发展平均得分为 0.041 分，低于所有民办高校和独立学院的人文社科发展评价得分均值为 0.092 分，并且黑龙江所有民办高校和独立学院的人文社科发展评价得分均低于平均分，表明黑龙江人文社科发展水平处于我国平均水平以下。

从黑龙江排名来看，黑龙江人文社科发展前 5 名的高校分别为哈尔滨石油学院、黑龙江东方学院、黑龙江外国语学院、黑龙江工商学院和黑龙江财经学院，这 5 所高校均属于民办高校，黑龙江未有高校进入全国民办高校和独立学院人文社科发展排行榜前 100 强。位于黑龙江排行榜榜首的哈尔滨石油学院在全国排行榜仅排到第 117 名，排名较为靠后。

9.2.15 安徽民办高校和独立学院评价报告

安徽民办高校和独立学院人文社科发展排名如表 9-16 所示。

表 9-16 安徽民办高校和独立学院人文社科发展排名

排名	学校名称	所有制	学校类型	等级
1	安徽信息工程学院	民办	理工类	A-
2	安徽新华学院	民办	理工类	B
3	安徽外国语学院	民办	语言类	B-
4	安徽三联学院	民办	理工类	C+
5	合肥经济学院	民办	财经类	C
5	阜阳师范大学信息工程学院	独立学院	综合类	C
5	皖江工学院	民办	理工类	C
8	安徽师范大学皖江学院	独立学院	师范类	C-
9	蚌埠工商学院	民办	财经类	D+
10	安徽文达信息工程学院	民办	理工类	D+
11	马鞍山学院	民办	理工类	D
12	安徽大学江淮学院	独立学院	综合类	D
13	安徽医科大学临床医学院	独立学院	医药类	D-
14	合肥城市学院	民办	理工类	D-
15	淮北理工学院	民办	理工类	D-

由表 9-16 可知，安徽共有 11 所民办高校和 4 所独立学院，其中理工类、财经类、综合类、师范类、医药类和语言类高校分别有 8 所、2 所、2 所、1 所、1 所、1 所。评分等级分别为 A、B、C、D 类的高校分别有 1 所、2 所、5 所、7 所。这 15 所民办高校和独立学院的人文社科发展平均得分为 0.054 分，低于所有民办高校和独立学院的人文社科发展评价得分均值为 0.092 分，仅安徽信息工程学院的评价得分高于所有民办高校和独立学院的平均分。

从安徽排名来看，安徽人文社科发展前 5 名的高校分别为安徽信息工程学院、安徽新华学院、安徽外国语学院、安徽三联学院和合肥经济学院，其中安徽信息工程学院位于安徽人文社科发展评价排行榜榜首，也是安徽唯一一所进入全国民办高校和独立学院排行榜前 100 强的高校、安徽省唯一一所评价等级为 A 类的高校，其他 4 所高校的评价得分均低于全国平均分。

9.2.16 江西民办高校和独立学院评价报告

江西民办高校和独立学院人文社科发展排名如表 9-17 所示。

表 9-17 江西民办高校和独立学院人文社科发展排名

排名	学校名称	所有制	学校类型	等级
1	南昌理工学院	民办	理工类	A
2	江西服装学院	民办	艺术类	A-
3	江西工程学院	民办	理工类	B+
4	南昌工学院	民办	理工类	B+
5	江西财经大学现代经济管理学院	独立学院	财经类	B
6	江西科技学院	民办	理工类	B
7	江西应用科技学院	民办	理工类	B-
8	南昌交通学院	民办	理工类	C+
8	江西农业大学南昌商学院	独立学院	综合类	C+
10	南昌职业大学	民办	综合类	C
10	南昌大学科学技术学院	独立学院	综合类	C
10	景德镇艺术职业大学	民办	艺术类	C
13	南昌航空大学科技学院	独立学院	理工类	C-
14	赣南师范大学科技学院	独立学院	师范类	D+
15	南昌大学共青学院	独立学院	综合类	D+

续表

排名	学校名称	所有制	学校类型	等级
16	南昌应用技术师范学院	民办	理工类	D+
17	江西软件职业技术大学	民办	理工类	D
18	江西师范大学科学技术学院	独立学院	师范类	D

由表 9–17 可知，江西共有 11 所民办高校和 7 所独立学院，其中理工类、综合类、师范类、艺术类和财经类高校分别有 9 所、4 所、2 所、2 所、1 所。评分等级为 A、B、C、D 类的高校分别有 2 所、5 所、6 所、5 所。这 18 所民办高校和独立学院的人文社科发展平均得分为 0.085 分，低于所有民办高校和独立学院的人文社科发展评价得分的均值为 0.092 分，其中南昌理工学院、江西服装学院、江西工程学院和南昌工学院 4 所高校的评价得分要高于所有民办高校和独立学院的平均分。

从江西排名来看，江西人文社科发展前 5 名的高校分别为南昌理工学院、江西服装学院、江西工程学院、南昌工学院和江西财经大学现代经济管理学院，其中前 4 所高校均属于民办高校，只有江西财经大学现代经济管理学院属于独立学院，位居江西排行榜榜首的南昌理工学院在全国民办高校和独立学院排行榜中排第 19 名，评价等级为 A；江西服装学院的评价等级为 A–，这是江西仅有的 2 所排名等级为 A 类的高校。

从民办高校和独立学院人文社科发展的综合排名来看，江西有 3 所高校进入全国民办高校和独立学院人文社科发展评价排行榜前 50 名，分别是南昌理工学院（第 19 名）、江西服装学院（第 33 名）、江西工程学院（第 44 名）。此外，还有南昌工学院（第 64 名）、江西财经大学现代经济管理学院（第 91 名）2 所民办高校跻身全国排行榜前 100 强。

9.2.17　河南民办高校和独立学院评价报告

河南民办高校和独立学院人文社科发展排名如表 9–18 所示。

表 9–18　河南民办高校和独立学院人文社科发展排名

排名	学校名称	所有制	学校类型	等级
1	郑州科技学院	民办	理工类	A
2	商丘学院	民办	综合类	B+
3	新乡医学院三全学院	独立学院	医药类	B+
4	黄河科技学院	民办	理工类	B+
5	安阳学院	民办	综合类	B+
6	信阳学院	民办	综合类	B

续表

排名	学校名称	所有制	学校类型	等级
7	河南开封科技传媒学院	民办	财经类	B
8	郑州西亚斯学院	民办	综合类	B
9	郑州工商学院	民办	理工类	B-
9	郑州商学院	民办	财经类	B-
11	郑州工业应用技术学院	民办	理工类	B-
11	郑州升达经贸管理学院	民办	财经类	B-
13	郑州财经学院	民办	财经类	C+
13	商丘工学院	民办	理工类	C+
13	郑州经贸学院	民办	财经类	C+
16	中原科技学院	民办	理工类	C
17	黄河交通学院	民办	理工类	C-
18	河南科技职业大学	民办	理工类	C-
19	新乡工程学院	民办	理工类	D

由表 9-18 可知，河南共有 18 所民办高校和 1 所独立学院，其中理工类、财经类、综合类和医药类高校分别有 9 所、5 所、4 所、1 所。评分等级为 A、B、C、D 类的高校分别有 1 所、11 所、6 所、1 所。这 19 所民办高校和独立学院的人文社科发展平均得分为 0.086 分，低于所有民办高校和独立学院的人文社科发展评价得分的均值为 0.092 分，郑州科技学院、商丘学院、新乡医学院三全学院、黄河科技学院和安阳学院 5 所高校的评价得分要高于所有民办高校和独立学院的平均分。

从河南排名来看，河南人文社科发展前 5 名的高校分别为郑州科技学院、商丘学院、新乡医学院三全学院、黄河科技学院和安阳学院，其中 4 所高校属于民办高校，仅新乡医学院三全学院属于独立学院，位居河南排行榜榜首的郑州科技学院在全国民办和独立学院中排第 17 名，评价等级为 A，也是河南唯一一所排名等级为 A 类的民办高校。

从民办高校和独立学院人文社科发展的综合排名来看，河南有 2 所高校进入全国民办高校和独立学院人文社科发展评价排行榜前 50 名，分别是郑州科技学院（第 17 名）和商丘学院（第 46 名）。此外，还有新乡医学院三全学院（第 59 名）、黄河科技学院（第 68 名）和安阳学院（第 82 名）和信阳学院（第 92 名）5 所民办高校跻身全国排行榜前 100 强。

9.2.18 湖北民办高校和独立学院评价报告

湖北民办高校和独立学院人文社科发展排名如表 9–19 所示。

表 9–19 湖北民办高校和独立学院人文社科发展排名

排名	学校名称	所有制	学校类型	等级
1	武昌理工学院	民办	理工类	A
2	武汉工商学院	民办	财经类	A
3	武昌首义学院	民办	理工类	B+
4	武昌工学院	民办	理工类	B+
5	武汉学院	民办	财经类	B+
6	武汉华夏理工学院	民办	理工类	B+
7	武汉传媒学院	民办	艺术类	B
8	武汉东湖学院	民办	综合类	B
9	武汉生物工程学院	民办	理工类	B
10	武汉设计工程学院	民办	综合类	B
11	长江大学文理学院	独立学院	综合类	B
12	湖北商贸学院	民办	财经类	B–
13	武汉城市学院	民办	理工类	B–
14	汉口学院	民办	综合类	C+
15	武汉体育学院体育科技学院	独立学院	综合类	C+
16	三峡大学科技学院	独立学院	理工类	C
16	荆州学院	民办	理工类	C
16	湖北汽车工业学院科技学院	独立学院	理工类	C
16	文华学院	民办	理工类	C
16	武汉工程科技学院	民办	理工类	C
21	湖北经济学院法商学院	独立学院	财经类	C–
22	湖北工业大学工程技术学院	独立学院	理工类	C–
23	武汉工程大学邮电与信息工程学院	独立学院	理工类	C–

续表

排名	学校名称	所有制	学校类型	等级
24	武汉晴川学院	民办	综合类	D+
25	湖北工程学院新技术学院	独立学院	理工类	D+
26	武汉文理学院	民办	财经类	D+
27	湖北大学知行学院	独立学院	理工类	D+
28	湖北文理学院理工学院	独立学院	理工类	D
29	武汉纺织大学外经贸学院	独立学院	财经类	D
30	湖北师范大学文理学院	独立学院	综合类	D
31	湖北恩施学院	民办	理工类	D-
32	湖北医药学院药护学院	独立学院	医药类	D-

由表 9-19 可知，湖北共有 19 所民办高校和 13 所独立学院，其中理工类、综合类、财经类、艺术类和医药类高校分别有 17 所、7 所、6 所、1 所、1 所。评分等级为 A、B、C、D 类的高校分别有 2 所、11 所、10 所、9 所。这 32 所民办高校和独立学院的人文社科发展平均得分为 0.087 分，低于所有民办高校和独立学院的人文社科发展评价得分的均值为 0.092 分，其中武昌理工学院、武汉工商学院、武昌首义学院、武昌工学院、武汉学院和武汉华夏理工学院的评价得分均在全国平均分以上，且均属于民办高校。

从湖北排名来看，湖北人文社科发展前 5 名的高校分别为武昌理工学院、武汉工商学院、武昌首义学院、武昌工学院和武汉学院，均属于民办高校，其中武昌理工学院和武汉工商学院的评价等级为 A。

从民办高校和独立学院人文社科发展的综合排名来看，湖北有 3 所高校进入全国民办高校和独立学院人文社科发展评价排行榜前 50 名，分别是武昌理工学院（第 10 名）、武汉工商学院（第 14 名）和武昌首义学院（第 45 名）。此外，还有武昌工学院（第 58 名）、武汉学院（第 63 名）、武汉华夏理工学院（第 75 名）、武汉传媒学院（第 87 名）、武汉东湖学院（第 93 名）和武汉生物工程学院（第 97 名）6 所民办高校跻身全国民办高校和独立学院排行榜前 100 强，且这些高校均属于民办高校。

9.2.19 湖南民办高校和独立学院评价报告

湖南民办高校和独立学院人文社科发展排名如表 9-20 所示。

表 9-20　湖南民办高校和独立学院人文社科发展排名

排名	学校名称	所有制	学校类型	等级
1	湖南涉外经济学院	民办	财经类	B+
2	湖南应用技术学院	民办	理工类	B+
3	湖南信息学院	民办	理工类	B+
4	吉首大学张家界学院	独立学院	综合类	C+
5	湖南农业大学东方科技学院	独立学院	综合类	C
6	湖南交通工程学院	民办	理工类	C-
7	中南林业科技大学涉外学院	独立学院	综合类	C-
8	长沙医学院	民办	医药类	D+
9	湖南软件职业技术大学	民办	理工类	D+
10	湖南文理学院芙蓉学院	独立学院	综合类	D
10	衡阳师范学院南岳学院	独立学院	师范类	D
12	湘潭理工学院	民办	财经类	D
13	长沙理工大学城南学院	独立学院	理工类	D-
14	湖南师范大学树达学院	独立学院	师范类	D-
15	湖南工业大学科技学院	独立学院	理工类	D-
16	南华大学船山学院	独立学院	理工类	D-
16	湖南理工学院南湖学院	独立学院	理工类	D-
18	湘潭大学兴湘学院	独立学院	综合类	D-
19	湖南科技大学潇湘学院	独立学院	综合类	D-
19	湖南工程学院应用技术学院	独立学院	理工类	D-
19	湖南中医药大学湘杏学院	独立学院	医药类	D-

由表 9-20 可知，湖南共有 7 所民办高校和 14 所独立学院，其中理工类、综合类、财经类、师范类和医药类高校分别有 9 所、6 所、2 所、2 所、2 所。评分等级为 A、B、C、D 类的高校分别有 0 所、3 所、4 所、14 所。这 21 所民办高校和独立学院的人文社科发展平均得分为 0.052 分，低于所有民办高校和独立学院的人文社科发展评价得分的均值 0.092 分，其中湖南涉外经济学院、湖南应用技术学院和湖南信息学院 3 所高校的评价得分均在平均分以上，且均属于民办高校。

湖南人文社科发展前 5 名的高校分别为湖南涉外经济学院、湖南应用技术学院、湖南信息学院、吉首大学张家界学院和湖南农业大学东方科技学院，其中位居湖南排行榜榜首的湖南涉外经济学院的评价等级为 B+，湖南未有评价等级为 A 类的高校。仅湖南涉外经济学院（第 50 名）进入全国民办高校和独立学院人文社科发展评价排行榜前 50 名，并且排名较为靠后。此外，还有湖南应用技术学院（第 68 名）和湖南信息学院（第 76 名）2 所高校进入全国民办高校和独立学院排行榜前 100 强。

9.2.20 内蒙古民办高校和独立学院评价报告

内蒙古民办高校和独立学院人文社科发展排名如表 9-21 所示。

表 9-21 内蒙古民办高校和独立学院人文社科发展排名

排名	学校名称	所有制	学校类型	等级
1	内蒙古鸿德文理学院	民办	综合类	C-
2	内蒙古大学创业学院	独立学院	综合类	D+

由表 9-21 可知，内蒙古共有 1 所民办高校和 1 所独立学院，均属于综合类高校，这 2 所民办高校和独立学院的人文社科发展平均得分为 0.037 分。内蒙古鸿德文理学院位居内蒙古排行榜第 1 名，但是在全国仅排到第 280 名，评价等级为 C-；内蒙古大学创业学院在全国民办高校和独立学院排行榜中排第 311 名，评价等级为 D+。内蒙古 2 所高校的评价得分均低于全国平均分，表明内蒙古民办高校和独立学院的人文社科发展实力较为薄弱。

9.2.21 广西民办高校和独立学院评价报告

广西民办高校和独立学院人文社科发展排名如表 9-22 所示。

表 9-22 广西民办高校和独立学院人文社科发展排名

排名	学校名称	所有制	学校类型	等级
1	广西外国语学院	民办	语言类	B
2	南宁学院	民办	综合类	B-
2	柳州工学院	民办	理工类	B-
2	桂林学院	民办	综合类	B-
2	桂林信息科技学院	民办	理工类	B-
6	广西民族大学相思湖学院	独立学院	综合类	B-

续表

排名	学校名称	所有制	学校类型	等级
7	广西城市职业大学	民办	综合类	C+
8	北海艺术设计学院	民办	艺术类	C+
9	南宁理工学院	民办	理工类	C-
10	南宁师范大学师园学院	独立学院	综合类	D+
11	广西中医药大学赛恩斯新医药学院	独立学院	医药类	D+
12	北京航空航天大学北海学院	民办	理工类	D-

由表 9-22 可知，广西共有 9 所民办高校和 3 所独立学院，其中综合类、理工类、医药类、艺术类和语言类高校分别有 5 所、4 所、1 所、1 所、1 所。评分等级为 A、B、C、D 类的高校分别有 0 所、6 所、3 所、3 所。这 12 所民办高校和独立学院的人文社科发展平均得分为 0.052 分，低于所有民办高校和独立学院的人文社科发展评价得分的均值为 0.092 分，并且广西所有民办高校和独立学院的评价得分均低于平均分。

广西人文社科发展前 5 名的高校分别为广西外国语学院、南宁学院、柳州工学院、桂林学院和桂林信息科技学院，均属于民办高校。广西仅有广西外国语学院进入了全国民办高校和独立学院排行榜前 100 强，排第 86 名，排名等级为 B，广西未有高校进入 A 类。

9.2.22 重庆民办高校和独立学院评价报告

重庆民办高校和独立学院人文社科发展排名如表 9-23 所示。

表 9-23 重庆民办高校和独立学院人文社科发展排名

排名	学校名称	所有制	学校类型	等级
1	重庆财经学院	民办	财经类	B+
2	重庆外语外事学院	民办	语言类	B+
3	重庆人文科技学院	民办	综合类	B+
4	重庆城市科技学院	民办	综合类	B+
5	重庆工程学院	民办	理工类	B
6	重庆机电职业技术大学	民办	理工类	C+
7	重庆移通学院	民办	理工类	C

续表

排名	学校名称	所有制	学校类型	等级
8	重庆对外经贸学院	民办	财经类	C-
9	重庆工商大学派斯学院	独立学院	财经类	C-

由表 9-23 可知，重庆共有 8 所民办高校和 1 所独立学院，其中财经类、理工类、综合类和语言类高校分别有 3 所、3 所、2 所、1 所。评分等级为 A、B、C、D 类的高校分别有 0 所、5 所、4 所、0 所。这 9 所民办高校和独立学院的人文社科发展平均得分为 0.080 分，低于所有民办高校和独立学院的人文社科发展评价得分的均值为 0.092 分，其中重庆财经学院、重庆外语外事学院、重庆人文科技学院和重庆城市科技学院 4 所高校的评价得分在平均分以上，重庆大约一半左右的高校平均分均高于全国平均分。

重庆人文社科发展前 5 名的高校分别为重庆财经学院、重庆外语外事学院、重庆人文科技学院、重庆城市科技学院和重庆工程学院，均属于民办高校，同时这 6 所民办高校均跻身全国民办高校和独立学院排行榜前 100 强，在全国分别位居第 57 名、第 72 名、第 78 名、第 83 名、第 96 名，大约一半左右的高校跻身全国前 100 强。

9.2.23 四川民办高校和独立学院评价报告

四川民办高校和独立学院人文社科发展排名如表 9-24 所示。

表 9-24 四川民办高校和独立学院人文社科发展排名

排名	学校名称	所有制	学校类型	等级
1	成都锦城学院	民办	综合类	B+
2	四川电影电视学院	民办	艺术类	B+
3	四川文化艺术学院	民办	艺术类	B+
4	四川传媒学院	民办	艺术类	B
5	成都艺术职业大学	民办	艺术类	B
6	吉利学院	民办	理工类	B
7	四川工商学院	民办	财经类	B-
8	四川工业科技学院	民办	理工类	B-
9	成都文理学院	民办	综合类	B-
10	电子科技大学成都学院	独立学院	理工类	C

续表

排名	学校名称	所有制	学校类型	等级
11	成都理工大学工程技术学院	独立学院	理工类	C-
11	四川外国语大学成都学院	独立学院	语言类	C-
11	西南财经大学天府学院	独立学院	财经类	C-
11	四川大学锦江学院	独立学院	综合类	C-
15	西南交通大学希望学院	独立学院	综合类	C-
16	成都银杏酒店管理学院	民办	财经类	D+
17	绵阳城市学院	民办	理工类	D+
18	成都东软学院	民办	理工类	D+

由表 9-24 可知，四川共有 12 所民办高校和 6 所独立学院，其中理工类、艺术类、综合类、财经类和语言类高校分别有 6 所、4 所、4 所、3 所、1 所。评价等级为 A、B、C、D 类的高校分别有 0 所、9 所、6 所、3 所。这 18 所民办高校和独立学院的人文社科发展平均得分为 0.068 分，低于所有民办高校和独立学院的人文社科发展评价得分的均值为 0.092 分，其中成都锦城学院、四川电影电视学院、四川文化艺术学院、四川传媒学院 4 所高校的评价得分均在平均分以上，且均属于民办高校。

四川人文社科发展前 5 名的高校分别为成都锦城学院、四川电影电视学院、四川文化艺术学院、四川传媒学院和成都艺术职业大学，均属于民办高校，值得注意的是，除了成都锦城学院之外，其他 4 所高校均属于艺术类高校。

从民办高校和独立学院人文社科发展的综合排名来看，四川仅有成都锦城学院（第 43 名）进入全国民办高校和独立学院排行榜前 50 名。此外，还有四川电影电视学院（第 71 名）、四川文化艺术学院（第 72 名）、四川传媒学院（第 84 名）、成都艺术职业大学（第 93 名）4 所高校进入全国民办高校和独立学院排行榜前 100 强，且这 5 所高校均属于民办高校，除了成都锦城学院属于综合类高校外，其余 4 所高校均属于艺术类高校。

9.2.24 贵州民办高校和独立学院评价报告

贵州民办高校和独立学院人文社科发展排名如表 9-25 所示。

表 9-25 贵州民办高校和独立学院人文社科发展排名

排名	学校名称	所有制	学校类型	等级
1	贵阳人文科技学院	民办	综合类	B+
2	茅台学院	民办	综合类	B
3	贵阳信息科技学院	民办	综合类	C
4	贵州医科大学神奇民族医药学院	独立学院	医药类	D
5	贵州黔南科技学院	民办	综合类	D-
6	贵州黔南经济学院	民办	财经类	D-
7	遵义医科大学医学与科技学院	独立学院	医药类	D-
8	贵州中医药大学时珍学院	独立学院	医药类	D-

由表 9-25 可知，贵州共有 5 所民办高校和 3 所独立学院，其中综合类、医药类和财经类高校分别有 4 所、3 所、1 所。评价等级为 A、B、C、D 类的高校分别有 0 所、2 所、1 所、5 所。这 8 所民办高校和独立学院的人文社科发展平均得分为 0.060 分，低于所有民办高校和独立学院的人文社科发展评价得分的均值为 0.092 分，其中仅贵阳人文科技学院的评价得分在平均分以上。

贵州人文社科发展前 5 名的高校分别为贵阳人文科技学院、茅台学院、贵阳信息科技学院、贵州医科大学神奇民族医药学院和贵州黔南科技学院，除贵州医科大学神奇民族医药学院属于医药类大学外，其他 4 所均属于综合类高校。其中，贵阳人文科技学院是贵州唯一一所进入全国所有民办高校和独立学院排行榜前 100 强的高校，但是排名也比较靠后，仅排到第 51 名。

9.2.25 云南民办高校和独立学院评价报告

云南民办高校和独立学院人文社科发展排名如表 9-26 所示。

表 9-26 云南民办高校和独立学院人文社科发展排名

排名	学校名称	所有制	学校类型	等级
1	云南大学滇池学院	民办	综合类	B-
2	云南经济管理学院	民办	财经类	C
3	昆明城市学院	民办	综合类	C-
4	昆明理工大学津桥学院	独立学院	综合类	C-

续表

排名	学校名称	所有制	学校类型	等级
5	丽江文化旅游学院	民办	综合类	C–
6	云南工商学院	民办	财经类	D+
7	昆明医科大学海源学院	独立学院	医药类	D+
8	昆明文理学院	民办	综合类	D
9	云南艺术学院文华学院	独立学院	艺术类	D

由表 9–26 可知，云南共有 6 所民办高校和 3 所独立学院，其中综合类、财经类、医药类和艺术类高校分别有 5 所、2 所、1 所、1 所。评价等级为 A、B、C、D 类的高校分别有 0 所、1 所、4 所、4 所。这 9 所民办高校和独立学院的人文社科发展平均得分为 0.041 分，低于所有民办高校和独立学院的人文社科发展评价得分的均值为 0.092 分，且所有高校的评价得分均在平均分以下，表明云南民办高校和独立学院的人文社科发展整体水平较低。

云南人文社科发展前 5 名的高校分别为云南大学滇池学院、云南经济管理学院、昆明城市学院、昆明理工大学津桥学院和丽江文化旅游学院，除云南经济管理学院属于财经类高校外，其他 4 所均属于综合类高校。此外，云南未有高校进入全国民办高校和独立学院排行榜前 100 强。

9.2.26 陕西民办高校和独立学院评价报告

陕西民办高校和独立学院人文社科发展排名如表 9–27 所示。

表 9–27 陕西民办高校和独立学院人文社科发展排名

排名	学校名称	所有制	学校类型	等级
1	西安外事学院	民办	综合类	A–
2	西京学院	民办	综合类	A–
3	西安翻译学院	民办	语言类	A–
4	西安培华学院	民办	综合类	A–
5	西安思源学院	民办	理工类	B+
6	西安欧亚学院	民办	财经类	B+
7	陕西国际商贸学院	民办	财经类	B
8	西安交通大学城市学院	独立学院	综合类	B–

续表

排名	学校名称	所有制	学校类型	等级
9	西安交通工程学院	民办	理工类	B-
9	西安建筑科技大学华清学院	独立学院	理工类	B-
11	西安明德理工学院	民办	理工类	C+
12	西北大学现代学院	独立学院	综合类	C
12	西安财经大学行知学院	独立学院	财经类	C
14	陕西服装工程学院	民办	理工类	C-
14	西安科技大学高新学院	独立学院	理工类	C-
16	陕西科技大学镐京学院	独立学院	理工类	D+
17	延安大学西安创新学院	独立学院	综合类	D+
18	西安工商学院	民办	财经类	D+
19	西安汽车职业大学	民办	理工类	D
20	西安理工大学高科学院	独立学院	理工类	D-
21	西安信息职业大学	民办	理工类	D-
22	长安大学兴华学院	独立学院	综合类	D-
23	西安电子科技大学长安学院	独立学院	理工类	D-

由表 9-27 可知，陕西共有 13 所民办高校和 10 所独立学院，其中理工类、综合类、财经类和语言类高校分别有 11 所、7 所、4 所、1 所。评分等级为 A、B、C、D 类的高校分别有 4 所、6 所、5 所、8 所。这 23 所民办高校和独立学院的人文社科发展平均得分为 0.085 分，低于所有民办高校和独立学院的人文社科发展评价得分的均值为 0.092 分，其中西安外事学院、西京学院、西安翻译学院、西安培华学院、西安思源学院、西安欧亚学院和陕西国际商贸学院 7 所高校的评价得分均在平均分以上，并且这 7 所高校均属于民办高校。

从陕西排名来看，陕西人文社科发展前 5 名的高校分别为西安外事学院、西京学院、西安翻译学院、西安培华学院和西安思源学院，其中有 3 所高校属于综合类高校，前 4 所高校的评价等级均为 A-。

从民办高校和独立学院人文社科发展的综合排名来看，陕西有 4 所高校进入全国民办高校和独立学院人文社科发展评价排行榜前 50 名，分别是西安外事学院（第 28 名）、西京学院（第 30 名）、西安翻译学院（第 36 名）和西安培华学院（第 37 名）。此外，还有西安思源学院（第 56 名）、西安欧亚学院（第 81 名）和陕西国际商贸学院（第 84 名）3 所民办高校跻身全国民办高校和独立学院排行榜前 100 强，且这些高校均属于民办高校。

9.2.27 甘肃民办高校和独立学院评价报告

甘肃民办高校和独立学院人文社科发展排名如表 9–28 所示。

表 9–28 甘肃民办高校和独立学院人文社科发展排名

排名	学校名称	所有制	学校类型	等级
1	兰州工商学院	民办	财经类	C–
1	兰州博文科技学院	民办	理工类	C–
3	兰州信息科技学院	民办	理工类	D

由表 9–28 可知，甘肃共有 3 所民办高校，其中理工类、财经类高校分别有 2 所、1 所，这 3 所高校人文社科发展平均得分为 0.040 分，低于全国民办高校和独立学院的平均分，并且这 3 所高校的评价得分均远低于全国民办高校和独立学院的平均分，其中位居甘肃排行榜榜首的兰州工商学院和兰州博文科技学院在全国民办高校和独立学院排行榜中仅排第 249 名，表明甘肃民办高校的人文社科发展实力较差。

9.2.28 青海民办高校和独立学院评价报告

青海民办高校和独立学院人文社科发展排名如表 9–29 所示。

表 9–29 青海民办高校和独立学院人文社科发展排名

排名	学校名称	所有制	学校类型	等级
1	青海大学昆仑学院	独立学院	综合类	D–

由表 9–29 可知，青海仅有一所独立综合类高校，即青海大学昆仑学院，青海大学昆仑学院的评价得分远低于全国平均分，在全国排第 386 名，评价等级为 D–，表现较差。

9.2.29 宁夏民办高校和独立学院评价报告

宁夏民办高校和独立学院人文社科发展排名如表 9–30 所示。

表 9-30 宁夏民办高校和独立学院人文社科发展排名

排名	学校名称	所有制	学校类型	等级
1	宁夏大学新华学院	独立学院	综合类	C+
2	宁夏理工学院	民办	理工类	C-
2	银川科技学院	民办	理工类	C-
4	银川能源学院	民办	理工类	D

由表 9-30 可知，宁夏共有 3 所民办高校和 1 所独立学院，其中理工类和综合类高校分别有 3 所、1 所。这 4 所民办高校和独立学院的人文社科发展平均得分为 0.042 分，低于所有民办高校和独立学院的人文社科发展评价得分的均值为 0.092 分，且这 4 所高校的评价得分均低于平均分。位居宁夏榜首的是宁夏大学新华学院，仅在全国民办高校和独立学院排第 167 名，评价等级为 C+。

9.2.30 新疆民办高校和独立学院评价报告

新疆民办高校和独立学院人文社科发展排名如表 9-31 所示。

表 9-31 新疆民办高校和独立学院人文社科发展排名

排名	学校名称	所有制	学校类型	等级
1	新疆天山职业技术大学	民办	综合类	D
2	新疆农业大学科学技术学院	独立学院	理工类	D-

由表 9-31 可知，新疆共有 1 所民办高校和 1 所独立学院，分别属于综合类和理工类高校，这 2 所高校的人文社科发展评价得分均低于全国平均分，新疆天山职业技术大学和新疆农业大学科学技术学院在全国民办高校和独立学院排行榜分别排到第 366 名和第 372 名，评价等级分别为 D、D-。

9.3 不同学科类型民办高校和独立学院人文社科发展评价报告

本部分将会把 412 所民办高校和独立学院划分为 7 种不同的学科类型，分别是综合类高校（126 所）、财经类高校（62 所）、医药类高校（25 所）、语言类高校（15 所）、理工类高校（156 所）、师范类高校（12 所）、艺术类高校（16 所），在此基础上分别针对不同学科类型的高校进行评价分析。

9.3.1 综合类高校

综合类高校人文社科发展排名如表 9-32 所示。

表 9-32 综合类高校人文社科发展排名

综合类排名	总排名	学校名称	所有制	省份	等级
1	5	三亚学院	民办	海南	A+
2	6	无锡太湖学院	民办	江苏	A+
3	12	北京城市学院	民办	北京	A
4	15	广州南方学院	民办	广东	A
5	22	三江学院	民办	江苏	A-
6	25	上海师范大学天华学院	独立学院	上海	A-
7	27	广东科技学院	民办	广东	A-
8	28	西安外事学院	民办	陕西	A-
9	30	西京学院	民办	陕西	A-
10	34	福建师范大学协和学院	独立学院	福建	A-
11	37	集美大学诚毅学院	独立学院	福建	A-
11	37	西安培华学院	民办	陕西	A-
13	43	成都锦城学院	民办	四川	B+
14	46	商丘学院	民办	河南	B+
15	48	厦门大学嘉庚学院	独立学院	福建	B+
16	51	贵阳人文科技学院	民办	贵州	B+
17	52	东莞城市学院	民办	广东	B+
18	60	浙江农林大学暨阳学院	独立学院	浙江	B+
19	61	广州新华学院	民办	广东	B+
20	62	湛江科技学院	民办	广东	B+
21	67	天津仁爱学院	民办	天津	B+
22	70	山东英才学院	民办	山东	B+
23	74	珠海科技学院	民办	广东	B+

续表

综合类排名	总排名	学校名称	所有制	省份	等级
24	78	长春光华学院	民办	吉林	B+
24	78	重庆人文科技学院	民办	重庆	B+
26	82	安阳学院	民办	河南	B+
27	83	重庆城市科技学院	民办	重庆	B+
28	87	厦门华厦学院	民办	福建	B
29	92	信阳学院	民办	河南	B
30	93	武汉东湖学院	民办	湖北	B
31	103	长春大学旅游学院	独立学院	吉林	B
31	103	宁波大学科学技术学院	独立学院	浙江	B
33	111	茅台学院	民办	贵州	B
34	112	长春工业大学人文信息学院	独立学院	吉林	B
34	112	绍兴文理学院元培学院	独立学院	浙江	B
34	112	郑州西亚斯学院	民办	河南	B
34	112	武汉设计工程学院	民办	湖北	B
38	118	长春人文学院	民办	吉林	B
38	118	长江大学文理学院	独立学院	湖北	B
40	126	西安交通大学城市学院	独立学院	陕西	B-
41	129	南京大学金陵学院	独立学院	江苏	B-
41	129	南宁学院	民办	广西	B-
41	129	桂林学院	民办	广西	B-
41	129	云南大学滇池学院	民办	云南	B-
45	144	黑龙江东方学院	民办	黑龙江	B-
45	144	东南大学成贤学院	独立学院	江苏	B-
45	144	南京师范大学中北学院	独立学院	江苏	B-
45	144	苏州大学应用技术学院	独立学院	江苏	B-
45	144	广西民族大学相思湖学院	独立学院	广西	B-

续表

综合类排名	总排名	学校名称	所有制	省份	等级
45	144	成都文理学院	民办	四川	B-
51	157	天津师范大学津沽学院	独立学院	天津	B-
51	157	南通大学杏林学院	独立学院	江苏	B-
51	157	南京审计大学金审学院	独立学院	江苏	B-
51	157	福建农林大学金山学院	独立学院	福建	B-
55	166	青岛滨海学院	民办	山东	C+
56	167	汉口学院	民办	湖北	C+
56	167	吉首大学张家界学院	独立学院	湖南	C+
56	167	广州应用科技学院	民办	广东	C+
56	167	广西城市职业大学	民办	广西	C+
56	167	宁夏大学新华学院	独立学院	宁夏	C+
61	175	南开大学滨海学院	独立学院	天津	C+
61	175	天津财经大学珠江学院	独立学院	天津	C+
61	175	上海立达学院	民办	上海	C+
61	175	南京财经大学红山学院	独立学院	江苏	C+
61	175	常州大学怀德学院	独立学院	江苏	C+
61	175	浙江师范大学行知学院	独立学院	浙江	C+
61	175	仰恩大学	民办	福建	C+
61	175	江西农业大学南昌商学院	独立学院	江西	C+
61	175	聊城大学东昌学院	独立学院	山东	C+
61	175	山东外事职业大学	民办	山东	C+
61	175	武汉体育学院体育科技学院	独立学院	湖北	C+
61	175	电子科技大学中山学院	独立学院	广东	C+
73	210	贵阳信息科技学院	民办	贵州	C
73	210	西北大学现代学院	独立学院	陕西	C
75	215	天津天狮学院	民办	天津	C

续表

综合类排名	总排名	学校名称	所有制	省份	等级
75	215	苏州科技大学天平学院	独立学院	江苏	C
75	215	江苏大学京江学院	独立学院	江苏	C
75	215	江苏师范大学科文学院	独立学院	江苏	C
75	215	阜阳师范大学信息工程学院	独立学院	安徽	C
75	215	南昌职业大学	民办	江西	C
75	215	南昌大学科学技术学院	独立学院	江西	C
75	215	湖南农业大学东方科技学院	独立学院	湖南	C
83	249	华南农业大学珠江学院	独立学院	广东	C-
83	249	四川大学锦江学院	独立学院	四川	C-
83	249	昆明城市学院	民办	云南	C-
86	265	扬州大学广陵学院	独立学院	江苏	C-
87	268	河北地质大学华信学院	独立学院	河北	C-
88	269	西南交通大学希望学院	独立学院	四川	C-
89	270	福州大学至诚学院	独立学院	福建	C-
90	275	昆明理工大学津桥学院	独立学院	云南	C-
91	277	运城职业技术大学	民办	山西	C-
92	279	中南林业科技大学涉外学院	独立学院	湖南	C-
93	280	内蒙古鸿德文理学院	民办	内蒙古	C-
94	281	丽江文化旅游学院	民办	云南	C-
95	286	南京邮电大学通达学院	独立学院	江苏	C-
96	287	南京工业大学浦江学院	独立学院	江苏	C-
97	294	南宁师范大学师园学院	独立学院	广西	D+
98	297	北京科技大学天津学院	独立学院	天津	D+
99	299	武汉晴川学院	民办	湖北	D+
100	302	延安大学西安创新学院	独立学院	陕西	D+
101	303	同济大学浙江学院	独立学院	浙江	D+

续表

综合类排名	总排名	学校名称	所有制	省份	等级
102	308	烟台科技学院	民办	山东	D+
103	311	内蒙古大学创业学院	独立学院	内蒙古	D+
104	313	南昌大学共青学院	独立学院	江西	D+
105	315	河北东方学院	民办	河北	D+
106	329	哈尔滨广厦学院	民办	黑龙江	D+
107	334	哈尔滨剑桥学院	民办	黑龙江	D
107	334	江苏科技大学苏州理工学院	独立学院	江苏	D
109	342	昆明文理学院	民办	云南	D
110	344	潍坊理工学院	民办	山东	D
111	347	安徽大学江淮学院	独立学院	安徽	D
111	347	湖南文理学院芙蓉学院	独立学院	湖南	D
113	356	天津理工大学中环信息学院	独立学院	天津	D
114	363	青岛农业大学海都学院	独立学院	山东	D
114	363	湖北师范大学文理学院	独立学院	湖北	D
116	365	北京邮电大学世纪学院	独立学院	北京	D
117	366	山东现代学院	民办	山东	D
117	366	新疆天山职业技术大学	民办	新疆	D
119	371	北京工业大学耿丹学院	独立学院	北京	D
120	380	沈阳城市学院	民办	辽宁	D-
120	380	贵州黔南科技学院	民办	贵州	D-
122	386	青海大学昆仑学院	独立学院	青海	D-
123	396	河北农业大学现代科技学院	独立学院	河北	D-
123	396	湘潭大学兴湘学院	独立学院	湖南	D-
123	396	长安大学兴华学院	独立学院	陕西	D-
126	402	湖南科技大学潇湘学院	独立学院	湖南	D-

126 所综合类高校的得分均值为 0.085 分，低于全国民办高校和独立学院的平均分，共有 27 所综合类高校的得分位于平均值以上，大部分综合类高校的得分均低于平均值。由表 9-32 可知，评价等级为 A、B、C、D 类的高校分别有 12 所、42 所、42 所、30 所。三亚学院、无锡太湖学院、北京城市学院、广州南方学院和三江学院位居民办综合类高校人文社科发展前 5 名，均属于民办高校。

综合类高校中共有 15 所高校进入全国民办高校和独立学院排行榜前 50 名，分别为三亚学院（第 5 名）、无锡太湖学院（第 6 名）、北京城市学院（第 12 名）、广州南方学院（第 15 名）、三江学院（第 22 名）、上海师范大学天华学院（第 25 名）、广东科技学院（第 27 名）、西安外事学院（第 28 名）、西京学院（第 30 名）、福建师范大学协和学院（第 34 名）、集美大学诚毅学院（第 37 名）、西安培华学院（第 37 名）、成都锦城学院（第 43 名）、商丘学院（第 46 名）、厦门大学嘉庚学院（第 48 名）。此外，还有贵阳人文科技学院（第 51 名）、东莞城市学院（第 52 名）、浙江农林大学暨阳学院（第 60 名）、广州新华学院（第 61 名）、湛江科技学院（第 62 名）、天津仁爱学院（第 67 名）、山东英才学院（第 70 名）、珠海科技学院（第 74 名）、长春光华学院（第 78 名）、重庆人文科技学院（第 78 名）、安阳学院（第 82 名）、重庆城市科技学院（第 83 名）、厦门华厦学院（第 87 名）、信阳学院（第 92 名）和武汉东湖学院（第 93 名）进入全国民办高校和独立学院排行榜前 100 强。综合类高校有 30 所高校跻身排行榜前 100 名，约占综合类高校总数的 1/4，表明综合类高校的人文社科发展实力整体较强，值得一提的是，在综合类高校排行榜前 10 名中，有 8 所高校来自东部地区，且除了上海师范大学天华学院和福建师范大学协和学院 2 所高校属于独立学院，其他均属于民办高校。

9.3.2 财经类高校

财经类高校人文社科发展排名如表 9-33 所示。

表 9-33 财经类高校人文社科发展排名

财经类排名	总排名	学校名称	所有制	省份	等级
1	2	宁波财经学院	民办	浙江	A+
2	3	广州商学院	民办	广东	A+
3	9	福州外语外贸学院	民办	福建	A
4	13	上海杉达学院	民办	上海	A
5	14	武汉工商学院	民办	湖北	A
6	16	广东外语外贸大学南国商学院	独立学院	广东	A
7	18	广州华商学院	民办	广东	A

续表

财经类排名	总排名	学校名称	所有制	省份	等级
8	20	浙江工商大学杭州商学院	独立学院	浙江	A
9	26	广州工商学院	民办	广东	A－
10	29	温州商学院	民办	浙江	A－
11	31	上海外国语大学贤达经济人文学院	独立学院	上海	A－
12	32	海口经济学院	民办	海南	A－
13	50	湖南涉外经济学院	民办	湖南	B＋
14	57	重庆财经学院	民办	重庆	B＋
15	63	武汉学院	民办	湖北	B＋
16	66	长春财经学院	民办	吉林	B＋
17	81	西安欧亚学院	民办	陕西	B＋
18	84	陕西国际商贸学院	民办	陕西	B
19	87	广东培正学院	民办	广东	B
20	91	江西财经大学现代经济管理学院	独立学院	江西	B
21	102	福州工商学院	民办	福建	B
22	103	浙江财经大学东方学院	独立学院	浙江	B
23	108	河南开封科技传媒学院	民办	河南	B
24	118	山西工商学院	民办	山西	B
25	125	湖北商贸学院	民办	湖北	B－
26	126	四川工商学院	民办	四川	B－
27	129	上海财经大学浙江学院	独立学院	浙江	B－
27	129	郑州商学院	民办	河南	B－
27	129	广东工商职业技术大学	民办	广东	B－
30	144	天津商业大学宝德学院	独立学院	天津	B－
30	144	大连财经学院	民办	辽宁	B－
30	144	郑州升达经贸管理学院	民办	河南	B－
33	175	辽宁对外经贸学院	民办	辽宁	C＋

续表

财经类排名	总排名	学校名称	所有制	省份	等级
33	175	郑州财经学院	民办	河南	C+
33	175	郑州经贸学院	民办	河南	C+
36	210	云南经济管理学院	民办	云南	C
36	210	西安财经大学行知学院	独立学院	陕西	C
38	215	辽宁财贸学院	民办	辽宁	C
38	215	上海中侨职业技术大学	民办	上海	C
38	215	合肥经济学院	民办	安徽	C
38	215	山东财经大学东方学院	独立学院	山东	C
42	249	重庆对外经贸学院	民办	重庆	C-
42	249	西南财经大学天府学院	独立学院	四川	C-
42	249	兰州工商学院	民办	甘肃	C-
45	263	黑龙江工商学院	民办	黑龙江	C-
46	266	湖北经济学院法商学院	独立学院	湖北	C-
47	271	黑龙江财经学院	民办	黑龙江	C-
48	273	重庆工商大学派斯学院	独立学院	重庆	C-
49	293	云南工商学院	民办	云南	D+
50	297	成都银杏酒店管理学院	民办	四川	D+
51	306	北京工商大学嘉华学院	独立学院	北京	D+
52	316	蚌埠工商学院	民办	安徽	D+
53	319	武汉文理学院	民办	湖北	D+
53	319	西安工商学院	民办	陕西	D+
55	340	武汉纺织大学外经贸学院	独立学院	湖北	D
56	343	山东财经大学燕山学院	独立学院	山东	D
57	347	河北大学工商学院	民办	河北	D
58	356	湘潭理工学院	民办	湖南	D
59	377	黑龙江工程学院昆仑旅游学院	独立学院	黑龙江	D-

续表

财经类排名	总排名	学校名称	所有制	省份	等级
60	384	贵州黔南经济学院	民办	贵州	D−
61	387	河北经贸大学经济管理学院	独立学院	河北	D−
62	407	山西财经大学华商学院	独立学院	山西	D−

62 所财经类高校的得分均值为 0.131 分，高于全国民办高校和独立学院的平均分，共有 18 所财经类高校的得分位于平均值以上，大部分财经类高校的得分均低于平均值。由表 9−33 可知，评价等级为 A、B、C、D 类的高校分别有 12 所、20 所、16 所、14 所。宁波财经学院、广州商学院、福州外语外贸学院、上海杉达学院、武汉工商学院位居民办财经类高校人文社科前 5 名，均属于民办高校。

位居财经类榜首的宁波财经学院在全国民办高校和独立学院中排第 2 名，跻身全国民办高校和独立学院排行榜前 50 名的还有广州商学院（第 3 名）、福州外语外贸学院（第 9 名）、上海杉达学院（第 13 名）、武汉工商学院（第 14 名）、广东外语外贸大学南国商学院（第 16 名）、广州华商学院（第 18 名）、浙江工商大学杭州商学院（第 20 名）、广州工商学院（第 26 名）、温州商学院（第 29 名）、上海外国语大学贤达经济人文学院（第 31 名）、海口经济学院（第 32 名）、湖南涉外经济学院（第 50 名）。此外，还有重庆财经学院（第 57 名）、武汉学院（第 63 名）、长春财经学院（第 66 名）、西安欧亚学院（第 81 名）、陕西国际商贸学院（第 84 名）、广东培正学院（第 87 名）和江西财经大学现代经济管理学院（第 91 名）进入全国排行榜前 100 强。财经类高校中共有 20 所高校进入全国民办高校和独立学院排行榜前 100 强，约占财经类高校总数的 1/3，表明财经类高校的人文社科发展实力整体较为强劲。此外，在财经类高校排行榜前 10 名中，除了武汉工商学院来自中部地区以外，其他 9 所高校均来自东部地区，且除了广东外语外贸大学南国商学院和浙江工商大学杭州商学院 2 所高校属于独立学院之外，其他 8 所高校均来自民办高校。此外，广东和浙江分别有 4 所、3 所高校位居财经类排行榜前 10 名。

9.3.3 医药类高校

医药类高校人文社科发展排名如表 9−34 所示。

表 9−34 医药类高校人文社科发展排名

医药类排名	总排名	学校名称	所有制	省份	等级
1	59	新乡医学院三全学院	独立学院	河南	B+
2	78	山东协和学院	民办	山东	B+

续表

医药类排名	总排名	学校名称	所有制	省份	等级
3	157	南京医科大学康达学院	独立学院	江苏	B-
4	175	南京中医药大学翰林学院	独立学院	江苏	C+
5	282	华北理工大学冀唐学院	独立学院	河北	C-
6	310	昆明医科大学海源学院	独立学院	云南	D+
7	314	广西中医药大学赛恩斯新医药学院	独立学院	广西	D+
8	319	长沙医学院	民办	湖南	D+
9	331	北京中医药大学东方学院	独立学院	河北	D
9	331	齐鲁医药学院	民办	山东	D
11	353	大连医科大学中山学院	独立学院	辽宁	D
12	359	辽宁何氏医学院	民办	辽宁	D
13	369	贵州医科大学神奇民族医药学院	独立学院	贵州	D
14	372	辽宁中医药大学杏林学院	独立学院	辽宁	D-
15	375	安徽医科大学临床医学院	独立学院	安徽	D-
16	377	锦州医科大学医疗学院	独立学院	辽宁	D-
16	377	浙江中医药大学滨江学院	独立学院	浙江	D-
18	380	山西医科大学晋祠学院	独立学院	山西	D-
18	380	温州医科大学仁济学院	独立学院	浙江	D-
20	387	天津医科大学临床医学院	独立学院	天津	D-
21	396	遵义医科大学医学与科技学院	独立学院	贵州	D-
22	402	湖北医药学院药护学院	独立学院	湖北	D-
22	402	湖南中医药大学湘杏学院	独立学院	湖南	D-
22	402	河北医科大学临床学院	独立学院	河北	D-
25	407	贵州中医药大学时珍学院	独立学院	贵州	D-

25 所医药类高校的得分均值为 0.045 分，低于全国民办高校和独立学院的平均分，仅新乡医学院三全学院和山东协和学院 2 所医药类高校的得分位于平均值以上，大部分医药类高校的得分低于平均值。由表 9-34 可知，评价等级为 A、B、C、D 类的高校分别有 0 所、3 所、

2 所、20 所。新乡医学院三全学院、山东协和学院、南京医科大学康达学院、南京中医药大学翰林学院和华北理工大学冀唐学院位居民办医药类高校人文社科前 5 名，除了山东协和学院属于民办高校之外，其他 4 所高校均属于独立学院。

在医药类高校中，未有高校进入全国民办高校和独立学院排行榜前 50 名，仅新乡医学院三全学院（第 59 名）和山东协和学院（第 78 名）2 所高校跻身全国民办高校和独立学院排行榜前 100 强，表明医药类高校的人文社科发展实力相对较为薄弱。

9.3.4 语言类高校

语言类高校人文社科发展排名如表 9-35 所示。

表 9-35 语言类高校人文社科发展排名

语言类排名	总排名	学校名称	所有制	省份	等级
1	1	浙江越秀外国语学院	民办	浙江	A+
2	11	吉林外国语大学	民办	吉林	A
3	36	西安翻译学院	民办	陕西	A-
4	72	重庆外语外事学院	民办	重庆	B+
5	86	广西外国语学院	民办	广西	B
6	99	首都师范大学科德学院	独立学院	北京	B
7	101	河北外国语学院	民办	河北	B
8	129	安徽外国语学院	民办	安徽	B-
9	175	天津外国语大学滨海外事学院	独立学院	天津	C+
9	175	天津传媒学院	民办	天津	C+
9	175	辽宁传媒学院	民办	辽宁	C+
9	175	黑龙江外国语学院	民办	黑龙江	C+
13	215	山东外国语职业技术大学	民办	山东	C
14	249	四川外国语大学成都学院	独立学院	四川	C-
15	366	北京第二外国语学院中瑞酒店管理学院	独立学院	北京	D

15 所语言类院校的得分均值为 0.219 分，高于全国民办高校和独立学院的平均分，共有 4 所财经类高校的得分位于平均值以上，大部分财经类高校的得分均低于平均值。由表 9-35 可知，评价等级为 A、B、C、D 类的高校分别有 3 所、5 所、6 所、1 所。浙江越秀外

国语学院、吉林外国语学院、西安翻译学院、重庆外语外事学院和广西外国语学院位居语言类高校人文社科前5名，均属于民办高校。

位居语言类榜首的浙江越秀外国语学院在全国民办高校和独立学院中排第1名，评价等级为A+，其表现较为优异。语言类高校中的浙江越秀外国语学院（第1名）、吉林外国语大学（第11名）和西安翻译学院（第36名）3所高校进入全国民办高校和独立学院排行榜前50名。此外，还有重庆外语外事学院（第72名）、广西外国语学院（第86名）和首都师范大学科德学院（第99名）3所高校进入全国民办高校和独立学院排行榜前100强，约占民办财经类高校总数的40%，表明语言类高校的人文社科发展实力整体较为拔尖。

9.3.5 理工类高校

理工类高校人文社科发展排名如表9-36所示。

表9-36 理工类高校人文社科发展排名

理工类排名	总排名	学校名称	所有制	省份	等级
1	4	浙江树人学院	民办	浙江	A+
2	7	阳光学院	民办	福建	A+
3	10	武昌理工学院	民办	湖北	A
4	17	郑州科技学院	民办	河南	A
5	19	南昌理工学院	民办	江西	A
6	21	广州城市理工学院	民办	广东	A-
7	23	北京理工大学珠海学院	独立学院	广东	A-
8	35	浙江工业大学之江学院	独立学院	浙江	A-
9	37	广州软件学院	民办	广东	A-
10	40	安徽信息工程学院	民办	安徽	A-
11	44	江西工程学院	民办	江西	B+
12	45	武昌首义学院	民办	湖北	B+
13	49	西湖大学	民办	浙江	B+
14	53	上海建桥学院	民办	上海	B+
15	55	广州理工学院	民办	广东	B+

续表

理工类排名	总排名	学校名称	所有制	省份	等级
16	56	西安思源学院	民办	陕西	B+
17	58	武昌工学院	民办	湖北	B+
18	64	南昌工学院	民办	江西	B+
19	68	黄河科技学院	民办	河南	B+
19	68	湖南应用技术学院	民办	湖南	B+
21	75	武汉华夏理工学院	民办	湖北	B+
22	76	长春建筑学院	民办	吉林	B+
22	76	湖南信息学院	民办	湖南	B+
24	90	长春科技学院	民办	吉林	B
25	93	潍坊科技学院	民办	山东	B
26	96	重庆工程学院	民办	重庆	B
27	97	武汉生物工程学院	民办	湖北	B
28	98	中国计量大学现代科技学院	独立学院	浙江	B
29	99	山东华宇工学院	民办	山东	B
30	103	安徽新华学院	民办	安徽	B
30	103	广东白云学院	民办	广东	B
32	108	吉利学院	民办	四川	B
33	112	青岛黄海学院	民办	山东	B
34	117	哈尔滨石油学院	民办	黑龙江	B
35	118	江西科技学院	民办	江西	B
35	118	烟台南山学院	民办	山东	B
35	118	烟台理工学院	民办	山东	B
38	128	厦门工学院	民办	福建	B-
39	129	大连东软信息学院	民办	辽宁	B-
39	129	郑州工商学院	民办	河南	B-
39	129	柳州工学院	民办	广西	B-

续表

理工类排名	总排名	学校名称	所有制	省份	等级
39	129	桂林信息科技学院	民办	广西	B-
39	129	四川工业科技学院	民办	四川	B-
39	129	西安交通工程学院	民办	陕西	B-
39	129	西安建筑科技大学华清学院	独立学院	陕西	B-
46	144	南京理工大学紫金学院	独立学院	江苏	B-
46	144	南京理工大学泰州科技学院	独立学院	江苏	B-
46	144	郑州工业应用技术学院	民办	河南	B-
46	144	武汉城市学院	民办	湖北	B-
50	157	南通理工学院	民办	江苏	B-
50	157	浙江广厦建设职业技术大学	民办	浙江	B-
50	157	浙江理工大学科技与艺术学院	独立学院	浙江	B-
50	157	江西应用科技学院	民办	江西	B-
54	167	齐鲁理工学院	民办	山东	C+
54	167	重庆机电职业技术大学	民办	重庆	C+
54	167	西安明德理工学院	民办	陕西	C+
57	175	华北理工大学轻工学院	独立学院	河北	C+
57	175	沈阳城市建设学院	民办	辽宁	C+
57	175	吉林建筑科技学院	民办	吉林	C+
57	175	南京航空航天大学金城学院	独立学院	江苏	C+
57	175	安徽三联学院	民办	安徽	C+
57	175	南昌交通学院	民办	江西	C+
57	175	商丘工学院	民办	河南	C+
57	175	广东理工学院	民办	广东	C+
65	208	海南科技职业大学	民办	海南	C
65	208	重庆移通学院	民办	重庆	C
67	210	电子科技大学成都学院	独立学院	四川	C

续表

理工类排名	总排名	学校名称	所有制	省份	等级
68	215	河北工程技术学院	民办	河北	C
68	215	河北工程大学科信学院	独立学院	河北	C
68	215	石家庄铁道大学四方学院	独立学院	河北	C
68	215	保定理工学院	民办	河北	C
68	215	燕京理工学院	民办	河北	C
68	215	山西应用科技学院	民办	山西	C
68	215	晋中信息学院	民办	山西	C
68	215	大连理工大学城市学院	独立学院	辽宁	C
68	215	中国矿业大学徐海学院	独立学院	江苏	C
68	215	杭州电子科技大学信息工程学院	独立学院	浙江	C
68	215	皖江工学院	民办	安徽	C
68	215	泰山科技学院	民办	山东	C
68	215	中原科技学院	民办	河南	C
68	215	三峡大学科技学院	独立学院	湖北	C
68	215	荆州学院	民办	湖北	C
68	215	湖北汽车工业学院科技学院	独立学院	湖北	C
68	215	文华学院	民办	湖北	C
68	215	武汉工程科技学院	民办	湖北	C
68	215	广东东软学院	民办	广东	C
87	249	成都理工大学工程技术学院	独立学院	四川	C－
87	249	陕西服装工程学院	民办	陕西	C－
87	249	西安科技大学高新学院	独立学院	陕西	C－
87	249	兰州博文科技学院	民办	甘肃	C－
87	249	宁夏理工学院	民办	宁夏	C－
87	249	银川科技学院	民办	宁夏	C－
93	262	黄河交通学院	民办	河南	C－

续表

理工类排名	总排名	学校名称	所有制	省份	等级
94	264	沈阳工学院	民办	辽宁	C－
95	267	湖南交通工程学院	民办	湖南	C－
96	272	湖北工业大学工程技术学院	独立学院	湖北	C－
97	276	大连科技学院	民办	辽宁	C－
98	278	南昌航空大学科技学院	独立学院	江西	C－
99	283	广州华立学院	民办	广东	C－
100	284	南宁理工学院	民办	广西	C－
101	285	闽南理工学院	民办	福建	C－
102	288	河南科技职业大学	民办	河南	C－
102	288	武汉工程大学邮电与信息工程学院	独立学院	湖北	C－
104	291	长春电子科技学院	民办	吉林	D＋
105	292	广州科技职业技术大学	民办	广东	D＋
106	294	陕西科技大学镐京学院	独立学院	陕西	D＋
107	296	山西晋中理工学院	民办	山西	D＋
108	300	绵阳城市学院	民办	四川	D＋
109	301	哈尔滨华德学院	民办	黑龙江	D＋
110	303	泉州信息工程学院	民办	福建	D＋
111	305	泉州职业技术大学	民办	福建	D＋
112	307	沧州交通学院	民办	河北	D＋
113	308	青岛恒星科技学院	民办	山东	D＋
114	311	齐齐哈尔工程学院	民办	黑龙江	D＋
115	316	湖北工程学院新技术学院	独立学院	湖北	D＋
116	318	闽南科技学院	民办	福建	D＋
117	319	安徽文达信息工程学院	民办	安徽	D＋
118	323	湖南软件职业技术大学	民办	湖南	D＋
119	324	湖北大学知行学院	独立学院	湖北	D＋

续表

理工类排名	总排名	学校名称	所有制	省份	等级
119	324	成都东软学院	民办	四川	D+
121	326	哈尔滨远东理工学院	民办	黑龙江	D+
122	327	南昌应用技术师范学院	民办	江西	D+
122	327	青岛城市学院	民办	山东	D+
124	329	辽宁理工职业大学	民办	辽宁	D+
125	333	银川能源学院	民办	宁夏	D
126	334	湖北文理学院理工学院	独立学院	湖北	D
127	337	沈阳科技学院	民办	辽宁	D
127	337	山东工程职业技术大学	民办	山东	D
129	339	大连工业大学艺术与信息工程学院	独立学院	辽宁	D
130	341	新乡工程学院	民办	河南	D
131	344	马鞍山学院	民办	安徽	D
131	344	青岛工学院	民办	山东	D
133	347	福州理工学院	民办	福建	D
134	353	江西软件职业技术大学	民办	江西	D
135	355	河北科技学院	民办	河北	D
136	356	兰州信息科技学院	民办	甘肃	D
137	359	燕山大学里仁学院	独立学院	河北	D
137	359	辽宁理工学院	民办	辽宁	D
139	369	西安汽车职业大学	民办	陕西	D
140	372	湖北恩施学院	民办	湖北	D-
140	372	新疆农业大学科学技术学院	独立学院	新疆	D-
142	376	哈尔滨信息工程学院	民办	黑龙江	D-
143	384	长沙理工大学城南学院	独立学院	湖南	D-
144	387	合肥城市学院	民办	安徽	D-
145	391	湖南工业大学科技学院	独立学院	湖南	D-

续表

理工类排名	总排名	学校名称	所有制	省份	等级
146	392	西安理工大学高科学院	独立学院	陕西	D-
147	393	南华大学船山学院	独立学院	湖南	D-
147	393	湖南理工学院南湖学院	独立学院	湖南	D-
147	393	西安信息职业大学	民办	陕西	D-
150	396	上海兴伟学院	民办	上海	D-
150	396	淮北理工学院	民办	安徽	D-
152	402	湖南工程学院应用技术学院	独立学院	湖南	D-
153	407	沈阳工业大学工程学院	独立学院	辽宁	D-
153	407	沈阳航空航天大学北方科技学院	独立学院	辽宁	D-
153	407	北京航空航天大学北海学院	民办	广西	D-
153	407	西安电子科技大学长安学院	独立学院	陕西	D-

156 所理工类院校的得分均值为 0.075 分，低于全国民办高校和独立学院的平均分，共有 23 所理工类高校的得分位于平均值以上，大部分理工类高校的得分均低于平均值。由表 9-36 可知，评价等级为 A、B、C、D 类的高校分别有 10 所、43 所、50 所、53 所。浙江树人学院、阳光学院、武昌理工学院、郑州科技学院和南昌理工学院位居理工类高校人文社科前 5 名，均属于民办高校。

位居理工类榜首的浙江树人学院在全国民办高校和独立学院中排第 4 名，跻身全国民办高校和独立学院排行榜前 10 名的还有阳光学院（第 7 名）和武昌理工学院（第 10 名）。此外，还有郑州科技学院（第 17 名）、南昌理工学院（第 19 名）、广州城市理工学院（第 21 名）、北京理工大学珠海学院（第 23 名）、浙江工业大学之江学院（第 35 名）、广州软件学院（第 37 名）、安徽信息工程学院（第 40 名）、江西工程学院（第 44 名）、武昌首义学院（第 45 名）和西湖大学（第 49 名）进入全国民办高校和独立学院排行榜前 50 强，上海建桥学院（第 53 名）、广州理工学院（第 55 名）、西安思源学院（第 56 名）、武昌工学院（第 58 名）、南昌工学院（第 64 名）、黄河科技学院（第 68 名）、湖南应用技术学院（第 68 名）、武汉华夏理工学院（第 75 名）、长春建筑学院（第 76 名）、湖南信息学院（第 76 名）、长春科技学院（第 90 名）、潍坊科技学院（第 93 名）、重庆工程学院（第 96 名）、武汉生物工程学院（第 97 名）、中国计量大学现代科技学院（第 98 名）和山东华宇工学院（第 99 名）共 29 所高校进入全国民办高校和独立学院排行榜前 100 强。在理工类高校排行榜前 10 名中，除了北京理工大学珠海学院和浙江工业大学之江学院 2 所高校属于独立学院之外，其余 8 所高校均属于民办高校。

9.3.6 师范类高校

师范类高校人文社科发展排名如表 9-37 所示。

表 9-37 师范类高校人文社科发展排名

师范类排名	总排名	学校名称	所有制	省份	等级
1	8	北京师范大学珠海分校	独立学院	广东	A+
2	54	南京师范大学泰州学院	独立学院	江苏	B+
3	108	杭州师范大学钱江学院	独立学院	浙江	B
4	118	河北师范大学汇华学院	独立学院	河北	B
5	175	山西师范大学现代文理学院	独立学院	山西	C+
5	175	辽宁师范大学海华学院	独立学院	辽宁	C+
5	175	吉林师范大学博达学院	独立学院	吉林	C+
8	274	安徽师范大学皖江学院	独立学院	安徽	C-
9	290	赣南师范大学科技学院	独立学院	江西	D+
10	347	衡阳师范学院南岳学院	独立学院	湖南	D
11	359	江西师范大学科学技术学院	独立学院	江西	D
12	390	湖南师范大学树达学院	独立学院	湖南	D-

12 所师范类院校的得分均值为 0.098 分，高于全国民办高校和独立学院的平均分，共有 2 所师范类高校的得分位于平均值以上，大部分师范类高校的得分均低于平均值。由表 9-37 可知，评价等级为 A、B、C、D 类的高校分别有 1 所、3 所、4 所、4 所。北京师范大学珠海分校、南京师范大学泰州学院、杭州师范大学钱江学院、河北师范大学汇华学院和山西师范大学现代文理学院位居师范类高校人文社科前 5 名。

位居师范类榜首的北京师范大学珠海分校在全国民办高校和独立学院中排第 8 名，也是师范类唯一一所进入全国民办高校和独立学院排行榜前 50 名的高校。此外，还有南京师范大学泰州学院（第 54 名）跻身全国民办高校和独立学院排行榜前 100 强。

9.3.7 艺术类高校

艺术类高校人文社科发展排名如表 9-38 所示。

表 9-38 艺术类高校人文社科发展排名

艺术类排名	总排名	学校名称	所有制	省份	等级
1	24	河北传媒学院	民办	河北	A-
2	33	江西服装学院	民办	江西	A-
3	41	吉林动画学院	民办	吉林	A-
4	42	南京传媒学院	民办	江苏	B+
5	47	上海视觉艺术学院	民办	上海	B+
6	65	河北美术学院	民办	河北	B+
7	71	四川电影电视学院	民办	四川	B+
8	72	四川文化艺术学院	民办	四川	B+
9	84	四川传媒学院	民办	四川	B
10	87	武汉传媒学院	民办	湖北	B
11	93	成都艺术职业大学	民办	四川	B
12	175	大连艺术学院	民办	辽宁	C+
12	175	北海艺术设计学院	民办	广西	C+
14	215	景德镇艺术职业大学	民办	江西	C
14	215	青岛电影学院	民办	山东	C
16	347	云南艺术学院文华学院	独立学院	云南	D

16 所艺术类院校的得分均值为 0.121 分，高于全国民办和独立学院的平均分，共有 9 所师范类高校的得分位于平均值以上，一半以上的高校的评价得分要高于平均值。由表 9-38 可知，评价等级为 A、B、C、D 类的高校分别有 3 所、8 所、4 所、1 所。河北传媒学院、江西服装学院、吉林动画学院、南京传媒学院和上海视觉艺术学院位居艺术类高校人文社科前 5 名，且这 5 所高校均属于民办高校。

在艺术类高校中，有 5 所高校进入全国民办高校和独立学院排行榜前 50 名，分别是河北传媒学院（第 24 名）、江西服装学院（第 33 名）、吉林动画学院（第 41 名）、南京传媒学院（第 42 名）和上海视觉艺术学院（第 47 名）。此外，还有河北美术学院（第 65 名）、四川电影电视学院（第 71 名）、四川文化艺术学院（第 72 名）、四川传媒学院（第 84 名）、武汉传媒学院（第 87 名）、成都艺术职业大学（第 93 名）6 所高校进入全国民办高校和独立学院排行榜前 100 强，大约 70% 的艺术类高校进入全国民办高校和独立学院排行榜前 100 强，表明艺术类高校的人文社科发展整体实力不凡。

9.4 中外合作办学

中外合作办学的人文社科发展评价排行榜如表 9－39 所示。

表 9－39　中外合作办学人文社科发展评价排行榜

总排名	学校名称	省份	等级
1	宁波诺丁汉大学	浙江	A
2	西交利物浦大学	江苏	B
3	香港中文大学（深圳）	广东	B
4	昆山杜克大学	江苏	B
5	北京师范大学－香港浸会大学联合国际学院	广东	C
6	上海纽约大学	上海	C
7	温州肯恩大学	浙江	C
8	深圳北理莫斯科大学	广东	D
9	广东以色列理工学院	广东	D

由于中外合作办学的高校数量较少，因此不再对等级 A、B、C、D 进行细分，中外合作办学的高校共有 9 所，这 9 所中外合作办学高校评价得分的均值为 1.133 分，其中宁波诺丁汉大学、西安利物浦大学和香港中文大学（深圳）3 所高校的得分均高于全国中外合作办学的平均分。由表 9－39 可知，宁波诺丁汉大学表现最为优异，被评为 A；西安利物浦大学、香港中文大学（深圳）、昆山杜克大学被评为 B；北京师范大学－香港浸会大学联合国际学院、上海纽约大学、温州肯恩大学被评为 C；深圳北理莫斯科大学、广东以色列理工学院被评为 D。值得注意的是，所有的中外合作办学高校均来自东部地区。

参考文献

［1］俞立平，潘云涛，武夷山．学术期刊综合评价数据标准化方法研究［J］．图书情报工作，2009，53（12）：136－139.

［2］俞立平，潘云涛，武夷山．学术期刊非线性评价模拟权重的动态变化研究［J］．软科学，2011，25（4）：135－140.

［3］俞立平．线性科技评价中自然权重问题及修正研究：动态最大均值逼近标准化方法［J］．统计与信息论坛，2018，33（10）：27－33.

［4］傅蓉．平衡计分卡指标权重前后不一致现象研究［J］．金融论坛，2011，16（9）：71－74.

［5］苏为华．统计指标理论与方法研究［M］．北京：中国物价出版社，1998.